Martin Lechner
Michael Keppler

Investieren in Emerging Markets

Martin Lechner
Michael Keppler

Investieren in Emerging Markets

Chancen und Risiken der aufstrebenden Börsenplätze

Strategien für die Geldanlage

mvg

Die Deutsche Bibliothek – CIP Einheitsaufnahme

Lechner, Martin:
Investieren in emerging markets : Chancen und Risiken der aufstrebenden Börsenplätze ; Strategien für die Geldanlage / Martin Lechner ; Michael Keppler. - Landsberg am Lech : mvg-verl., 1996
ISBN 3-478-71550-4
NE: Keppler, Michael:

Hinweis:

Dieses Werk will Sie informieren. Die Angaben sind nach bestem Wissen zusammengestellt, dennoch sind Fehler nicht vollständig auszuschließen. Aus diesem Grund sind die Angaben und Aussagen in diesem Buch mit keiner Verpflichtung oder Garantie des Verlags verbunden; er übernimmt infolgedessen keinerlei Verpflichtung oder Haftung für eine etwaige inhaltliche Unrichtigkeit des Buches. Die Datenbanken selbst schließen ebenfalls jede Haftung für die Richtigkeit der zur Verfügung gestellten Daten aus.

Das Papier dieses Buches wird möglichst umweltschonend hergestellt und ist chlorfrei gebleicht.

Umschlaggestaltung: Gruber & König, Augsburg
Satz: Fotosatz Buck, Kumhausen
Druck- und Bindearbeiten: Himmer, Augsburg
Printed in Germany 071550/296202
ISBN 3-478-71550-4

Inhalt

Vorwort von Martin Lechner

Von einigen Gesprächspartnern in meinem Buch „Kampf um Performance“ war ich fachlich und persönlich besonders begeistert. Einer davon ist sicherlich Michael Keppler. Wir hatten regelmäßig Kontakt, und ich beschäftigte mich intensiv mit seinen Anlagestrategien. Nach einigen sehr erfolgreichen weltweit diversifizierten Aktienfonds konzipierte Keppler zusammen mit der State Street Bank in Boston Ende 1993, im nachhinein also zu einem denkbar ungünstigen Zeitpunkt, einen Emerging-Markets-Fonds. Das aufwendige fundamentale Research und seine Strategie sollten sich auch hier bestätigen.

Der Fonds entwickelte sich sowohl 1994 als auch 1995 besser als alle vergleichbaren Fonds der Konkurrenz. Unter anderem wurde der Fonds dafür 1995 mit dem angesehenen 1. Preis der Zeitschrift DM und der Fondsratingagentur Micropal ausgezeichnet. 1995 nahmen ebenfalls wieder zwei der von Keppler beratenen Emerging-Markets-Fonds den 1. und 2. Platz ein, womit ihm der 1. Preis auch in diesem Jahr sicher sein sollte.

Nach einem ersten Kontakt mit Emerging Markets bei dem traditionsreichen Londoner Investment Manager Foreign & Colonial beschäftigte ich mich in den vergangenen Jahren sowohl theoretisch als auch praktisch intensiv mit der Thematik der weltweit aufstrebenden Aktienmärkte. Die spektakulären Kursbewegungen, Wachstumschancen und Ineffizienzen der Emerging Markets weckten dabei verstärkt meine Aufmerksamkeit. Als ich Michael Keppler auf einer Frankfurter Investmentkonferenz mit der Idee konfrontierte, zusammen ein Buch über die Emerging Markets zu schreiben, das all diese Probleme analysiert, zeigte er sich spontan begeistert. Nach über einem Jahr intensiver Arbeit, Datenaufbearbeitung und Schreiben war das Buch fertig.

„Investieren in Emerging Markets“ beschäftigt sich neben einer detaillierten Analyse des generellen Potentials der Emerging Markets unter anderem auch mit Bewertungsfragen. Es soll dem Investor neben einer detaillierten Darstellung und Analyse der Chancen und Risiken der aufstrebenden Börsenplätze auch konkrete Strategien bei der Geldanlage vermitteln. Die enormen Bewertungsunterschiede zwischen den einzelnen Märkten stellen dabei eine der größten Herausforderungen beim erfolgreichen Investieren dar. Ich hoffe, daß die Erkenntnisse dieses Buches Ihnen bei der Auswahl Ihrer Investitionsstrategien hilfreich sein werden.

Neben Michael Keppler, meiner Familie und Miranda Oude Lenferink, Christian Jund, Thomas Montasser, Susanne Guidera und Johannes Heinritzi gilt mein besonderer Dank Lynnelle Jones und Bill Lipschutz für ihre freundschaftliche Unterstützung während meiner Zeit in New York.

Martin Lechner

Vorwort von Michael Keppler

Meine erste Begegnung mit den Emerging Markets hatte ich während meiner Studentenzeit, als ich 1978 in Südafrika bei der Barclays Bank ein mehrmonatiges Praktikum absolvierte. Der Großzügigkeit des Personalmanagers, Arthur Grant, war es zu verdanken, daß ich in dieser Zeit nicht nur die wichtigen zentralen Abteilungen der Bank in Johannesburg, sondern auch die bedeutendsten Filialen und Kunden der Bank im südlichen Afrika besuchen und kennenlernen konnte. Dieses Praktikum war ausschlaggebend für meinen späteren Lebensweg. Ich lernte, daß es außer Sparguthaben, Immobilien und deutschen Aktien auch andere lukrative Anlagemöglichkeiten gibt.

Als überzeugter „Value"-Investor wurde ich Ende der 80er Jahre wieder auf die Emerging Markets aufmerksam. Die enormen Bewertungsunterschiede sind für mich heute der größte Anreiz, mich mit Anlagen in den Emerging Markets zu beschäftigen. Warum haben Aktien in Malaysia ein durchschnittliches Kurs/Gewinn-Verhältnis von 26, während polnische Aktien nur mit dem siebenfachen Jahresgewinn bewertet werden? Rechtfertigen die Wachstumsaussichten in Malaysia eine fast viermal so hohe Bewertung? Oder sind die Gewinnermittlungsprinzipien in den beiden Ländern so unterschiedlich, daß die ausgewiesenen Unternehmensgewinne nicht direkt miteinander vergleichbar sind? Über die Jahre hinweg habe ich mich mit der Frage einer angemessenen Bewertung für jeden einzelnen dieser Märkte beschäftigt. Es zeigte sich, daß intensive Research-Arbeit in den Emerging Markets noch mehr belohnt wird als in den Hauptaktienmärkten, die von unzähligen Analysten durchforscht werden.

Mein Ziel ist es, mit diesem Buch möglichst vielen Aktienanlegern Potential und Risiken der Emerging Markets aufzuzeigen. In den kommenden Jahren haben gut positionierte Emerging-Markets-Portfolios enorme Chancen. Damit diese Chancen erfolgreich genutzt werden können, müssen jedoch die Risiken laufend überprüft und streng kontrolliert werden.

Die Erarbeitung des für die Emerging Markets erforderlichen Analyse-Instrumentariums – insbesondere des Risikomanagements – war eine Aufgabe, die nicht über Nacht erledigt werden konnte. Deshalb hat es bis 1993 gedauert, bis wir die ersten Emerging-Markets-Portfolios auflegen konnten. Martin Lechners Vorschlag, zusammen ein Buch über Emerging Markets zu schreiben, kam deshalb genau zum richtigen Zeitpunkt.

Bedanken möchte ich mich neben Martin Lechner vor allem bei meinen institutionellen Kunden, die unsere Emerging-Markets-Portfolios ermöglicht haben, und bei allen Anlegern, ohne deren Kapital unser Buch graue Theorie wäre. Mein Dank gilt auch unseren Informationslieferanten, den Vertretern der Datenbanken, mit denen wir zusammenarbeiten: Peter Wall von der Weltbanktochter International Finance Corporation (IFC) in Washington, Bill Griesser von Morgan Stanley Capital International (MSCI) in New York und Ivar Eilertsen von Disclosure/Worldscope in New York, um die wichtigsten zu nennen. Mein besonderer Dank gilt auch Jeffrey Davis, Joshua Feuerman, Robert Furdak und Heydon Traub von State Street Global Advisors in Boston, die mir mit ihrem Know-how stets zur Seite standen, wenn es galt, schwierige Situationen in den Emerging Markets zu meistern. Schließlich bedanke ich mich ganz herzlich bei meinen Mitarbeitern Peter Encinosa und Xing-Hong Xue für ihre tatkräftige Unterstützung des Projektes.

Michael Keppler

1. Einleitung

Der Fall der Berliner Mauer im November 1989 hat das zweite Jahrtausend bereits zehn Jahre vor der eigentlichen Zeitwende eingeläutet. Der Mauerfall löste globale Kettenreaktionen aus, die heute nicht mehr umkehrbar sind. In den Ländern des ehemaligen Ostblocks und den Nachfolgestaaten der UdSSR erfolgt seitdem eine systematische Neuordnung des Wirtschaftssystems im Sinne einer Umgestaltung von der zentralistischen Planwirtschaft zu einer dezentralen, privat organisierten Marktwirtschaft.

In Lateinamerika fiel der Startschuß für einen Aufschwung bereits einige Jahre früher. Durch marktwirtschaftliche Reformen, Demokratisierung und politische Stabilisierung kam es in den meisten südamerikanischen Ländern nach der Bewältigung der Schuldenkrise im Laufe der 80er Jahre zu einer sichtlichen Verbesserung des Investitionsklimas. Die Folgen waren beeindruckend: Sinkende Inflationsraten und steigendes Wirtschaftswachstum erwiesen sich als optimaler Nährboden für steigende Börsenkurse.

Seit Beginn der 90er Jahre kam plötzlich auch Bewegung in die lange Jahre verfahrene Situation der Region Afrikas und des Mittleren Ostens. Die Freilassung Nelson Mandelas nach 27 Jahren Haft leitete eine schrittweise Abkehr von der Apartheidpolitik ein. Die ersten freien

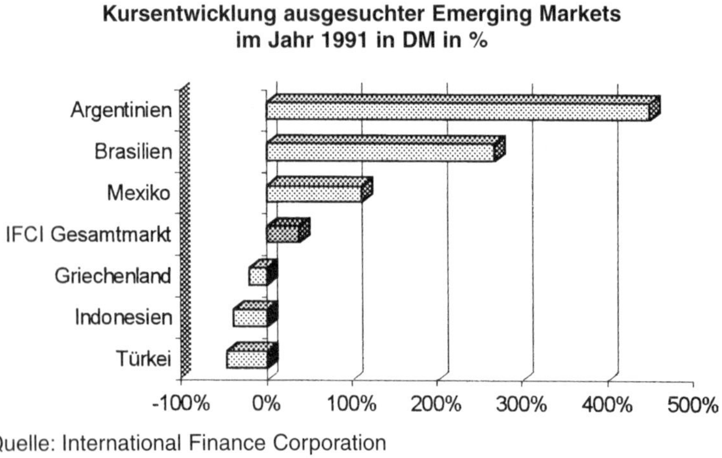

Abbildung 1: Kursentwicklung ausgesuchter Emerging Markets 1991

Wahlen in Südafrika im Jahr 1994 legten den Grundstein für eine demokratische Zukunft am Kap der guten Hoffnung.

Nach den katastrophalen Auswirkungen des Golfkriegs stellte der Friedensprozeß zwischen Jordanien und Israel auch für die gesamte Region des Mittleren Ostens eine positive Signalwirkung dar.

Das solideste Fundament des Aufschwungs der Emerging Markets bildet allerdings nach wie vor der asiatische Raum. Nach dem Muster und den Vorgaben der inzwischen bereits etablierten Industrienationen Japan, Singapur und Hongkong zählen die „Tiger“ und „Jungen Tiger“ Asiens seit nunmehr über einem Jahrzehnt zu der weltweit dynamischsten Wachstumsregion.

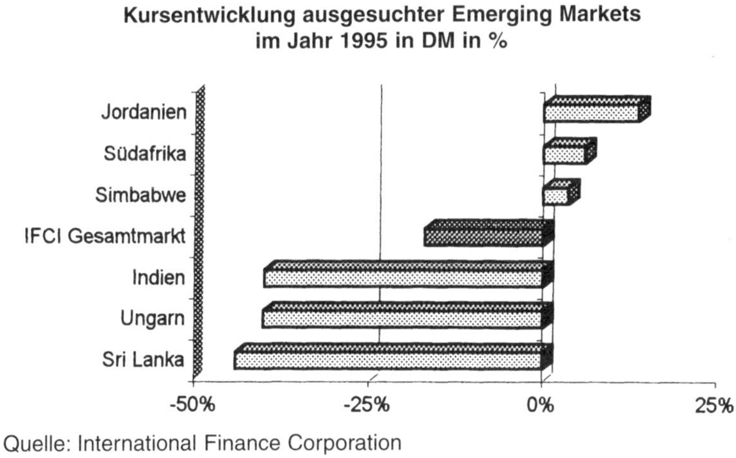

Abbildung 2: Kursentwicklung ausgesuchter Emerging Markets 1995

Es war nur eine Frage der Zeit, bis internationale Investoren auf der Suche nach attraktiven Renditen die Emerging Markets entdeckten. Und in der Tat, die Auswirkungen der unterstützenden Entwicklungen eines positiven fundamentalen Umfelds in den einzelnen Regionen und Ländern, kombiniert mit einem massiven Kapitalzufluß in deren Aktienmärkte, waren beeindruckend.

Schlagzeilen wie „Börsenfieber in Buenos Aires – 450 % in einem Jahr“, „Boom am Bosporus“ oder „Kursexplosion um 800 % in Polen“ zeigten Wirkung. Die spektakulären Kursbewegungen weckten auch die Aufmerksamkeit deutscher Investoren. Neben einer isoliert und im Vergleich zu etablierten Aktienmärkten der Industrienationen attraktiven Kursentwicklung kam hinzu, daß sich die Emerging Markets aufgrund ihrer niedrigen Korrelation zu den Hauptaktienmärkten hervorragend zur Diversifikation eines Gesamtportfolios eignen. Nun gab es kein Halten mehr. Investmentfonds schossen wie Pilze aus dem Boden, und Bankberater in den kleinsten Dorffilialen der Sparkassen hatten nun neben BMW und Bayer immer einen heißen Tip aus Rio de Janeiro, Warschau und Peking für ihre Kunden in der Schublade. Die logischen Folgen solcher Übertreibungen waren abzusehen. Nach Jahren mit überdurchschnittlichen Renditen kam 1994 und 1995 die Korrektur. Der Gesamtindex aller investierbaren Emerging Markets (IFCI-Gesamtindex) sank um 23 % und 1995 nochmal um 17,0 %. In einzelnen Märkten nahmen die Kurseinbrüche teilweise sogar dramatische Ausmaße an. Ende 1994 verstärkte sich das Desaster dann auch noch durch die Währungs- und Finanzkrise in Mexiko. Allein in diesen zwei Jahren verloren zum Beispiel der vielfach empfohlene chinesische und der mexikanische Aktienmarkt 70 % bzw. 63 %.

Ist damit die Erfolgsgeschichte und das Kapitel der Emerging Markets bereits wieder beendet? Nein, sicherlich nicht. Aber das Geld und die Gewinne liegen auch an den Börsenplätzen der Emerging Markets nicht auf der Straße. Der treffende Wall Street Spruch: „There is no such thing as a free lunch", gilt eben auch für die Emerging Markets.

„Investieren in Emerging Markets" möchte Ihnen neben einer detaillierten Darstellung und Analyse der Chancen und Risiken der aufstrebenden Börsenplätze auch konkrete Strategien für die Geldanlage vermitteln. Dazu finden Sie im zweiten Kapitel nach einer Definition des Begriffs Emerging Markets eine ausführliche Darstellung der Charakteristiken und Entwicklungen in diesen Märkten. Hierbei werden auf der einen Seite besonders das Wirtschaftswachstum und seine Ursachen und andererseits natürlich auch die nach wie vor vorhandenen, und besonders in den Jahren 1994 und 1995 offen zu Tage getretenen wirtschaftlichen und politischen Risiken analysiert. Im letzten Teil des zweiten Kapitels werden das Risiko/Ertragsprofil sowie die Korrelationen der Emerging Markets untersucht und mit den Werten der Hauptaktienmärkte verglichen.

Im dritten Kapitel werden ausgewählte Anlagestrategien beschrieben und auf ihr Ertrags- und Risikopotential untersucht. Da der Untersuchungszeitraum, für den in den Emerging Markets qualitativ und quantitativ akzeptable Informationen vorliegen, nicht ausreichend ist, um daraus allgemeingültige Anlagestrategien abzuleiten, werden zunächst verschiedene Strategien in den Hauptaktienmärkten, die im Morgan Stanley Capital International (MSCI)-Weltaktienindex enthalten sind, vorgestellt und untersucht. Ausgehend vom marktkapitalisierungsgewichteten MSCI-Weltaktienindex zeigen wir, daß Gleichgewichtung von Aktienmärkten bessere Ergebnisse erwarten läßt als Kapitalisierungsgewichtung. Noch bessere Ergebnisse liefern jedoch die niedrig kapitalisierten kleinen Aktienmärkte, die als Gruppe auch ein niedrigeres Risiko aufweisen als der kapitalisierungsgewichtete MSCI-Weltaktienindex. Schließlich wird ausführlich beschrieben, wie „Value"-Strategien zu einer weiteren Steigerung der Erträge führen können. Risikobegrenzung steht dabei stets im Vordergrund der Überlegungen. Die in den Hauptaktienmärkten erprobten Strategien werden dann auf die Emerging Markets übertragen. Sie erfahren, welche Strategien besser als andere und welche Emerging-Markets-Strategien am erfolgversprechendsten sind.

Das vierte Kapitel gibt einen kurzen Überblick über die Voraussetzungen für Asset-Allocation-Entscheidungen. Sie erfahren zunächst, welchen Anteil Ihres Vermögens Sie in Abhängigkeit Ihrer spezifischen Risikobereitschaft und Ihres zeitlichen Anlagehorizonts in Barem, Staatsanleihen und Aktien halten sollen. Schließlich wird am Beispiel des IFCI-Gesamtindex, des deutschen Aktienindex (DAX) und des MSCI-Weltaktienindex gezeigt, wie hoch der Emerging-Markets-Aktienanteil für risikominimierende Investoren bzw. für Anleger sein soll, die den höchsten risikoadjustierten Ertrag erzielen möchten.

Im fünften Kapitel werden ausführlich die Investitionsmöglichkeiten in Emerging Markets aus der Sicht deutscher Anleger betrachtet. Dabei werden Direktinvestitionen, geschlossene und offene Aktienfonds, Optionsscheine und Aktien aus Industrienationen mit einem hohen Geschäftsanteil in Emerging Markets als Investitionsmöglichkeiten vorgestellt. Hierbei haben wir uns besonders auf praktische sowie zum Teil auch steuerliche Aspekte für deutsche Anleger konzentriert.

Im Anhang finden Sie alle 25 im Gesamtindex aller investierbaren Emerging-Markets-Aktien der International Finance Corporation (IFCI-Gesamtindex) enthalten Einzelmärkte. Um die Aussagen zu verdeutlichen, haben wir für jedes Land einen systematisch aufgebauten und vergleichbaren grafischen und tabellarischen Überblick geschaffen. Neben der Kursentwicklung des jeweiligen Länderindexes sind auch die wichtigsten fundamentalen und wirtschaftlichen Bewertungsfaktoren zum Teil in grafischer und tabellarischer Form übersichtlich dargestellt. Besonders wichtig ist dabei, daß alle relevanten Daten und Zahlen in DM ausgedrückt werden. Als Zeitraum wurde 1989, das Jahr der Einführung der IFCI-Indexfamilie, bis Ende 1995 gewählt. Für jeden Emerging Market werden die Entwicklung der Wirtschaft und des Aktienmarktes sowie die fundamentalen Kursbestimmungsfaktoren detailliert analysiert.

2. Emerging Markets im System der internationalen Finanzmärkte

2.1 Definitionen und Kennzeichen

Für den Begriff „Emerging Markets“ existiert bis heute keine einheitliche Definition. In der deutschen Übersetzung werden häufig Begriffe wie „aufstrebende Wachstumsmärkte“ oder „Aktienmärkte in Schwellenländern“ verwendet. Im Zusammenhang mit Emerging Markets wird es inzwischen weitgehend vermieden, von Entwicklungsländern oder sogar Ländern der Dritten Welt zu sprechen. Diese Begriffe werden nach wie vor mit extremer Armut, Hungersnot, Schuldenkrise, Hyperinflation, Korruption und politischer Instabilität in Verbindung gebracht. Diese Schlagwörter treffen auf einen Großteil der Emerging Markets heute aber keinesfalls mehr zu.

Der Ausdruck „Emerging Markets“ wurde 1981 von Antoine W. van Agtmael, einem Angestellten der Weltbanktochter International Finance Corporation, geprägt und etablierte sich im Laufe der Zeit als feststehender Begriff für aufstrebende Aktienmärkte. Obwohl aufstrebende und neue Märkte die deutsche Übersetzung für Emerging Markets ist, müßte in den meisten Fällen korrekterweise eigentlich von Re-Emerging Markets, also wiederaufstrebenden Märkten, gesprochen werden.

Im Jahr 1868 konzipierte die traditionsreiche Londoner Investment Management Gesellschaft Foreign & Colonial den ersten international ausgerichteten Investmentfonds der Welt. Deklariertes Ziel des „Foreign & Colonial Trust“ war damals: „To provide the investor of moderate means the same advantage as the large capitalists in diminishing risk in foreign and colonial stocks by spreading the investment over a number of stocks“. Die Länderzusammensetzung der Portfolios entsprach bis in die 30er Jahre unseres Jahrhunderts vielfach der eines heutigen Emerging Markets Portfolios. Mit Argentinien, Chile, Indien, Indonesien, Rußland, der damaligen Tschechoslowakei sowie vielen afrikanischen und asiatischen Ländern befanden sich in den damaligen Portfolios dieselben Länder wie in einem global diversifizierten Emerging Markets Fonds im Jahr 1996. Damals waren diese Länder aufgrund des blühenden Rohstoff-, Agrar- und Kolonialhandels wichtige Finanzzentren, und Anleger aus der ganzen Welt versuchten, durch entsprechende Aktien daran zu partizipieren. Im Jahr 1910 lag der Anteil der Emerging Markets in einem international diversifizierten Portfolio bei 46 %. Im Vergleich zur gesamten Weltmarktkapitalisierung betrug im Gegensatz dazu der Anteil der Emerging Markets 1994 nur 12,7 %.

Die positive Tendenz für die Zukunft scheint bereits vorgezeichnet. 1985 lag der Anteil erst bei 3,7 %. Es ist damit zu rechnen, daß sich der Anteil der Emerging Markets an der weltweiten Gesamtmarktkapitalisierung bis ins Jahr 2010 auf 44 % erhöht.

Wie bereits erwähnt, war zu Beginn unseres Jahrhunderts unter anderem Argentinien ein beliebtes Ziel der Anleger. Gegründet im Jahr 1854, ist die Börse in Argentinien der älteste Handelsplatz in Lateinamerika. Sie erreichte in den 30er Jahren unseres Jahrhunderts ihren Höhepunkt, wobei die Anzahl der börsennotierten Aktien, die Marktkapitalisierung und die Börsenumsätze durchaus mit den damaligen europäischen Spitzenbörsen mithalten konnten. In dieser Zeit zählte Argentiniens Wirtschaft aufgrund eines prosperierenden Agrarsektors und hoher Wachstumsraten zu den sieben größten Industrienationen der Welt.

In den folgenden Jahrzehnten war die Entwicklung der Börse sehr wechselhaft und vor allem durch die eskalierenden Staatsausgaben, hohe Inflationsraten und eine instabile Währung negativ geprägt. Aus diesen Gründen durchlief die Börse in Buenos Aires bis Anfang 1980, als sich ein erneuter, bis heute anhaltender Aufschwung abzeichnete, einen erheblichen Schrumpfungsprozeß.

An diesem Beispiel sowie am Beispiel zahlreicher anderer Emerging Markets ist zu erkennen, daß sich die Länder aufgrund dynamischer politischer und wirtschaftlicher Prozesse laufend verändern und sowohl positive als auch negative Entwicklungen auftreten können. Bei den Emerging Markets handelt es sich somit in wirtschaftlicher und sozialer Hinsicht um keine einheitliche, sondern um eine höchst differenzierte Staatengruppe.

Irreführend ist auch die Zusammenfassung als „Länder des Südens" oder unter dem Schlagwort „Nord-Süd-Gegensatz", da rund drei Viertel der heutigen Emerging Markets, global gesehen, auf der Nordhalbkugel der Erde liegen.

2.1.1 International Finance Corporation

Im Zusammenhang mit den Emerging Markets muß die International Finance Corporation (IFC), eine Tochter der Weltbank, genannt werden. Die IFC wird von mehr als 160 Mitgliedstaaten getragen. Ihre Hauptaufgabe besteht in der Förderung der Produktivität und Profitabilität privater Unternehmen in Emerging Markets durch gezielte Investitionsförderungsprogramme. Seit der Gründung im Jahr 1956 investierte die IFC mehr als USD 14 Mrd. in über 1.000 Unternehmen in 100 verschiedenen Emerging Markets. Da die IFC in den letzten Jahren verstärkt an der Entwicklung von Kapitalmärkten zur Finanzierung der Projekte in den Emerging Markets arbeitet, hat die Weltbanktochter einen erheblichen Anteil an dem Aufschwung in diesem schnell wachsenden Finanzsektor.

2.1.2 Definition nach dem Bruttosozialprodukt (BSP) pro Kopf der Bevölkerung

Der Sammelbegriff Emerging Markets bezieht sich auf wirtschaftliche, infrastrukturelle, soziale und/oder kulturelle Rückstände im Vergleich zu den Industrienationen. Eine erste Klassifizierung nach rein wirtschaftlichen Kriterien liefert die Einteilung der Volkswirtschaften durch die Weltbank nach dem Bruttosozialprodukt (BSP) pro Kopf der Bevölkerung. Bei der zuletzt verfügbaren Einteilung per Ende 1993 erfolgte dabei eine Unterteilung in „Länder mit niedrigem Einkommen" mit einem BSP pro Kopf unter USD 695, in „Länder mit mittlerem Einkommen in der unteren Einkommenskategorie" mit einem BSP pro Kopf von USD 695 bis USD 2.785, in „Länder mit mittlerem Einkommen in der oberen Einkommenskategorie" mit einem BSP pro Kopf von USD 2.785 bis USD 8.626 und in „Länder mit hohem Einkommen" mit einem BSP pro Kopf über USD 8.626. Dabei ist jedoch zu beachten, daß bis zu einem gewissen Grad aus Gründen der Kontinuität und besseren Vergleichbarkeit auch noch Märkte, die per Definition aufgrund langjährig hohen Wachstums bereits in die Kategorie „Länder mit hohem Einkommen" fallen, weiterhin als Emerging Markets bezeichnet werden. Märkte wie Hongkong und Singapur können aufgrund ihrer bereits jahrzehntelangen hohen Wirtschaftswachstumsraten heute mit einem BSP pro Kopf der Bevölkerung von USD 17.860 bzw. USD 19.310 aber auf keinen Fall mehr als Emerging Marktes bezeichnet werden. Es ist zu erwarten, daß in den nächsten Jahren weitere Emerging Markets in die Gruppe der Industrienationen aufsteigen werden und dafür neue Märkte nachrücken. Der Abstand der Emerging Markets zu den führenden Wirtschaftsnationen wird sich dank hoher Wirtschaftswachstumsraten generell verringern.

Bei der Emerging Markets Definition nach dem Bruttosozialprodukt (BSP) pro Kopf der Bevölkerung tritt ein wesentliches Problem auf. Die Ungleichgewichte in der Verteilung des Einkommens werden durch den Durchschnittswert nicht erfaßt. Dieser Wert gibt besonders in Ländern mit großen Ölvorkommen, wie Kuwait und Saudi Arabien, ein verzerrtes Bild des tatsächlichen Wohlstands der gesamten Bevölkerung.

Während vor allem in den asiatischen Emerging Markets für die jeweilige Entwicklungsstufe des Landes eine breite Mittelschicht heranwächst, sind die Gesellschaften in lateinamerikanischen und afrikanischen Ländern oft noch von einer sehr ungleichen Einkommensverteilung gekennzeichnet. Ein Land, das mit diesem Problem zu kämpfen hat, ist zum Beispiel Venezuela. Trotz eines durchschnittlichen Bruttosozialprodukts pro Kopf der Bevölkerung von USD 2.840 besitzt Venezuela keine breite soziale Mittelschicht. Ein Großteil der Bevölkerung lebt noch immer in extremer Armut. Der Wert ist vor allem durch die Erlöse aus dem Ölexport verzerrt und erscheint somit wenig repräsentativ für die Analyse des durchschnittlichen Lebensstandards der gesamten Bevölkerung.

Am Beispiel von Japan und den Philippinen ist andererseits zu erkennen, welche positiven Auswirkungen die Bekenntnisse zur freien Marktwirtschaft bei einem demokratischen politischen System gegenüber einer verschwenderischen und korrupten Diktatur haben können und wie dynamisch die Entwicklungen verlaufen können. Die Philippinen waren in den 50er und 60er Jahren nach Japan die zweitgrößte Wirtschaftsmacht in der asiatischen Region. Während das durchschnittliche Bruttosozialprodukt pro Kopf der Bevölkerung auf den Philippinen 1993 nach wie vor bei USD 830 lag, erreichte Japan (mit USD 31.450) nach der Schweiz (USD 36.410) und Luxemburg (USD 35.850) den dritthöchsten Wert auf der ganzen Welt. Im Gegensatz zu Japan, das sich zu einer der modernsten Industrienationen der Welt entwickelte, litten die Philippinen unter der korrupten Diktatur Ferdinand Marcos. Nach dem Sturz und späteren Tod von Marcos sind gegen seine Frau Imelda, die mit verschwenderischen Ausgaben auf sich aufmerksam machte, während dem Land wichtige Gelder zum Ausbau der Infrastruktur fehlten, zahlreiche Verfahren wegen Bereicherung um bis zu USD 10 Mrd. anhängig. Die Auslandsschulden, die zum Großteil während der verschwenderischen Diktatur Marcos entstanden, betrugen Ende 1995 insgesamt ca. USD 39 Mrd. Dies entsprach einem Anteil von 55 % am gesamten philippinischen Bruttosozialprodukt. Seit dem Sturz Marcos und dem systematischen Ausbau des Industriesektors verzeichnen die Philippinen bei rückläufigen Inflationsraten nun ein wesentlich höheres Wirtschaftswachstum.

Wie jede Definition ist auch die Definition von Emerging Markets anhand des Bruttosozialprodukts pro Kopf der Bevölkerung somit nur ein Anhaltspunkt für weltweit aufstrebende und interessante Wachstumsmärkte, die über ein hohes Zukunftspotential und eine gewisse politi-

	BSP pro Kopf der Bevölkerung in USD	Fläche	Einwohner
Emerging Markets			
Griechenland	7.390	132.000	10,5
Jordanien	1.190	97.700	4,0
Polen	2.270	313.000	38,7
Portugal	7.890	92.400	9,9
Simbabwe	540	391.000	11,0
Südafrika	2.900	2.250.000	43,9
Türkei	2.120	779.000	62,2
Ungarn	3.330	93.000	10,3
Argentinien	6.390	2.770.000	34,0
Brasilien	3.020	8.510.000	159,0
Chile	3.070	757.000	14,0
Kolumbien	1.400	1.140.000	35,6
Mexiko	3.750	1.960.000	92,2
Peru	1.490	1.290.000	23,7
Venezuela	2.840	912.000	20,6
China	490	9.571.000	1.200,0
Indien	290	3.287.000	920,0
Indonesien	730	1.904.000	200,5
Korea	7.670	99.300	45,2
Malaysia	3.160	330.000	19,3
Pakistan	430	796.000	130,0
Philippinen	830	300.000	69,8
Sri Lanka	600	65.600	18,1
Taiwan	k.A.	36.000	21,5
Thailand	2.040	513.000	60,0
andere EM* aggregiert		**102.000.000**	**4.800,0**
Industrienationen			
USA	24.750	9.373.000	257,0
Japan	31.450	377.750	125,0
Deutschland	23.560	356.900	81,3
andere IN aggregiert**		**31.500.000**	**900,0**

Quelle: Weltbank, International Finance Corporation, Stand 1995

* Die restlichen der insgesamt 60 Emerging Markets, die von der IFC abgedeckt werden.

** Australien, Belgien, Dänemark, Finnland, Frankreich, Großbritannien, Hongkong, Island, Irland, Israel, Italien, Kanada, Luxemburg, Niederlande, Neuseeland, Norwegen, Österreich, Schweden, Schweiz, Singapur, Spanien.

k.A. Keine Angaben verfügbar.

Abbildung 3: BSP pro Kopf der Bevölkerung, Fläche, Einwohner sche Stabilität verfügen. Neben den genannten Faktoren ist besonders wichtig, daß die Märkte einen regulierten und funktionierenden Börsenhandel besitzen bzw. aufbauen. Zudem müssen die Aktien, wenn auch unter gewissen Restriktionen, von ausländischen Investoren erwerbbar sein, und der Rücktransfer der Zins- und Dividendeneinkünfte sowie des ursprünglich eingesetzten Kapitals muß weitgehend frei und somit ohne Restriktionen erfolgen können.

2.2 Charakteristiken und Entwicklungen

2.2.1 Geographischer und demoskopischer Überblick

Nach dem Kriterium des Bruttosozialprodukts pro Kopf der Bevölkerung von weniger als USD 8.626 jährlich erfüllen weltweit rund 170 Länder die Definition eines Emerging Markets. Davon verfügen allerdings nur ca. 80 Länder über eine funktionierende Wertpapierbörse. Die International Finance Corporation (IFC) verfolgt dabei wiederum nur von 60 Aktienmärkten die aktuellen Wirtschafts- und Börsendaten.

Wie aus Abbildung 3 ersichtlich, leben im gesamten Universum der Emerging Markets 4,8 Milliarden Menschen, also 84 % der Weltbevölkerung, auf 102 Mio. Quadratkilometern Fläche. Davon sind wiederum 2,7 Milliarden Menschen in den sehr schnell wachsenden Ländern China, Indien, Indonesien und in ganz Lateinamerika beheimatet. In den Industrienationen bewohnen 900 Mio. Menschen, was 16 % der gesamten Weltbevölkerung entspricht, eine Fläche von 31,5 Mio. Quadratkilometer. Das Potential und die Auswirkungen des Konsumverhaltens von 2,7 Milliarden Menschen, was einem Dreifachen der Industrienationen entspricht, die im Zuge des wirtschaftlichen Aufschwungs zu kaufkräftigen Konsumenten werden, ist enorm. Neben den Grundbedürfnissen des täglichen Lebens und der Infrastruktur werden sie, wie wir auch, Telefone, Fernseher, Autos und mit einem ansteigenden Lebensstandard später sogar einmal diverse Luxusartikel kaufen. Rolls Royce eröffnete zum Beispiel bereits mit großem Erfolg eine Repräsentanz in Peking.

Die Wirtschaftsleistung präsentiert bisher allerdings noch ein anderes Bild als die Bevölkerungsverteilung. Das gesamte auf der Erde erwirtschaftete Sozialprodukt betrug nach Berechnungen der Weltbank 1993 rund USD 24,3 Billionen. Davon entfielen ca. 79 % auf die Industrieländer und 21 % auf die Emerging Markets. Es ist damit zu rechnen, daß sich der Anteil der Emerging Markets in den nächsten Jahren systematisch zu Lasten der Industrienationen erhöhen wird.

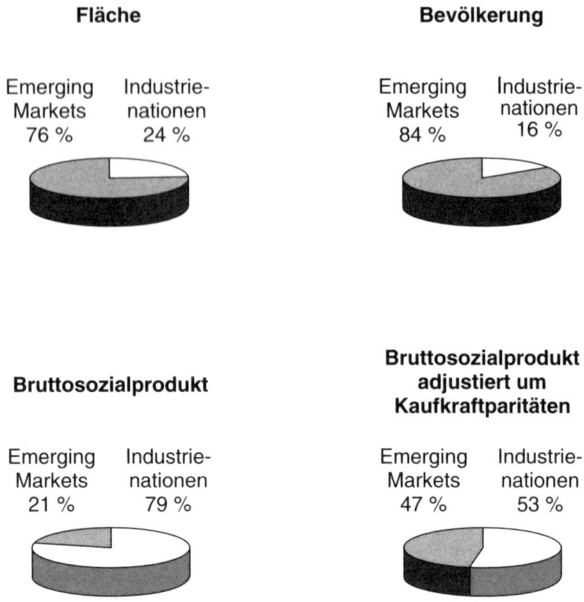

Quelle: Weltbank, Stand 1995

Abbildung 4: BSP pro Kopf der Bevölkerung, BSP pro Kopf der Bevölkerung adjustiert um Kaufkraftparitäten, Fläche, Bevölkerung

Von den genannten 60 Emerging Markets erfüllen jedoch nur die 25 in Abbildung 3 aufgeführten Märkte die regulatorischen und abwicklungstechnischen Mindestanforderungen einer funktionierenden Börse mit einer entsprechenden Mindestkapitalisierung. Zudem können ausländische Investoren an diesen Märkten auch direkt Aktien erwerben. Aus diesem Grund sind diese Märkte auch alle im Gesamtindex aller investierbaren Emerging Markets Aktien der International Finance Corporation (IFCI-Gesamtindex) enthalten.

Wie bereits erwähnt, unterliegen Emerging Markets einem oftmals sehr dynamischen Entwicklungsprozeß. Die einzelnen Märkte befinden sich dadurch auch in verschiedenen Entwicklungsstadien. Ein großes Reservoir an Wachstumsmärkten bildet dabei seit langem der südost- und ostasiatische Raum. Nach jahrzehntelangem Wachstum sind Japan, Hongkong und Singapur – die erste Generation der Emerging Markets aus der asiatischen Region – bereits feste Größen in den Industrienationen. Inzwischen sind Malaysia, Thailand, Indonesien, Südkorea, Taiwan, China und die Philippinen die neuen Motoren dieses schnell wachsenden Wirtschaftsraums. Das Erstaunliche an dem durch hohe Arbeitsmoral, Fleiß, Technologietransfer und politische Stabilität getragenen Aufschwung in diesen Regionen sind die trotz der hohen Wirtschaftswachstumsraten niedrigen Inflationsraten. In den vergangenen Jahren knüpften auch südasiatische Märkte, wie Pakistan, Indien und Sri Lanka, an die positive Entwicklung der ostasiatischen „Tiger“ und „Jungen Tiger“ an.

In Lateinamerika bieten sich seit der bewältigten Schuldenkrise Mitte der 80er Jahre in Argentinien, Brasilien, Chile, Mexiko bis hin zu Venezuela, Peru und Kolumbien trotz nach wie vor hoher Inflationsraten und immer wiederkehrender Rückschläge interessante Investitionsmöglichkeiten. Während in Südeuropa besonders Portugal, Griechenland und die Türkei seit den ersten Aufnahmegesprächen in die EU beachtet wurden, sind die osteuropäischen Länder Polen und Ungarn spätestens nach der deutschen Wiedervereinigung und dem Zusammenbruch des kommunistischen Systems zu aufstrebenden Märkten geworden. Mit einem klaren Bekenntnis zur freien Marktwirtschaft werden diese Märkte auch in Zukunft, nicht zuletzt durch die strategisch günstige Nähe zur Europäischen Union, ein enormes Potential besitzen.

2.3 Marktkapitalisierung, Handelsumsatz und Anzahl der börsennotierten Aktien

	Marktkapitalisierung in Mio. USD		Handelsumsatz in Mio. USD		notierte Aktien	
Emerging Markets	**1985**	**1994**	**1985**	**1994**	**1985**	**1994**
Griechenland	765	14.921	17	5.145	114	216
Jordanien	2.454	4.594	163	626	104	95
Polen	1441	3.057	281	5.134	91	44
Portugal	192	16.249	5	5.275	24	195
Simbabwe	360	1.828	9	176	55	64
Südafrika	55.439	225.718	2.836	15.954	462	640
Türkei	935	21.605	13	21.692	40	176
Ungarn	5051	1.604	1171	270	211	40
Argentinien	2.037	36.864	631	11.372	227	156
Brasilien	42.768	189.281	21.484	109.498	541	544
Chile	2.012	68.195	57	5.263	228	279

	Marktkapitalisierung in Mio. USD		Handelsumsatz in Mio. USD		notierte Aktien	
Kolumbien	416	14.028	30	2.191	102	113
Mexiko	3.815	130.246	2.360	82.964	157	206
Peru	760	8.178	38	3.080	159	218
Venezuela	1.128	4.111	31	936	108	90
China	2.028[1]	43.521	820	97.526	141	291
Indien	14.364	127.515	4.959	27.290	4.344	7.000
Indonesien	117	47.241	3	11.801	24	216
Korea	7.381	191.778	4.162	286.056	342	699
Malaysia	16.229	199.276	2.335	126.458	222	478
Pakistan	1.370	12.263	236	3.198	362	724
Philippinen	669	55.519	111	13.949	138	189
Sri Lanka	365	2.884	3	700	171	215
Taiwan	10.432	247.325	4.899	711.346	127	313
Thailand	1.856	131.479	568	80.188	36	389
andere EM* aggregiert	**171.263**	**1.928.972**	**45.156**	**1.639.893**	**8.916**	**17.115**
Industrie-nationen						
USA	2.324.646	5.081.810	997.189	3.592.668	8.022	7.770
Japan	978.663	3.719.914	329.970	1.121.438	1.829	2.205
Großbritannien	328.000	1.210.245	68.417	928.171	2.116	2.070
Deutschland	183.765	470.519	71.572	460.617	472	417
andere IN aggregiert	**4.496.503**	**13.256.635**	**1.600.569**	**7.981.853**	**17.753**	**19.061**
Welt aggregiert	**4.667.766**	**15.185.607**	**1.645.725**	**9.621.746**	**26.669**	**36.179**

Quelle: International Finance Corporation, Stand 1995

[1] In China, Polen und Ungarn eröffneten die Börsen erst 1991.

* Die restlichen der insgesamt 60 Emerging Markets, die von der IFC abgedeckt werden.

** Australien, Belgien, Dänemark, Finnland, Frankreich, Großbritannien, Hongkong, Irland, Island, Israel, Italien, Kanada, Luxemburg, Niederlande, Neuseeland, Norwegen, Österreich, Schweden, Schweiz, Singapur, Spanien.

Abbildung 5: Marktkapitalisierung, Handelsumsatz und Anzahl der börsennotierten Aktien

Marktkapitalisierung

Viele Emerging Markets konnten bei der Marktkapitalisierung, dem jährlichen Handelsumsatz und der Anzahl der börsenorientierten Aktien in den vergangenen Jahren erhebliche Zuwächse verzeichnen. Die Marktkapitalisierung aller Emerging Markets betrug Ende 1994 insgesamt USD 1.929 Mrd. Dabei sind nicht nur diejenigen Handelsplätze eingeschlossen, die im IFCI-Gesamtindex enthalten sind, sondern auch kleinere Märkte, die per Definition als Emerging Market gelten, deren Aktienmärkte bisher aber nicht die Kriterien zur Aufnahme in den IFCI-Gesamtindex erfüllen.

Im Vergleich zur gesamten Weltmarktkapitalisierung von USD 15.186 Mrd. entspricht das einem Anteil von 12,7 %. 1985 lag der Anteil erst bei 3,7 %. Dabei stieg die Marktkapitalisierung der Emerging Markets von 1985 bis 1994 von USD 172 Mrd. um das 11,3fache auf 1.929 Mrd. an. Im gleichen Zeitraum erhöhte sich die Marktkapitalisierung der etablierten Märkte dagegen nur um das 2,9fache von USD 4.497 Mrd. auf 13.257 Mrd. In den nächsten Jahren ist mit einem weiteren Anstieg der Marktkapitalisierung der Emerging Markets zu Lasten der Industrienationen zu rechnen.

Unter der Annahme, daß Emerging Markets jährlich um 15 % wachsen und Industrienationen nur einen Zuwachs von 8 % verzeichnen, projizieren wir bis 2025 eine Erhöhung des Anteils der Marktkapitalisierung der Emerging Markets an der gesamten Weltmarktkapitalisierung von 12,7 % auf 43 %.

Während die gesamte Marktkapitalisierung der Emerging Markets erhebliche Zuwächse verzeichnen konnte, traten bei den einzelnen Märkten jedoch große Unterschiede auf. Die Bandbreite reicht von Taiwan,

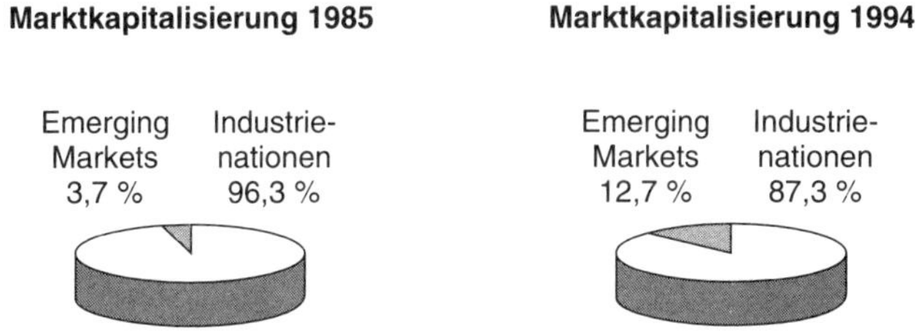

Quelle: International Finance Corporation, Morgan Stanley

Abbildung 6: Marktkapitalisierung

das mit einer Marktkapitalisierung von USD 247 Mrd. 1994 weltweit inklusive der Industrienationen den zehnten Ranglistenplatz in dieser Kategorie einnahm, bis hin zu Ungarn (USD 1,6 Mrd.). Südafrika (USD 226 Mrd.), Malaysia (USD 199 Mrd.), Korea (USD 192 Mrd.) und Brasilien (USD 189 Mrd.) gehörten ebenfalls zu den größeren Emerging Markets. Damit lag die Marktkapitalisierung dieser Märkte selbst vor den mittelgroßen Aktienmärkten der Industrienationen Italien (USD 180 Mrd.), Spanien (USD 155 Mrd.) und Schweden (USD 131 Mrd.). Zahlreiche kleinere Märkte der Industrienationen, die im MSCI enthalten sind, wie Finnland (USD 38 Mrd.) und Österreich (USD 30 Mrd.), weisen sogar wesentlich geringere Werte auf.

Handelsumsatz

Ähnlich sehen das aktuelle Bild und die Entwicklung der letzten Jahre beim jährlichen Handelsumsatz und der für Anleger so wichtigen täglichen Liquidität aus. Vor allem für die millionen- und oft sogar milliardenschweren Investmentfonds und institutionellen Anleger ist die Liquidität ein wichtiges Kriterium bei der Marktauswahl. Durch den enormen Anstieg der Marktkapitalisierung konnte sich in den letzten Jahren dieser oft bemängelte Faktor in den Emerging Markets teilweise bereits erheblich verbessern. Taiwan wies 1994 mit einem jährlichen Handelsumsatz von USD 711 Mrd. sogar eine höhere Liquidität als Frankreich (USD 615 Mrd.) und Deutschland (USD 461 Mrd.) auf.

Im Vergleich zum weltweiten Handelsumsatz von USD 9.622 Mrd. lag der Anteil des gesamten Emerging-Markets-Universums mit USD 1.640 Mrd. bereits bei 17 %. Dabei stieg das Handelsvolumen der Emerging Markets 1985 bis 1994 von USD 45 Mrd. um das 36,3fache auf USD 1.640 Mrd. an. Im gleichen Zeitraum erhöhte sich das Handelsvolumen der etablierten Märkte dagegen nur um das 4,9fache von USD 1.601 Mrd. auf 7.982 Mrd.

Durch die hohen Steigerungsraten des jährlichen Handelsvolumens erreicht inzwischen auch das für Anleger so entscheidende durchschnittliche tägliche Handelsvolumen akzeptable Werte. In neun Emerging Markets überstieg das tägliche Handelsvolumen 1994 bereits die USD 100 Mio.-Grenze (Taiwan, Korea, Malaysia, Brasilien, China, Mexiko, Thailand, Türkei und Indien).

Mit Simbabwe, Ungarn, Jordanien, Sri Lanka und Venezuela erreichen allerdings auch noch fünf IFCI-Märkte ein jährliches Handelsvolumen von weniger als USD 1 Mrd. Simbabwe bildet mit einem jährlichen Handelsvolumen von USD 176 Mio., was einem durchschnittlichen täglichen Börsenumsatz von nur USD 700.000 entspricht, das absolute Schlußlicht im Hinblick auf die Liquidität.

In diesen Märkten kann die Ausführung einer für institutionelle Verhältnisse kleinen Order von zum Beispiel USD 20 Mio. Wochen, wenn nicht sogar Monate dauern. Aufgrund der Marktenge führen solche Aufträge in diesen Märkten oft zu einer merklichen Beeinflussung der Kurse. Ausgelöst durch eine gute historische Performance, werden die Anleger auf einen Markt aufmerksam und kaufen die Aktien direkt am jeweiligen Börsenplatz oder erwerben einen Investmentfonds. Der Fondsmanager eines offenen Fonds muß das neue Fondsvermögen dann in einen steigenden Markt investieren, womit er durch seine Nachfrage für weiter steigende Notierungen sorgt. Bei Rückflüssen der Fondsanteile durch Verkäufe der Kunden, die meist in einer ohnehin schon schwachen Marktphase eintreten, muß er andererseits in fallenden Märkten Liquidität durch Aktienverkäufe schaffen. Damit sorgt er in diesem Fall durch sein Angebot für weiter fallende Notierungen an den jeweiligen Aktienmärkten der Emerging Markets. Diese durch zyklisches Marktverhalten entstehenden extremen Kursbewegungen haben oft wenig mit der zugrundeliegenden wirtschaftlichen Entwicklung des Landes und der Unternehmen gemeinsam, sondern sie sind vielmehr die Auswirkungen spekulativer Ekzesse kurzfristig orientierter Anleger in einem engen Markt.

Ein guter Indikator für den spekulativen Charakter eines Marktes ist das Turnover Ratio. Diese Kennzahl ergibt sich aus der Division der durchschnittlichen Marktkapitalisierung durch den jährlichen Handelsumsatz. Ein Wert von 100 % bedeutet demnach, daß beide Komponenten im Betrachtungszeitraum den gleichen Wert erreichten und statistisch sozusagen jede Aktie im Laufe des Jahres einmal den Besitzer wechselte. In den größeren Industrienationen schwankte das Turnover Ratio 1994 zwischen Japan (32 %), USA (70 %), Großbritannien (78 %), Deutschland (97 %) bis hin zu Frankreich, das mit 134 % den höchsten Wert im Morgan Stanley Capital International Weltaktienindex erreichte.

Von allen Emerging Markets wies 1994 Taiwan mit 323 % das höchste Turnover Ratio auf. Im Zuge des rasanten Kursanstiegs der vergangenen Jahre und aufgrund der positiven zugrundeliegenden Wirtschaftsentwicklung explodierte das Turnover Ratio von 95 % (1984) auf 532 % (1989). Danach konsolidierte diese Kennzahl leicht. Der taiwanesische Markt wird nach wie vor von Privatanlegern dominiert, die ca. die Hälfte der Marktkapitalisierung halten und durch ihr aggressives und spekulatives Verhalten einen Großteil der hohen Volatilität verursachen und für über 90 % des Umsatzes verantwortlich sind. Neben Taiwan wiesen

1994 China (235 %), Polen (177 %) und Korea (174 %) die höchsten Turnover Ratios auf.

Neben sehr hohen Turnover Ratios gibt es im Universum der Emerging Markets aber auch das entgegengesetzte Phänomen. Ein Markt wie Kolumbien, wo ausländische Investoren aufgrund der nach wie vor vorhandenen Investitionsrestriktionen nur einen Anteil von 5 % an der Gesamtmarktkapitalisierung halten, nahm mit einem Turnover Ratio von 18 % einen Platz im hinteren Mittelfeld ein. Einige afrikanische Märkte, wie zum Beispiel Südafrika (9 %), wiesen sogar nur einstellige Werte auf. Ein extrem hohes Turnover Ratio ist in vielen Fällen neben einem Anzeichen für den Grad der Spekulation in einem Markt auch ein Indiz für die nach wie vor geringe Größe bzw. Marktkapitalisierung des Aktienmarktes im Verhältnis zur gesamten Volkswirtschaft eines Landes.

Anzahl der notierten Aktien

Der Aufschwung der Emerging Markets und deren Einzug in zahlreiche weltweit diversifizierte Portfolios wird auch an einem Vergleich der weltweit notierten Aktien deutlich. Ende 1994 wurden an den Emerging Markets insgesamt 17.115 Aktien gehandelt. Im Vergleich zu den 36.179 weltweit notierten Werten entsprach das bereits einem Anteil von 47,3 %. 1985 lag der Anteil erst bei 33,4 %. Dabei war an den Emerging Markets durch zahlreiche Privatisierungen und Neuemissionen im Zeitraum 1985 bis 1994 eine Steigerung um 50 % von 8.916 auf 17.115 Titel festzustellen. An den etablierten Märkten wurden wesentlich weniger Aktien neu in den Handel eingeführt. Die Anzahl der notierten Aktien stieg von 17.753 nur um 7 % auf 19.061 Werte. Interessant ist auch, daß Indien als Emerging Market mit 7.000 börsennotierten Aktiengesellschaften hinter den USA mit 7.770 auf Platz zwei rangiert. Im Gegensatz zu Amerika werden in Indien davon bisher allerdings nur ca. 1500 Titel aktiv gehandelt. Unterstützt durch die hohen Wachstumsraten seit Mitte der 80er Jahre sowie traditionell hohe Sparquoten von über 20 %, stieg die Anzahl der Aktionäre in Indien von 6 Mio. (1985) auf knapp 30 Mio. (1995) an. Damit hat Indien bereits heute nach den USA weltweit die zweitgrößte Anzahl an Aktionären. Aufgrund des enormen Bevölkerungspotentials von 920 Mio. Einwohnern ist es nur eine Frage der Zeit, bis es in Indien und vor allem auch in China mit seinen 1,2 Mrd. Einwohnern jeweils mehr Aktionäre geben wird als in den Industrienationen.

2.4 Wirtschaftswachstum und seine Ursachen

2.4.1 Historie, Gegenwart und Ausblick

Im Zeitraum von 1989 bis 1995 war das Wirtschaftswachstum in den Emerging Markets höher als das Wachstum in den Industrienationen. In diesen sieben Jahren wuchs das Bruttosozialprodukt der Emerging Markets jährlich im Durchschnitt um 4,9 %. Die Industrienationen wuchsen im gleichen Zeitraum nur um 2,9 % pro Jahr. Kumulativ sind die Emerging Markets damit um 33,5 %, die Industrienationen nur um 18,6 % gewachsen. Sie werden sich fragen, warum diese Zahlen so wichtig sind: Das Wachstum der zugrundeliegenden Volkswirtschaft ist einer der wichtigsten Bestimmungsfaktoren für die Gewinnentwicklung der Unternehmen und damit auch für die Entwicklung eines Aktienmarktes.

Entsprechend stiegen die Gewinne der im Gesamtindex aller investierbaren Emerging-Markets-Aktien der International Finance Corporation (IFCI-Gesamtindex) enthaltenen Gesellschaften in den letzten sechs Jahren im Durchschnitt um 9,7 % pro Jahr. Die Unternehmen der Industrienationen mußten da passen: Ihre Gewinne stiegen im gleichen Zeitraum im Jahresdurchschnitt nur um 4 %. Ebenso wuchsen die Buchwerte der Emerging-Markets-Gesellschaften mit 13,8 % gegenüber 9,2 % für die Unternehmen in den Industrieländern. Und auch die Divi-

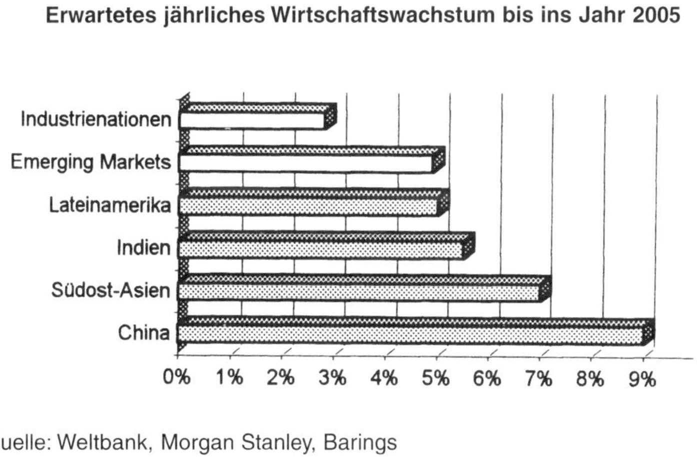

Abbildung 7: Erwartetes jährliches Wirtschaftswachstum bis ins Jahr 2005

denden wurden in den Emerging Markets stärker angehoben, und zwar um 7 % im Jahresdurchschnitt im Vergleich zu 6,7 % in den Industrieländern.

Da die Entwicklung eines Aktienmarktes neben anderen wirtschaftlichen und politischen Faktoren längerfristig in hohem Maße von den Wirtschaftswachstumsraten des jeweiligen Landes abhängt, läßt sich ein Großteil des zukünftigen Kurspotentials der Emerging Markets somit auf ihre enormen Wachstumsraten zurückführen. Führende Wirtschaftsforschungsinstitute rechnen bis ins nächste Jahrtausend mit einer Fortsetzung der überdurchschnittlichen Wachstumsraten der Emerging Markets. Die Weltbank schätzt, daß die Industriestaaten in den nächsten zehn Jahren mit 2,8 % pro Jahr und die Emerging Markets fast doppelt so stark mit 4,9 % pro Jahr wachsen.

Ende 1994 hatten die Emerging Markets einen Anteil von 21 % am Weltbruttosozialprodukt. Dieser Anteil würde bis zum Jahr 2025 auf 33 % steigen, falls die für die nächsten zehn Jahre erwarteten Wachstumsraten bis zum Jahr 2025 anhalten. Bereinigt um die Kaufkraftparitäten lag der Anteil der Emerging Markets am Weltbruttosozialprodukt Ende 1994 sogar bereits bei 47 %. Unter Zugrundelegung der von der Weltbank geschätzten Wachstumsraten könnte der Anteil der Emerging Markets von derzeit 47 % am Weltbruttosozialprodukt auf 55 % im Jahr 2010 und sogar auf 62 % im Jahr 2025 ansteigen.

Obwohl die Emerging Markets als Gruppe betrachtet ein wesentlich höheres Wachstum als die Industrienationen aufweisen und auch in Zukunft aufweisen werden, treten zwischen den Regionen des Emerging-Markets-Universums und den einzelnen Ländern erhebliche Unterschiede auf.

2.4.2 Länder und Regionen

Asien

Traditionell wiesen die Emerging Markets der asiatischen Region die höchsten Raten beim Wirtschaftswachstum auf. Im Zeitraum von 1985 bis 1993 erreichten Thailand und Südkorea mit 8,4 % bzw. 8,1 % hier die absoluten Spitzenwerte. In den Jahren 1994 und 1995 wurde China sogar mit jeweils zweistelligen Zuwächsen zur dynamischsten Wachstumsregion.

Da für die weitere Börsenentwicklung allerdings die zukünftigen fundamentalen Wirtschaftsdaten bestimmend sind, ist vor allem der Ausblick für die nächsten Jahre entscheidend. Und hier sind sich die Experten einig: Die Länder der Region Süd- und Ostasiens werden weiterhin Wachstumsraten produzieren, die erheblich über denen der Industrienationen liegen. Während für die Industrienationen bis Anfang des nächsten Jahrtausends mit einem moderaten durchschnittlichen jährlichen Wachstum von 2,8 % gerechnet wird, liegen die Prognosen für Asien bei 7 %. An der Spitze sehen die Experten der Weltbank China mit einem erwarteten Wachstum von 9 %. Da bereits über 25 % der Wirtschaftsleistung aller Emerging Markets auf die drei Staaten bzw. Gebiete Chinas (Volksrepublik China, Republik China/Taiwan und Hongkong) entfallen, beeinflußt die rasante Entwicklung dieser Region maßgeblich die Gesamttendenz der übrigen Emerging Markets.

Im ost- und südostasiatischen Raum kam es aufgrund des inzwischen seit Jahren anhaltenden Wirtschaftswachstums auch zu einer beachtlichen Zunahme des durchschnittlichen Bruttosozialprodukts pro Kopf der Bevölkerung. Im Gegensatz dazu ergab sich bei vielen Ländern in den Regionen Lateinamerika, Mittlerer Osten und Afrika wegen des wesentlich geringeren Zuwachses bei gleichzeitig hohem Bevölkerungswachstum nur eine geringere Zunahme oder teilweise sogar eine Abnahme des Bruttosozialprodukts pro Kopf der Bevölkerung.

An dieser Stelle sei die Anmerkung erlaubt, daß bei sämtlichen in den Emerging Markets verwendeten Daten, Zahlen und Statistiken neben dem hier wiedergegebenen statistisch erfaßten Teil die Schatten- oder Parallelwirtschaft einen beachtlichen Anteil aufweist und berücksichtigt werden muß. In den westlichen Industrieländern beträgt der Anteil dieser illegalen, als „Schwarzarbeit“ bezeichneten und häufig stillschweigend geduldeten Wirtschaft meist zwischen 5 und 15 %. Die Weltbank geht davon aus, daß dieser Wert in Indien zum Beispiel bei rund 50 % liegt und sich das offizielle Bruttosozialprodukt somit erheblich erhöht. Es ist anzunehmen, daß in anderen Emerging Markets ähnlich hohe Werte erreicht werden.

Lateinamerika

Die Wachstumsmärkte in Lateinamerika präsentierten in den vergangenen Jahren, nachdem sie jahrelang durch negative Schlagzeilen auffielen, ebenfalls ein freundlicheres Bild. Durch marktwirtschaftliche Reformen, Demokratisierung und politische Stabilisierung kam es in den meisten lateinamerikanischen Ländern zu einer deutlichen Erhöhung des Wirtschaftswachstums. Unterstützt wurde diese Entwicklung seit Anfang der 90er Jahre auch durch vermehrte Exporte in die Industrieländer, anhaltende Kapitalzuflüsse und Steigerungen der Produktivität. Bei relativ geringen Inflationsraten konnte zum Beispiel Chile von 1985 bis 1993, unterstützt durch die Rückkehr zu einem demokratischen politischen System, sogar ein durchschnittliches jährliches Wirtschaftswachstum von 6,1 % erreichen. Das seit 1973 unter General Pinochet regierende Militärregime wurde im Laufe der 80er Jahre systematisch entmachtet. 1988 ergab eine Volksabstimmung eine Mehrheit gegen die Verlängerung der bis März 1990 laufenden Amtszeit Pinochets. Nach knapp zwei Jahrzehnten der Militärdiktatur kehrte Chile 1990 somit endgültig zur Demokratie zurück. Der aus den Präsidentschafts- und Parlamentswahlen Ende 1993 als Sieger hervorgegangene Christdemokrat Eduardo Frei Ruiz-Tagle regiert nun seit März 1994 das Land. Frei sieht die Prioritäten während seiner Amtszeit besonders in der kontinuierlichen Fortsetzung des wirtschaftlichen Wachstums, der Erhöhung der Investitionsbereitschaft, des Ausbaus des Exportsektors sowie in der systematischen Bekämpfung der Armut.

Andere lateinamerikanische Märkte, wie Argentinien und Brasilien, litten in dieser Zeit (1985 bis 1993) nach wie vor unter den negativen Auswirkungen der Schuldenkrise, einer Hyperinflation und instabilen politischen Verhältnissen. Mit 1,4 % bzw. -0,6 % erreichten sie wesentlich enttäuschendere Wachstumswerte. Obwohl die Schuldenproblematik durch die mexikanische Währungs- und Finanzkrise 1994 wieder allgegenwärtig wurde, konnte sich das Wirtschaftswachstum, mit Ausnahme von Mexiko (1995 minus 4,5 %), begleitet von niedrigen Inflationsraten seit Anfang der 90er Jahre merklich erhöhen. Die Prognosen für die gesamte Region gehen in den nächsten zehn Jahren von Wachstumsraten um die 5 % aus.

Region Europa/Mittlerer Osten/Afrika (EMOA)

Bei der Analyse und Einschätzung der zukünftigen Entwicklung der Region Europa/Mittlerer Osten/Afrika (EMOA) treten die größten Unterschiede zutage. In den Jahren 1985 bis 1993 wiesen zahlreiche Märkte in dieser Region bei durchwegs zweistelligen Inflationsraten sogar ein negatives Wirtschaftswachstum auf. Seit Anfang der 90er Jahre verbesserte sich jedoch auch hier das wirtschaftliche und politische Umfeld. In Südafrika leitete der damalige Präsident Frederik De Klerk seit 1989 eine schrittweise Abkehr von der Apartheidpolitik ein. Durch die Freilassung Nelson Mandelas wurden der Ausnahmezustand sowie alle wesentlichen Apartheidgesetze aufgehoben und die Weichen für eine demokratische Zukunft Südafrikas gestellt. Die ersten allgemeinen und freien Wahlen sowie der Amtsantritt des neuen Staatspräsidenten Nelson Mandela im Mai 1994 beendeten schließlich 342 Jahre weißer Vor-

	Wirtschaftswachstum in %			Inflationsraten in %		
	1985-93*	1994	1995**	1985-93*	1994	1995**
Europa/ Mittlerer Osten/ Afrika						
Griechenland	1,3	1,5	2,0	16,0	10,9	9,5
Jordanien	-5,9	5,7	6,3	7,0	5,0	4,3
Polen	-1,8	5,0	5,7	112,8	33,3	27,0
Portugal	4,7	1,0	3,0	13,0	5,3	4,0
Simbabwe	-1,1	5,2	2,0	20,5	20	25
Südafrika	-1,5	2,3	4,0	13,8	9,0	10,0
Türkei	3,0	-5,4	-1,5	56,2	115	85
Ungarn	0,0	2,5	n.a.	19,2	20	n.a.
Lateinamerika						
Argentinien	1,4	6,2	-2,5	398,0	4,2	3,0
Brasilien	-0,6	5,7	7,5	822,8	928	40
Chile	6,1	4,5	7,3	18,9	11,5	8
Kolumbien	2,3	5,7	7,5	25,6	22	20
Mexiko	0,9	3,5	-4,5	45,1	7,0	40
Peru	-3,5	12,9	7,0	615,6	23,7	10,0
Venezuela	1,0	-3,3	7,5	35,2	60,8	40
Asien						
China	6,5	11,8	10,0	8,1	24,2	15
Indien	3,0	5,5	5,5	9,7	9,0	9,0
Indonesien	4,8	7,0	7,0	8,6	8,1	9,5
Korea	8,1	8,4	9,0	6,9	6,3	4,7
Malaysia	5,7	8,7	8,7	3,1	3,7	3,7
Pakistan	1,5	4,0	6,0	8,4	12,5	10,0
Philippinen	1,6	2,3	4,5	10,0	9,1	7,5
Sri Lanka	2,6	5,4	n.a.	11,2	8,4	7,1
Taiwan	n.a.	6,8	6,5	n.a.	4,1	3,5
Thailand	8,4	8,5	8,5	5,1	5,4	5,0
Industrienationen						
USA	1,2	4,1	3,1	3,5	2,7	2,9
Japan	3,6	0,6	0,5	1,4	0,7	-0,1
Deutschland	1,9	2,9	2,2	3,2	3,0	1,9
Großbritannien	1,3	4,0	2,6	5,7	2,5	3,3
Frankreich	1,8	2,7	2,7	3,0	1,7	1,8

Quelle: Financial Times, Weltbank, International Finance Corporation, Morgan Stanley

* Durchschnittliches jährliches reales Wachstum des Bruttoinlandsprodukts im Zeitraum 1985–93

** Schätzungen für 1995

n.a. nicht verfügbar

Abbildung 8: Wirtschaftswachstum und Inflation

herrschaft in Südafrika. Trotz diverser innenpolitischer Probleme befindet sich Südafrika heute wirtschaftlich und politisch mit klaren Bekenntnissen zur Marktwirtschaft und Demokratie auf einem vielversprechenden Weg. Die Politik des dominierenden African National Congress (ANC) unter der Führung von Mandela ist auf den Abbau der großen Entwicklungsunterschiede zwischen Schwarz und Weiß und auf einen Konsens zwischen den einzelnen Gesellschaftsgruppen ausgerichtet. Der Aufschwung Südafrikas sollte in den nächsten Jahren vor allem auch auf die angrenzenden afrikanischen Länder positive Auswirkungen haben.

Ein Problem der Region ist allerdings die hohe Abhängigkeit von Agrar- und Rohstoffexporten. Wegen der auf den Weltmärkten für die meisten bergbaulichen und landwirtschaftlichen Rohstoffe herrschenden Überschußsituation bzw. der ungleichen Verteilung sind die Preise seit Mitte der 80er Jahre stark zurückgegangen. Dementsprechend erhöhten sich die Außenhandelseinnahmen dieser Länder in den vergangenen Jahren kaum, während auf der anderen Seite die Preise für Lebensmittel- und Industriegüterimporte anzogen.

Ähnlich durchgreifende politische und wirtschaftliche Reformen und Strukturveränderungen wie in Südafrika waren in den osteuropäischen Ländern nach dem Fall der Berliner Mauer und dem endgültigen Scheitern der kommunistischen Planwirtschaft zu sehen. In Polen zum Beispiel war die Verschlechterung der Wirtschaft in den 80er Jahren unter anderem ein ausschlaggebender Faktor dafür, daß die kommunistische Regierung ihre politische Vormachtstellung verlor. Der Sturz des Kommunismus und die ersten teilweise freien Wahlen im Jahr 1989 mit der Ernennung Mazowieckis, dem Vertreter der wieder legalisierten „Solidarnosc“, zum ersten nicht-kommunistischen Ministerpräsidenten seit 1945 bedeuteten eine schlagartige Wende in der Wirtschaftspolitik Polens.

Stellvertretend für die Volkswirtschaften der ehemaligen „sozialistischen“ Staaten Ost-Mittel- und Osteuropas standen in Polen seit 1990/91 zwei Aufgaben im Vordergrund: die Modernisierung des völlig veralteten Produktionsapparates in Industrie und Landwirtschaft einschließlich des Neubaus des ungenügenden Dienstleistungssektors und an zweiter Stelle die Neuordnung des Wirtschaftssystems im Sinne einer Umgestaltung von der zentralistischen Planwirtschaft zu einer dezentralen, privat organisierten Marktwirtschaft. In einer Art „Schock-Therapie“ schaffte Finanzminister Leszek Balcerowicz die Preiskontrollen auf Waren und Nahrungsmittel ab. Darüber hinaus wurden nach der steuerlichen und rechtlichen Gleichstellung von privaten und staatlichen Unternehmen Anfang 1989 zahlreiche staatliche Betriebe privatisiert. Die ersten Resultate und die Auswirkungen auf die Wirtschaft waren zwar chaotisch, inzwischen zeigen sich jedoch erste Erfolge, und die Situation entspannte sich. Durch die geografische Nähe zur Europäischen Union, mit der Polen und Ungarn bereits ein Assoziierungsabkommen abgeschlossen haben, sind für diese Region in den nächsten Jahren weitere positive Entwicklungen zu erwarten.

Nach der formellen Auflösung der Sowjetunion sind die ehemaligen Mitgliedsländer des „Ostblocks" mit unterschiedlicher Geschwindigkeit und verschieden ausgeprägtem Reformwillen dabei, die sozialistische Staatswirtschaft, die Osteuropa in eine ökonomische und ökologische Katastrophe geführt hat, zu überwinden und marktwirtschaftliche Strukturen aufzubauen. Zur Zeit werden die betreffenden Länder Ost-Mittel-, Ost- und Südeuropas (einschließlich der europäischen Nachfolgestaaten der UdSSR) meist als „Reformländer", „Transformationsländer" oder „Konversionsländer Osteuropas" bezeichnet.

Kennzeichnend für diese Länder ist eine mehr oder weniger zerrüttete Wirtschaft mit technisch überalterter und die Ressourcen verschwendender Industrie, ineffektiver und umweltschädigender Landwirtschaft und stark unterentwickeltem Dienstleistungssektor. Alle drei Sektoren waren und sind nicht imstande, die Bedürfnisse der Bevölkerung hinreichend zu erfüllen. Insgesamt ergab sich für die Region der „Reformländer" Mittel-, Ost- und Südosteuropas 1994, im dritten Jahr der Umstrukturierung, erneut ein Rückgang der Wirtschaftsleistung um nochmals 9,4 %. Während die bereits im IFCI-Gesamtindex enthaltenen Emerging Markets Polen und Ungarn 1994 einen Anstieg des Bruttoinlandsprodukts von 5,0 % bzw. 2,5 % verzeichneten, mußten Rußland, die Ukraine, Aserbeidschan und Georgien erneut Rückgänge zwischen -15 % und -35 % hinnehmen. In diesen Ländern herrschen weiter Ungewißheit über den zukünftigen wirtschaftspolitischen Kurs und institutionelles Chaos, so daß die Investitionstätigkeit weitgehend zum Erliegen kam und die Produktion weiter absank. Das Wiener Institut für Wirtschaftsvergleiche berichtete zum Beispiel von einer massiven Entindustrialisierung in Rußland, von der nicht nur die Rüstungsindustrie, sondern auch besonders stark der Maschinenbau, die Elektronik- und die gesamte Investitionsgüterindustrie betroffen seien. So ging die Industrieproduktion in den Jahren 1990 bis 1994 insgesamt um über 60 % zurück.

Während die Tendenz in den Nachfolgestaaten der UdSSR nach wie vor nach unten zeigt, verbesserte sich in der jüngsten Vergangenheit das Klima im Mittleren Osten durch den Friedensprozeß zwischen Jordanien und Israel. Diese Region litt Anfang der 90er Jahre besonders unter den Auswirkungen des Kuwaitkriegs. Jordaniens Führung zum Beispiel unterstützte die Invasion Iraks in Kuwait im August 1990. Obwohl sich König Hussein 1993 öffentlich vom Irak distanzierte, sind die Beziehungen zum Nachbarstaat Saudi-Arabien seitdem angespannt. Im Zeitraum von 1985 bis 1993 verzeichnete Jordanien einen realen durchschnittlichen jährlichen Rückgang des Bruttoinlandsprodukts um 5,9 %, bei Inflationsraten von 7 %. Der Golfkrieg und die pro-irakische Haltung hatten katastrophale Auswirkungen auf Jordaniens Wirtschaft und verursachten in den Jahren 1990 bis 1992 einen erheblichen Einbruch des Bruttoinlandsprodukts. Ausgelöst durch die endgültige Aufhebung des seit 1948 herrschenden Kriegszustands zwischen Israel und Jordanien im Juli 1994 verbesserten sich auch für diese Region die Zukunftsaussichten. 1994 und 1995 verzeichnete Jordanien bereits ein Wirtschaftswachstum von 5,7 % bzw. 6,3 %. Bis zum Ende des Jahrtausends sollen in Jordanien durchschnittlich jährlich sogar 8 % Wachstum erreicht werden.

Worin liegen nun die allgemeinen Gründe und Ursachen für das erwartete überdurchschnittliche Wirtschaftswachstum der Emerging Markets? Bei einer näheren Analyse erscheinen besonders folgende im Anschluß detailliert analysierte Faktoren von elementarer Bedeutung für eine Fortsetzung des begonnenen Aufschwungs:

2.4.3 Ursachen für überdurchschnittliches Wirtschaftswachstum

Günstigere demographische Voraussetzungen in Form von sinkendem Bevölkerungswachstum, sinkender Säuglingssterblichkeit und steigender Lebenserwartung

Seit 1900 hat sich die Weltbevölkerung auf 5,7 Mrd. Menschen verdreifacht. Eine Fortsetzung dieser hohen Wachstumsraten sehen Experten als bedrohlich an. 1998 werden laut dem Weltbevölkerungsbericht knapp 6 Mrd. Menschen auf der Erde leben. Die Bevölkerung wächst jährlich um 86 Mio. Menschen. Das entspricht einem Zuwachs von drei Menschen pro Sekunde. Dieses Wachstum entfällt in absoluten Zahlen vorrangig auf die ärmeren Emerging Markets in Südasien (Bangladesch, Indien und Pakistan), in relativen Zahlen (Anteilen in Prozent) vorwiegend auf Afrika. Langfristige UNO-Prognosen gehen für das Jahr 2025 von 8,3 Mrd. Menschen und für 2050 sogar von 10 Mrd. Menschen aus. Aufgrund des hohen Bevölkerungswachstums konnte sich das Bruttoinlandsprodukt pro Kopf der Bevölkerung in zahlreichen Emerging Markets trotz guter Wachstumsraten in den vergangenen Jahrzehnten oft nur unwesentlich erhöhen.

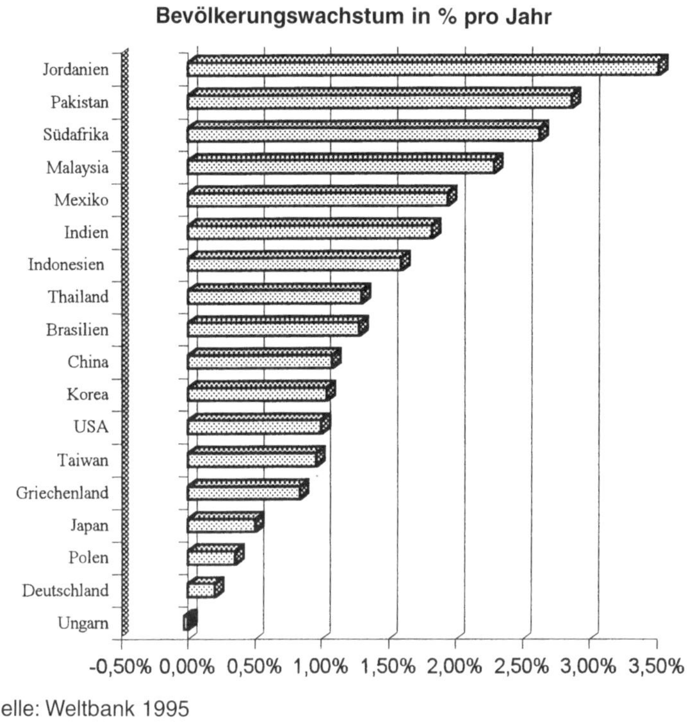

Abbildung 9: Bevölkerungswachstum

Auf der dritten Weltbevölkerungskonferenz in Kairo (1994) wurde die Wechselwirkung von nachhaltiger wirtschaftlicher Entwicklung und Bevölkerungspolitik erneut betont. Bedingt durch die beherrschende Rolle der Religion hatten aufwendige Geburtenregelungs- und Familienplanungskampagnen der verschiedenen Regierungen in der Vergangenheit nicht immer den erhofften Erfolg.

Die fortschrittlicheren asiatischen und auch einige lateinamerikanischen Länder erreichten hier inzwischen allerdings eine außerordentliche Verbesserung. Die hohen Bevölkerungswachstumsraten der 60er und 70er Jahre gehören endgültig der Vergangenheit an. So sank das Bevölkerungswachstum in Indonesien, Thailand, Brasilien und Taiwan von 3 % (1960–1970) bis heute auf 1,6 %, 1,3 %, 1,25 % bzw. sogar 0,96 %. Taiwan weist damit bereits ein geringeres Bevölkerungswachstum als die USA (1,0 %) auf. Interessant ist auch, daß trotz weiterhin stark fallender Tendenz der Geburtenraten in den Emerging Markets in den

Industrienationen wieder mehr Geburten registriert werden. So weist der amerikanische Bundesstaat Kalifornien, sicherlich nicht nur aufgrund der Einwanderer aus Mexiko, mit 85 Geburten pro Tausend Einwohner, einen doppelt so hohen Wert wie Pakistan auf. In Lateinamerika gehören Familien mit drei, vier und mehr Kindern nicht mehr zum alltäglichen Straßenbild. Mexiko weist gegenüber 1970 einen Rückgang des Bevölkerungswachstums von 3,4 % auf 1,9 % auf.

In der Region Europa/Mittlerer Osten/Afrika (EMOA), die erst in der jüngsten Vergangenheit an den wirtschaftlichen Aufschwung der asiatischen und lateinamerikanischen Länder anknüpfen konnte, treten die größten Unterschiede auf. Während Jordanien mit 3,5 % mit Abstand durch den höchsten Wert gekennzeichnet ist, hat Ungarn sogar ein negatives Bevölkerungswachstum von -0,3 %.

Während es der älteren Generation in den Emerging Markets oft schwerfällt, moderne Familienplanungsmethoden anzuwenden, wächst die junge Generation bereits damit auf. Die neue Mittelschicht, in der manchmal ähnlich wie in den Industrienationen beide Ehepartner arbeiten, kann sich oft auch aus finanziellen Gründen nur noch ein bzw. maximal zwei Kinder leisten.

Mit Ausnahme der süd- und osteuropäischen Länder, die traditionell ein geringeres Bevölkerungswachstum aufweisen, kann man tendenziell feststellen, daß die Geburtenraten mit der Länge des Wirtschaftsaufschwungs und der Zunahme des Wohlstands abnehmen. Je reicher bzw. fortschrittlicher also das Land, desto niedriger das Bevölkerungswachstum.

Ein ähnliches Bild wie beim Bevölkerungswachstum ergibt sich bei der Säuglingssterberate pro 1000 Geburten und bei der Lebenserwartung. Auch hier gilt, je reicher bzw. fortschrittlicher das Land, desto niedriger die Säuglingssterblichkeit und desto höher die Lebenserwartung. Verbesserungen der hygienischen Verhältnisse sowie der Aufbau des Gesundheitswesens und der medizinischen Versorgung führten in diesem Bereich in den fortschrittlichen Emerging Markets zu einer konsequenten Angleichung an die Werte der Industrienationen. Die einzelnen Regionen und Länder befinden sich dabei oft in einem ähnlichen Entwicklungsstadium wie beim Bevölkerungswachstum. Infolge der Armut und mangelnder Hygiene bzw. Infrastruktur zählen in ärmeren Ländern Krankheiten der Atemwege und verseuchtes Trinkwasser zu einer häufigen Todesursache.

AIDS ist in den nächsten Jahrzehnten in den Emerging Markets sicherlich eine der gefährlichsten Herausforderungen. 1995 waren mit 18 Mio. Menschen knapp doppelt so viele Erwachsene wie 1990 mit HIV infiziert. 90 % aller seit den 80er Jahren bekanntgewordenen AIDS-

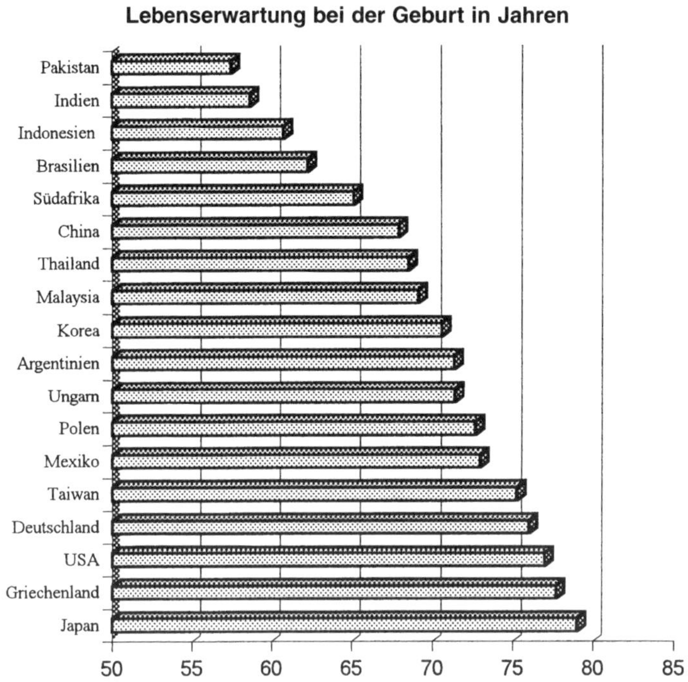

Quelle: Weltbank 1995

Abbildung 10: Lebenserwartung

Patienten sind bereits verstorben. Im Jahre 2000 könnten 3,5 % aller weltweit registrierten Krankheitsfälle mit Todesfolge auf AIDS entfallen.

Die vor allem in den bereits weiter entwickelten Emerging Markets mit einem höheren Bruttosozialprodukt pro Kopf der Bevölkerung erreichten Verbesserungen der Bevölkerungsstruktur dürfen nicht über die immensen Probleme eines weiteren Anstiegs der Weltbevölkerung hinwegtäuschen. Dabei werden besonders auch die regionalen Verschiebungen und Gewichtungen erhebliche Auswirkungen haben.

Die Abhängigkeitsstrukturen und der Bedarf an materieller (Wohnungsbau, Gesundheitswesen usw.) und immaterieller Infrastruktur (Bildungswesen, Dienstleistungen usw.) sowie das Angebot- und Nachfrageverhältnis auf dem Arbeitsmarkt werden sich verändern. Allein in den drei Emerging- Markets-Regionen Afrika, Asien und Lateinamerika werden bis 2025 etwa 1,3 Mrd. Menschen zusätzlich auf den Arbeitsmarkt drängen.

Ein Begleitphänomen des hohen Bevölkerungswachstums ist die Abwanderung aus ländlichen Gebiete – die sogenannte Binnenmigration. In den städtischen Zentren der Emerging Markets erhöht sich der Infrastrukturbedarf dadurch erheblich. Die Stadtbevölkerung wird bis zum Jahr 2000 die Hälfte der Weltbevölkerung stellen. 1970 waren es noch unter 20 %. Die Anzahl der Millionenstädte wird in dieser Zeit von aktuell 130 auf über 300 ansteigen. Daß diese Megametropolen nicht nur Vorteile mit sich bringen, muß Mexiko an seiner Hauptstadt Mexiko City erkennen. Mexiko City ist mit 22 Millionen Einwohnern augenblicklich die größte Stadt der Welt und leidet unter einer extremen Slumbildung mit allen bekannten negativen Auswirkungen.

Ein weiteres, sehr viel ernsteres Problem, das auch ein außerordentliches Konfliktpotential in sich birgt, ist die durch Emigration und Flucht bedingte Armut. Die Flüchtlingssituation nicht nur durch Kriege und Bürgerkriege, sondern auch durch Armut und Hunger ist gerade in Afrika nach wie vor bedrückend. Die zehn ärmsten Staaten Afrikas gehören auch zu den 15 ärmsten Ländern der Erde. Trotz erheblicher Fortschritte leben in den Entwicklungsländern und Emerging Markets nach wie vor 1 Mrd. Menschen in absoluter Armut. Um diesen Sachverhalt nachhaltig zu verbessern, fordern Experten eine Umsetzung der 20:20 Formel. 20 % des Budgets der Entwicklungsländer und Emerging Markets sollten für vorrangige Ziele der menschlichen Entwicklung bereitgestellt werden. Die Umsetzung der Formel wurde allerdings auf dem Weltsozialgipfel 1995 in Kopenhagen erneut nicht vertraglich fixiert.

Bei den Emerging Markets gibt es jedoch zahlreiche positive Beispiele, die diese Forderung bereits in die Praxis umsetzen. Die neue Regierung Südafrikas verkündete zum Beispiel im Rahmen eines umfangreichen Wiederaufbau- und Entwicklungsprogramms (RDP = Reconstruction and Development Programme) zur Verbesserung der Lebensbedingungen der schwarzen Bevölkerung unter anderem den Bau von 1 Mio. Wohnungen und Häusern mit fließendem Wasser und modernen sanitären Anlagen. Zudem sollen 30 % der landwirtschaftlichen Nutzfläche neu verteilt werden. Insgesamt sollen durch die Maßnahmen, deren Finanzierung durch rigorose Kürzungen des Verteidigungshaushalts geplant ist, 2,5 Mio. neue Arbeitsplätze geschaffen werden. Damit soll auch die extrem hohe Arbeitslosigkeit von 42 % gesenkt werden. Die Ratingagenturen Moody's und Standard and Poor's äußerten daraufhin zwar erst Bedenken über die zukünftige Ausgabenpolitik der neuen Regierung und die zu erwartende Neuverschuldung, setzten jedoch inzwischen das Rating herauf.

Steigendes Bildungs- und Ausbildungsniveau

Die Analphabetenrate und das Ausbildungsniveau stieg in den Emerging Markets in den vergangenen 20 Jahren gewaltig an. In den Industriestaaten liegt der Anteil der Bevölkerung mit einer höheren Schulbildung heute durchschnittlich bei 94 %. 1965 betrug der Anteil nur 65 %. Bei den Emerging Markets liegt Korea mit einem Anteil von 88 % an höherer oder weiterführender Schulbildung an der Spitze, während Pakistan mit 22 % das Schlußlicht bildet.

Ähnlich sehen die Verhältnisse bei der Analphabetenrate aus. Sie sank zum Beispiel in Thailand seit 1970 von 21,5 % auf 7 % und in Brasilien von 33 % auf 19 %. Obwohl die Analphabetenrate damit in Brasilien nach wie vor sehr hoch ist, besuchen inzwischen 40 % der Schüler eine höhere oder weiterführende Schule. In Ungarn liegt die Analphabetenrate mit 1 % sogar unter der offiziellen Rate der USA (3 %). Interne

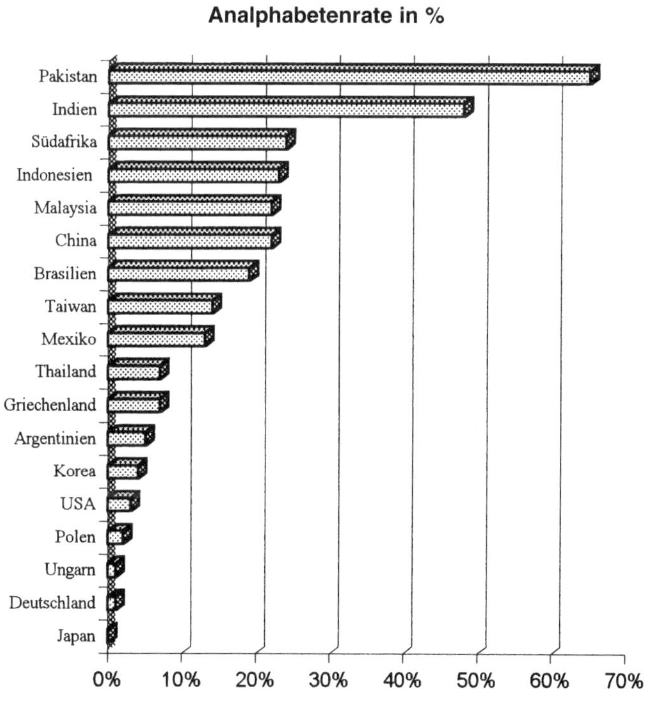

Quelle: Weltbank 1995

Abbildung 11: Analphabetenrate

Studien und Schätzungen des amerikanischen Bildungsministeriums gehen allerdings aufgrund der hohen Anzahl illegaler Einwanderer sogar von einer Analphabetenrate von knapp über 20 % aus. Damit würde das Bildungsniveau des Durchschnittsamerikaners im Bereich von China (22 %), Malaysia (22 %) und Indonesien (22 %) liegen.

Umfassende Änderungen im chinesischen Bildungssystem führten zum Beispiel bereits zu einem erheblichen Rückgang der Analphabetenquote dieses Riesenlandes. Die Analphabetenrate Chinas liegt bei 18 %, wobei besonders ein hoher Frauenanteil von ca. 30 % die Gesamtquote negativ beeinflußt.

Es gibt natürlich auch noch einige Länder mit einem großen Bildungsdefizit. Erhebliche Mängel und Rückstände im Bildungssystem sind der Hauptgrund, weshalb Pakistan von allen Emerging Markets mit 65 % die mit Abstand höchste Analphabetenrate aufweist. Um das Bildungsniveau und die schlechte medizinische Versorgung nachhaltig zu verbessern, müßte Pakistan in Zukunft einen wesentlich höheren Prozentsatz des Staatshaushalts als die augenblicklichen 15 % für den Bereich Ausbildung, Gesundheit und Familienplanung zur Verfügung stellen.

Die durchwegs positiven Veränderungen des Bildungsniveaus haben zur Folge, daß in zahlreichen Emerging Markets ein großer Überschuß von Facharbeitern den heute verfügbaren Industriearbeitsplätzen gegenübersteht. Das Verhältnis von Facharbeitern zur Anzahl der Industriearbeitsplätze bezeichnet man als den Ausbildungsgrad eines Arbeitsmarktes. Das Verhältnis reicht von 0,3:1 in den am wenigsten entwickelten Ländern bis zu 7:1 in Ländern wie Mexiko, den Philippinen und Sri Lanka. In den USA hingegen herrscht ein Verhältnis von ungefähr 1:1. In Mexiko gibt es beispielsweise sieben Bewerber für jeden Job, während in den USA praktisch ein Gleichgewicht besteht. Obwohl in Indien und China der Anteil der Bevölkerung mit höherer Berufsausbildung wesentlich geringer ist als im restlichen Asien und Lateinamerika, liegt das Verhältnis hier bei ungefähr 3:1 aufgrund der gewaltigen Zahl der ausgebildeten Arbeitskräfte, die sich auf eine relativ kleine Industriebasis beziehen. Ein hohes Verhältnis erzeugt eine heftige Konkurrenz um Arbeitsplätze in der Industrie und verdeutlicht, weshalb einige Emerging Markets die Fähigkeit besitzen, in fortschrittliche Bereiche der industriellen Fertigung einzusteigen. Es gibt auch bereits zahlreiche Beispiele, die diese Entwicklungen bestätigen. Den etablierten Industrienationen erwächst bereits heute auf dem Weltmarkt zunehmend Konkurrenz, insbesondere bei Massengütern und Produkten, die mit ausgereifter Technologie durch angelernte Facharbeiter in großen Serien hergestellt werden können. Neben den Bereichen der Textil- und Bekleidungsindustrie erweiterte sich das Spektrum in den vergangenen

Jahren aber auch auf Elektrogeräte, elektronische Bauteile, feinmechanische und optische Geräte sowie Kraftfahrzeuge. Indien exportiert zum Beispiel unter anderem Computer-Software, Taiwan Computerchips, Halbleiterprodukte und andere Elektronik, Brasilien und Mexiko Personen und Lastkraftwagen.

Wettbewerbsfähige Arbeitskosten, Arbeitszeit, Arbeitsmoral

Neben dem steigenden Ausbildungsniveau sprechen vor allem im asiatischen Bereich auch eine extrem hohe Arbeitsmoral mit hohen Wochenarbeitszeiten bei gleichzeitig nach wie vor niedrigen Lohn- und Lohnnebenkosten für die Verlagerung der Produktion aus den Industrienationen. Besonders in den arbeitsintensiven Bereichen wie der Textil- und Bekleidungsindustrie führten die Rationalisierungsmaßnahmen zu einer verstärkten Verlagerung der Arbeitsplätze in die Emerging Markets des asiatischen und südeuropäischen Raums. Während die Arbeitskosten in der Industrie (Lohn- und Lohnnebenkosten) in Deutschland pro Stunde bei DM 45 liegen, fallen in Griechenland für eine Arbeitsstunde DM 11, in Portugal DM 8 und in der Türkei sogar nur DM 6 an. In den asiatischen Märkten befindet sich das Lohnniveau noch einmal auf einem wesentlich niedrigeren Niveau. Ende 1994 betrug der gesetzliche Mindestlohn im Großraum Bangkok USD 5,41 pro Tag. Im internationalen Vergleich ist das Lohnniveau damit trotz des inzwischen langanhaltenden wirtschaftlichen Aufschwungs immer noch auf einem sehr niedrigen Niveau. In Indonesien wurde der Mindestlohn pro Tag von der Regierung 1994 von 3000 auf 3800 Rupiah (DM 2,90) erhöht.

Neben den hohen Arbeitskosten kommen in den Industrienationen noch die niedrigen Wochenarbeitszeiten sowie die geringen durchschnittlichen wöchentlichen Betriebsstunden industrieller Anlagen als Standortnachteil hinzu. Deutschland befindet sich hier aus Sicht der Industrie mit einer 38,5-Stundenwoche, die bereits Richtung 35 Stunden tendiert, der höchsten Anzahl an Urlaubstagen und gesetzlichen Feiertagen, sowie nur 53 Betriebsstunden industrieller Anlagen international in einer sehr ungünstigen Ausgangslage.

Korea und China sind hier nur zwei Beispiele aus dem Universum der Emerging Markets, die trotz ihrer momentan noch geringeren Produktivität für Deutschland in diesen Punkten eine enorme Konkurrenz darstellen. Die treibenden Kräfte hinter der dynamischen Entwicklung Süd-Koreas waren neben der systematischen Verwirklichung einer modernen exportorientierten Wirtschaft vor allem eine unternehmerische, disziplinierte und hart arbeitende Gesellschaft. Bis heute übertrifft Korea mit einer durchschnittlichen wöchentlichen Arbeitsleistung von 50 Stunden die Industrienationen bei weitem und steht bei der Wochenarbeitszeit in der Welt unangefochten an 1. Stelle. Ähnlich sieht die Situation in China aus. Internationale Investoren schätzen hier ebenfalls das Unternehmertum sowie die hohe Arbeitsmoral und Motivation des chinesischen Volkes. Die chinesische Regierung verfügte 1994 zwar eine Senkung der Wochenarbeitszeit für Arbeiter in Staatsbetrieben von 48 auf 44 Stunden. In den meisten privaten Unternehmen herrscht aber nach wie vor ein 8-Stunden-Arbeitstag und die 6-Tage-Woche. Verglichen mit den wesentlich geringeren Wochenarbeitszeiten sowie höheren Lohn- und Lohnnebenkosten in den Industrieländern verfügt China trotz seiner aktuell noch niedrigeren Produktivität damit über einen enormen Standortvorteil.

Stabilität des politischen Systems

Die Emerging Markets waren in vieler Hinsicht die größten Nutznießer der politischen und wirtschaftlichen Veränderungen der vergangenen Jahre. Die asiatischen Länder weisen nicht zuletzt dank einer hohen innen- und außenpolitischen Stabilität bereits seit über einem Jahrzehnt dynamische Wirtschaftswachstumsraten auf.

Durch marktwirtschaftliche Reformen, Demokratisierung und eine politische Stabilisierung kam es in den lateinamerikanischen Ländern nach der Bewältigung der Schuldenkrise gegen Ende der 80er Jahre ebenfalls zu einer deutlichen Erhöhung des Wirtschaftswachstums. Die Zeit der Willkürregierungen und selbstherrlichen Diktatoren scheint in Lateinamerika unter dem Kapitel des verlorenen Jahrzehnts der 80er Jahre endgültig abgehakt. Heute regieren demokratisch gewählte Staatsmänner, die meist auf einen top ausgebildeten Finanzberaterstab zurückgreifen können und eine moderne marktwirtschaftlich orientierte Wirtschaftspolitik verfolgen.

Nach dem endgültigen Scheitern der kommunistischen Planwirtschaft wird inzwischen auch im Ostblock und in den Ländern der ehemaligen UdSSR die freie Marktwirtschaft als einzige Möglichkeit zur Anhebung des Lebensstandards gesehen. Das planwirtschaftliche Wirtschaftssystem erwies sich als verheerend und wird weltweit kaum mehr verfolgt. In Ländern wie Polen, Ungarn und China, in denen die Planwirtschaft der Marktwirtschaft Platz gemacht hat und die Bedeutung des Staates konsequent eingeschränkt wurde, werden bereits erste wirtschaftliche Erfolge deutlich.

Beispiele für eine Tendenz zur politischen Stabilität finden sich nahezu im gesamten Universum der Emerging Markets.

Ausbau der Infrastruktur

Der Aufbau der Infrastruktur ist in mehrfacher Hinsicht ein Schlüsselfaktor zur Sicherung eines langfristigen Aufschwungs. Um einen reibungslosen Industrialisierungsprozeß zu ermöglichen, muß vor allem die Infrastruktur entsprechend aus- bzw. aufgebaut werden. Angefangen von der Kanalisation, der Wasser- und Stromversorgung, der Erschließung eines dichten Wasserstraßen-, Straßen- und Schienennetzes, modernen Telefon- und Kommunikationsverbindungen bis hin zu Flughäfen und der Fremdenverkehrsinfrastruktur kommen auf die Emerging Markets astronomische Investitionssummen zu. Hierin liegt jedoch eine doppelte Chance. Einerseits entstehen durch die oft milliardenschweren Investitionsprogramme erhebliche Wachstumsimpulse für die eigene Wirtschaft. Auf der anderen Seite werden die Emerging Markets mit einer modernen Infrastruktur, einem hohen Ausbildungsstandard bei nach wie vor attraktivem Lohnniveau in Zukunft einen enormen Standortvorteil gegenüber Mitbewerbern aus den Industrienationen haben.

In den Emerging Markets nimmt der Bedarf an Personen- und Güterverkehrsleistungen wegen der Zunahme der Handelsaktivitäten und der rapide ansteigenden Motorisierung kräftig zu. Ein guter Maßstab für den Grad der Verkehrsinfrastruktur ist der Kraftfahrzeugbestand. Der Bestand an Pkws, Lkws und Bussen, ohne Berücksichtigung motorisierter Zweiräder, die in zahlreichen Emerging Markets ja nach wie vor das Straßenbild prägen, stieg in den vergangenen Jahren bereits stark an. Pro 1.000 Einwohner beträgt der Kraftfahrzeugbestand in den USA 740, Japan 500, Deutschland 485, Polen 205, Südafrika 125, Mexiko 125, Malaysia 140, Pakistan 9 und Indien 7.

Um die Voraussetzungen für ein weiteres Wirtschaftswachstum zu sichern, gab die Regierung in Taiwan zum Beispiel 1991 einen umfassenden Sechsjahresplan zum Ausbau und zur Modernisierung der Infrastruktur und High-Tech-Industrie bekannt. Im Rahmen dieses Programms wurden unter anderem zahlreiche Wärme- und Wasserkraftwerke errichtet. Um die ständig steigende Stromnachfrage befriedigen zu können, müssen in Zukunft wohl in verstärktem Maße Kernkraftwerke genutzt werden. Auch wenn der ursprünglich geplante Programmumfang von USD 300 Mrd. leicht reduziert wurde und einige Projekte wahrscheinlich nicht in der vorgesehenen Zeit fertiggestellt werden können, entstanden allein durch die zahlreichen Aufträge und Baumaßnahmen sehr positive Wachstumsimpulse für die Wirtschaft.

Mit einer fortschreitenden Diversifizierung und Spezialisierung der Industrie in Thailand wurde in den vergangenen Jahren neben einem Mangel an hochqualifizierten Facharbeitern besonders die unzureichende Qualität der Infrastruktur deutlich. Der siebte Fünfjahresplan (1992–96) setzte bei einer Fortsetzung der wirtschaftlichen Expansion und einer weiteren Verbesserung des Infrastrukturnetzes daher vor allem auch auf den systematischen Ausbau des Bildungssektors, um langfristig hochqualifizierte Arbeitskräfte in innovativen Technologien auszubilden. Die Investitionen zum Ausbau und zur Modernisierung der Infrastruktur der Bereiche Verkehr, Telekommunikation sowie Strom- und Wasserversorgung beliefen sich allein in diesen vier Jahren auf USD 35 Mrd.

Wie hinderlich Schwachstellen in der Infrastruktur für den wirtschaftlichen Aufschwung eines Landes sein können, zeigte sich an der unzureichenden Stromversorgung in den Philippinen. Um einen weiteren wirtschaftlichen Aufschwung zu ermöglichen, mußte vor allem die Stromversorgung verbessert werden. Denn während die Stromnachfrage in den vergangenen Jahren jährlich um knapp 10 % zunahm, konnte die Stromproduktion jeweils nur um 1 % gesteigert werden. Der jährliche Energieverbrauch pro Einwohner beträgt bisher nur 420 kWh, was nur marginal über dem niedrigsten Wert von Pakistan (350 kWh) liegt. Im Vergleich zu den Philippinen (USD 830) hat Pakistan jedoch nicht einmal ein halb so hohes Bruttosozialprodukt pro Kopf der Bevölkerung von nur USD 430. Häufige, zum Teil etliche Stunden und Tage andauernde Stromausfälle behinderten eine reibungslose Produktion in bestehenden philippinischen Betrieben und erschwerten die Ansiedlung neuer Industrie. Präsident Ramos erklärte die Erweiterung und Modernisierung der Infrastruktur, wobei neben den Bereichen Verkehr und Telekommunikation hier besonders die Stromversorgung im Vordergrund steht, zu den obersten Prioritäten seiner Amtszeit. Durch den Bau zahlreicher neuer Stromwerke ist damit zu rechnen, daß sich der Engpaß in der Stromversorgung im Laufe des Jahres 1996 endgültig entspannt.

Der Pro-Kopf-Verbrauch an Energie hängt stark vom technischen Entwicklungsstand eines Landes ab und gibt somit einen guten Anhaltspunkt für den Grad der Industrialisierung. Es muß jedoch hinzugefügt werden, daß der Pro-Kopf-Verbrauch auch von der Wirtschaftsstruktur und der Zusammensetzung der Industrie (z.B. hoher Verbrauch der Montan- und chemischen Industrie), dem Grad der Motorisierung, dem Klima (Dauer der Heizperioden) und außerdem den verwendeten Energieträgern und dem Grad der Rationalisierung beeinflußt wird. Ein Land, in dem der jährliche Energieverbrauch pro Einwohner z.B. sehr verzerrt erscheint, ist Venezuela. Bedingt durch die Öl- und chemische Industrie ist der sehr hohe Elektrizitätskonsum von 2.830 kWh pro Einwohner wenig repräsentativ und bedeutet nicht zwangsläufig einen hohen Industrialisierungsgrad und einen hohen Lebensstandard der breiten Bevölkerung.

Telefonanschlüsse pro 1.000 Einwohner

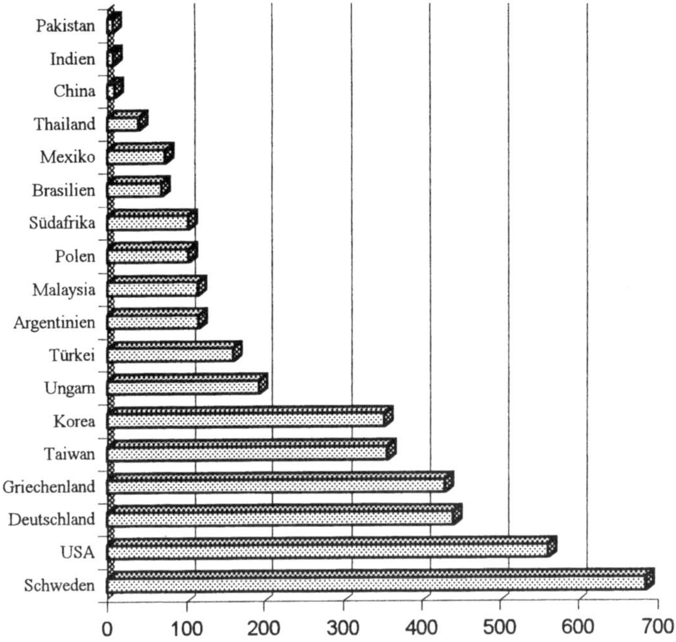

Quelle: Siemens Fernsprechstatistik 1994

Abbildung 12: Telefonanschlüsse

Einen guten Maßstab für den Grad der Infrastruktur stellen auch die Telefonanschlüsse pro 1.000 Einwohner Land dar. Wie so oft bildet Pakistan mit sieben Anschlüssen in dieser Statistik das Schlußlicht. Neben der Anzahl der Anschlüsse ist auch noch die Art der Verteilung von Bedeutung. In vielen Emerging Markets konzentrieren sich das Telefonnetz und auch andere Infrastruktureinrichtungen auf einige wichtige Städte und Zentren.

Das Telefonnetz in Ungarn erscheint zum Beispiel auf den ersten Blick mit insgesamt knapp 2 Mio. Anschlüssen, also 194 pro 1.000 Einwohner, für ein osteuropäisches Land gut ausgebaut. 50 % der Telefone befinden sich jedoch in Budapest, und für einen Neuanschluß bestehen jahrelange Wartezeiten. Um die Dichte des Telefonnetzes zügig zu erhöhen, beginnen zahlreiche Emerging Markets nicht (wie in den Industrienationen üblich) mit dem Aufbau eines Kabelnetzes, sondern es wird von Anfang an ein flächendeckendes Funk- und Mobiltelefonsystem aufgebaut. Dabei entfallen aufwendige Verkabelungsarbeiten im oft unwegsamen und sehr weitläufigen Gelände. Durch die Aufstellung von Sendemasten kann mit einem Schlag ein mehr oder weniger flächendeckendes Telefonsystem aufgebaut werden. Die Telefonsituation kann sich somit auch in Märkten mit nach wie vor wenig Anschlüssen bereits in einigen Jahren erheblich verbessern.

Technologietransfer

Ein erheblicher Anteil des Wachstums der aufstrebenden Märkte wird durch die Einführung und Anpassung von neuen Technologien erzielt, die im Ausland entwickelt wurden. Durch aufwendige Forschung und Entwicklung in den Industrieländern wurden für die Emerging Markets Technologien erhältlich, die leicht örtlichen Gegebenheiten angepaßt werden können. Wie am Beispiel von Südkorea und Taiwan deutlich wird, haben einige Emerging Markets auch selbst viel in die Entwicklung modernster Technologien investiert. Sie erreichen damit bereits heute einen bedeutenden Produktivitätsvorteil gegenüber Industrienationen. Die Entwicklung des Pro-Kopf-Wachstums des Einkommens zeigte in China eine Verdoppelung der Produktivität innerhalb von nur zehn Jahren von 1977 bis 1987. Südkorea konnte seine Produktivität in elf Jahren von 1966 bis 1977 verdoppeln. In der Industrialisierungsphase in Amerika wurden für eine Verdopplung der Produktivität dagegen noch 47 Jahre benötigt (1839 bis 1886) und in Großbritannien gar 58 Jahre (1780 bis 1838).

Hohe Wachstumsraten und vor allem hohe Erwartungen an das zukünftige Wachstum in den Emerging Markets können auch durch die Differenz in der Höhe der Einkommen zu den Industrienationen erklärt werden. Die Einkommensverteilung ist weltweit sehr ungleich. Die 20 % der Reichsten der Weltbevölkerung vereinigen mehr als 80 % des weltweiten Einkommens auf sich. Im Gegensatz dazu erwirtschaften 20 % der Ärmsten nur 1,4 % des Welteinkommens. Diese Diskrepanz ist in erster Linie auf die enormen Unterschiede im Produktivitätsniveau zurückzuführen. Der Pro-Kopf-Output von Gütern und Dienstleistungen ist in den USA und Europa ungefähr 30mal höher als im ärmsten Emerging Market. Diese Differenz in der Produktivität existierte nicht immer; erst seit der Industriellen Revolution wurde sie zwischen den wirtschaftlich mächtigen Ländern und dem Rest der Welt immer größer. In den nächsten Jahren ist dank eines regen Technologietransfers mit einer fortschreitenden Verminderung des Produktivitätsunterschieds zugunsten der Emerging Markets zu rechnen.

Eine Erhöhung der Industrieproduktion erfolgt heute in der Regel selbst in einigen der weiter entwickelten Emerging Markets weniger durch Neueinstellungen von Arbeitskräften, sondern vor allem durch erhöhte Produktivität, verbesserte Auslastung der Anlagen sowie verstärkte Automatisierung und Robotereinsatz. Während in Deutschland 1993 erst 43.000 Industrieroboter im Einsatz waren, arbeiteten in Taiwan zum gleichen Zeitpunkt bereits 65.000. Im Vergleich dazu sind in Japan 348.000 und in den USA 47.000 Roboter im Einsatz. Es wandern also längst nicht nur arbeitsintensive Billigproduktionen wie z.B. aus der Textil- und Bekleidungsindustrie in die Emerging Markets ab, sondern auch immer mehr moderne und innovative High-Tech-Bereiche.

China praktiziert den Technologietransfer in hohem Ausmaß. In China erfolgt der Technologietransfer, seitdem 1979 die Erlaubnis ausländischer Investitionen in Form von Joint Ventures in sehr intensiver Art und Weise die Nutzung ausländischen Kapitals, Technik und Know-hows forcierte. Um den Aufbau der Industrie zu fördern und ausländische Investitionen anzuziehen, wurden 1980 Special Economic Zones (SEZs) gegründet. 1984 wurde das Konzept durch die Gründung von insgesamt 14 „Economic and Technological Development Zones" ausgedehnt. In einer nächsten Stufe wurden 1989 umfangreiche Gebiete an der chinesischen Küste zu „Open Coastal Economic Zones" erklärt. Die Schaffung dieser verschiedenen mit zum Teil erheblichen Steuervorteilen und Investitionsanreizen ausgestatteten Zonen konnte zahlreiche internationale Unternehmen und Investoren anziehen. Das enorme chinesische Wirtschaftswachstum der vergangenen Jahre ging zu einem großen Teil auf diese Joint Ventures und die Nutzung ausländischen Kapitals zurück. Die Zahl der Unternehmen mit Auslandskapital verdoppelte sich 1994 auf knappe 170.000. Vom gesamten Wirtschaftswachstum im Jahr 1994 entfielen allein 46 % auf ausländische Unternehmen und Joint Ventures, dagegen nur 6 % auf staatliche Betriebe.

Im Rahmen eines Peking-Besuchs von Bundeskanzler Helmut Kohl Ende 1995 wurden zwischen führenden Vertretern der deutschen und chinesischen Wirtschaft Vereinbarungen im Auftragswert von DM 2 Mrd. unterzeichnet. Die zum Daimler-Benz-Konzern gehörende DASA will über ein neues Gemeinschaftsunternehmen in China Vakuum-Solar-Kollektoren für die Warmwassererzeugung herstellen und ab 1996 weltweit vertreiben. Die Daimler Benz Aerospace AG vereinbarte dazu in Peking die Gründung eines Gemeinschaftsunternehmens mit der Sunpu Technology Company of China. Die Gesellschaft soll innerhalb von drei Jahren einen Jahresumsatz von DM 60 Mio. erreichen und 400 Mitarbeiter beschäftigen. Parallel dazu gab die Firmenleitung der Audi AG bekannt, daß die seit 1988 bestehende China-Fertigung ausgebaut wird.

In der zweiten Jahreshälfte 1996 soll ein überarbeiteter Audi 100 in der neuen Fabrik in Changchun in Nordost-China produziert werden. Pro Jahr sollen zunächst 30.000 Autos und 50.000 Sechszylinder-Motoren vom Band laufen. Bis zum Jahr 2000 ist eine Verdopplung des Ausstoßes geplant.

Im Rahmen von Technologietransfers und Joint Ventures flossen in den vergangenen Jahren erhebliche Kapitalströme in die Emerging Markets. Während im Zeitraum von 1973 bis 1976 nur USD 3,5 Mrd. an Direktinvestitionen, vorrangig im asiatischen und lateinamerikanischen Raum, getätigt wurden, waren es in den Jahren 1988 bis 1994 bereits USD 45 Mrd.

Die beiden asiatischen Wachstumsmotoren Südkorea und Taiwan, deren Aufbau ebenfalls auf einem regen Technologietransfer aus den etablierten Industrienationen basierte, vollziehen bereits einen nächsten Schritt. In Taiwan, das innerhalb weniger Jahrzehnte eine bedeutende Wirtschaftskraft entwickelte, basierte der Aufschwung vor allem auf japanischem und US-amerikanischem Einfluß und Kapital. Nach einer Periode des industriellen Aufbaus folgte die Verarbeitung von Agrarprodukten, danach wurde die Leicht- und Schwerindustrie sowie schließlich die elektronische Industrie aufgebaut. Heute erwirtschaften 40 % aller Erwerbstätigen im Industriesektor 40 % des Bruttoinlandsprodukts. In den letzten Jahren findet nun sogar bereits eine Verschiebung von arbeitsintensiven Verarbeitungsindustrien hin zur Hochtechnologie statt. Inzwischen entwickelte sich Taiwan selbst zu einem wichtigen Investor in Ländern wie China, Thailand, Indonesien, den Philippinen, Malaysia und Vietnam. Eine ähnliche Tendenz ist in Korea zu beobachten. In den nächsten Jahren muß Korea versuchen, das Problem stark steigender Löhne und Gehälter, die in den vergangenen Jahren um durchschnittlich 15 % anstiegen, in den Griff zu bekommen. Ein wichtiger Schritt ist dabei die Ausgliederung arbeitsintensiver Produktionen in die angrenzenden asiatischen Billiglohnländer und die Forcierung der Hochtechnologie und Innovation neuer Produkte im eigenen Land.

Daß zahlreiche Emerging Markets heute nicht mehr nur in arbeitsintensiven Bereichen wie der Textil- und Bekleidungsindustrie dank niedriger Lohn- und Lohnnebenkosten konkurrenzfähig sind, ist an einigen Zahlen der Automobilherstellung abzulesen. Die größten Automobilhersteller waren 1993 in 1.000 PKW/Nutzfahrzeugen (einschließlich LKW und Bussen) natürlich nach wie vor in den Industrienationen Japan (8680/2730), USA (5680/4040) und Deutschland (3930/270) zu finden. Auf dem sechsten Ranglistenplatz folgt mit Südkorea (1528/450), vor Italien (1475/210) mit seiner Automobiltradition, allerdings bereits ein Emerging Market. Mexiko (850/170), Brasilien (330/750), Polen

(330/20), Argentinien (330/10) und Indien (230/150) finden sich auf den Plätzen 11 bis 15. Nimmt man die Montage von Kraftfahrzeugen aus importierten Teilen hinzu, so erscheinen in der Statistik auch noch die Türkei (343/85), Südafrika (220/105), Malaysia (145/28), Portugal (78/52), Thailand (77/206), Kolumbien (63/14) und Indonesien (28/4).

In einigen Ländern Lateinamerikas und vor allem Afrikas verhinderten labile politische Verhältnisse, innere Unruhen, die absolut unzureichende und sich oft eher verschlechternde Versorgungslage und Verkehrsinfrastruktur umfangreiche Investitionen etablierter Industrieunternehmen. An den aufgeführten Beispielen wird sichtbar, daß in den vergangenen Jahren diejenigen Staaten Asiens das stärkste Wachstum erreichten, die ausländische Investitionen und privates Unternehmertum begünstigten und sich intensiv am Welthandel beteiligten.

Bewältigung der Schuldenkrise und stabile Währungen

Stark wachsende öffentliche Ausgaben, ausufernde Budgetdefizite, schwache Währungen, steigende Inflationsraten und eine zunehmende Staatsverschuldung waren die vorrangigen Gründe für eine Eskalierung der lateinamerikanischen Schuldenkrise Anfang der 80er Jahre. Die gesamte ausländische Verschuldung der Emerging Markets belief sich 1982 auf ca. USD 650 Mrd., was zu einer jährlichen Zinsleistung von etwa USD 60 Mrd. führte. Hiervon entfiel ein Großteil auf südamerikanische Länder. Ausgelöst durch eine expansive Schuldenpolitik bei zugleich unproduktiver Verwendung der aufgenommenen Mittel trat das ruinöse Ausmaß der internationalen Schuldenkrise erstmals im August 1982 durch die Zahlungsunfähigkeit Mexikos zu Tage. Noch im gleichen Jahr folgten Argentinien, Brasilien und Polen. Damals beliefen sich die Auslandsschulden Mexikos auf USD 83 Mrd., wovon USD 14 Mrd. auf die Privatwirtschaft entfielen. Mexiko hätte damit 129 % seiner gesamten Exporteinnahmen für den Schuldendienst (Zinsen und Tilgung) aufwenden müssen. In Argentinien und Brasilien nahm die Situation mit 179 % bzw. 122 % ähnliche Ausmaße an.

Unter der Last der Überschuldung wurde versucht, mit Umschuldungsabkommen die Situation zu entspannen. Sie beinhalteten folgende Maßnahmen:

1. Fristenstreckung der Kreditlaufzeit: Kurzfristige wurden in langfristige Schulden umgewandelt. Damit wurde den Schuldnerländern eine Schonfrist gewährt. Nach einer Besserung der Wirtschaft sollten sie den Schuldendienst wieder aufnehmen.

2. Teilverzicht auf aufgelaufene Zinsen und/oder Ermäßigung der Zinskosten, um die Schuldnerländer zu entlasten.
3. Der nach dem US-amerikanischen Finanzminister benannte Baker-Plan zielte darauf ab, die Wachstumsdynamik der Schuldnerländer durch die neue Finanzierung entsprechender Investitionen weiter zu fördern. Die Weltbank, private Geschäftsbanken und öffentliche Kreditgeber sollten den Umfang ihrer Kredite also nochmals intensivieren, damit die Emerging Markets nach einer wirtschaftlichen Erholung dann den Zinsendienst wieder aufnehmen könnten.
4. Im Rahmen des Brady-Plans wurden die Schulden langfristig umstrukturiert, und die Länder kauften zur Garantierung des Nominalwertes 30jährige Zero-Bonds.
5. In den letzten Jahren wurden immer häufiger sogenannte „debt-equity" und „debt-loan-swaps" durchgeführt. Bei „debt-equity-swaps" handelt es sich um die Transformation von Bankforderungen in Beteiligungskapital an staatseigenen Unternehmen des Schuldnerlands. Bei „debt-loan-swaps" erfolgt ein Tausch von Kreditforderungen gegenüber hochverschuldeten Ländern in von diesen emittierte und börsennotierte Wertpapiere. Für die Banken und Kreditgeber erleichterte sich hierdurch vor allem die Handelbarkeit und Bewertung der Schulden. Trotzdem darf nicht vergessen werden, daß bei all diesen Umstrukturierungsmaßnahmen für die Gläubigerbanken ein erheblicher Abschreibungsbedarf entstand.

Durch die Umstrukturierungsmaßnahmen konnte neben dem absoluten Schuldenberg auch der Anteil des Schuldendienstes im Verhältnis zu den gesamten Exporteinnahmen bis Anfang der 90er Jahre in Mexiko (31 %), Argentinien (41 %) und Brasilien (31 %) erheblich gesenkt werden.

Neben tendenziell sinkenden Inflationsraten in Lateinamerika wirkte die Koppelung der argentinischen und brasilianischen Währung an den USD sehr stabilisierend. In Brasilien wurde die durch vierstellige Jahresinflationsraten völlig entwertete alte Währung (Cruzeiro) zu einer Umtauschrate von 2.750:1 durch den Real ersetzt, dessen Wert 1994 an die Notierung des USD gekoppelt wurde. Damit folgte Brasilien seinem angrenzenden Nachbarn Argentinien. Argentinien hatte den Peso bereits 1990 an den USD gekoppelt. Schon im gleichen Monat sank daraufhin die monatliche Preissteigerungsrate Brasiliens von bisher 50 % auf 6 %. Während Argentinien den Peso bis Ende 1995 stabil halten konnte, mußte Brasilien eine Abwertung vornehmen.

Auch wenn das Verschuldungsproblem durch die Mexikokrise Ende 1994 wieder negativ in die Schlagzeilen geriet und nach wie vor nicht vollkommen bereinigt ist, konnten seit Anfang der 80er Jahre bereits erhebliche Fortschritte erreicht werden. Die enormen Gefahren einer zu hohen Auslandsverschuldung stellen allerdings ein erhebliches Problempotential für die Zukunft dar und sollten vor konkreten Investitionen in einem Land genau analysiert werden.

Sinkende Inflationsraten

Inflation kann von der Geld- und Güterseite her oder aus politischen und psychologischen Gesichtspunkten entstehen. Da die Politik immer häufiger auf kurzfristige Erfolge angewiesen ist, unterliegen die Regierungen dem Druck von Interessensgruppen, um über Staats- und Infrastrukturausgaben Investitionen anzuregen, die Wirtschaft eines Landes anzukurbeln.

Vor allem in den Emerging Markets spielen solche politischen und psychologischen Einflüsse als Verstärker von Inflationstendenzen eine immer größere Rolle. Steigende Preise und eine kontinuierliche Geldentwertung im Außenverhältnis, die Hauptmerkmale der Inflation, stellten besonders in den Emerging Markets der Regionen Lateinamerika und Europa/Mittlerer Osten/Asien ein immenses Problem für die Wirtschaft dar. Zurückhaltung internationaler Investoren, Bildung eines Schwarzmarktes, Flucht in Sachwerte, Vorteile für Schuldner sowie Nachteile für Gläubiger, Sparer, Beamte und Rentner sind nur einige der verheerenden Folgen einer galoppierenden Inflation.

Mit Schreckensmeldungen über vierstellige Hyperinflationsraten machten besonders südamerikanische Länder wie Brasilien, Argentinien und Peru in den 80er und Anfang der 90er Jahre negative Schlagzeilen. Bis auf den Anstieg der Inflationsrate in Mexiko im Jahr 1995, der auf die Sonderfaktoren der Währungs- und Finanzkrise zurückzuführen war, verbesserte sich die Preisstabilität in Lateinamerika in den vergangenen Jahren erheblich (siehe Abbildung 8, Seite 31, Wirtschaftswachstum und Inflation). Eine wichtige Rolle spielten dabei stabilere Währungen.

In Argentinien z.B. leiteten der argentinische Präsident Menem und sein Wirtschaftsminister Cavallo, der an der renommierten amerikanischen Universität Harvard studierte, durch umfassende Wirtschaftsreformen 1990 eine Wende ein. Aufgrund der Koppelung des Peso an den USD (1 Peso wurde einem USD gleichgesetzt und ersetzte damit 10.000 des 1985 eingeführten Austral) reduzierte sich die Inflation von 3.080 % (1989) auf 170 % (1991). 1994 und 1995 konnten mit 4,2 % bzw. 3,0 % sogar ähnliche Werte wie in den Industrienationen erreicht werden. Der Aktienmarkt quittierte die Politik der stabilen Preise 1991 mit einem explosionsartigen Kursanstieg von knapp 450 %.

In Brasilien verbesserte sich durch die Bindung des Reals an den USD die Situation an der Preisfront ebenfalls. 1994 wurden bei einer mit 928 % zwar immer noch sehr hohen, aber dennoch rückläufigen jährlichen Inflationsrate (1993 lag sie immerhin noch bei 2.708,7 %) bereits erhebliche Fortschritte erreicht. 1995 sank die brasilianische Preissteigerung weiter auf 40 %.

In der Region Europa/Mittlerer Osten/Afrika lagen die Inflationsraten in den letzten zehn Jahren, mit Ausnahme von Polen, wo 1990 in der Spitze 586 % erreicht wurden, im unteren zweistelligen Bereich. Während seitdem auch Polen die Inflationsrate auf 27 % (1995) senken konnte, bildet nur noch die Türkei mit einer hohen Inflationsrate von 115 % bzw. 85 % in den Jahren 1994 und 1995 eine negative Ausnahme. Das EU-Mitglied Portugal gleichte sich mit 5,0 % (1994) bzw. 4,3 % (1995) systematisch den strikten Vorgaben des europäischen Handelsbündnisses an.

Während in Lateinamerika und auch in Teilen der Region Europa/Mittlerer Osten/Afrika hohe Inflationsraten ein immenses Problem darstellten, herrschte in Asien mit Preissteigerungen von meist unter 10 % in den 80er und Anfang der 90er Jahre eine Preisstabilität, die zum Teil an das Niveau der führenden Industrienationen heranreichte. Ein Musterbeispiel für Preisstabilität stellte jahrelang Taiwan dar. In den 80er Jahren betrug das reale Bruttosozialproduktwachstum jährlich durchschnittlich 7,9 %. Dabei schwankten die Wachstumsraten zwischen 5,1 % (1985) im Minimum und 11,9 % (1987) im Maximum. Trotz dieser enormen Wachstumsdynamik lagen die jährlichen Inflationsraten in diesem Zeitraum zeitweise sogar bei 0 % (1984 und 1985). Erst gegen Ende des Jahrzehnts (1989) setzte ein langsamer Anstieg der Inflationsrate auf 4,4 % ein. Dank einer restriktiven Geldpolitik der Zentralbank konnte ein weiterer Anstieg in den folgenden Jahren allerdings gebremst werden. 1994 und 1995 lagen die Preissteigerungsraten bei moderaten 4,1 % bzw. 3,5 %.

Ein asiatisches Phänomen ist aber bereits an Taiwan, stellvertretend für die gesamte Region, zu erkennen. Während sich in den anderen Regionen in den letzten Jahren zumeist eine Tendenz zu niedrigeren Inflationsraten abzeichnete, führte der langjährige Aufschwung in den bereits etablierten Emerging Markets Asiens zu leicht anziehenden Inflationsraten. In Thailand stieg die Inflationsrate von 0,9 % (1984) auf 5 % (1995).

In China gerieten die steigenden Inflationsraten zum Problem. Durch zweistellige Wirtschaftswachstumsraten stieg die Inflation von 5,1 % (1991) auf 24,2 % (1994) an. Die Regierung kam damit immer mehr unter Druck, restriktive Sanktionen zur Beruhigung der überhitzten Wirtschaft einzuleiten. Erst 1988 trat die Situation extremen Wachstums und einer schnell eskalierenden Inflation das letzte Mal auf. Damals benötigte die Regierung mit einschneidenden restriktiven Maßnahmen drei Jahre, um die Inflationsraten wieder zu normalisieren. Der chinesische Aktienmarkt reagierte sehr sensibel auf die negativen Meldungen von der Preisfront. Nach einem Kurseinbruch um 54,6 % im Jahr 1994 sank der chinesische Aktienindex 1995, trotz einer leichten Besserung der Inflation auf 15 %, erneut, diesmal um 34,1 %, was sich in zwei Jahren zu einem 70prozentigen Rückgang addiert.

Privatisierung

Eine ausufernde Auslandsverschuldung und steigende Budgetdefizite stellen in vielen Emerging Markets nach wie vor ein Problem dar. Die Neuverschuldungssituation eines Landes kann generell auf zwei Arten vermindert werden: durch Erhöhung der Einnahmen oder durch Kürzungen der Ausgaben.

Höhere Einnahmen setzen höhere Steuern voraus. An einem bestimmten Punkt kann aber die Steuerbelastung zu hoch werden, so daß es zu einem psychologisch bedingten Steuerwiderstand kommt. Da viele Emerging Marktes ohnehin bereits mit dem Problem der Schwarzarbeit und Schattenwirtschaft zu kämpfen haben, ist eine Einnahmenerhöhung über höhere Steuern in der Praxis meist nicht durchführbar. Die Kürzung von Ausgaben setzt auf der anderen Seite die Überwindung interessengebundener Widerstände voraus. Besonders in Rezessionszeiten wird argumentiert, eine Verminderung des Budgetdefizits verstärke die Rezession. Um die immensen Infrastrukturmaßnahmen durchzuführen, ist aufgrund der hohen Investitionsmaßnahmen sogar oftmals eine Erhöhung der Budgetdefizite nötig. In der Privatisierung ehemaliger Staatsbetriebe sehen viele Emerging Markets nun eine Möglichkeit der Lösung dieses Problems. Beim Aufschwung der vergangenen Jahre spielte sie daher auch eine zentrale Rolle. So verdreißigfachten sich die Privatisierungen der staatlichen Unternehmen im Zeitraum zwischen 1985 und 1995. Deutlich wird diese erhöhte Privatisierungs- und Neuemissionsaktivität auch an der bereits analysierten Anzahl der notierten Aktien. Während in den Emerging Markets die Anzahl der notierten Aktien im Zeitraum von 1985 bis 1994 um 50 % auf 17.115 Titel zulegen konnte, ergab sich bei den Industrienationen nur eine Steigerung um 7 % auf 19.061 Werte. Im Vergleich zu den 36.179 weltweit börsenorientierten Werten entsprach das Ende 1994 bereits einem Anteil von 47,3 %. 1985 lag der Anteil erst bei 33,4 %.

Als Privatisierung wird der Verkauf ehemaliger Staatsbetriebe aus dem öffentlichen Eigentum an private Investoren, Aktionäre und Kapitalanleger bezeichnet. In den Emerging Markets wird die Privatisierungspolitik vorrangig mit dem Ziel betrieben, marktwirtschaftliche Elemente in den Volkswirtschaften zu kräftigen und um aus den Verkaufserlösen die Finanzierung des Haushalts zu unterstützen und die oft hohe Verschuldung abzubauen.

Denn es hat sich in der Vergangenheit herausgestellt, daß privatisierte Betriebe oft kostengünstigere und genauso hochwertige, wenn nicht sogar innovativere Produkte und Dienstleistungen anbieten. 1989 begann Portugal mit der Umsetzung eines umfassenden Privatisierungsprogramms. Bis Ende 1994 konnte die Regierung 40 Unternehmen mit einem Gesamtemissionsvolumen von umgerechnet knapp DM 10 Mrd. privatisieren. Allein in der ersten Privatisierungsphase des Jahres 1989 brachten 210.000 Investoren über DM 4,5 Mrd. für den Kauf von ehemaligen staatlichen portugiesischen Unternehmen auf. Hierbei standen Mitarbeitern, kleineren Privatanlegern und Emigranten spezielle Tranchen zu bevorzugten Preisen zur Verfügung. Durch die Privatisierungen sollte die Aktionärsbasis verbreitert und der Aufbau des Kapitalmarktes forciert werden.

Inzwischen folgen diesem Beispiel auch vermehrt osteuropäische Länder, wie unter anderem Polen. Hier wird durch eine konsequente Privatisierungspolitik die Einführung einer privatwirtschaftlich orientierten Marktwirtschaft gefördert. Ende 1994 begann die seit 1991 geplante, aber immer wieder verzögerte Privatisierung von 550 mittleren und großen Staatsbetrieben. Das Kapital der privatisierten Betriebe wird auf sogenannte Nationale Investmentfonds/NIF (60 %) und die Mitarbeiter (15 %) verteilt. Die restlichen 25 % bleiben in Staatsbesitz. Für das Jahr 1996 ist geplant, daß insgesamt 15 NIFs mit jeweils ca. 30 privatisierten Unternehmen als geschlossene Investmentfonds an der Warschauer Börse eingeführt werden. Die NIF werden von einer privaten Managementgesellschaft geführt und im Rahmen der Privatisierung insgesamt 9 Mio. Arbeitern und Angestellten angeboten. Die Erlöse aus dieser Massenprivatisierung wurden auf USD 3 Mrd. geschätzt. Nach Angaben des Privatisierungsministeriums war bis Ende 1994 die Privatisierung von 1.300 der knapp 8.500 im Jahr 1990 registrierten Staatsbetriebe abgeschlossen. Bei weiteren 1.800 Betrieben wurde die Privatisierung eingeleitet. 1.900 Unternehmen wurden den Gemeinden und der Agentur für landwirtschaftliches Eigentum übertragen. Insgesamt sind somit bereits fast 60 % aller polnischen Unternehmen privatisiert. Ein 1995 verabschiedetes Privatisierungsgesetz sieht unter anderem vor, daß für die Privatisierung von Staatsbetrieben in strategisch wichtigen Bereichen wie

Erdöl- und Gasindustrie, Kohlebergbau, Bank- und Versicherungswesen sowie Telekommunikation künftig die Zustimmung des Parlaments nötig ist. Es schafft auch die Grundlage, daß Staatsbetriebe in Aktiengesellschaften umgewandelt werden können und danach für unbestimmte Zeit in Staatsbesitz bleiben.

Die von den Reformkräften in Rußland angestrebte Privatisierung der Industrie erwies sich hingegen bisher als schwierig durchzuführen. Besonders hinderlich sind das Fehlen marktwirtschaftlich ausgebildeter Unternehmer, ein Mangel an Kapital, die Widerstände der alten Wirtschaftsbürokratie und die überwiegend großbetriebliche Struktur der Unternehmen.

Reduzierung der Staatsquoten

Die Erfolge der asiatischen Region in den vergangenen Jahren zeigten, daß eine auf privates Engagement aufgebaute Wirtschaftsform das höchste Potential aufweist. Eine Reduzierung der vor allem in den ehemaligen planwirtschaftlich verwalteten Ostblockländern sehr hohen Staatsquoten ist eine wichtige Voraussetzung für die langfristige Umsetzung einer privaten Marktwirtschaft. Die erfolgreichen Privatisierungen ehemaliger Staatsbetriebe in Lateinamerika und Joint Ventures in Asien bestätigen diese Erkenntnis.

Daß Joint Ventures und eine ausgeprägte Privatwirtschaft nicht nur im asiatischen Raum zu finden sind, zeigt sich an Ungarn. Bereits 1968 erfolgte hier die Aufhebung der starren zentralgelenkten Wirtschaftsplanung zugunsten einer stärker dezentralisierten sozialistischen Marktwirtschaft. Der neue wirtschaftliche Kurs ermöglichte auch die Erwirtschaftung von Gewinnen und die Gründung von Joint Ventures mit ausländischen Unternehmen, die Kapital und Know-how zur Verfügung stellen. In Ungarn wurde die Hälfte aller osteuropäischen Auslandsinvestitionen seit dem Beginn der marktwirtschaftlichen Öffnungstendenzen im Jahr 1989 getätigt. Nachdem die Auslandsinvestitionen 1990 nur ca. 500 Mio. DM betrugen, waren es 1993 bereits über DM 3,5 Mrd. Der Privatsektor, der bis 1982 nur etwa 2 % der Wirtschaftsleistung ausmachte und vor allem aus Handwerksbetrieben, Ladengeschäften und landwirtschaftlichen Kleinbetrieben bestand, konnte in den vergangenen Jahren, im Vergleich zum staatlichen Sektor, erheblich ausgebaut werden. Die Staatsquote lag 1986 bei 93 %, 1991 noch bei 70 % und konnte bis Ende 1995 bereits auf 45 % gesenkt werden, womit heute also bereits mehr als die Hälfte des Bruttoinlandsprodukts vom privaten Sektor erwirtschaftet wird. Offiziellen Angaben zufolge soll die Privatisierung bis Ende 1997 abgeschlossen sein. Die Staatsquote dürfte dann auf 20 %

bis 15 % sinken. Die erfolgten Umwandlungen ehemaliger Staatsbetriebe in Privatbetriebe bestätigten diese Tendenzen. Allein im Zeitraum von 1990 bis 1993 erhöhte sich die Zahl von 27 auf 690. Die Anzahl der Aktiengesellschaften stieg von 310 auf 2.060, die der GmbHs gar von 4.490 auf 65.530. Die mit ausländischem Kapital und Know-how aufgebauten Joint Ventures verzeichneten ebenfalls einen enormen Zuwachs von 1.350 auf 16.250.

Hohe Sparquoten

Um den weiteren Wirtschaftsaufschwung und die immensen Infrastrukturinvestitionen in den Emerging Markets zu finanzieren, ist viel Kapital nötig. Da die externe Finanzierung durch die Aufnahme von Auslandskrediten und die Zulassung ausländischer Kapitalanleger begrenzt ist und (wie an zahlreichen Beispielen südamerikanischer Länder deutlich wurde) ein erhebliches Risiko in sich birgt, sind hohe Sparquoten der eigenen Bevölkerung eine wichtige Finanzierungsquelle. Als Sparquote bezeichnet man den Anteil des Volkseinkommens, der nicht verbraucht wird. Es handelt sich also um die Ersparnisse in Prozent des verfügbaren Einkommens.

In den Industrienationen sanken die Sparquoten von 13 % in den 70er Jahren bis Mitte der 90er Jahre kontinuierlich auf ca. 7 % ab. In den Emerging Markets vollzog sich dagegen eine entgegengesetzte Entwicklung. Traditionell wiesen die asiatischen Emerging Markets in den vergangenen Jahren mit 25 % bis teilweise sogar über 30 % die höchsten Sparquoten auf. Dieser hohe Anteil des nicht in den Konsum fließenden, sondern für Investitionen bereitstehenden Geldes trug erheblich zum rasanten Aufschwung dieser dynamischen Wirtschaftsregion bei. Interessant ist, daß aber selbst in Malaysia die enorm hohe Sparquote von 30 % in den 80er Jahren nicht zur Finanzierung der kapitalintensiven Wachstumspläne ausreichte. Darum begann die Regierung mit der Aufnahme externer Kredite, wodurch die Auslandsverschuldung steil anstieg, um sich inzwischen aber bei vertretbaren 35 % des Bruttosozialprodukts zu konsolidieren.

Anders sieht die Situation in Lateinamerika und der Region Europa/Mittlerer Osten/Afrika aus. Hier liegen die Sparquoten im Höchstfall bei Werten zwischen 15 bis 20 % bzw. teilweise sogar erheblich darunter. Um die ehrgeizigen Zukunftspläne verwirklichen zu können, planen zahlreiche Länder eine erhebliche Steigerung der Sparquoten. Zur Umsetzung der hohen privaten Investitionen rechnet Jordanien z.B., neben einer Zunahme der ausländischen Investitionen in den nächsten Jahren, vor allem mit einer Erhöhung der Sparquote von aktuell 0,1 % auf Werte von ca.

16 % im Jahr 2003. Die angestrebte Steigerung der Sparquoten könnte in Jordanien, ähnlich wie in zahlreichen Ländern Lateinamerikas, zu einer erheblichen Entlastung der hohen Auslandsverschuldung beitragen.

Zunahme der ausländischen Deviseneinnahmen durch Export und Tourismus

Taiwan konnte dank weiterhin starker Zuwächse beim Export 1995 eine neue Rekordmarke der ausländischen Devisenreserven in der Höhe von USD 100 Mrd. erreichen. Bei den ausländischen Devisenreserven, die vor allem für den Import und die Zinszahlungen ausländischer Kredite eine enorme Bedeutung haben und somit für eine Volkswirtschaft sehr wichtig sind, konnten in der Vergangenheit nicht alle Emerging Markets die Erfolge Taiwans reproduzieren. Neben dem Export von Rohstoffen, Agrarprodukten und Industriegütern sind der Tourismus und Transferzahlungen im Ausland beschäftigter Arbeiter die wichtigsten ausländischen Deviseneinnahmequellen.

Die Ausgaben bzw. Einnahmen im Tourismus werden weltweit auf USD 3,4 Bio. geschätzt. Der Fremdenverkehr gehört mit ca. 6 % des weltweiten Bruttosozialprodukts und rund 200 Mio. Arbeitsplätzen zu den bedeutendsten Wirtschaftssektoren. Innerhalb der Emerging Markets ist der Stellenwert des Tourismus jedoch höchst unterschiedlich. 1994 war Europa erneut der am meisten von Touristen besuchte Erdteil. Hiervon profitierten auch die in Europa liegenden Emerging Markets: Griechenland, Portugal, Türkei, Ungarn und Polen. Mit Thailand, Malaysia und Indonesien weisen traditionell aber auch einige asiatische Länder einen starken Tourismus auf. Neben der Fremdenverkehrsinfrastruktur sowie dem Gastronomie- und Hotellerieangebot gehören auch die politische Stabilität (Unruhen und Kriege führen zu erheblichen Einbrüchen der Besucherzahlen) und die Nähe zu den großen Industrienationen zu den wichtigsten Grundvoraussetzungen beim Aufbau des Tourismussektors.

Deregulierung und Liberalisierung der Finanzmärkte

Eine wichtige Voraussetzung für die Umsetzung einer umfangreichen Privatisierungspolitik und der Finanzierung des Wirtschaftsaufschwungs ist der Aufbau eines funktionstüchtigen Finanz- und Kapitalmarktes. Aus den Zeiten des Kolonialhandels verfügen einige Emerging Markets über eine sehr lange Börsentradition. So erfolgte die Gründung des ersten Handelsplatzes in Lateinamerika in Argentinien bereits im Jahr 1854. In Indien wurde die Bombay Stock Exchange (BSE) 1875 als

„The Native Share and Stockbrockers Association“ gegründet und ist damit vor Tokio (gegründet 1878) der älteste Aktienmarkt Asiens.

Die Öffnung des Aktienmarktes für ausländische Anleger bringt neben dem willkommenen Kapital aber auch einige Nachteile mit sich. Um einen unkontrollierten Ausverkauf der eigenen Industrie an einige große institutionelle internationale Investoren zu verhindern, schützen sich viele Märkte mit gewissen Zugangsrestriktionen und Steuern für ausländische Anleger. Hierbei sind Einschränkungen beim Kauf und Verkauf der Aktien, beim Rücktransfer der Zins- und Dividendeneinkünfte sowie dem ursprünglich eingesetzten Kapital möglich. Die einzelnen Restriktionen der jeweiligen Emerging Markets sind in Abbildung 52 auf Seite 147 detailliert aufgelistet. Oft verzeichnen die Aktienmärkte der Emerging Markets allerdings allein auf die Ankündigung einer weiteren schrittweisen Öffnung ihres Kapitalmarktes erhebliche Kursgewinne.

Wie man am Beispiel von Taiwan erkennen kann, vollzieht sich die Öffnung eines Marktes dabei meistens in verschiedenen Phasen. Nach einer enttäuschenden Entwicklung des Aktienmarktes in den 60er und 70er Jahren wollte die Regierung durch gezielte Maßnahmen die Akzeptanz der Aktie als Finanzierungsinstrument seitens der Unternehmen und als Anlageinstrument seitens der institutionellen und privaten Investoren verbreitern. Ausländischen Anlegern waren bis zu diesem Zeitpunkt weder direkte noch indirekte Investitionen gestattet. Im Zuge einer schrittweisen Öffnung des Marktes für ausländische Investoren stellte die Regierung 1983 einen Drei-Phasenplan zur Deregulierung und Liberalisierung des taiwanesischen Aktienmarktes für ausländische Investoren vor.

- *Phase I:* indirekte Investitionen ausländischer Anleger in Investment Fonds,
- *Phase II:* direkte Investitionen institutioneller ausländischer Anleger in Aktien mit einer Genehmigung der Aufsichtsbehörden,
- *Phase III:* direkte Investitionen ausländischer privater und institutioneller Anleger ohne Restriktionen und Beschränkungen.

Nach einer erfolgreichen Umsetzung der *Phase I* gaben das taiwanesische Finanzministerium und die Zentralbank 1995 weitere Lockerungen im Rahmen der *Phase II* der Internationalisierung des Aktienmarktes bekannt. Die Limitierungen der Gesamtinvestitionen institutioneller ausländischer Anleger (Banken, Versicherungen, Fondsverwaltungs-Gesellschaften, Broker) wurden von USD 5 Mrd. auf USD 7,5 Mrd. angehoben. Der Maximalwert für Einzelanleger erhöhte sich auf USD 200 Mio. Die gesamten Käufe aller ausländischen Investoren pro Aktiengesellschaft wurden erst von 10 % auf 12 % und im Verlauf des Jahres sogar auf 15 % des jeweiligen Aktienkapitals erhöht und bei einzelnen ausländischen Investoren von 5 % auf 6 %.

Ähnlich wie in Taiwan versuchen zahlreiche Märkte mit einer Limitierung der Käufe ausländischer Investoren auf einen gewissen Prozentsatz den ausländischen Einfluß zu kontrollieren. Oft bezieht sich diese Beschränkung auch nur auf strategisch besonders wichtige Industriezweige.

Einige andere Märkte wie zum Beispiel China beschränken die Käufe ausländischer Investoren auf spezielle Aktienklassen. Aktien der Kategorie „A“ können nur von Chinesen erworben werden, während „B“-Aktien ausschließlich von ausländischen Investoren gekauft werden können. Um den Anteil ausländischer Aktieninvestitionen effektiv zu begrenzen, dürfen Unternehmen insgesamt nur 25 % ihres gesamten Kapitals in Aktien der „B“-Kategorie emittieren. Neben den Kategorien „A“ und „B“, die sowohl an der Börse in Shanghai und Shenzen notieren, existiert eine Kategorie „H“ für Aktien chinesischer Unternehmen, die in Hongkong gehandelt werden. Im August und Oktober 1994 erfolgte sogar bereits die erste Emission zweier chinesischer Aktien (Shandong Huaneng Power Development und Huaneng Power International) der Kategorie „N“ an der New York Stock Exchange.

Kapitalströme

Ein weiterer sehr wichtiger Punkt für die Aufwärtsbewegungen und teilweise spektakulären Kursbewegungen in den Emerging Markets war die Entwicklung der weltweiten Kapitalströme. Dabei stellt sich die Frage, ob das seit Ende der 80er Jahre in die Emerging Markets strömende Kapital eine temporäre Erscheinung ist oder einen länger anhaltenden Trend für die Zukunft markiert. Generell setzten sich die Kapitalströme und die wachsende Liquidität der Emerging Markets aus drei Teilbereichen zusammen:

1. Einen großen Anteil an der wachsenden Liquidität hat sicherlich die erhöhte Aufmerksamkeit, die internationale Anleger den Emerging Markets in den letzten Jahren generell schenkten. Nachdem die Renditeaussichten an den etablierten Märkten nach den goldenen 80er Jahren in Zukunft wohl gedämpfter beurteilt werden, suchen zahlreiche Investoren für ihre hohe Liquidität nach attraktiven Märkten mit hohen Renditeerwartungen und niedrigen Korrelationen. Aufgrund der aus Asset-Allocation-Überlegungen resultierenden hohen Zuflüsse in Emerging Markets stiegen die Kurse zum Teil explosionsartig an, und die Märkte zogen dadurch wieder neues Geld an. Besonders aufgrund der höheren Renditeerwartungen in den nächsten

Jahren dürften Emerging Markets, auch nach der Anfang 1994 einsetzenden schmerzhaften Korrektur für DM-Investoren, einen weiteren großen Liquiditätszufluß internationaler Investoren erfahren.

2. Ebenso wichtig wie die Liquidität internationaler Investoren ist aber das Kapital vermögender einheimischer Mexikaner oder Argentinier, die in schlechten Zeiten ihr Geld in der Schweiz anlegten, aber jetzt wieder verstärkt an den eigenen Aktien- und Rentenmärkten investieren. Dieser Rückfluß des einheimischen Kapitals in die Emerging Markets ist ein besonders aufschlußreicher Indikator. Wenn das Vertrauen der eigenen Bevölkerung so ansteigt, daß sie sogar das jahrelang in der Schweiz gelegene Geld wieder im eigenen Land anlegt und investiert, ist das für ausländische Investoren ein hervorragendes Zeichen.
   Unterstützend wirkt hier auch die Einführung von privaten Sozialversicherungssystemen. In Argentinien verabschiedete der Kongreß 1993 im Rahmen umfassender Reformen des Sozialversicherungssystems die Einführung eines privaten Pensionsfonds-Systems (AFP). Die monatlichen Beitragszahlungen der erwarteten 4,5 Millionen Mitglieder belaufen sich bei Arbeitern auf 11 %, bei Angestellten auf 16 % des Gehalts. Seit Mitte 1994 kann der AFP bis zu 50 % seiner Kapitalmittel in Regierungsanleihen, 35 % in notierten Aktien und 28 % in Industrieanleihen investieren. Die Einführung privater Pensionsfonds und der Verkauf großer Staatsunternehmen im Rahmen von Vorzugsaktien an die Belegschaft sollte auch in anderen Märkten in den nächsten Jahren für Liquidität und positive Impulse beim Aufbau effizienter Kapitalmärkte sorgen.
3. Ein weiterer beachtlicher Liquiditätsschub resultiert aus einer Verschiebung des Kapitals von den Rentenmärkten an die Aktienmärkte. Historisch betrachtet hatten die Rentenmärkte in den letzten Jahrzehnten ein wesentlich höheres Volumen als die entsprechenden Aktienmärkte. Die einheimische Bevölkerung und vermehrt auch internationale Investoren sorgen nun vor allem durch eine Verschiebung der Gelder an die Aktienmärkte für wachsende Liquidität.

Die Kombination dieser drei Liquiditätsströme löste vor allem in den vergangenen Jahren zum Teil heftige Kursbewegungen an den Aktienmärkten aus. Bei einer näheren Analyse der Kapitalströme wird deutlich, weshalb. Während im Zeitraum von 1973 bis 1976 nur USD 0,3 Mrd. an Portfolioinvestitionen in die Emerging Markets flossen, waren es in den Jahren 1988 bis 1993 allein USD 46 Mrd. Aufgrund der Kursrückgänge im Jahr 1994, die sich gegen Ende des Jahres durch die Mexikokrise noch verstärkten, verzeichneten die Emerging Markets 1994 allerdings einen Netto-Abfluß von etwas über USD 7 Mrd.

Liberaler Welthandel

General Agreement on Tariffs and Trade (GATT)

Ein liberaler und freier Welthandel ist eine der Grundvoraussetzungen für die Fortsetzung des wirtschaftlichen Aufschwungs in den Emerging Markets. Neben regionalen Handelsbündnissen wie der Europäischen Union (EU), dem North American Free Trade Agreement (NAFTA), der Mercosur, der Association of Southeast Asian Nations (ASEAN) und der Asia Pacific Economic Cooperation (APEC) ist besonders das General Agreement on Tariffs and Trade (GATT) bzw. die daraus hervorgegangene neue Welthandelsorganisation (WTO) eine wichtige Voraussetzung für einen aktiven Handel mit den etablierten Industrienationen und zwischen den Emerging Markets untereinander.

Das GATT-Abkommen (General Agreement on Tariffs and Trade) wurde 1947 von 23 Staaten geschlossen, um den Welthandel nach den Wirren des 2. Weltkriegs neu zu ordnen, um Handelsstreitigkeiten zu schlichten und um insbesondere in internationalen Verhandlungsrunden Erleichterungen für den grenzüberschreitenden Handel, z.B. durch Zollsenkungen und den Abbau von Handelsbeschränkungen, zu erreichen.

Im Laufe der Jahre wurden diese ursprünglichen Prinzipien in zahlreichen Verhandlungsrunden aufgeweicht. So wurden regionale Freihandelszonen und Zollunionen erlaubt. Weiterhin wurde gewissen Entwicklungsländern eine Vorzugsbehandlung zugestanden. Weil durch diese und andere Ausnahmen die Grundidee des GATT immer stärker unterminiert wurde, hatte die sogenannte Uruguay-Runde die Aufgabe, das Welthandelssystem grundlegend zu reformieren und Fehlentwicklungen zu korrigieren. Aufgrund starker protektionistischer Eigeninteressen der einzelnen Mitgliedstaaten gestalteten sich die Verhandlungen besonders im Bereich der Agrarprodukte, der Textileinfuhren aus Emerging Markets und der Subventionierungen der Flugzeugindustrie schwierig.

Im April 1994 fand in Marakesch nun die Abschlußkonferenz mit der Verkündung des Verhandlungsergebnisses der Uruguay-Runde statt. Damit endete nach 2.642 Verhandlungstagen eine internationale Verhandlungsrunde, die 1986 in Punta del Este in Uruguay begonnen hatte und in der die Mitgliedsstaaten in zähen Verhandlungen versucht hatten, einen Mittelweg zwischen beschränktem Freihandel und für notwendig erachtetem Protektionismus zu finden. Man hoffte, daß mit der Unterzeichnung der Schlußdokumente von inzwischen 124 Mitgliedsstaaten eine neue Welthandelsordnung entstehen würde. Die neue Welthandelsorganisation (WTO) überwacht seit Anfang 1995 die Umsetzung und Durchsetzung der Verhandlungsergebnisse.

Nach den endgültigen Beschlüssen stellt sich die Frage nach den Auswirkungen auf die einzelnen Märkte bzw. die Frage, welche Regionen und Ländergruppen die eigentlichen Gewinner des GATT sind und wie die Auswirkungen der Ergebnisse auf den gesamten Welthandel einzuschätzen sind. Trotz einer gewissen Skepsis und vereinzelter Unzufriedenheit einiger Länder ist davon auszugehen, daß mit dem Ergebnis der Uruguay-Runde ein weiterer Schritt zur langfristigen Sicherung eines freien Welthandels geschaffen wurde, was letztendlich allen Staaten nützt.

Die Welthandelsorganisation selbst rechnet bis zum Jahr 2005 mit einer Erhöhung des Weltexports um mindestens USD 755 Mrd., d.h. rund 20 % des Weltexports von 1994. Eine Studie der OECD prognostiziert darüber hinaus, daß als Ergebnis der beschlossenen Liberalisierungsmaßnahmen bis 2002 weltweit Einkommenssteigerungen im Umfang von USD 200 bis 300 Mrd. zu erwarten seien.

Hauptnutznießer, mit den größten Auswirkungen auf das eigene Wirtschaftswachstum, werden die Europäische Union, China, USA, Japan sowie die ostasiatischen und die lateinamerikanischen Emerging Markets sein.

Europäische Union (EU)

Die EU ist heute weltweit der größte und wichtigste Handelsblock. Viele Leser werden sich trotzdem fragen, was die EU in einem Emerging-Markets-Buch verloren hat. Waren die Auswirkungen der Rezession Anfang der 90er Jahre tatsächlich so verheerend, daß die EU mit Emerging Markets in Verbindung gebracht werden kann?

Nein, selbstverständlich nicht. Wie allgemein bekannt ist, ist die EU ein wirtschaftlicher und politischer Zusammenschluß aus inzwischen 15, zum Teil hochentwickelten europäischen Nationen mit 350 Mio. Menschen, die auf einer Fläche von insgesamt 2,4 Mio. Quadratkilometern leben. Im November 1993 traten die Maastricher Beschlüsse in Kraft, und aus der Europäischen Gemeinschaft (EG) wurde die Europäische Union (EU). Nach den ursprünglichen Gründungsnationen Belgien, Deutschland, Frankreich, Italien, Luxemburg und den Niederlanden sind inzwischen Dänemark, Großbritannien und Nordirland, die Republik Irland, Spanien, Österreich, Finnland und Schweden, sowie die beiden als Emerging Markets klassifizierten Länder Griechenland und Portugal der Gemeinschaft beigetreten. Mit Polen, der Türkei und Ungarn liegen darüber hinaus die Beitrittsgesuche dreier weiterer Emerging Markets vor. Die Tatsache, daß damit heute bereits fünf der insgesamt 25 Emerging Markets mit der EU verbunden bzw. assoziiert sind und die EU darüber hinaus ein wichtiger Handelspartner für viele weitere Emerging Markets darstellt, beantwortet die oben aufgeworfene Frage nach der Verbindung zwischen der EU und den Emerging Markets.

Ein Ziel der EU ist die Schließung bilateraler Handels- und Kooperationsabkommen mit mittel- und osteuropäischen Ländern. Dabei steht die Intensivierung der Handelsbeziehungen mit einer schrittweisen Öffnung des EU-Marktes durch den Abbau von Zöllen und mengenmäßigen Beschränkungen mit Ausnahmen bei landwirtschaftlichen Erzeugnissen, bei Eisen, Kohle, Stahl und Textilien im Vordergrund. Mit Polen, Ungarn, Bulgarien, Estland, Lettland, Litauen, Rumänien, der Slowakei, Tschechien und der Türkei besteht darüber hinaus bereits ein Assoziierungsabkommen. Dies ist ein flexibler asymmetrischer Stufenplan zur Senkung der Zoll- und Einfuhrschranken seitens der EU und zur Öffnung der nationalen Märkte für EU-Produkte durch die assoziierten Länder. Nach dem Zusammenbruch des Kommunismus nahmen die Handelsbeziehungen der osteuropäischen Märkte zu Ländern der Europäischen Union (EU) bereits systematisch zu, während der Handel mit den ehemaligen östlichen Handelspartnern aufgrund ihrer oft katastrophalen finanziellen Situation einen heftigen Einbruch erlitt und seit 1993 auf niedrigem Niveau stagnierte. Die EU-Staaten haben inzwischen einen Anteil von 61 % an Polens Exporten, die Länder Mittel- und Osteuropas nur von 16 %.

North American Free Trade Agreement (NAFTA)

Die NAFTA ist nach dem GATT bzw. der Welthandelsorganisation (WTO) und der EU das drittgrößte Einzelbündnis, dem inzwischen die beiden Emerging Markets Mexiko und Chile beigetreten sind. Die NAFTA entwickelte sich aus einem Freihandelsabkommen (FTA) zwischen Kanada und den USA. Der mexikanische Staatspräsident Carlos Salinas ersuchte im Juni 1990 um Verhandlungen zur Erweiterung des FTA. Nach langwierigen Beitrittsgesprächen und der Ratifizierung durch die drei nationalen Parlamente trat die NAFTA schließlich am 1.1.1994 in Kraft. Neben den Gründungsmitgliedern Kanada, den USA und Mexiko trat 1995 Chile der Nordamerikanischen Freihandelszone bei. Durch einen stufenweisen Abbau der Zolltarife soll mit der NAFTA bis spätestens 2015 die mit rund 390 Mio. Verbrauchern bzw. Produzenten und einer Jahresproduktion von über USD 7 Bio. die zweitgrößte Freihandelszone der Welt nach der Europäischen Union entstehen.

Für Kanada, Mexiko und seit 1995 auch Chile bedeutet dies den schrankenlosen Zugang zur weltgrößten Wirtschaftsmacht, den USA. Für die USA zählen vor allem die Gebietserweiterungen ihres Patentschutzes, der Abbau von Investitionshürden für US-dominierte multinationale Konzerne sowie die Marktöffnung für elektronische- und Telekommunikationserzeugnisse im schnell wachsenden lateinamerikanischen Markt zu den Vorteilen. Darüber hinaus erwarten die NAFTA-Mitgliedstaaten eine Erweiterung des Handelsaustauschs mit Emerging Markets des pazifischen Wirtschaftsraums und anderen Handelsbündnissen, insbesondere der ASEAN und APEC. Außerdem erhoffen sie sich eine panpazifische Kooperation im Rahmen einer künftigen Asian Free Trade Association (AFTA).

Andere Handelsbündnisse

In Lateinamerika bildeten Anfang 1995 die Mercosur-Länder Brasilien, Argentinien, Paraguay und Uruguay einen gemeinsamen Markt, durch den bestehende Handelsgrenzen bereits gefallen sind bzw. bis zum Jahr 2001 schrittweise fallen werden.

In Asien gibt es bisher mit der Association of Southeast Asian Nations (ASEAN) und der Asia Pacific Economic Cooperation (APEC) zwei Staatenbündnisse. Die Gründung der ASEAN erfolgte 1967 durch eine „Sieben-Punkte-Erklärung" zur wirtschaftlichen, sozialen und kulturellen Zusammenarbeit sowie zur Festigung des Friedens in Südostasien. Die Mitgliedstaaten sind Indonesien, Malaysia, die Philippinen, Singapur, Thailand und seit 1984 Brunei. In der APEC zählen neben den sechs ASEAN-Staaten (Indonesien, Malaysia, den Philippinen, Singapur, Thailand und Brunei) auch Australien, Japan, Kanada, die Republik Korea, Neuseeland, die USA, die Volksrepublik China, Taiwan, Hongkong, Mexiko, Papua-Neuguinea und Chile zu den Mitgliedern. Die APEC sieht sich nicht als neuer Wirtschaftsblock, sondern als ein Forum zur Unterstützung des Wachstums der Region. Als Ziele bezeichnet das Bündnis die Liberalisierung des multilateralen Handelssystems durch ungebundene Wirtschaftsbeziehungen mit einem offenen Technologieaustausch und das gemeinsame Auftreten in GATT- und WTO-Gesprächsrunden.

2.5 Wirtschaftliche und politische Risiken

Neben einem zweifelsohne vorhandenen Potential, das auf eine Kombination der soeben aufgezeigten Faktoren zurückzuführen ist, weisen Emerging Markets auch gewisse Unsicherheiten auf: Politische Instabilität und Bürgerkriege, eine nach wie vor hohe Auslandsverschuldung, Währungsrisiko, Handelskriege und Handelsrestriktionen, niedrige bzw. weiter sinkende Rohstoffpreise, eine einseitig diversifizierte Wirtschaft und der in der Mexikokrise aufgetretene Kapitalabzug kurzfristig orientierter Investoren sind hier einige der am häufigsten auftretenden Risiken. Neben diesen fundamentalen, also wirtschaftlichen und politischen, Risiken existieren in der Anlagepraxis auch abwicklungstechnische Risiken. Hierzu zählen der Mangel an Regulierungen, Transparenz und Liquidität sowie das Broker-, Settlement- und Verwahrungsrisiko. Diese Probleme werden gesondert in Kapitel 7.1 (Direkte Aktieninvestitionen in Emerging Markets) angesprochen.

2.5.1 Politische Instabilität und Bürgerkriege

Der größte Unsicherheitsfaktor in den Emerging Markets geht nach wie vor von der gefährdeten politischen Stabilität aus. Es besteht trotz der beeindruckenden demokratischen Erfolge in den vergangenen Jahren immer noch die Gefahr, daß einige Länder ihre Pro-Marktwirtschaft-Politik, die in zahlreichen Emerging Markets im Augenblick betrieben wird, völlig umkehren könnten.

Für diese Annahme gibt es zwei wesentliche Gründe. Zum einen sind sich schnell verändernde Gesellschaften einem immensen inneren Druck ausgesetzt. Zum zweiten wird eine rigorose Zentralplanung, die von der intellektuellen Elite eindeutig als ungeeignet gehalten wird, von anderen sich im Konflikt befindlichen Gruppen immer noch für ein grundlegendes Organisationsprinzip gehalten. Dazu tragen auch extremer Nationalismus und religiöser Fundamentalismus entscheidend bei. Besonders die großen Verlierer der wirtschaftlichen Transformation, die wir gegenwärtig beobachten, sind anfällig für solche Ideen. Ein litauischer Minister beschreibt diesen Fall prägnant. Als er gefragt wurde, weshalb er vom Kollaps des Kommunismus, für den er zusammen mit den meisten seiner Kollegen so hart gearbeitet hatte, nicht so begeistert sei, bemerkte er, daß Politik wie ein gedehntes Gummiband sei. Wenn man die linke Seite abschneide, stoppe das Ende nicht automatisch, wenn es in der Mitte sei.

Besonders in Rußland, dem größten Nachfolgestaat der UdSSR, ist die zukünftige wirtschaftspolitische Entwicklung wegen andauernder Machtkämpfe zwischen Reformern und Altkommunisten noch nicht absehbar. Die Erfolgsaussichten für eine schnelle wirtschaftliche Sanierung Rußlands sind teilweise sogar sehr kritisch zu beurteilen. Viele Reformen, wie die Privatisierung ehemaliger Staatsbetriebe, werden nur halbherzig eingeleitet oder ihre Durchführung von den Funktionären und Nutznießern des alten Systems boykottiert. Behindert wird der Neuaufbau der Wirtschaft auch durch den Kapitalmangel der einheimischen Bevölkerung und die bisher noch starke Zurückhaltung ausländischer Investoren. Bevor internationale Investoren größere Investitionen in Rußland vornehmen, warten sie auf ein Ende der politischen Unsicherheit und erste nachhaltige stabilisierende Erfolge der Reformpolitik. Weitere Unsicherheitsfaktoren für die zukünftige wirtschaftliche Entwicklung dieser Region liegen in den Nationalitätenkonflikten, die in vielen GUS-Staaten ausgebrochen sind.

Politische Instabilität könnte aber auch in einer anderen Form auftreten. Durch die übermäßige Macht der jetzigen Staatspräsidenten in Indonesien und China dürften nach der Beendigung der Ära Suharto bzw. Deng Xiao-Ping Unsicherheit und innenpolitische Instabilität einsetzen, die sich auf den Aktienmarkt übertragen wird.

Sri Lanka ist ein weiteres Beispiel für negative Auswirkungen innenpolitischer Probleme. Das Land ist durch den Konflikt zwischen Singhalesen und Tamilen erheblich belastet. Die ethnischen Gruppen haben sich mehr und mehr radikalisiert, wobei seit 1983 in einigen Landesteilen bürgerkriegsähnliche Zustände herrschen. Tamilische Guerilliaverbände versuchen mit Waffengewalt, die Errichtung eines unabhängigen Tamilenstaates zu erzwingen. Der Konflikt forderte bereits Tausende von Menschenleben und verschärfte sich Ende 1994 und im Verlauf des Jahres 1995. Die Auswirkungen auf den Aktienmarkt in Sri Lanka waren offensichtlich. Mit einem Kursrückgang von 44,1 % verzeichnete die Börse in Colombo 1995 die schlechteste Kursentwicklung aller 25 Einzelmärkte des IFCI-Gesamtindexes. Die Beziehungen zwischen Sri Lanka und Indien sind aufgrund der Spannungen zwischen den Singhalen, der größten Bevölkerungsgruppe der Insel, und den Tamilen, die enge Verbindungen zu Indien haben, ebenfalls beeinträchtigt. Dieser Konflikt und die damit verbundene politische Instabilität birgt in den nächsten Jahren ein ständiges Risiko für den Aktienmarkt. Dank umfangreicher Sicherheitsvorkehrungen am Flughafen und in den Touristenzentren, die vorrangig an der Südküste der Insel liegen, hatten die Gewaltausbrüche und Kampfhandlungen im Tamilenkonflikt im Norden des Landes lange Zeit keine negativen Auswirkungen auf die Besucherzahlen. Eine erneute Eskalation führte aber zu berechtigten Befürchtungen, daß steigende Verteidigungsausgaben den Haushalt stärker als erwartet belasten und so zu einem Anstieg der Verschuldung und Inflation beitragen würden.

Ein anderes häufiges Problem im Zusammenhang mit Instabilität in den Emerging Markets stellt neben der bereits erwähnten Schwarzarbeit und Schattenwirtschaft die Korruption und das organisierte Verbrechen dar. Der brasilianische Präsident Fernando Henrique Cardoso erklärte die Bekämpfung der Korruption zu einem der Hauptanliegen seiner Amtszeit. Experten gehen davon aus, daß Brasilien allein im Zeitraum von 1990 bis 1994 unglaubliche USD 60 Mrd. durch Korruption und Betrug bei öffentlichen Aufträgen und im Sozialbudget verlorengingen. Zudem entgehen dem Staat nach offiziellen Angaben jährlich ca. USD 80 Mrd. an Einnahmen durch Steuerbetrug und -flucht.

Das im Norden an Brasilien angrenzende Kolumbien leidet nach wie vor unter der weltweit operierenden kolumbianischen Drogenmafia. Nachdem Präsident Barco 1989 die Möglichkeiten ausweitete, Mitglieder der Drogenkartelle an die USA auszuliefern, eskalierten die Auseinandersetzungen im sogenannten Drogenkrieg. Obwohl die Regierung inzwischen eine harte Politik gegen den organisierten Drogenhandel fährt, erscheint der Kampf aussichtslos. Nach Angaben der Polizei wurden allein 1993 240 Drogenlabors zerstört, 18.720 kg Kokain sichergestellt sowie 1.567 kolumbianische und 77 ausländische Drogenhändler festgenommen. Anfang Dezember 1993 wurde der Drogenboß Pablo Escobar während eines Einsatzes einer Spezialeinheit in Medellin erschossen. Er war 1992 aus dem Gefängnis ausgebrochen und galt als der mächtigste Drogenhändler Lateinamerikas. Zum Zeitpunkt des Todes von Escobar entwickelte sich allerdings bereits das Cali-Kartell zur mächtigsten Drogenhandelsorganisation. Auch wenn der Kampf gegen den organisierten Drogenhandel nach wie vor höchste Priorität bei den Politikern besitzt, mehren sich auch kritische Stimmen, die die Chancen der Regierung bezweifeln und sogar zu einem gewissen Grad die Legalisierung von Drogen fordern. Aufgrund der Enthüllungen des verhafteten Schatzmeisters von Präsident Samper, Santiago Medina, wurde der angesehene Verteidigungsminister Fernando Botero Mitte 1995 verhaftet. Ihm wurde vorgeworfen, den Wahlkampf mit Geldern der Drogenmafia finanziert zu haben. Sampers Liberale Partei soll insgesamt USD 17 Mio. über eine Deckfirma des Drogenkartells erhalten haben. Als dazu auch noch die Gewalt zwischen Rauschgifthändlern und linksgerichteten Untergrundkämpfern eskalierte, verhängte Präsident Samper den Ausnahmezustand in Kolumbien. Der Aktienmarkt quittierte das turbulente Jahr 1995 mit einem Kursrückgang von 31,9 %.

Die höhere Unsicherheit einzelner Emerging Markets gegenüber den Industrienationen zeigt sich isoliert betrachtet nach wie vor in der wesentlich größeren Schwankungsbreite der jährlichen Aktienerträge.

Der International Country Risk Guide, veröffentlicht von Political Risk Services, analysiert nach verschiedenen Kriterien die politischen und wirtschaftlichen Unsicherheitsfaktoren eines Landes. Je niedriger das Ranking, desto höher ist das Risiko. Die Gesamtergebnisse des Rankings schwanken zwischen Liberia und Somalia mit jeweils 14,5 für Länder mit den höchsten Unsicherheitsfaktoren und Luxemburg sowie der Schweiz mit jeweils 90,0 für Länder mit den geringsten Unsicherheitsfaktoren. In Südamerika liegen die Ergebnisse durchschnittlich zwischen 60 und 70, in Südeuropa zwischen 65 und 75. Innerhalb der Gruppe der Emerging Markets liegen die Werte in Asien zwischen 70 und 80 am höchsten. In den Industrienationen liegt das geringste politische und wirtschaftliche Risiko vor. Die Werte liegen hier zwischen 80 und 90.

Mit dem BERI-Index (Business Environment Risk Index) gibt es einen weiteren Maßstab, der die Marktattraktivität und politische Stabilität eines Landes bewertet. Dabei sind die politische Stabilität, das Wirtschaftswachstum, die Währungskonvertibilität und Produktivität die wesentlichen Beurteilungskriterien.

2.5.2 Hohe Auslandsverschuldung und Währungsrisiko

Trotz der überstandenen lateinamerikanischen Schuldenkrise Anfang der 80er Jahre wurden internationale Investoren Ende 1994 durch die Mexikokrise wieder auf das erhebliche Problem der hohen Auslandsverschuldung einzelner Emerging Markets hingewiesen. In absoluten Zahlen war die Höhe der Auslandsschulden per Ende 1994 in den Emerging Markets Brasilien (USD 150 Mrd.), Mexiko (USD 118 Mrd.), China (USD 95 Mrd.), Indien (USD 91 Mrd.), Argentinien (USD 75 Mrd.) und Indonesien (USD 60 Mrd.) am höchsten. Die gesamten Auslandsschulden aller Emerging Markets betrugen Ende 1994 ca. USD 1.600 Mrd. Die Schuldendienstzahlungen beliefen sich auf insgesamt USD 160 Mrd. und setzten sich aus USD 60 Mrd. Zinsen und USD 100 Mrd. Tilgung zusammen.

Ein aussagekräftigerer Indikator als die absolute Höhe der Verschuldung ist allerdings der relative Wert der Auslandsverschuldung im Verhältnis zum jeweiligen Bruttosozialprodukt des Landes.

In der „Institutional Investor"-Rangliste der Staaten nach ihrer Bonität bzw. Kreditwürdigkeit per Ende 1994 nehmen die ärmsten und höchstverschuldeten Entwicklungsländer die hintersten Plätze ein. Sehen Sie sich hierzu einige Beispiele aus der Rangliste an (100 = ohne Risiko; 0 = höchstes Risiko): (1) Schweiz 92,4 – (2) Japan 91,0 – (3) USA 90,8 – (4) Deutschland 89,9 … (12) Taiwan 79,1 … (20) Südkorea 70,0 … (23) Malaysia 67,6 – (24) Portugal 67,2 … (44) Ungarn 46,2 … (49) Indien 42,2 … (58) Polen 33,1 … (66) Brasilien 30,3 … (100) Rußland 18,4 … (129) Georgien 8,3 … (135) Sudan 6,1.

Bei einer näheren Analyse der Verschuldungssituation ist auch von entscheidender Bedeutung, ob die ausländischen Kredite, wie es in Lateinamerika leider oft der Fall war, in den Konsum oder zur Finanzierung von Infrastrukturinvestitionen in die Bereiche Straßenbau, Telekommunikation und Stromversorgung flossen. Obwohl Indonesiens Auslandsverschuldung mit USD 60 Mrd. einen hohen absoluten Wert erreicht, ist die Schuldensituation dort dennoch grundlegend anders zu beurteilen als in einigen lateinamerikanischen Ländern. Die Finanzierung erfolgte langfristig meist von Ländern und internationalen Organisationen wie der Weltbank im Rahmen von Unterstützungsprogrammen zum Aufbau und zur Entwicklung des Landes zu Zinssätzen, die unter dem eigentlichen Marktsatz lagen. Da die Gelder fast ausschließlich für langfristig sinnvolle Investitions- und Infrastrukturprojekte verwendet wurden und kaum in den Konsum flossen, sollten den Investitionen in der Zukunft auch Einnahmen folgen, die wiederum die laufenden Zins- und Tilgungszahlungen der Kredite sichern.

Wie wichtig die Art und Laufzeit der Finanzierung ist, war am Beispiel der mexikanischen Währungs- und Finanzkrise zu erkennen. Ausgelöst durch eine Kapitalflucht mit massiven Peso-Verkäufen in- und ausländischer Investoren verlor die mexikanische Währung Ende 1994 dramatisch an Wert. Im Zuge der massiven Stützungsaktionen und Interventionen seitens der mexikanischen Zentralbank verzeichneten die ausländischen Devisenreserven einen Rückgang von USD 24 Mrd. auf USD 6 Mrd. Als die Währungshüter aufgrund zu geringer Währungsreserven keine Mittel mehr zur Stützung der eigenen Währung zur Verfügung hatten, mußte der mexikanische Peso daraufhin für frei konvertierbar erklärt werden. Sein Preis wurde dem Gleichgewicht von internationalem Angebot und Nachfrage überlassen. Das bedeutete einen weiteren Verfall. Die Finanzsituation des lateinamerikanischen Landes verschlechterte sich danach vor allem auch durch den hohen Anteil an kurzfristigen Auslandsschulden. Mexiko war nicht in der Lage, die im Laufe des Jahres 1995 auslaufende große Tranche kurzfristiger in USD emittierter Tesobonos in einer Auktion zu plazieren. Erst durch die Verabschiedung eines internationalen Hilfspakets in der Höhe von USD 53 Mrd. entspannte sich die Situation langsam. Nach 3,47 Peso pro USD vor der Währungskrise erreichte der Peso Ende März 1995 mit 6,80 pro USD einen vorläufigen Tiefstand. Im Herbst erfolgte allerdings ein weiterer massiver Einbruch bis auf 8,30 Peso pro USD.

Das Risiko hoher Auslandsschulden stellt in den Emerging Markets nicht nur auf Länderebene, sondern auch auf Unternehmensebene ein Problem dar. Aufgrund der gegenüber den mexikanischen Zinsen niedrigen USD-Zinsen refinanzierten sich in der Vergangenheit zahlreiche mexikanische Unternehmen, auch solche ohne signifikante Geschäfts- und Erlösanteile im amerikanischen Raum, in USD. Die abrupte Abwertung des Pesos führte dann allerdings zu erheblichen Belastungen der Refinanzierungsseite der Bilanzen dieser Unternehmen. Während die Unternehmen auf der Aktivseite der Bilanz nach den Turbulenzen bestenfalls mit gleichbleibenden Erträgen und Geschäftsaussichten in lokaler Währung rechnen konnten, verschlechterte sich die Situation der Passivseite mit in USD denominierten Schulden durch die Abwertung des Pesos erheblich. Die fundamentale Bewertung der einzelnen Unternehmen mit USD-Schulden mußte somit herabgestuft werden.

2.5.3 Handelskriege und Handelsrestriktionen

Für die Fortsetzung der positiven Wirtschaftsentwicklung in den Emerging Markets ist die Existenz eines liberalen Welthandels von außerordentlicher Bedeutung. Durch staatlichen Protektionismus ist der freie Welthandel aber nach wie vor eine Wunschvorstellung. In der Praxis existieren zahlreiche Maßnahmen zum Schutz der eigenen Wirtschaft vor Importen, besonders wenn diese billiger oder qualitativ besser sind. Viele Emerging Markets versuchen, Einfuhren von Industriegütern zum Schutz der eigenen im Aufbau begriffenen Industrie sowie zur Deviseneinsparung zu reglementieren. Aber auch viele Industrieländer bemühen sich, ihre eigene Industrie durch Importrestriktionen vor der Konkurrenz billiger produzierender Emerging Markets, wie z.B. Taiwan und Südkorea, zu schützen und damit Arbeitsplätze im eigenen Land zu erhalten.

Auch wenn durch die Abschlußergebnisse der Uruguay-Runde des General Agreement on Tariffs and Trade (GATT) der Weg für einen freien Welthandel grundsätzlich geebnet erscheint, bleibt die Gefahr von Handelskriegen und Handelsrestriktionen weiterhin bestehen. Die aus dem GATT hervorgegangene neue Welthandelsorganisation (WTO) bildet zwar eine wichtige Voraussetzung für einen aktiven Handel zwischen den Emerging Markets untereinander und den etablierten Industrienationen. Durch den vermehrten Zusammenschluß einzelner Länder zu regionalen Handelsbündnissen, wie der Europäischen Union (EU), dem North American Free Trade Agreement (NAFTA), der Mercosur, der Association of Southeast Asian Nations (ASEAN) und der Asia Pacific Economic Cooperation (APEC), besteht allerdings eine erhöhte Gefahr von Handelsblöcken. Ländern, die in keiner der genannten Organisationen Mitglied sind, könnte hieraus langfristig ein Nachteil entstehen.

Desweiteren bieten die Abschlußergebnisse des GATT nicht in allen Bereichen und nicht für alle Emerging Markets Vorteile. Die Neuregelungen in den beiden Bereichen (Handel mit Dienstleistungen und Schutz des geistigen Eigentums) stellen für die meisten Emerging Markets z.B. eher einen Nachteil dar. Während ihnen auf der einen Seite zusätzliche Kosten aufgrund des strikten Schutzes der Patente entstehen, können sie aufgrund ihrer unterentwickelten Infrastruktur andererseits kaum mit Gewinnen aus der Liberalisierung des Dienstleistungshandels rechnen. Zu den Verlierern zählen auch die ärmeren rohstoffexportierenden Entwicklungsländer und Emerging Markets der Region Afrikas. Bei weiterhin niedrigen Rohstoffpreisen werden sie mittelfristig durch steigende Preise für Lebensmittelimporte belastet.

Handelskriege und Handelsrestriktionen würden das Wachstum in zweierlei Hinsicht beeinflussen. Erstens würde der Output geringer ausfallen, da die komparativen Vorteile, die die Emerging Markets besitzen, nicht zum Tragen kommen können. Zweitens würde eine Verminderung der Schuldenrückzahlungsfähigkeit die Kapitalströme und letztlich auch den damit verbundenen Technologietransfer reduzieren.

Die am schnellsten wachsenden Länder Asiens wurden durch die jüngste Rezession Anfang der 90er Jahre in Amerika, Europa und Japan nur wenig betroffen. Dies verdanken sie dem stärkeren regionalen Binnenhandel (besonders in Asien), aber auch der Triebkraft der Exporte in andere Emerging Markets. Ein echter Handelskrieg würde jedoch eine ganz andere Gefahr darstellen. In diesem Zusammenhang könnten regionale Handelsabkommen wie die NAFTA und die EU gegen die Interessen der Mehrheit der Entwicklungsländer verstoßen, die bei solchen Vereinbarungen meist nicht berücksichtigt werden. Diese Sorge wird sowohl von einigen lateinamerikanischen Ländern außerhalb Mexikos wie auch von osteuropäischen Ländern außerhalb der EU und vielen anderen Entwicklungs- und Schwellenländern geäußert.

Wie schnell ein Handelskrieg eskalieren könnte, zeigte sich 1995 am Beispiel der USA und China. Erst wenige Stunden vor Ablauf eines von der US-Regierung verhängten Ultimatums konnte der Streit um die Verletzung von Urheberrechten durch China beendet werden. Anlaß waren Hunderttausende illegal hergestellter Raubkopien von CDs und Computersoftware. Nach einer Lösung des Konflikts unterzeichneten der US-Handelsbeauftragte Mickey Kantor und Außenhandelsminister Wu Yi ein Abkommen zum Schutz amerikanischer geistiger Eigentumsrechte in der Volksrepublik China.

2.5.4 Niedrige bzw. sinkende Rohstoffpreise

Besonders betroffen von der Schuldenkrise und dem relativ niedrigen Stand vieler Rohstoffpreise waren in den vergangenen Jahren erneut die rohstoffreichen, meist ärmeren Emerging Markets. Seit der Nachkriegszeit verschlechterten sich die Preise und Handelsbedingungen für Basis-Rohstoffe bis auf wenige Ausnahmen kontinuierlich. Emerging Markets, die auf den Export von bergbaulichen und/oder agrarischen Rohstoffen angewiesen sind, litten in dieser Zeit besonders unter der enttäuschenden Preisentwicklung. Während auf der einen Seite die Deviseneinnahmen für die Rohstoffexporte zurückgingen, stiegen dagegen die Ausgaben für Industriegüterimporte weiter an. Weltweit gibt es insgesamt rund 85 Emerging Markets, die mehr als 50 % ihrer Exporteinnahmen mit bergbaulichen und/oder agrarischen Rohstoffen erzielen und von den niedrigen Preisen somit am stärksten betroffen sind. Selbst wenn die Länder von der Energie- und Rohstoffbasis und zum Teil auch von der Finanzausstattung und der Infrastruktur her günstige Voraussetzungen für eine Industrialisierung besitzen, ist das Wirtschaftswachstum extrem abhängig von Preis- und Nachfrageschwankungen auf dem Weltmarkt.

Die sinkenden Rohstoffpreise führten in vielen Emerging Markets jedoch auch zu einer positiven Entwicklung. Ein Preisverfall, der kurzfristig sicherlich negative Auswirkungen hat, führte dazu, daß die meisten dieser Märkte ihre wirtschaftliche Basis breiter auslegten. In vielen Fällen erfolgte der Aufbau eines Industriesektors. Erfolgreichere und fortschrittliche Emerging Markets mit einer gut diversifizierten Wirtschaft sind von sinkenden Rohstoffpreisen also weniger betroffen als die Märkte mit einer Monostruktur.

Ein erfolgversprechendes Beispiel für die entwicklungspolitische Zusammenarbeit zwischen Industrie- und Entwicklungsländern im Rohstoffbereich sind die seit 1975 geltenden Abkommen über Finanzhilfe und handelspolitische Zusammenarbeit zwischen der EU und den 70 AKP-Staaten (Emerging Markets aus dem afrikanischen, karibischen und pazifischen Raum). Das 1990 in Kraft getretene und bis zum Jahr 2000 gültige Lomé-Abkommen wurde mit einem Finanzvolumen von

DM 25 Mrd. ausgestattet. In dem Abkommen wird den AKP-Staaten beim Export von agrarischen und mineralischen Rohstoffen unbeschränkter Zugang zur EU gewährt. Dabei existieren weder Zölle noch mengenmäßige Beschränkungen. Im Rahmen des Programms sollen die Ausfuhrerlöse stabilisiert werden, und durch einen Sonderfonds für Bergbauerzeugnisse sollen Investitionen in den AKP-Staaten unter der Einhaltung umweltrelevanter Richtlinien (z.B. dem Verbot von Giftmüllexporten) gefördert werden.

Obwohl stark schwankende und niedrige Rohstoffpreise für einige Emerging Markets ein immenses Problem darstellen, muß erwähnt werden, daß energie- und rohstoffarme Länder mit einem niedrigen Bruttosozialprodukt pro Kopf der Bevölkerung noch eine wesentlich geringere Chance auf eine baldige Industrialisierung haben. Eine Ausnahme bilden hier natürlich Länder wie Südkorea, Taiwan, Malaysia und Thailand mit einer gut ausgebauten Infrastruktur, hohem Bildungs- und Ausbildungsniveau und günstigen Voraussetzungen für eine wachstumsorientierte Entwicklungsstrategie auf der Basis arbeitsintensiver Exportindustrien und Dienstleistungen.

2.5.5 Einseitig diversifizierte Wirtschaft

Viele Volkswirtschaften der Emerging Markets weisen nach wie vor keine breit diversifizierte Wirtschaftsbasis auf. Besonders der Export und damit die Hauptdeviseneinnahmequelle ist oftmals sehr abhängig von einem bzw. einigen wenigen Rohstoffen, Industriezweigen oder Handelspartnern. Die finanzielle Situation und wirtschaftliche Entwicklung eines Landes reagiert in so einem Fall natürlich sehr sensibel auf Preisschwankungen dieser Rohstoffe bzw. Produkte und auf die wirtschaftliche Entwicklung der wichtigsten Handelspartner.

Mexiko und Venezuela sind zum Beispiel sehr reich an Bodenschätzen, wobei vor allem Erdöl und Erdgas eine wichtige Rolle für die wirtschaftliche Entwicklung dieser Länder spielen. Mit einer Förderleistung von jährlich ca. 156 bzw. 127 Mio. Tonnen liegen Mexiko weltweit an fünfter und Venezuela an achter Stelle der Ölförderländer. In Mexiko stellen Öl bzw. Ölprodukte mit einem Anteil von ca. 30 % damit auch nach wie vor die wichtigste ausländische Deviseneinnahmequelle dar. Der reine Exportanteil von Erdöl und -gas hat sich allerdings seit 1980, als 75 % der Exporterlöse auf diesen Bereich entfielen, inzwischen erheblich auf 12 % reduziert.

Die mexikanische Industrie bietet heute ein vielfältiges Bild und ist teilweise hoch entwickelt. Niedrige Lohn- und Lohnnebenkosten sowie liberale Zoll- und Handelsbestimmungen veranlaßten in den vergangenen Jahren viele amerikanische Konzerne dazu, in Mexiko zu produzieren.

Anders sieht das Bild weiterhin in Venezuela aus. Der Handel ist dominiert vom Erdöl- und Erdölderivate-Export, auf den allein 75 % der gesamten Exporteinnahmen entfallen. Nach rückläufigen Einnahmen aus dem Ölgeschäft begann Präsident Perez erst 1989, die Monostruktur und Abhängigkeit des Landes vom „schwarzen Gold“ zu verringern. 1980 erzielte Venezuela 95 % seiner Exporteinnahmen aus diesem Bereich. Inzwischen konnte die Quote zwar auf 75 % gesenkt werden, die gesamtwirtschaftliche Entwicklung hängt damit allerdings nach wie vor vom Erdöl- und Erdölderivategeschäft ab.

Trotz seiner vorbildlichen Entwicklung in den vergangenen Jahren weist Chile ebenfalls eine Monostruktur auf. Die Grundlage des Außenhandels ist nach wie vor der Bergbau im wüstenhaften Nordchile. Obwohl ca. 50 % der Exporte aus dem Bergbau stammen, arbeiten aber nur 2 % aller Beschäftigten in diesem Bereich. Chile ist bis heute mit einer Förderleistung von jährlich 2,1 Mio. Tonnen der weltweit größte Produzent und Exporteur von Kupfer. Insgesamt verfügt es über 20 % des gesamten Weltvorkommens dieses Metalls. Chiles Export besteht bis heute zu 36 % aus Kupfer. Auch wenn der Kupferpreis 1994/95 aufgrund des weltwirtschaftlichen Konjunkturaufschwungs zunahm, rechnen Experten langfristig eher mit einem sinkenden Kupferverbrauch. Verstärkt wird diese Tendenz durch steigende Recyclingraten und die Ersetzung von Kupfer in zahlreichen Anwendungsbereichen, z.B. durch Glasfasern in Elektrokabeln.

Ein Beispiel für eine agrarische Monostruktur ist Pakistan. An der Aktienbörse in Karachi notieren zu mehr als einem Drittel Werte aus der Textil- und Bekleidungsbranche. Der Export des Landes besteht aus Baumwollgarnen und -geweben (29 %), Textilien und Bekleidung (9 %) sowie Kunstfasergeweben (7 %). Mit über 50 % stellen die Exporterlöse aus diesem Bereich mit Abstand die wichtigste ausländische Deviseneinnahmequelle Pakistans dar. Eine verheerende Flutkatastrophe zu Beginn des Jahres 1992 vernichtete einen Großteil der Baumwollernte und löste bis August 1992 eine Kurskorrektur am Aktienmarkt um 50 % aus. Aufgrund einer Insektenplage und heftiger Monsunregenfälle fiel die jährliche Produktion von Baumwollfasern 1994/95 mit nur 1,25 Mio. Tonnen sogar auf ein Neunjahrestief. Weltweit nimmt Pakistan bei der Produktion von Baumwollfasern nach der Volksrepublik China, den USA und Indien den vierten Platz ein.

Neben der Abhängigkeit von agrarischen und bergbaulichen Rohstoffen kann auch eine Abhängigkeit von einem Industriezweig bzw. einem

Handelspartner ein potentielles Problem darstelllen. Da 80 % aller portugiesischen Exporte in die Mitgliedsstaaten der EU gehen, ist Portugal zu einem hohen Grad von der wirtschaftlichen Entwicklung und Verfassung des europäischen Handelsbündnisses abhängig. Deutlich wurde diese Interdependenz an der portugiesischen Rezession im Jahr 1993, die vor allem durch die Verlangsamung der Konjunktur in der EU ausgelöst wurde.

2.5.6 Kapitalabzug kurzfristig orientierter Investoren

Ende 1994 trat durch die mexikanische Finanz- und Währungskrise ein weiterer Risikofaktor in den Vordergrund. Bedingt durch einen massiven Kapitalabzug kurzfristig orientierter einheimischer und ausländischer Investoren kam es zu einem Einbruch des mexikanischen Pesos und in der Folge des Aktienmarktes. Die Mexikokrise verdeutlichte einen oft vorhandenen Interessenkonflikt zwischen den Emerging Markets und den Investoren. Während die Länder selbst eine langfristige Finanzierungsmöglichkeit einzelner Unternehmen und der gesamten Wirtschaft im Aktienmarkt sehen, stehen für viele Investoren leider nach wie vor die kurzfristigen Gewinnmöglichkeiten im Vordergrund. Solides Wirtschaftswachstum kann aber nur auf Kapital aufgebaut werden, das nicht gerade dann, wenn es am meisten gebraucht wird, abgezogen wird. Man kann eine 30jährige Hypothek nicht mit Tagesgeld refinanzieren.

Es gibt hervorragende Anlagemöglichkeiten in ausgewählten Emerging Markets, aber nur für Anleger, die bereit sind, die kurzfristigen enormen Kursschwankungen zu akzeptieren. Momentum-Anleger, die ihre Anlageentscheidung auf der Basis desjenigen Marktes mit der besten Performance des Vorjahres begründen, werden auch in Zukunft zu den potentiellen Verlieren zählen. Ein langfristiger Anlagehorizont bei fundamental attraktiven Märkten mit einer Halteperiode von mindestens drei bis fünf Jahren führt dagegen eher zum Erfolg. Performance- und Risikovorteile gelten nicht für jedes Jahr oder Quartal und schon gar nicht für jeden Monat. Wie in anderen Märkten auch ist in den Emerging Markets eine gewisse Geduld nötig. Es gilt: „Time is more important than timing.“ Die größten Börsengewinne werden nicht durch hektisches Kaufen und Verkaufen, sondern durch Halten erreicht.

2.6 Risiko/Ertragsanalyse

Fragt man einen Anleger, welches Risiko er eingeht, wenn er eine Aktie kauft, lautet die Antwort wahrscheinlich: „Das Risiko, damit Geld zu verlieren.“ In der modernen Portfolio-Theorie wird das Risiko eines Investments jedoch nicht als Verlust, sondern als Volatilität seiner Ertragsschwankungen um den Mittelwert definiert. Je größer die Standardabweichung, das statistische Maß für die absolute Volatilität, bzw. der Betafaktor, der die Volatilität einer Aktie in Relation zum Gesamtmarkt angibt, desto größer ist nach dieser Theorie das Risiko. Dabei werden sowohl negative als auch positive Abweichungen vom Durchschnittsertrag berücksichtigt. In einem steigenden Markt bedeutet hohe Volatilität jedoch hohe Gewinnchancen. Volatilität ist also ein zweischneidiges Schwert und kein Maß für das, was der Börsenpraktiker intuitiv als Risiko empfindet.

Wie fragwürdig es ist, Risiko mit Volatilität gleichzusetzen, läßt sich am besten an einem einfachen Beispiel demonstrieren. 1995 hatten die monatlichen Erträge des Aktienmarktes Simbabwe eine Standardabweichung von 8,1 %. Der indische Aktienmarkt dagegen wies im gleichen Zeitraum eine niedrigere Standardabweichung von nur 6,1 % auf. Der Aktienmarkt Simbabwe stieg 1995 gemessen am lokalen IFCI-Index in DM gerechnet (mit wiederangelegten Dividenden) um 7,8 %, während Indien, gemessen am IFCI-Indien-Index, im gleichen Zeitraum um 39% fiel. Ein Investment in Simbabwe wäre damit auf der Basis der Standardabweichung der monatlichen Erträge als riskanter einzustufen gewesen als Indien, das, nebenbei bemerkt, acht der zwölf Monate mit Verlust beendete. Während sich der Anleger in Simbabwe darüber freuen konnte, daß er im Krisenjahr 1995 – der IFCI-Gesamtindex verlor 15,3 % – einen Gewinn von 7,8 % erzielte, wird sich der Indieninvestor wohl kaum damit trösten, daß sein Jahresverlust von 39 % bei niedrigerem Risiko zustandekam.

In der modernen Portfoliotheorie wird eine positive Beziehung zwischen Rendite und (dem als Volatilität definierten) Risiko unterstellt. Es wird angenommen, daß eine höhere Renditeerwartung mit steigendem Risiko erkauft werden muß bzw. das Anlagerisiko verringert werden kann, wenn der Anleger bereit ist, seine Ertragserwartung entsprechend zu reduzieren.

In einem unter starken Schwankungen ansteigenden Aktienmarkt, wie er z.B. 1995 in Simbabwe und bis Ende 1993 in den meisten Emerging Markets vorlag, bedeutet hohe Volatilität im positiven Bereich der Renditeverteilungsfunktion für den Anleger ein im Vergleich zum Ertragspotential geringeres Verlustrisiko. Entsprechend werden hohe positive Erträge nicht als ein zu vermeidendes Risiko empfunden. Im Gegenteil, sie werden sogar angestrebt und sind dem Anleger höchst willkommen. Deshalb favorisieren wir Risikomaße, die auf Verluste bzw. negative Abweichungen von den Erträgen eines vergleichbaren Index (der sogenannten „Benchmark") abstellen. Das sind z.B. der maximale Periodenverlust, der größte Wertrückgang von einem vorher erreichten Höchststand, die Wahrscheinlichkeit, in einer Periode mit Verlust abzuschneiden (Anzahl der Verlustperioden innerhalb des Untersuchungszeitraums geteilt durch die Anzahl aller Perioden) oder der Durchschnittsverlust in Verlustperioden (Summe aller Verluste dividiert durch die Anzahl der Verlustperioden). Ein Risikomaß, das sowohl die Wahrscheinlichkeit des Eintretens eines Verlustes als auch die potentielle Höhe eines Verlustes beeinhaltet, und damit u.E. das aussagekräftigste statistische Risikomaß ist, ist der Erwartungswert eines Verlustes. Der Verlusterwartungswert ist definiert als Produkt aus der Eintrittswahrscheinlichkeit und dem Durchschnittsverlust aller Verlustperioden. Alle genannten Risikomaße dienen nur zur Erfassung des Risikos eines abgeschlossenen Untersuchungszeitraums und haben nur eine begrenzte Prognosefähigkeit im Hinblick auf Risiken in der Zukunft.

Der Ertrag von Investments wird als arithmetischer oder geometrischer Durchschnitt für eine abgeschlossene Periode, i.d.R. für ein Kalenderjahr, ermittelt. Will man den Ertrag in Relation zum eingegangenen Risiko ausdrücken, wird in der Literatur der Quotient aus Durchschnittsertrag und Risikoeinheit gebildet. Die nach ihrem Erfinder William Sharpe benannte Sharpe-Ratio wird aus der erwarteten Rendite, geteilt durch die erwartete Standardabweichung der zukünftigen Erträge, ermittelt. Da die Erwartungen in den meisten Fällen nicht bekannt sind, müssen sowohl die zukünftigen Erträge als auch deren Standardabweichung geschätzt werden. Vielfach werden auch Vergangenheitswerte in die Zukunft extrapoliert. Dies führte in der Vergangenheit oft zu suboptimalen Lösungen. Die eigentlich im Zähler in Abzug zu bringende risikofreie Benchmarkrendite (eine laufzeitadäquate Geldmarktverzinsung) wird im Fall von überregionalen Gesamtindizes i.d.R. weggelassen, da keine einheitliche Meinung in bezug auf einen globalen risikolosen Zinssatz besteht. Das Hauptproblem der Sharpe-Ratio liegt jedoch darin, daß der Nenner, die Standardabweichung, nicht notwendigerweise gleich dem Risiko ist. Aus diesem Grund bezeichnen wir die Sharpe-Ratio nicht als risikoadjustierten sondern als volatilitätsadjustierten Ertrag.

Ein u.E. aussagekräftigeres Maß für die risikoadjustierte Wertentwicklung ist die Keppler-Ratio. Der Zähler dieser Kennzahl ist wie bei der Sharpe-Ratio der arithmetische Durchschnittsertrag für eine bestimmte Anlageperiode. Im Nenner steht jedoch als Risikomaß der Ver-

lusterwartungswert. Die Keppler-Ratio analysiert somit ausschließlich den negativen Teil der Renditeverteilungsfunktion, die für den Investor entweder einen Verlust oder eine negative Abweichung von der Benchmarkrendite bedeutet. Wir geben im folgenden bei den Ertrags-/Risikoanalysen i.d.R. beide Kennzahlen sowie eine Reihe anderer statistischer Risiko- und Ertragskennzahlen an. Dadurch kann jeder Leser selbst entscheiden, welche Kennzahl für ihn zur Entscheidungsfindung am besten geeignet ist: Die Schwankungsbreite der Erträge (Standardabweichung), die Anzahl aller Verlustperioden, der Maximalverlust, der Durchschnittsverlust, die Verlustwahrscheinlichkeit, die Anzahl unmittelbar aufeinanderfolgender Verlustperioden oder der Verlusterwartungswert, der sowohl die Eintrittwahrscheinlichkeit als auch die potentielle Höhe eines Verlustes beinhaltet.
Der IFCI-Gesamtindex wies im Zeitraum von Anfang 1989 bis Ende 1995 bei einer Kurssteigerung von 100 auf 222,6 Indexpunkte eine Standardabweichung der monatlichen Aktienerträge von 7,4 % auf. Zum Vergleich: Der MSCI-Weltaktienindex stieg im gleichen Zeitraum nur um 4,5 % bei einer Schwankungsbreite von 4,6 %. Die Standardabweichung der monatlichen Aktienerträge dient hier nicht zur Bestimmung des Risikos, sondern soll nur die historische Schwankungsbreite des Marktes aufzeigen. Die Keppler-Ratio lag beim IFCI-Gesamtindex mit 0,68 mehr als doppelt so hoch als beim MSCI-Weltaktienindex mit 0,26.

Bei den drei Teilregionen, aus denen sich der IFCI-Gesamtindex zusammensetzt, ergaben sich im gleichen Untersuchungszeitraum erhebliche Unterschiede. Lateinamerika, der Markt mit dem höchsten Kursanstieg auf 380,7 Indexpunkte, wies eine Standardabweichung der monatlichen Aktienerträge von 11,5 % auf. Die Region Asien hatte bei einer Kursentwicklung auf 187,4 Indexpunkte eine monatliche Schwankungsbreite von 7,9 %. Mit dem geringsten Kursanstieg aller drei Teilindizes von 100 auf 114,3 Punkte wies die Region Europa/Mittlerer Osten/Afrika (EMOA) eine Standardabweichung der monatlichen Aktienerträge von 10 % auf. Die Keppler-Ratio erreichte in Lateinamerika mit 0,78 mit Abstand den besten Wert vor Asien (0,55) und EMOA (0,27).

Noch breiter fällt das Spektrum bei einer Analyse der einzelnen Länder aus. Im Untersuchungszeitraum von Anfang 1989 (Indexstand = 100) bis Ende 1995 wies Argentinien mit einem Indexstand von 646,4 Punkten die beste Kursentwicklung aller Märkte auf. Es folgten Chile und Kolumbien mit 604,1 und 522,6 Indexpunkten. Da Kolumbien allerdings erst im Februar 1991 in den IFCI-Index aufgenommen wurde, vollzog es die Kursentwicklung in kürzerer Zeit. Den niedrigsten Stand wies China mit 47,8 Zählern Ende 1995 nach der Türkei mit 63,9 Punkten auf. Dabei ist jedoch zu beachten, daß China erst Anfang 1993 mit

IFCI Emerging Markets

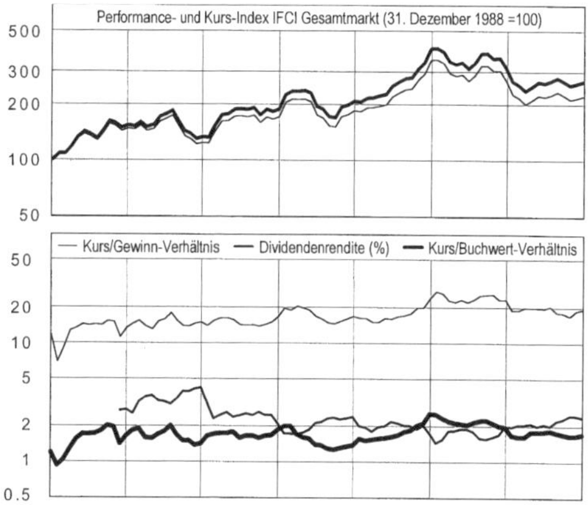

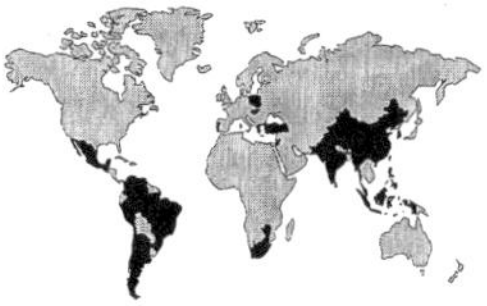

Brutto- inlandsprodukt

Markt- kapitalisierung

in % des MSCI Weltaktienindex

1988	1989	1990	1991	1992	1993	1994	1995	Finanz- und Wirtschafts-Historie
100	157,4	174,1	174,7	213,5	348,2	349,6	268,0	IFCI Kursindex Hoch
100	100,0	122,0	123,4	151,3	183,2	268,0	201,7	IFCI Kursindex Tief
100	148,1	124,2	171,3	185,2	348,2	268,0	222,6	IFCI Kursindex Ultimo
8,66	11,19	8,41	10,37	11,19	14,70	11,57	11,57	Gewinn pro Anteil
86,21	91,99	90,00	94,65	138,23	140,40	139,59	133,28	Buchwert pro Anteil
-	3,97	5,14	3,51	4,33	5,88	5,23	5,16	Dividenden pro Anteil
-	29,2	-24,8	23,3	7,9	31,5	-21,3	0,1	Gewinnwachstum p.a. (%)
-	6,7	-2,2	5,2	46,0	1,6	-0,6	-4,5	Buchwertwachstum p.a. (%)
-	-	29,5	-31,7	23,4	35,8	-11,2	-1,2	Dividendenwachstum p.a. (%)
11,6	13,2	14,8	16,5	16,6	23,7	23,2	19,2	Kurs/Gewinn-Verhältnis
1,16	1,61	1,38	1,81	1,34	2,48	1,92	1,67	Kurs/Buchwert-Verhältnis
-	2,68	4,14	2,05	2,34	1,69	1,95	2,32	Dividendenrendite (%)
0,64	0,69	0,97	0,78	0,72	0,83	1,00	-	Relatives Kurs/Gewinn-Verhältnis*
0,48	0,62	0,76	0,90	0,71	1,08	0,88	-	Relatives Kurs/Buchwert-Verhältnis*
-	1,22	1,34	0,76	0,84	0,73	0,81	-	Relative Dividendenrendite*
46,68	94,42	98,29	209,47	279,17	667,67	651,54	857,86	Marktkapitalisierung (in Milliarden DEM)
0,5	0,9	1,3	2,4	3,1	5,6	5,5	-	" (in % der Mk. aller MSCI Länder)
159	206	239	375	534	644	890	-	Anzahl der im IFCI Index enthaltenen Titel
3240,22	3499,14	3553,50	3964,68	4665,09	5237,53	-	-	Bruttoinlandsprodukt (in Milliarden DEM)
13,6	14,9	16,2	15,2	17,4	15,1	-	-	" (in % des BIP aller MSCI Länder)
-	-	-	-	-	-	-	-	Konsumentenpreise (Veränderung in % p.a.)
-	-	-	-	-	-	-	-	Wechselkurs
10,04	12,16	9,34	10,96	8,09	10,47	8,29	8,68	Eigenkapitalrendite (%)
-	35,5	61,1	33,9	38,8	40,0	45,2	44,6	Ausschüttungsquote (%)
-	48,1	-16,1	37,9	8,1	88,0	-23,0	-17,0	IFCI Kursindex-Veränderung (%)
-	53,9	-13,5	41,5	10,4	92,7	-21,6	-15,3	IFCI Performance-Index-Veränderung (%)

Quellen: International Finance Corporation's (IFC) Emerging Markets Database (EMDB), U.S. Department of Commerce. Morgan Stanley Capital International (MSCI). Berechnungen: Keppler Asset Management Inc., New York.

* Im Vergleich zum Morgan Stanley Capital International (MSCI) Weltindex

Abbildung 13: Charts und Datenübersicht zum IFCI-Gesamtmarkt in DM

IFCI Emerging Markets

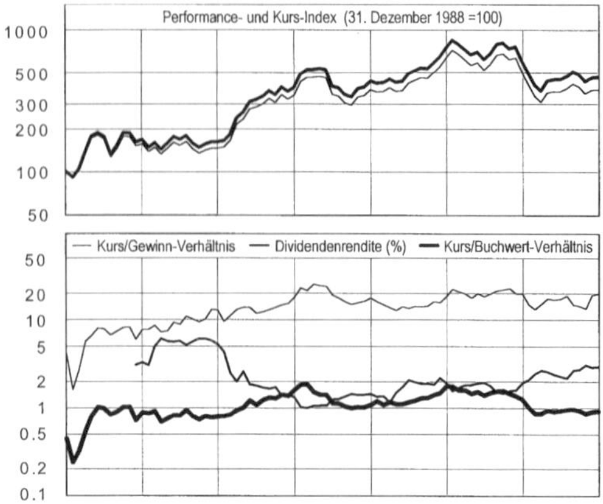

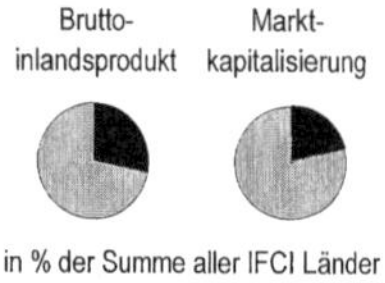

1988	1989	1990	1991	1992	1993	1994	1995	Finanz- und Wirtschafts-Historie
100	181,2	163,8	349,0	469,1	634,8	720,5	506,5	IFCI Kursindex Hoch
100	89,9	133,5	146,7	295,6	365,7	506,5	310,9	IFCI Kursindex Tief
100	157,0	146,7	347,1	379,2	634,8	506,5	380,7	IFCI Kursindex Ultimo
24,81	20,53	11,49	19,35	21,53	34,73	25,57	19,41	Gewinn pro Anteil
232,56	182,61	190,47	222,51	357,72	369,06	411,75	427,74	Buchwert pro Anteil
-	5,04	7,66	4,48	5,35	12,00	9,52	10,96	Dividenden pro Anteil
-	-17,3	-44,0	68,3	11,3	61,3	-26,4	-24,1	Gewinnwachstum p.a. (%)
-	-21,5	4,3	16,8	60,8	3,2	11,6	3,9	Buchwertwachstum p.a. (%)
-	-	51,9	-41,5	19,4	124,4	-20,6	15,1	Dividendenwachstum p.a. (%)
4,0	7,7	12,8	17,9	17,6	18,3	19,8	19,6	Kurs/Gewinn-Verhältnis
0,43	0,86	0,77	1,56	1,06	1,72	1,23	0,89	Kurs/Buchwert-Verhältnis
-	3,21	5,22	1,29	1,41	1,89	1,88	2,88	Dividendenrendite (%)
0,35	0,58	0,86	1,09	1,06	0,77	0,85	1,02	Relatives Kurs/Gewinn-Verhältnis
0,37	0,53	0,56	0,86	0,79	0,69	0,64	0,53	Relatives Kurs/Buchwert-Verhältnis
-	1,20	1,26	0,63	0,60	1,12	0,96	1,24	Relative Dividendenrendite
10,13	31,69	34,79	116,64	156,62	329,24	291,01	241,74	Marktkapitalisierung (in Milliarden DEM)
21,7	33,6	35,4	55,7	56,1	49,3	44,7	28,2	" (in % der Mk. aller IFCI Länder)
58	79	70	111	140	145	207	-	Anzahl der im IFCI Index enthaltenen Titel
1278,53	1463,58	1489,08	1596,59	1839,78	2138,92	-	-	Bruttoinlandsprodukt (in Milliarden DEM)
39,5	41,8	41,9	40,3	39,4	40,8	-	-	" (in % des BIP aller IFCI Länder)
-	-	-	-	-	-	-	-	Konsumentenpreise (Veränderung in % p.a.)
-	-	-	-	-	-	-	-	Wechselkurs
10,67	11,24	6,03	8,70	6,02	9,41	6,21	4,54	Eigenkapitalrendite (%)
-	24,6	66,6	23,1	24,8	34,5	37,2	56,5	Ausschüttungsquote (%)
-	57,0	-6,6	136,7	9,2	67,4	-20,2	-24,8	IFCI Kursindex-Veränderung (%)
-	67,8	-3,5	142,5	10,6	71,7	-18,9	-23,1	IFCI Performance-Index-Veränderung (%)

Quellen: International Finance Corporation's (IFC) Emerging Markets Database (EMDB), U.S. Department of Commerce. Berechnungen: Keppler Asset Management Inc., New York.

Abbildung 14: Charts und Datenübersicht zum IFCI-Lateinamerika-Index in DM

IFCI Emerging Markets

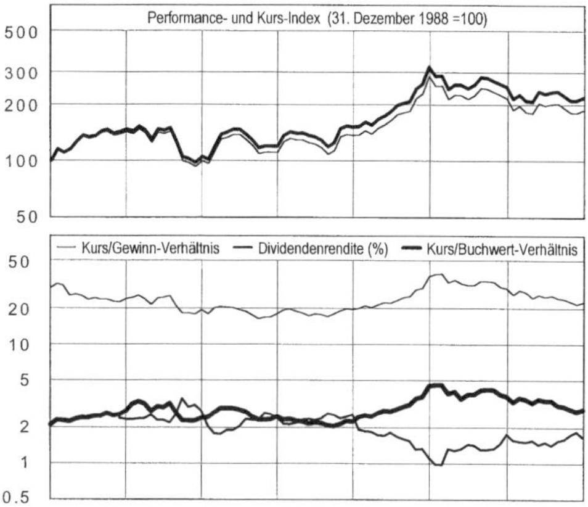

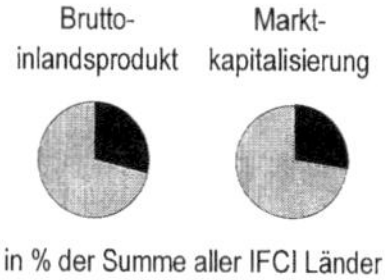

1988	1989	1990	1991	1992	1993	1994	1995	Finanz- und Wirtschafts-Historie
100	143,3	147,8	138,7	138,7	284,6	284,6	217,1	IFCI Kursindex Hoch
100	100,0	92,8	96,5	108,3	136,8	213,9	180,1	IFCI Kursindex Tief
100	142,9	99,6	110,8	136,8	284,6	217,1	187,4	IFCI Kursindex Ultimo
3,39	6,01	5,20	6,21	7,06	7,74	7,45	8,37	Gewinn pro Anteil
48,54	52,91	42,37	45,59	62,45	64,40	60,30	67,16	Buchwert pro Anteil
-	3,27	2,68	2,64	3,45	3,10	3,73	3,04	Dividenden pro Anteil
-	77,1	-13,4	19,4	13,8	9,6	-3,8	12,4	Gewinnwachstum p.a. (%)
-	9,0	-19,9	7,6	37,0	3,1	-6,4	11,4	Buchwertwachstum p.a. (%)
-	-	-18,1	-1,6	30,7	-10,0	20,3	-18,7	Dividendenwachstum p.a. (%)
29,5	23,8	19,2	17,9	19,4	36,8	29,2	22,4	Kurs/Gewinn-Verhältnis
2,06	2,70	2,35	2,43	2,19	4,42	3,60	2,79	Kurs/Buchwert-Verhältnis
-	2,29	2,69	2,38	2,52	1,09	1,72	1,62	Dividendenrendite (%)
2,55	1,80	1,30	1,08	1,17	1,55	1,26	1,16	Relatives Kurs/Gewinn-Verhältnis
1,78	1,68	1,70	1,34	1,63	1,78	1,88	1,67	Relatives Kurs/Buchwert-Verhältnis
-	0,85	0,65	1,16	1,08	0,64	0,88	0,70	Relative Dividendenrendite
27,82	42,74	38,13	63,85	104,13	284,99	309,44	330,87	Marktkapitalisierung (in Milliarden DEM)
59,6	45,3	38,8	30,5	37,3	42,7	47,5	38,6	" (in % der Mk. aller IFCI Länder)
78	87	109	198	341	430	558	-	Anzahl der im IFCI Index enthaltenen Titel
1495,13	1563,92	1543,57	1655,72	1989,87	2182,39	-	-	Bruttoinlandsprodukt (in Milliarden DEM)
46,1	44,7	43,4	41,8	42,7	41,7	-	-	" (in % des BIP aller IFCI Länder)
-	-	-	-	-	-	-	-	Konsumentenpreise (Veränderung in % p.a.)
-	-	-	-	-	-	-	-	Wechselkurs
6,99	11,35	12,27	13,61	11,31	12,02	12,35	12,47	Eigenkapitalrendite (%)
-	54,5	51,5	42,5	48,8	40,1	50,1	36,3	Ausschüttungsquote (%)
-	42,9	-30,3	11,3	23,4	108,1	-23,7	-13,7	IFCI Kursindex-Veränderung (%)
-	46,8	-28,5	13,9	26,7	111,9	-22,4	-12,4	IFCI Performance-Index-Veränderung (%)

Quellen: International Finance Corporation's (IFC) Emerging Markets Database (EMDB), U.S. Department of Commerce.
Berechnungen: Keppler Asset Management Inc., New York.

Abbildung 15: Charts und Datenübersicht zum IFCI-Asien-Index in DM

Europa/Mittlerer Osten/Afrika

IFCI Emerging Markets

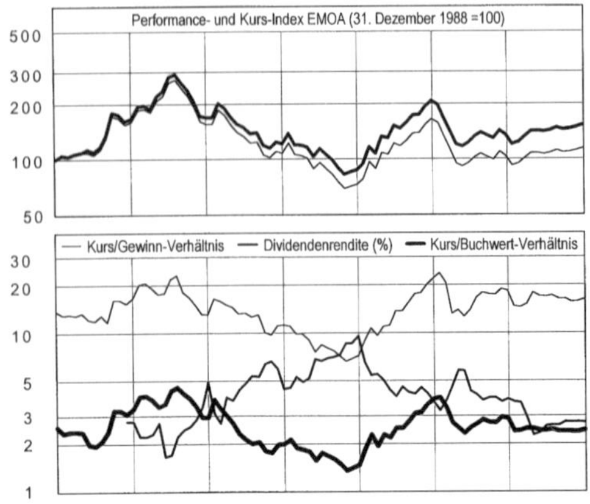

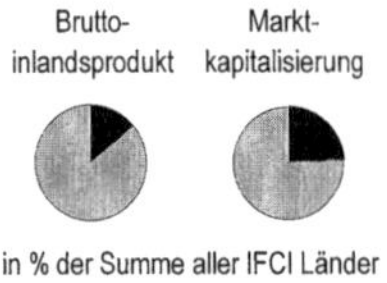

1988	1989	1990	1991	1992	1993	1994	1995	Finanz- und Wirtschafts-Historie
100	172,1	271,5	186,2	122,7	165,8	165,8	114,3	IFCI Kursindex Hoch
100	100,0	155,6	102,1	69,0	72,8	91,2	92,2	IFCI Kursindex Tief
100	160,7	155,6	107,7	72,8	165,8	103,5	114,3	IFCI Kursindex Ultimo
7,35	9,68	11,98	9,66	10,21	7,56	5,65	7,05	Gewinn pro Anteil
40,00	49,16	53,84	55,24	50,92	43,74	36,72	47,83	Buchwert pro Anteil
-	4,36	7,53	4,73	6,90	6,00	3,92	3,05	Dividenden pro Anteil
-	31,7	23,7	-19,3	5,7	-26,0	-25,3	24,8	Gewinnwachstum p.a. (%)
-	22,9	9,5	2,6	-7,8	-14,1	-16,1	30,3	Buchwertwachstum p.a. (%)
-	-	72,9	-37,2	46,0	-13,1	-34,6	-22,2	Dividendenwachstum p.a. (%)
13,6	16,6	13,0	11,2	7,1	21,9	18,3	16,2	Kurs/Gewinn-Verhältnis
2,50	3,27	2,89	1,95	1,43	3,79	2,82	2,39	Kurs/Buchwert-Verhältnis
-	2,71	4,84	4,39	9,48	3,62	3,79	2,67	Dividendenrendite (%)
1,18	1,25	0,88	0,67	0,43	0,93	0,79	0,84	Relatives Kurs/Gewinn-Verhältnis
2,16	2,03	2,09	1,08	1,07	1,53	1,47	1,43	Relatives Kurs/Buchwert-Verhältnis
-	1,01	1,17	2,14	4,05	2,14	1,94	1,15	Relative Dividendenrendite
8,72	19,99	25,37	28,99	18,41	58,43	51,09	289,48	Marktkapitalisierung (in Milliarden DEM)
18,7	21,2	25,8	13,8	6,6	8,8	7,8	33,7	" (in % der Mk. aller IFCI Länder)
23	40	60	66	53	69	125	-	Anzahl der im IFCI Index enthaltenen Titel
466,57	471,64	520,85	712,37	835,44	916,21	-	-	Bruttoinlandsprodukt (in Milliarden DEM)
14,4	13,5	14,7	18,0	17,9	17,5	-	-	" (in % des BIP aller IFCI Länder)
-	-	-	-	-	-	-	-	Konsumentenpreise (Veränderung in % p.a.)
-	-	-	-	-	-	-	-	Wechselkurs
18,38	19,70	22,25	17,49	20,06	17,29	15,38	14,73	Eigenkapitalrendite (%)
-	45,0	62,9	48,9	67,6	79,4	69,5	43,3	Ausschüttungsquote (%)
-	60,7	-3,2	-30,8	-32,4	127,6	-37,5	10,4	IFCI Kursindex-Veränderung (%)
-	67,5	0,8	-28,3	-28,1	138,5	-34,9	13,2	IFCI Performance-Index-Veränderung (%)

Quellen: International Finance Corporation's (IFC) Emerging Markets Database (EMDB), U.S. Department of Commerce.
Berechnungen: Keppler Asset Management Inc., New York.

Abbildung 16: Charts und Datenübersicht zum IFCI-Europa/Mittlerer Osten/Afrika-Index in DM

100 Indexpunkten in den IFCI-Index aufgenommen wurde. Die Türkei ist seit August 1989 Bestandteil der Indexfamilie. Von den Märkten, die von Beginn an im IFCI-Gesamtindex enthalten waren, weist Portugal mit Abstand die enttäuschendste Kursentwicklung auf. Nach sechs Jahren steht der Index mit 93,4 Punkten nach wie vor unter seinem Ausgangsniveau.

Mit einer Standardabweichung der monatlichen Aktienerträge von 30,2 % wies Argentinien in der Region und weltweit vor Polen (25,8 %) und Brasilien (23,6 %) seit der Aufnahme in den IFCI-Gesamtindex mit Abstand die höchste Schwankungsbreite aller Emerging Markets auf. Am unteren Ende der Skala lagen Portugal (6,6 %) und Jordanien (6,8 %).

Seit der Aufnahme in den IFCI-Index im März 1991 verzeichnete Kolumbien mit einer Keppler-Ratio von 1,74 den höchsten risikoadjustierten Ertrag. Es folgten Südafrika (1,65), Simbabwe (1,51) und Chile (1,39). Die Schlußlichter bildeten Sri Lanka (0,12), Indonesien (0,17) und Portugal (0,18) mit den niedrigsten Keppler-Ratios aller 25 Einzelmärkte.

Wie zu erwarten war, traten bei einer näheren Ertrags- und Risikoanalyse in den einzelnen Ländern die größten Unterschiede auf. Wenn man in einem nächsten Schritt allerdings sogar die einzelnen Aktien betrachten würde, ergäben sich noch größere Abweichungen. Bei der Betrachtung des gesamten Aktienmarktes in Form eines Aktienindizes erfolgt auf Länderebene nämlich bereits eine gewisse Diversifizierung durch die verschiedenen Einzeltitel im Index. Beim Risiko eines Aktienindexes kann generell zwischen einer systematischen und einer unsystematischen Komponente unterschieden werden. Systematische Risiken betreffen die Gesamtheit einer Anlagekategorie, in unserem Fall den Länderindex, und können nicht durch die Diversifikation innerhalb der Anlagekategorie eliminiert werden. Systematische Risiken können am Aktienmarkt durch Ereignisse entstehen, die auf den Gesamtmarkt Einfluß haben. Darunter fallen u.a. politische Ereignisse, wirtschaftliche Veränderungen und Naturkatastrophen. Dagegen handelt es sich bei unsystematischen Risiken um einzelwirtschaftliche bzw. titelspezifische Risiken, die durch eine ausreichend breitgestreute Diversifizierung auf verschiedene Einzeltitel bis zu einem gewissen Grad reduziert werden können.

Unsystematische Risiken am Aktienmarkt können durch Vorgänge bei den Aktienunternehmen selbst hervorgerufen werden. Dazu zählen u.a. Risiken wie Streiks, Ableben eines Vorstandsvorsitzenden, negative Unternehmensergebnisse und Presseberichte und neue Produkte von Konkurrenten. Das Gesamtrisiko eines Portfolios nimmt mit zunehmender Diversifizierung ab. Dabei reduziert sich bei einem Portfolio, das aus einer Grundgesamtheit von 40 großen börsennotierten deutschen Aktiengesellschaften besteht, bereits bei sieben Aktien das Risiko um über die Hälfte. Dieser Sachverhalt gilt natürlich auch in den Emerging Markets.

Bei der hier versuchten Risiko- und Ertragsanalyse ist zu beachten, daß es sich dabei um eine historische Beurteilung handelt. Die Aktienerträge und die Schwankungsbreite eines Marktes hängen von verschiedenen komplexen Zusammenhängen ab, die sich im Laufe der Zeit zum Teil erheblich verändern können. Diese, als Stabilität der Kennzahlen bezeichnete Problematik sollte jedem Anleger bei der Investitionsentscheidung bewußt sein. Da hier keine Aussagen über das Bewertungsniveau und das zukünftige Potential eines Marktes getroffen werden, sollten die Erkenntnisse der Vergangenheit nicht in die Zukunft projiziert werden.

2.7 Korrelationen

Neben einer im Vergleich zu den Industrienationen überdurchschnittlichen Kursentwicklung in den vergangenen Jahren zeichneten sich die Emerging Markets vor allem auch durch eine niedrige Korrelation aus. Diese Unabhängigkeit der Aktienerträge war sowohl untereinander als auch gegenüber den etablierten Märkten deutlich zu sehen. Der Korrelationskoeffizient mißt den Grad, zu dem zwei oder mehr unabhängige Anlagen sich in Reaktion auf ein vorgegebenes Ereignis in die gleiche Richtung bewegen. Er wird gemessen auf einer Skala von minus eins bis plus eins. Wenn die Preise zweier Anlagen sich fortwährend in dieselbe Richtung mit gleichem Ausschlag bewegen, sind sie perfekt positiv korreliert (+1). Im anderen Extremfall, wenn also z.B. ein Aktienmarkt um 10 % ansteigt und der andere Markt spiegelverkehrt um 10 % sinkt, liegt eine perfekte negative Korrelation (-1) vor.

Ein Problem, mit dem sich vor allem große institutionelle Anleger und Vermögensverwalter konfrontiert sehen, ist die hohe Abhängigkeit der wichtigsten Aktienmärkte untereinander. New York schließt fester; Tokio, das von den großen Märkten noch die größte Eigenständigkeit aufweist, tendiert uneinheitlich; London, Frankfurt und Paris folgen den New Yorker Vorgaben vom Vorabend. Es stellt sich die Frage, woher diese hohen Korrelationen unter den etablierten Aktienmärkten resultieren? Eine wesentliche Rolle spielen sicherlich die engen Handelsbeziehungen zwischen den wirtschaftlich stark voneinander abhängigen G7-Nationen in Nordamerika, Europa und Asien. Innerhalb der Kontinente ist durch internationale Handelsabkommen wie z.B. der EU in Europa und der NAFTA in Nordamerika eine sehr enge Verflechtung der wichtigsten Mitgliedsstaaten entstanden. Durch eine weitgehende Abstimmung der finanzpolitischen Entscheidungen und eine Angleichung der Zins- und

Währungspolitik innerhalb der wichtigsten Mitgliedstaaten der europäischen Union sind die Korrelationskoeffizienten der europäischen Aktienmärkte mit Abstand am größten. Vor allem kurzfristig können diese hohen Korrelationen zu extremen Bewegungen des Gesamtportfolios führen.

Während der Korrelationskoeffizient des MSCI-Weltaktienindexes und des S&P 500 im Zeitraum von Anfang 1989 bis Ende September 1995 den hohen Wert von 0,80 erreichte, lag der Koeffizient für den IFCI-Gesamtindex und den MSCI-Weltaktienindex nur bei 0,66. Die einzelnen regionalen Teilindizes wiesen einerseits eine ähnlich hohe Abhängigkeit wie Asien mit 0,67 und andererseits eine wesentlich niedrigere Abhängigkeit wie Lateinamerika (0,46) und Europa/Mittlerer Osten/Afrika (0,18) auf. Die niedrige Korrelation des Bereichs Europa/Mittlerer Osten/Afrika zum Gesamtindex (0,47) und zu den anderen Regionen (Lateinamerika 0,20 und Asien 0,31) sind eine Folge der Zusammensetzung dieser jüngsten Emerging-Markets-Teilregion und der unterschiedlichen Entwicklungsstufen der verschiedenen Einzelmärkte.

Innerhalb der 25 Länder des IFCI-Gesamtindexes lag die Bandbreite zwischen 0,73 für Malaysia und Thailand mit der höchsten Korrelation und -0,30 für Simbabwe und die Türkei mit der niedrigsten Korrelation. Generell läßt sich feststellen, daß unter den bereits etablierten Emerging Markets der asiatischen Region die höchsten Korrelationen herrschen. Nach dem seit Jahren anhaltenden Wirtschaftsaufschwung wurden die Interdependenzen untereinander und vor allem auch zu den wichtigsten Handelspartnern in den Industrienationen immer enger und trugen somit zu einem Anstieg der Korrelationen bei. Am Beispiel von Simbabwe und der Türkei bestätigt sich, daß zwei Länder auf verschiedenen Kontinenten mit äußerst geringen Handelsbeziehungen und grundsätzlich unterschiedlichen Wirtschaftsstrukturen auch im Kursverlauf wenig Gemeinsamkeiten aufweisen. Ähnliches gilt für Venezuela und Portugal (-0,11) sowie für Südafrika und Kolumbien (-0,09).

Kritiker warnen allerdings seit geraumer Zeit davor, daß sich die Korrelationen der Emerging Markets untereinander sowie zu den etablierten Industrienationen aufgrund der hohen Kapitalzuflüsse und Investitionen internationaler institutioneller und privater Investoren sowie der hohen weltweiten wirtschaftlichen Interdependenzen der wichtigsten Handelspartner in Zukunft erhöhen werden. Die Aufnahme Mexikos und Chiles in die NAFTA und das Assoziierungsabkommen der EU mit Polen und Ungarn tragen langfristig neben intensiveren Handelsbeziehungen der Länder sicherlich auch zu steigenden Korrelationen der Aktienmärkte bei. Bereits heute weist Mexiko im Untersuchungszeitraum mit 0,61 die höchste Korrelation aller Einzelmärkte zum amerikanischen S&P 500 Aktienindex auf.

Korrelations-Matrix
Monatliche Gesamtrenditen der IFCI-Emerging-Markets, MSCI-Welt, S&P-500 und DAX (in DEM) 31. Dezember 1988–30. September 1995

	MSCI-Welt	S&P	DAX	Gesamtmarkt	Lateinamerika	Asien	EMOA	Argentinien	Brasilien	Chile	China	Griechenland	Indien	Indonesien	Jordanien
MSCI-Welt	1.00														
S&P-500	0.80	1.00													
DAX	0.52	0.40	1.00												
Gesamtmarkt	0.66	0.64	0.43	1.00											
Lateinamerika	0.46	0.48	0.23	0.82	1.00										
Asien	0.67	0.64	0.54	0.80	0.44	1.00									
EMOA	0.18	0.09	0.16	0.47	0.20	0.31	1.00								
Argentinien	0.12	0.23	0.10	0.33	0.42	0.12	0.11	1.00							
Brasilien	0.25	0.21	0.05	0.47	0.58	0.13	0.25	-0.08	1.00						
Chile	0.38	0.51	0.17	0.54	0.47	0.45	0.08	0.15	0.27	1.00					
China	0.20	0.30	0.40	0.57	0.29	0.70	0.36	0.35	0.12	0.23	1.00				
Griechenland	0.18	0.14	0.15	0.39	0.22	0.18	0.69	0.16	0.30	0.17	0.34	1.00			
Indien	0.32	0.42	0.19	0.58	0.57	0.40	0.26	0.42	0.51	0.64	0.34	0.52	1.00		
Indonesien	0.44	0.52	0.42	0.68	0.44	0.72	0.45	0.11	0.27	0.37	0.59	0.43	0.51	1.00	
Jordanien	0.49	0.51	0.14	0.35	0.11	0.42	0.18	0.00	0.02	0.33	0.05	0.15	0.32	0.44	1.0
Kolumbien	0.04	0.07	0.07	0.27	0.27	0.18	0.04	0.08	0.32	-0.02	0.02	0.23	0.48	0.25	0.0
Korea	0.44	0.39	0.00	0.53	0.47	0.45	0.17	0.29	0.10	0.38	0.21	0.10	0.37	0.26	0.3
Malaysia	0.61	0.56	0.50	0.73	0.37	0.96	0.26	0.07	0.08	0.36	0.65	0.11	0.25	0.60	0.3
Mexiko	0.57	0.61	0.34	0.77	0.77	0.56	0.14	0.38	0.24	0.43	0.29	0.16	0.46	0.40	0.3
Pakistan	0.11	0.20	0.20	0.34	0.27	0.36	0.07	0.18	0.06	0.19	0.28	0.01	0.51	0.19	0.2
Peru	0.55	0.41	0.26	0.58	0.69	0.33	0.10	0.59	0.49	0.55	0.04	0.25	0.19	0.33	0.3
Philippinen	0.50	0.57	0.45	0.61	0.37	0.73	0.24	0.17	0.18	0.39	0.71	0.23	0.31	0.68	0.3
Polen	0.47	0.32	0.22	0.47	0.48	0.34	0.23	0.34	0.39	0.20	0.25	0.23	0.35	0.39	0.3
Portugal	0.49	0.34	0.36	0.50	0.37	0.33	0.46	0.23	0.30	0.26	0.30	0.47	0.43	0.35	0.0
Südafrika	0.45	0.29	0.45	0.58	0.34	0.68	0.32	0.38	0.03	0.30	0.46	0.28	0.15	0.30	0.2
Simbabwe	0.33	0.23	0.31	0.43	0.47	0.36	-0.16	0.44	0.26	0.23	0.22	0.23	0.28	0.25	0.3
Sri Lanka	0.34	0.29	-0.04	0.55	0.56	0.35	0.14	0.46	0.43	0.43	0.14	0.37	0.59	0.34	0.3
Türkei	-0.06	-0.19	0.05	0.28	0.08	0.19	0.85	0.05	0.12	-0.06	0.25	0.35	0.13	0.31	0.
Taiwan	0.49	0.36	0.54	0.56	0.36	0.63	0.35	0.14	0.25	0.32	0.50	0.37	0.14	0.48	0.2
Thailand	0.56	0.60	0.46	0.70	0.39	0.84	0.29	0.23	0.10	0.45	0.62	0.20	0.35	0.64	0.3
Ungarn	0.55	0.41	0.30	0.46	0.61	0.11	0.21	0.44	0.58	0.50	0.02	0.50	0.58	0.38	0.2
Venezuela	-0.05	-0.02	-0.13	0.09	0.15	-0.03	0.03	0.14	0.00	-0.09	0.21	0.09	0.22	0.12	0.

* Monatliche Gesamtrenditen beginnen Ende Dezember 1988; Ausnahmen:

Kolumbien: Feb. 1991	China: Dez. 1992	Indien: Jan. 1992	Sri Lanka: Dez. 1992	Pole
Ungarn: Dez. 1992	Südafrika: Dez. 1992	Venezuela: Jan. 1990	Taiwan: Jan. 1991	Pakista

Abbildung 17: Korrelationstabelle der monatlichen Aktienerträge der IFCI Emerging Markets, MSCI-Weltaktienindex, S&P 500 und DAX

)0																
2	1.00															
)9	0.34	1.00														
5	0.54	0.48	1.00													
34	0.35	0.30	0.31	1.00												
20	0.45	0.23	0.63	0.34	1.00											
28	0.17	0.62	0.46	0.32	0.39	1.00										
39	0.25	0.32	0.41	0.19	0.21	0.20	1.00									
93	-0.05	0.27	0.25	-0.01	0.24	0.30	0.61	1.00								
9	0.49	0.62	0.43	0.47	0.27	0.67	0.18	0.12	1.00							
1	0.00	0.33	0.41	0.31	0.42	0.40	0.47	0.29	0.03	1.00						
2	0.46	0.26	0.49	0.60	0.39	0.26	0.35	0.19	0.12	0.52	1.00					
1	0.13	0.19	-0.01	0.07	0.00	0.02	0.09	0.16	0.16	-0.30	0.11	1.00				
6	0.34	0.53	0.33	0.14	0.27	0.62	0.11	0.28	0.60	0.02	0.18	0.22	1.00			
5	0.36	0.73	0.50	0.33	0.36	0.65	0.20	0.28	0.60	0.32	0.26	0.15	0.52	1.00		
8	0.33	-0.02	0.53	0.16	0.51	0.16	0.45	0.65	0.06	0.17	0.36	0.03	0.13	0.15	1.00	
5	0.26	-0.02	0.09	0.08	0.28	-0.01	0.40	-0.11	0.14	0.46	0.44	-0.03	0.09	-0.04	0.09	1.00
	Korea	Malaysia	Mexiko	Pakistan	Peru	Philippinen	Polen	Portugal	Südafrika	Simbabwe	Sri Lanka	Türkei	Taiwan	Thailand	Ungarn	Venezuela

. 1992 Peru: Dez. 1992 Korea: März 1992 Indonesien: Sept. 1990

z 1991 Türkei: Aug. 1990 Simbabwe: Juli 1993

Die weitere Öffnung der Kapitalmärkte im Rahmen einer schrittweisen Lockerung der Restriktionen und Beschränkungen wird den Anteil der Ausländer an den Emerging Markets systematisch erhöhen. Besonders die oft einheitlich denkenden und handelnden Fondsmanager werden die Kursbewegungen der Märkte in Extremsituationen somit weiter angleichen. In den zahlreichen kleinen und großen Crashs und Krisen an den weltweiten Aktienmärkten konnten sich in der Vergangenheit einige Emerging Markets noch erfolgreich von den großen Märkten abkoppeln. Während der Kurseinbrüche im Oktober 1987 stiegen die Kurse in Indien an. Auf den sogenannten Minicrash 1989 reagierte Argentinien ebenfalls mit steigenden Kursen.

In der mexikanischen Währungs- und Finanzkrise und den folgenden Einbrüchen am mexikanischen Aktienmarkt waren aber das erste Mal auch innerhalb der Emerging Markets die Auswirkungen einer steigenden Abhängigkeit der Kursbewegungen zu erkennen. Das wiedererwachte Schuldenproblem verursachte bei internationalen Emerging-Markets-Anlegern nicht nur in Lateinamerika, sondern auch in Asien zum Teil panikartige Verkäufe.

Die vor allem an den großen Emerging Markets zu sehenden Kapitalzuflüsse in Milliardenhöhe bergen noch ein weiteres Risiko. Bei einem erneuten erratischen Einbruch der Aktienkurse an den etablierten Märkten der Industrienationen ist auch an den Börsen der Emerging Markets mit einer hohen Marktkapitalisierung wie Taiwan (USD 247,3 Mrd.), Südafrika (USD 225,7 Mrd.), Malaysia (USD 199,3 Mrd.), Korea (USD 191,8 Mrd.) und Brasilien (USD 189,3 Mrd.) damit zu rechnen, daß sie in zunehmendem Maße von den Kursverlusten in Mitleidenschaft gezogen werden. Die Neuentdeckungen und sogenannten „jungen“ Emerging Markets sowie die Märkte mit einer geringen Marktkapitalisierung wie z.B. Venezuela und Simbabwe werden sich auch in Zukunft eher den Einflüssen der etablierten Aktienmärkte entziehen können. Da in den illiquiden kleinen Märkten größere Orders an einem Tag allerdings nach wie vor ein Problem darstellen, besteht bei einem weltweiten Einbruch auch hier ein gewisses Gefahrenpotential. Während in Märkten wie Großbritannien und Amerika tägliche Transaktionen von USD 260 Mio. und USD 900 Mio. ohne feststellbaren Einfluß auf die Kurse bleiben, bewirkt in Norwegen bereits eine Verkaufsorder über USD 2,2 Mio. eine spürbare Reaktion der Aktienkurse. Man kann sich vorstellen, welche Auswirkungen eine institutionelle Verkaufsorder auf die Aktienkurse in Simbabwe hat. Mit einem jährlichen Handelsvolumen von USD 176 Mio., was einem durchschnittlichen täglichen Börsenumsatz von nur USD 700.000 entspricht, weist das an Südafrika angrenzende Land eine sehr geringe Liquidität auf.

„Sie liegen nicht deswegen richtig, weil viele Marktteilnehmer dieselbe Meinung haben wie Sie. Sie liegen auch nicht richtig, weil bekannte Persönlichkeiten Ihre Meinung teilen, Sie behalten über viele Transaktionen hinweg nur dann Recht, wenn Ihre Annahmen, Fakten und Überlegungen richtig sind. Konservatives Handeln setzt Wissen und logischen Verstand voraus. Die Tatsache, daß unser Portfolio nicht konventionell ist, bedeutet keinesfalls, daß wir im Vergleich zu konventionellen Anlagestrategien mehr oder weniger konservativ handeln. Dies kann nur durch eine Untersuchung der angewandten Methoden oder Ihrer Ergebnisse bestimmt werden.“

Warren E. Buffett
Auszug eines Briefes an die Gesellschafter der Buffett Partnership Ltd.
Omaha, 24. Januar 1962

3. Investmentstrategien

Für die internationale Diversifikation von Wertpapier-Portfolios spricht die aus der Geschichte gewonnene Erkenntnis, daß bis heute keine Nation der Welt in der Lage war, eine politische und wirtschaftliche Spitzenstellung über sehr lange Zeiträume aufrechtzuerhalten. Horaz schrieb in seiner Ars Poetica im letzten Jahrzehnt vor unserer Zeitrechnung: „Viele, die heute in Ungnade stehen, werden ihr Ansehen wiedergewinnen, und viele andere, die heute hohes Ansehen genießen, werden in Ungnade fallen.“ Dies bestätigte sich in den letzten zwei Jahrtausenden, und damit dürfte er auch im nächsten Jahrtausend recht behalten. Daß seine Erkenntnis auch auf internationale Investments anwendbar ist, wird in zahlreichen Studien dokumentiert: Über längere Anlageperioden trägt die globale Diversifizierung von Aktien-Portfolios zur Verringerung des Anlagerisikos und gleichzeitig zur Erhöhung des Ertrags im Vergleich zu heimischen Portfolios bei. Wie kann sich nun ein Aktienanleger diese Erkenntnisse zunutze machen? In diesem Kapitel werden alternative Ansätze zur Strukturierung von Aktienportfolios in den Emerging Markets vorgestellt und kritisch beleuchtet.

3.1 Marktkapitalisierungsgewichtung

Unter Marktkapitalisierungsgewichtung globaler Aktienportfolios versteht man die Depotzusammenstellung entsprechend der Marktkapitalisierung der einzelnen Investments. Das bedeutet, daß der Hauptteil des Portfolios in den größten Märkten angelegt wird. Per Ende Juni 1995 lag die Kapitalisierung der drei Aktienmärkte USA (39,8 %), Japan (23,7 %) und Großbritannien (9,7 %) bei 73,2 % der globalen Aktienkapitalisierung aller im Morgan Stanley Capital International (MSCI)-Weltindex enthaltenen Aktienmärkte. Sie werden im folgenden im Gegensatz zu den Emerging Markets als Hauptaktienmärkte bezeichnet. Entsprechend wären in einem globalen kapitalisierungsgewichteten Weltaktien-Portfolio nahezu drei Viertel des Gesamtvermögens in diesen drei Märkten angelegt. Ganz ähnlich stellt sich die Situation in den Emerging Markets dar: Die größten fünf Aktienmärkte Südafrika (24,3 %), Malaysia (20,1 %), Brasilien (11,8 %), Mexiko (9,8 %) und Thailand (4,7 %) machten zur Jahresmitte 1995 70,7 % der Marktkapitalisierung des Index aller investierbaren Emerging-Markets-Aktien der Weltbanktochter International Finance Corporation (IFCI-Gesamtindex) aus.

Für ein Engagement entsprechend der Marktkapitalisierung spricht vor allem die Tatsache, daß aktive Anleger im Durchschnitt nur die Gesamtperformance marktkapitalisierungsgewichteter Indizes abzüglich der Transaktionskosten und Gebühren erreichen können. Das bedeutet, daß alle Anleger zusammengenommen mit aktiven Strategien eine unterdurchschnittliche Performance erzielen, wenn ihre Transaktionskosten höher sind als die Kosten der passiven Anleger. Dies gilt gleichermaßen für die Hauptaktienmärkte und die Emerging-Markets. Die vergleichsweise hohen Transaktionskosten, die mit Emerging-Markets-Investments verbunden sind, stellen eine Hürde für aktive Anleger in Höhe von jährlich 3 bis 5 Prozent dar. Wenn die aktiven Investoren nicht in der Lage sind, eine überdurchschnittliche Performance zu erzielen, führt der i.d.R. mit aktiven Strategien verbundene höhere Portfolioumschlag längerfristig zwangsläufig zu einer unterdurchschnittlichen Wertentwicklung. Wenn das Portfolio von professionellen Verwaltern gemanagt wird, erhöht sich die Hürde noch aufgrund der Beratungs- und Verwaltungshonorare. Nach den im *Micropal Emerging Market Fund Monitor* veröffentlichten Ergebnissen erzielten 47 global anlegende Emerging-Markets-Fonds in der zum 31. Dezember 1994 endenden Drei-Jahres-Periode im Durchschnitt nach Verwaltungskosten Kursgewinne und Dividendenerträge in Höhe von 58,1 Prozent und blieben damit um 5,1 Prozent hinter dem IFCI-Gesamtindex zurück.

Die Gewichtung von Aktienportfolios entsprechend der Marktkapitalisierung wurde Anfang der 80er Jahre populär, als Anleger merkten, daß marktkapitalisierungsgewichtete Indizes bzw. Portfolios eine bessere Wertentwicklung aufweisen konnten als die Mehrzahl der aktiv gemanagten Portfolios. Die meisten nationalen, regionalen und globalen Aktienindizes sind entsprechend der Marktkapitalisierung der im jeweiligen Index enthaltenen Gesellschaften gewichtet, so z.B. auch der Deutsche Aktienindex (DAX), der Standard & Poor's 500-Index amerikanischer Aktien, der MSCI-Weltaktienindex und der Index aller investierbaren Emerging Markets Aktien (der IFCI-Gesamtindex). In den Emerging Markets werden von verschiedenen Fondsverwaltungsgesellschaften Indexfonds für die drei bedeutendsten globalen Aktienindizes – Baring Securities Emerging Markets Index, Morgan Stanley Capital International (MSCI)-Select Emerging Markets Free Index und IFCI-Gesamtindex – angeboten.

Kritiker des Konzepts der Verwaltung von Aktienportfolios entsprechend der Marktkapitalisierung weisen darauf hin, daß eine hohe Kapitalisierung einer Gesellschaft bzw. eines Aktienmarktes nicht notwendigerweise bedeutet, daß auch in Zukunft überdurchschnittliche Renditen erzielt werden können. Oft ist eine hohe Marktkapitalisierung auf kräftige Kurssteigerungen in der Vergangenheit zurückzuführen. Und allein aus vergangenen Kurssteigerungen kann nicht geschlossen werden, daß diese sich auch in Zukunft fortsetzen werden. Ein typisches Beispiel ist der japanische Aktienmarkt, der Ende 1989 seinen bisherigen Höchststand erreichte, um in den darauffolgenden viereinhalb Jahren wieder nahezu zwei Drittel seines Wertes zu verlieren. Japans hohe Marktkapitalisierung Ende 1989 war gewiß kein guter Indikator, Japan zu diesem Zeitpunkt in einem internationalen Aktienportfolio hoch zu gewichten.

Gegen das Konzept der Gewichtung von Emerging-Markets-Portfolios entsprechend der Marktkapitalisierung spricht vor allem die Tatsache, daß die typischen Vorteile dieser Strategie aufgrund der dynamischen Strukturverschiebungen in diesen Märkten zum Teil nicht zum Tragen kommen.

Die Kapitalisierungsgewichtung von Emerging-Markets-Portfolios führt nämlich nicht zwingend zu einem niedrigen Portfolioumschlag. Ein Beispiel dafür ist die hohe Anzahl von Börseneinführungen ehemals staatlicher Unternehmen. Diese Neuemissionen haben sich in den 90er Jahren als eine der beliebtesten Finanzierungsalternativen erwiesen. Für Indexfonds haben häufige Börseneinführungen jedoch ein häufiges Umschichten und damit einen höheren Portfolioumschlag zur Folge. Nach Schätzungen der State Street Global Advisors in Boston hatte der (kapitalisierungsgewichtete) IFCI-Gesamtindex in den letzten Jahren im

Durchschnitt einen jährlichen Portfolioumschlag von rund 20 % im Vergleich zu nur 5 % für den Europa, Australien, Fernost (EAFE)-Index, einen repräsentativen Vergleichsindex für internationale Aktienengagements in den Hauptaktienmärkten, in dem die USA nicht enthalten sind. Portfoliomanager Jeffrey Davis von State Street Global Advisors schließt daraus, daß Kapitalisierungsgewichtung in den Emerging Markets keine Strategie mit einem niedrigen Portfolioumschlag und damit verbundenen niedrigen laufenden Kosten ist. Es müssen folglich Strategien mit im Vergleich zu einer Kauf- und Haltestrategie eines kapitalisierungsgewichteten Index niedrigerem Portfolioumschlag entwickelt werden.

Ein weiteres Argument gegen die Marktkapitalisierung von Emerging-Markets-Portfolios ist, daß der erwartete Vorteil einer höheren Liquidität aufgrund willkürlicher Entscheidungen oft nicht zum Tragen kommt. In den letzten Jahren ignorierte die International Finance Corporation bisweilen Informationen über wechselseitige Beteiligungen und das sich in Streubesitz befindliche Aktienkapital, während Barings die Gewichtung ihres Emerging-Markets-Index zugunsten von Märkten vornahmen, die weniger strenge Anforderungen hinsichtlich der Offenlegung der Eigentumsverhältnisse stellen. Damit ist ein globales kapitalisierungsgewichtetes Emerging-Markets-Aktienportfolio nicht notwendigerweise das liquideste Portfolio und folglich, so Davis, „... wird es auch nicht zwingend das Portfolio mit den niedrigsten Kosten sein“.[1] Wenn ein kapitalisierungsgewichtetes Portfolio jedoch keinen niedrigen Portfolioumschlag aufweist und auch nicht liquide ist, entfallen die wichtigsten Argumente, die für diese Strategie sprechen.

Aktives Portfoliomanagement ist andererseits nur sinnvoll, wenn der Portfoliomanager demonstrieren kann, daß der aufgrund des aktiven Managements entstandene Mehrwert auf das Geschick des Managers zurückzuführen ist und nicht bloß ein Glücksfall war. Denn wenn der Performancevorsprung auf dem Zufallsprinzip beruht und nicht auf systematisches Handeln zurückzuführen ist, können nur die Glückspilze unter den Anlegern von dieser Anlageberatung profitieren – die Anleger nämlich, die Beratern oder Managern nur dann folgen, wenn sie gerade eine Glückssträhne haben. Über längere Anlageperioden ist eine solche „Strategie“ natürlich sehr fragwürdig. Anleger sollten sich deshalb bemühen, Berater bzw. Manager zu finden, die in der Vergangenheit über längere Perioden bessere Ergebnisse als marktkapitalisierungsgewichtete Indizes erzielt haben bzw. Konzepte anwenden, die bessere Ergebnisse erwarten lassen.

---

[1] Quelle: State Street Global Advisors, Emerging Markets Research Summary, Boston 1995

Gibt es jedoch solche Berater, Portfoliomanager oder Strategien? Gibt es überzeugende Alternativen zur Kapitalisierungsgewichtung, die offensichtlich etwas zu wünschen übrigläßt? Können Aktien, Branchen oder gar einzelne Aktienmärkte mit überdurchschnittlich gutem Risiko- und Ertragsprofil *ex ante* bestimmt werden? Und selbst wenn diese Fragen bejaht werden können, ist dann der Performancevorsprung groß genug, um auch noch nach Transaktionskosten und Gebühren ein besseres Ergebnis für die Anleger zu liefern? Wir versuchen, diese Fragen in den folgenden Kapiteln zu beantworten.

3.2 Gleichgewichtung schlägt Marktkapitalisierungsgewichtung

Der größte Vorteil des Gleichgewichtungskonzepts ist, daß es einfach und für jedermann verständlich ist. Da man zur Gleichgewichtung keine Prognosen benötigt, ist diese Strategie zudem auch einfach umzusetzen. Die Idee, einzelne Märkte in einem globalen Aktienportfolio gleich zu gewichten, hat ihren Ursprung in Studien zur Aktienauswahl (Vgl. Kap. 3.7.1). Untersuchungen der Hauptaktienmärkte haben gezeigt, daß die Erkenntnisse, die in den USA für einzelne Aktien gewonnen wurden, auch auf Aktienmärkte übertragen werden können. Ein gleichgewichteter Weltaktienindex, in dem jeder einzelne Aktienmarkt mit dem gleichen Gewicht eingeht, das monatlich, quartalsmäßig oder jährlich ermittelt wird, läßt eine bessere Performance erwarten als ein kapitalisierungsgewichteter Weltaktienindex. Keppler Asset Management, New York, untersuchte die Aktienmarktrenditen der folgenden 18 Aktienmärkte, die im Weltaktienindex von Morgan Stanley Capital International (MSCI) enthalten sind, und konnte die Ergebnisse für den 25-Jahreszeitraum bis Ende 1994 bestätigen.

– Australien	– Hongkong	– Österreich
– Belgien	– Italien	– Schweden
– Dänemark	– Japan	– Schweiz
– Deutschland	– Kanada	– Singapur/Malaysia
– Frankreich	– Niederlande	– Spanien
– Großbritannien	– Norwegen	– USA

Bei monatlicher Angleichung der Portfoliostruktur lag der geometrische[1] Jahresdurchschnittsertrag in lokalen Währungen[2] mit wiederange-

[1] Fußnoten siehe nächste Seite.

legten Dividenden nach Abzug von Quellensteuern für den gleichgewichteten Weltaktienindex bei 12,76 % und für den kapitalisierungsgewichteten Weltaktienindex bei 8,99 %. Demnach schlug Gleichgewichtung die Marktkapitalisierungsgewichtung um 3,77 % p.a.

Für den DM-Anleger waren die Zusammenhänge sehr ähnlich, wenn die Gesamterträge aufgrund der DM-Stärke auch deutlich niedriger ausfielen: Im gleichen 25-Jahreszeitraum lag der geometrische Jahresdurchschnittsertrag für den gleichgewichteten Weltaktienindex bei 9,81 % und damit um 3,25 % über der geometrischen jährlichen Gesamtrendite des kapitalisierungsgewichteten Weltaktienindex.

Die Abbildungen 18 und 19 zeigen im Detail die Risiko- und Ertragscharakteristiken des marktkapitalisierungsgewichteten Weltaktienindex (KG) von Morgan Stanley Capital International (MSCI) im Vergleich zu den Ergebnissen eines gleichgewichteten Weltaktienindex (GG), in dem jeder nationale Aktienmarkt gleich stark vertreten ist.

Zusätzlich zu dem Performancevorteil – alle Ertragskennzahlen in Abbildung 19 favorisieren Gleichgewichtung gegenüber Kapitalisierungsgewichtung – zeigen sechs der aufgeführten Risikokennzahlen für den gleichgewichteten Weltaktienindex bessere Werte: Die Anzahl der Verlustmonate, die Wahrscheinlichkeit eines Monatsverlustes, der Durchschnittsverlust in Verlustmonaten, der Verlusterwartungswert, der

---

[1] Geometrische Mittelwerte sind oft aussagefähiger als arithmetische. Verliert ein Anleger beispielsweise im ersten Jahr 50 Prozent und gewinnt im darauffolgenden Jahr 50 Prozent, ist das arithmetische Mittel Null (-50 +50)/2. Tatsächlich hat der Anleger jedoch 25 Prozent seines Anfangskapitals verloren. Das geometrische Mittel gibt diesen Sachverhalt realistisch wieder: Der Anleger verliert in den zwei Jahren im Durchschnitt jährlich 13,4 Prozent. 100 x (1 minus die Quadratwurzel aus 75/100) x (-1) = -13,4 %.

[2] Analysen der Hauptaktienmärkte in lokalen Währungen haben den Vorteil, daß die bisweilen dominierenden Einflüsse von Wechselkursen eliminiert werden. In den Hauptaktienmärkten sind Untersuchungen in lokalen Währungen aussagekräftiger als Analysen in einer bestimmten Währung, wie z.B. der DM oder dem USD. Letztendlich müssen jedoch alle aktiven globalen Anlagestrategien den Test bestehen, unabhängig von einer bestimmten Währung überdurchschnittliche Renditen zu liefern. In den Emerging Markets ist die Situation jedoch ganz anders zu beurteilen. Ergebnisse in lokaler Währung verlieren in vielen Fällen ihre Bedeutung für ausländische Anleger. Das ist z.B. dann der Fall, wenn die Inflationsrate in einem Land mehrere tausend Prozent beträgt und gleichzeitig der Außenwert der Landeswährung kollabiert. In solchen Situationen sind in lokaler Währung oft phänomenale Renditen erzielbar. Transferiert man diese jedoch in eine andere Währung, werden die Gewinne oft durch noch größere Währungsverluste überkompensiert. Unsere Untersuchungsergebnisse sind i.d.R. für die Hauptaktienmärkte in lokalen Währungen und für die Emerging Markets in DM angegeben.

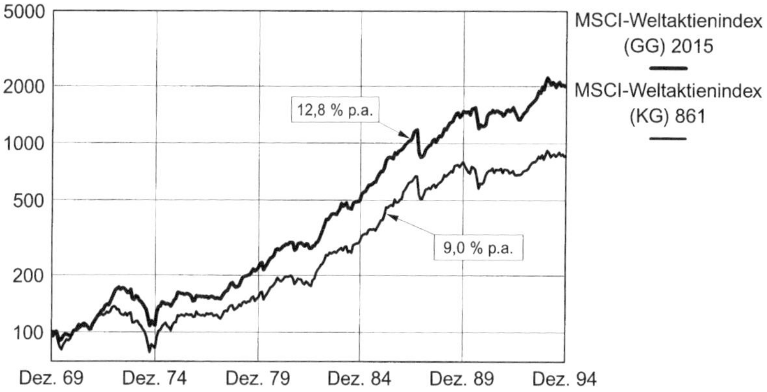

Abbildung 18: MSCI-Weltaktienindex: Gleichgewichtung und Marktkapitalisierungsgewichtung (Chart)

Risiko- und Ertragscharakteristiken in lokalen Währungen 1970–1994	**MSCI-Weltaktien-index (GG)**	**MSCI-Weltaktien-index (KG)**
Anzahl der untersuchten Monate	300	300
Arithmetischer Monatsdurchschnittsertrag	1,08	0,80
Aus 100 lokalen Währungseinheiten wurden …	2015	861
Geometrischer Jahresdurchschnitt (%)	12,76	8,99
Anzahl der Monate mit Gewinn	198	191
Höchster Monatsertrag (%)	17,3	14,0
Wahrscheinlichkeit eines Monatsgewinns (%)	66,0	63,7
Durchschnittsgewinn in Gewinnmonaten (%)	3,03	3,00
Erwartungswert eines Monatsgewinns (%)	2,00	1,91
Anzahl der Monate mit Verlust	102	108
Niedrigster Monatsertrag (%)	-24,4	-19,6
Wahrscheinlichkeit eines Monatsverlustes (%)	34,0	36,0
Durchschnittsverlust in Verlustmonaten (%)	2,70	3,08
Erwartungswert eines Monatsverlustes (%)	0,92	1,11
Längste Verluststrähne (Monatsanzahl)	8	7
Größter Wertverlust vom Höchststand (%)	37,2	42,6
Standardabweichung der Monatserträge (%)	3,85	3,91
Risikoadjustierter Ertrag (Keppler-Ratio) (Durchschnittsertrag/Verlusterwartungswert)	1,18	0,72
Volatilitätsadjustierter Ertrag (Sharpe Ratio) (Durchschnittsertrag/Standardabweichung)	0,28	0,20

Abbildung 19: MSCI-Weltaktienindex: Gleichgewichtung und Marktkapitalisierungsgewichtung (Performance-Übersicht)

größte Wertverlust von einem vorherigen Höchststand und die Standardabweichung der Monatserträge waren im gleichgewichteten Portfolio im Vergleich zum marktkapitalisierungsgewichteten Weltaktienindex günstiger. Nur zwei Risikomaße – der niedrigste Monatsertrag und die längste Verluststrähne – fielen im Untersuchungszeitraum zu Ungunsten der Gleichgewichtungsstrategie aus. Ein geringer Preis für einen um 64 % höheren risikoadjustierten Ertrag (Keppler-Ratio) des gleichgewichteten Portfolios. Die Gleichgewichtung scheint tatsächlich so gut wie ein „free lunch" zu sein: Prognosen sind nicht erforderlich, und die Strategie kann relativ einfach mit offenen und geschlossenen Länderaktienfonds in einem Portfolio umgesetzt werden.

Ein Performancevorteil einer Anlagestrategie im Vergleich zu einer Benchmark ist nur dann überzeugend und im Hinblick auf die Zukunft von Bedeutung, wenn er systematisch und nicht zufallsbedingt erzielt wurde. Wenn z.B. eine Strategie in einem Zeitraum von 25 Jahren nur während einer fünfjährigen Teilperiode überdurchschnittliche Erträge liefert, müssen die Ergebnisse als zeitspezifisch klassifiziert werden. In einem solchen Fall könnte der Performancevorteil auf ein singuläres Ereignis zurückzuführen sein, das eine überdurchschnittliche Wertentwicklung einer bestimmten Gruppe von Aktien zur Folge hatte: z.B. eine Periode mit hoher Inflation, stark fallende Zinsen, ein technologischer Durchbruch oder ein Modetrend. Die Wahrscheinlichkeit, daß eine auf zeitspezifische Faktoren abgestellte Anlagestrategie auch in Zukunft überdurchschnittliche Renditen liefert, ist i.d.R. gering. Die Untersuchung von Teilperiodenergebnissen ist deshalb ein wichtiger Test für die Güte und Stabilität der Ergebnisse von Anlagestrategien. Abbildung 20 zeigt, daß die Gleichgewichtung der Hauptaktienmärkte seit 1970 in allen Fünfjahresperioden bessere Ergebnisse lieferte als die Marktkapitalisierungsgewichtung. Daraus kann geschlossen werden, daß es sich hier um periodenindifferente Ertragsvorteile handelt. Gleichgewichtung läßt damit auch in Zukunft über Fünfjahresperioden bessere Ergebnisse erwarten als eine Gewichtung nach der Marktkapitalisierung.

Spätestens jetzt wird sich der Leser fragen: Was hat die Gleichgewichtung der Hauptaktienmärkte mit Anlagestrategien für die Emerging Markets zu tun? Ein Problem für die Konzipierung von Anlagestrategien für die Emerging Markets ist der relativ kurze Zeitraum, für den ausreichende Informationen über die Emerging Markets verfügbar sind. Einigermaßen zuverlässige Qualitätsstandards wurden erst in den letzten Jahren erreicht. Deshalb kann selbst der professionelle Emerging-Markets-Anleger nicht auf die normalerweise erforderliche Informationshistorie zurückgreifen, um zu ermitteln, welche Strategien in den Emerging Markets erfolgversprechend sind. Keppler Asset Management war

	MSCI-Weltaktien-index (GG)	MSCI-Weltaktien-index (KG)	Performance-Vorteil p.a. GG ggü. KG
1970–1974	1,64	-3,80	5,44
1975–1979	15,17	13,10	2,07
1980–1984	17,93	13,83	3,10
1985–1990	24,06	21,19	2,87
1990–1994	6,47	1,58	4,89
Gesamtperiode	12,76	8,99	3,77

Abbildung 20: Teilperiodenergebnisse für die Hauptaktienmärkte

in der Vergangenheit mit folgender Annahme erfolgreich: Solange nicht das Gegenteil bewiesen ist, sollten erfolgreiche Anlagestrategien der Hauptaktienmärkte auch überdurchschnittliche Ergebnisse in den Emerging Markets erwarten lassen. Von einem Bergsteiger, der hervorragende Kletterkenntnisse in den Alpen erworben hat, erwartet man, daß er auch in den Anden, den Rocky Mountains oder im Himalaya ein guter Bergsteiger ist. Vorausgesetzt, er setzt seinen gesunden Menschenverstand ein und geht mit Vorsicht ans Werk. Die folgenden Ergebnisse zeigen, daß die Hauptaktienmärkte und die Emerging Markets erstaunliche Ähnlichkeiten aufweisen.

Im allgemeinen beruhen freie Märkte auf dem Gesetz von Angebot und Nachfrage. Wenn die Märkte frei genug sind, den Gesetzen von Angebot und Nachfrage zu folgen, und wenn gleichzeitig die Aufsichtsbehörden dafür sorgen, daß Kursmanipulationen auf ein Minimum reduziert werden, ist der Kursbildungsprozeß in den Emerging Markets dem Kursbildungsprozeß in den Hauptaktienmärkten sehr ähnlich.

Die erfolgreiche Übertragung bewährter Anlagestrategien auf neue Märkte ist nicht ohne historische Präzedenzfälle. Nach dem Zweiten Weltkrieg, als amerikanische institutionelle Anleger damit begannen, erstmals in größerem Stil in ausländische Aktienmärkte zu investieren, gingen sie sehr ähnlich vor. Viele dieser Märkte verdienten damals die Bezeichung „Emerging Market“, das Schlagwort gab es jedoch noch nicht. Wertpapieranalyse wird in den USA seit dem Beginn der 30er Jahre an den Universitäten gelehrt. Seit dieser Zeit besteht auch ein reger Informationsaustausch zwischen Akademikern und Börsenpraktikern. Als die amerikanischen Anleger begannen, in ausländische Kapitalmärkte zu investieren, hatten sie bereits beträchtliche Erfahrung und ein gründliches Verständnis der Funktionsweise ihrer eigenen Kapitalmärkte. Dieses Know-how übertrugen sie auf die ausländischen Märkte. Die

Prinzipien der Wertpapieranalyse sind für die USA und Simbabwe die gleichen. Die Kenntnis der Landessprache kann ein Vorteil sein, eine Notwendigkeit ist sie nicht.

Wenn die Performancevorteile der Gleichgewichtung im Vergleich zur Kapitalisierungsgewichtung in den Hauptaktienmärkten als systematisch und periodenindifferent klassifiziert werden können, wenn sie also nicht zufallsbedingt sind, müßte die Strategie der Gleichgewichtung von Emerging Markets ebenfalls überdurchschnittliche Erträge liefern.

Verläßliche Informationen über die Emerging Markets sind seit Anfang 1989 verfügbar. Die International Finance Corporation (IFC) publiziert z.Z. „investierbare“ Aktienindizes für 25 Schwellenländer. Investierbar bedeutet, daß Ausländer die in den Indizes enthaltenen Aktien auch tatsächlich kaufen und verkaufen können. Kaufbeschränkungen wie z.B. Liquiditätsengpässe oder eventuelle Obergrenzen für Ausländer werden in den investierbaren Indizes ebenfalls berücksichtigt. Die Anzahl der Märkte des IFC-Universums hat sich seit der ersten Veröffentlichung stetig erhöht. Heute werden 25 nationale und drei regionale Indizes publiziert. Darüber hinaus berechnet die International Finance Corporation auch einen weltweiten Gesamtindex. Alle Indizes sind marktkapitalisierungsgewichtet.

In den sechseinhalb Jahren von Januar 1989 bis Juni 1995 lag der geometrische Jahresdurchschnittsertrag des kapitalisierungsgewichteten IFCI-Gesamtindex in DM nach Berücksichtigung von wiederangelegten Dividenden bei 15,87 %. Eine Gleichgewichtung der im IFCI-Gesamtindex enthaltenen Märkte hätte mehr als den doppelten Ertrag gebracht: 35,08 % pro Jahr. Die Abbildungen 21 und 22 zeigen den eindeutigen Vorteil des Gleichgewichtungskonzeptes im Vergleich zur Marktkapitalisierungsgewichtung über den genannten Zeitraum im Detail.

Das gleichgewichtete globale Emerging-Markets-Aktienportfolio lieferte nicht nur eine mehr als doppelt so hohe Jahresdurchschnittsrendite, sondern schnitt bei allen in der Abbildung 22 genannten Ertragskennzahlen und bis auf die längste Verluststrähne (sieben anstatt fünf Monate) auch bei allen Risikokennzahlen besser ab als der marktkapitalisierungsgewichtete IFCI-Gesamtindex.

Damit kommen wir auf eine der am Ende des Kapitels 3.1 gestellten Fragen zurück: „Gibt es sinnvolle Alternativen zur Marktkapitalisierungsgewichtung?“ Die Strategie der Gleichgewichtung von nationalen Märkten in einem globalen Aktienportfolio ist eine solche Alternative. Die Wahrscheinlichkeit, daß Gleichgewichtung auch in Zukunft bessere Ergebnisse als Kapitalisierungsgewichtung liefert, ist aufgrund der Erfahrungen der Vergangenheit in Hauptaktienmärkten hoch: In den 25 Jahren seit 1970 bis Ende 1994 lag die Wahrscheinlichkeit, daß ein

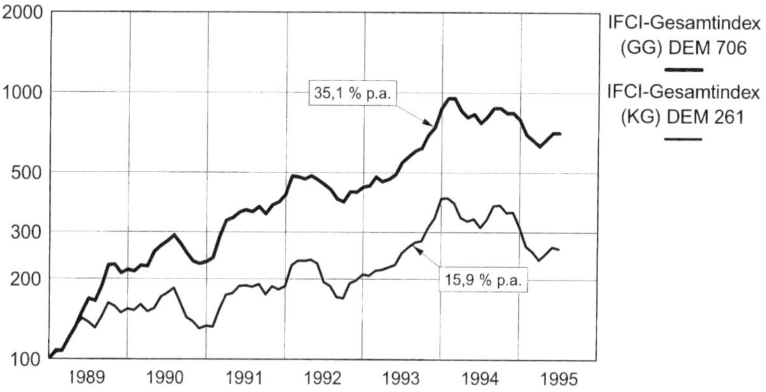

Abbildung 21: IFCI-Gesamtindex: Gleichgewichtung und Marktkapitalisierungsgewichtung (Januar 1989–Juni 1995)

Risiko- und Ertragscharakteristiken in DM 31. Dezember 1988 – 30. Juni 1995	**IFCI-Gesamtindex (GG)**	**IFCI-Gesamtindex (KG)**
Anzahl der untersuchten Monate	78	78
Arithmetischer Monatsdurchschnittsertrag	2,78	1,51
Aus 100 DM wurden ...	706	261
Geometrischer Jahresdurchschnittsertrag (%)	35,08	15,87
Anzahl der Monate mit Gewinn	48	47
Höchster Monatsertrag (%)	20,0	19,7
Wahrscheinlichkeit eines Monatsgewinns (%)	61,5	60,3
Durchschnittsgewinn in Gewinnmonaten (%)	7,15	6,22
Erwartungswert eines Monatsgewinns (%)	4,40	3,75
Anzahl der Monate mit Verlust	30	31
Niedrigster Monatsertrag (%)	-12,1	-15,1
Wahrscheinlichkeit eines Monatsverlustes (%)	38,5	39,7
Durchschnittsverlust in Verlustmonaten (%)	4,20	5,63
Erwartungswert eines Monatsverlustes (%)	1,62	2,24
Längste Verluststrähne (Monatsanzahl)	7	5
Größter Wertverlust vom Höchststand (%)	34,0	41,1
Standardabweichung der Monatserträge (%)	7,12	7,49
Risikoadjustierter Ertrag (Keppler-Ratio) (Durchschnittsertrag/Verlusterwartungswert)	1,72	0,68
Volatilitätsadjustierter Ertrag (Sharpe Ratio) (Durchschnittsertrag/Standardabweichung)	0,39	0,20

Abbildung 22: IFCI-Gesamtindex: Gleichgewichtung ggu. Kapitalisierungsgewichtung (Performance-Übersicht)

gleichgewichtetes Hauptaktienmarkt-Portfolio ein marktkapitalisierungsgewichtetes in einem Quartal schlägt, bei 64 %. In den Emerging Markets lag diese Wahrscheinlichkeit in dem sechseinhalbjährigen Untersuchungszeitraum bis Ende Juni 1995 sogar bei 73 %. Der numerische Performancevorteil der Gleichgewichtung ist in den Hauptaktienmärkten ausreichend hoch und in den Emerging Markets weitaus höher als erforderlich, um auch nach Transaktionskosten überdurchschnittliche Erträge zu liefern. Ein Portfolio, das die Benchmark mit jährlich knapp 20 % schlägt, kann auch etwas höhere Kosten verkraften, bevor der erzielte Vorteil nach Transaktionskosten wegschrumpft. Bei einem Portfolio von DM 250 Mio. kann die praktische Umsetzung einer Gleichgewichtungsstrategie jedoch bereits problematisch sein: Es ist nicht so einfach, DM 10 Mio. in einem Aktienmarkt wie Simbabwe anzulegen, dessen gesamte Marktkapitalisierung von der International Finance Corporation (IFC) auf etwa DM 2,4 Mrd. veranschlagt wird, wovon nur etwa ein Zehntel als „investierbar" klassifiziert ist.

Andererseits sind die Emerging Markets nicht immer so illiquide, wie man bei oberflächlicher Betrachtung vermuten könnte. Einige der großen weltweit tätigen Wertpapierbanken bieten ihren Kunden in regelmäßigen Abständen den kostenlosen Tausch von ganzen Wertpapierportfolios an. Darüber hinaus besteht die Möglichkeit, durch den Einsatz von „Swaps" Wertpapiererträge zu erzielen, ohne Eigentum an den Wertpapieren zu erwerben und dadurch Transaktionskosten zu sparen und Liquiditätsproblemen an den Börsen zu entgehen. (Swaps sind Vereinbarungen i.d.R. mit Maklern, die sich verpflichten, den Ertrag eines vorher bestimmten Aktienportfolios bestehend aus Dividendenrenditen und Kursgewinnen gegen einen bestimmten Zinssatz, der sich an der London Interbank Offering Rate (LIBOR) oder einem anderen Kreditzins bemißt, an die Gegenpartei zu bezahlen. Der Anleger tauscht damit den Ertrag aus einer festverzinslichen Anlage gegen einen Aktienertrag, ohne dabei ein Aktienportfolio kaufen zu müssen.)

Sie werden sich nun fragen: „Was steckt hinter dem scheinbar so simplen Konzept der Gleichgewichtung? Warum liefert ein gleichgewichtetes Portfolio bessere Ergebnisse als ein marktkapitalisierungsgewichtetes?" Der Erfolg der Gleichgewichtungsstrategie beruht insbesondere auf einer Wert-Komponente, die dem Gleichgewichtungskonzept inhärent ist. Die Marktkapitalisierung erhöht sich oft aufgrund steigender Aktienkurse. In einer Hausse steigen Aktien meist stärker als der zugrundeliegende fundamentale Wert eines Unternehmens, der beispielsweise am Gewinn, Cash Flow oder den Dividendenausschüttungen gemessen wird. Folglich werden bei Anwendung der Gleichgewichtungsstrategie einzelne Aktien bzw. Märkte tendenziell dann verkauft, wenn sie im Vergleich zu ihren inneren Werten teuer werden. Analog dazu erfolgen Käufe tendenziell nach Kursrückschlägen, die oft zu attraktiveren Bewertungsniveaus führen. In einer Baisse fallen die Aktienkurse oft schneller als die zugrundeliegenden fundamentalen Werte. Über längere Perioden führt eine Strategie, die man mit „billig kaufen und teuer verkaufen" umschreiben kann, zu überdurchschnittlichen Erträgen. Anleger profitieren jedoch nur dann, wenn die Durchführungskosten – Kursbeeinflussung, Transaktionskosten und Gebüh-ren – nicht höher sind als der erreichbare Performancevorteil. Deshalb müssen die Durchführungskosten jeder Kauf- und Verkaufsentscheidung unabhängig von der Transaktion geprüft werden.

Auf der Suche nach einer Antwort auf die Frage, warum Gleichgewichtung bessere Ergebnisse liefert als Marktkapitalisierungsgewichtung, kommt ein weiterer Aspekt zum Vorschein: Im Vergleich zur Marktkapitalisierungsgewichtung werden bei der Gleichgewichtung die kleineren Märkte stärker, die größeren Märkte weniger stark gewichtet. Der durch Gleichgewichtung erzielte Performancevorteil läßt folglich darauf schließen, daß Aktienmärkte mit einer niedrigeren Marktkapitalisierung höhere Erträge liefern als die großen Aktienmärkte. Könnte es sein, daß es analog zu dem bekannten „Small Stock Effect" – der Beobachtung, daß Aktiengesellschaften mit niedriger Börsenkapitalisierung tendenziell überdurchschnittliche Erträge liefern – auch einen „Small Country Effect" gibt?

3.3 „David schlägt Goliath" oder: „Small is beautiful"

In einem Beitrag zu dem Buch „Small Cap Stocks, Investment- und Portfoliostrategien für den institutionellen Anleger" untersuchten Keppler und Traub die Erträge von 18 im Weltaktienindex von Morgan Stanley Capital International (MSCI) enthaltenen Hauptaktienmärkte von 1976 bis 1992. Dabei wurden drei hypothetische Portfolios mit jeweils sechs nationalen Märkten zusammengestellt. Ein Portfolio der sechs größten Märkte, ein Portfolio der sechs Märkte mittlerer Marktkapitalisierung und ein Portfolio bestehend aus den sechs kleinsten Märkten.[1]

[1] Per Ultimo 1995 gehörten die USA, Japan, Großbritannien, Deutschland, Frankreich und die Schweiz zu den größten Aktienmärkten. Die Märkte mittlerer Marktkapitalisierung waren die Niederlande, Kanada, Hongkong, Australien, Italien und Schweden. Die gemessen an ihrer Marktkapitalisierung kleinsten Hauptaktienmärkte waren Spanien, Singapur, Belgien, Dänemark, Norwegen und Österreich.

Die drei Portfolios wurden mit gleichem Anfangskapital in jedem Markt gebildet und jeweils zum Quartalsende entsprechend der Marktkapitalisierung jedes einzelnen nationalen Aktienmarktes umgruppiert und wieder gleichgewichtet. Die Gesamtrenditen der Portfolios wurden als arithmetischer Durchschnitt der Quartalsrenditen der nationalen MSCI-Performance-Indizes (einschließlich wiederangelegter Bruttodividenden) berechnet.

In dem Zeitraum von sechzehneinhalb Jahren lieferte das Portfolio mit den größten Aktienmärkten einen geometrischen Gesamtertrag (Dividendenerträge plus Kursgewinne) von 11,9 % p.a., das Portfolio der mittelgroßen Märkte rentierte mit 15,76 %, während das Portfolio mit den an der Marktkapitalisierung gemessenen kleinsten Märkten den höchsten Gesamtertrag brachte: 19,19 % im Jahresdurchschnitt. Keppler und Traub bezeichneten dieses Phänomen der tendenziellen Performanceüberlegenheit der kleineren gegenüber den größeren Aktienmärkten als „Small Country Effect". Während des Untersuchungszeitraums schlug das Portfolio mit den großen Märkten den gleichgewichteten MSCI-Weltaktienindex pro Quartal nur mit einer Wahrscheinlichkeit von 33 %. Demgegenüber lag die Wahrscheinlichkeit, diese schwierigste globale Aktienmarkt-Benchmark im Quartal zu schlagen, für das Portfolio der kleinsten Aktienmärkte bei 62 %. Trotz der höchsten Durchschnittserträge zeichnete sich das Portfolio mit den kleinsten Aktienmärkten darüber hinaus auch durch günstigere Risikomerkmale aus als der marktkapitalisierungsgewichtete Weltaktienindex oder das Portfolio der großen Aktienmärkte. Denn trotz einer höheren Volatilität der Durchschnittsrenditen lagen sowohl die Verlustwahrscheinlichkeit als auch die Höhe der Verluste für das Portfolio der kleinsten Aktienmärkte niedriger. Das Ergebnis überraschte viele internationale Anleger: Obwohl ein einzelner kleiner Aktienmarkt für sich genommen meist riskanter ist als ein großer Aktienmarkt, sind die kleinen Aktienmärkte als Gruppe im Vergleich zum marktkapitalisierungsgewichteten Weltaktienindex oder zum Portfolio der großen Aktienmärkte weniger riskant.

Die Untersuchung wurde später von Keppler Asset Management Inc. auf den 25-Jahreszeitraum vom 31.12.1969 bis 31.12.1994 ausgedehnt und aktualisiert. In der neuen Studie wurden die Portfolios einmal im Monat (anstatt wie in der ersten Untersuchung einmal im Quartal) umgruppiert. Die Gesamtrenditen wurden auf der Basis der Nettodividenden (= Bruttodividenden abzüglich Quellensteuern) berechnet, um die Ergebnisse den tatsächlichen Verhältnissen besser anzupassen. Die Ergebnisse der neuen Studie sind in den Abbildungen 23 und 24 zusammengefaßt.

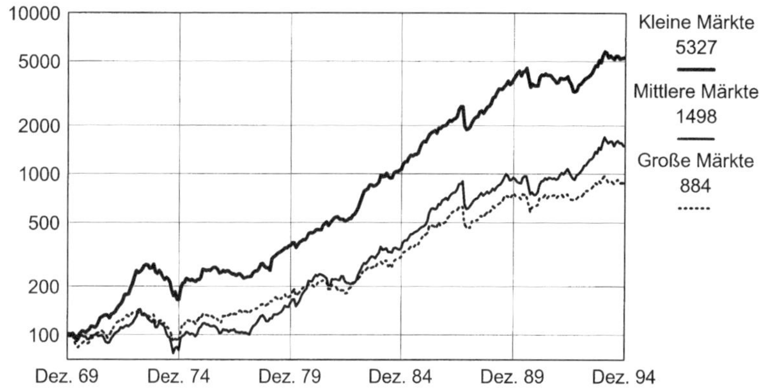

Abbildung 23: Kleine, mittlere und große Hauptaktienmärkte in lokalen Währungen

Risiko- und Ertragscharakteristiken in lokalen Währungen 1970–1994	**Kleine Aktien-märkte**	**Mittlere Aktien-märkte**	**Große Aktien-märkte**
Anzahl der untersuchten Monate	300	300	300
Arithmetischer Monatsdurchschnittsertrag (%)	1,43	1,01	0,80
Aus 100 lokalen Währungseinheiten wurden ...	5327	1498	884
Geometrischer Jahresdurchschnittsertrag (%)	17,24	11.44	9,11
Anzahl der Monate mit Gewinn	204	187	190
Höchster Monatsertrag (%)	18,1	18,5	16,6
Wahrscheinlichkeit eines Monatsgewinns (%)	68,0	62,3	63,3
Durchschnittsgewinn in Gewinnmonaten (%)	3,55	3,52	2,92
Erwartungswert eines Monatsgewinns (%)	2,41	2,20	1,85
Anzahl der Monate mit Verlust	96	113	110
Niedrigster Monatsertrag (%)	-24,5	-27,7	-21,0
Wahrscheinlichkeit eines Monatsverlustes (%)	32,0	37,7	36,7
Durchschnittsverlust in Verlustmonaten (%)	3,06	3,15	2,84
Erwartungswert eines Monatsverlustes (%)	0,98	1,19	1,04
Längste Verluststrähne (Monatsanzahl)	4	8	5
Größter Wertverlust vom Höchststand (%)	40,0	46,6	35,3
Standardabweichung der Monatserträge (%)	4,41	4,51	3,83
Risikoadjustierter Ertrag (Keppler-Ratio) (Durchschnittsertrag/Verlusterwartungswert)	1,46	0,85	0,77
Volatilitätsadjustierter Ertrag (Sharpe-Ratio) (Durchschnittsertrag/Standardabweichung)	0,33	0,22	0,21

Abbildung 24: Kleine, mittlere und große Hauptaktienmärkte (Performance-Übersicht)

Die Risiko- und Ertragsanalysen ergaben für den DM-Anleger sehr ähnliche Ergebnisse, wenngleich die Renditen aufgrund der DM-Stärke der letzten 25 Jahre insgesamt niedriger ausfielen: Das Portfolio der kleinsten Hauptaktienmärkte lieferte mit 14 % die höchsten Jahresdurchschnittserträge, gefolgt von 7,8 Prozent für das Portfolio mit den mittelgroßen Märkten. Das Portfolio der größten Aktienmärkte wies mit 7 % die schlechteste Wertentwicklung im geometrischen Jahresdurchschnitt auf.

Die Stabilität der Untersuchungsergebnisse wird durch die in Abbildung 25 gezeigten Fünfjahres-Teilperiodenergebnisse weiter erhärtet. Während der letzten 25 Jahre schlugen die kleinsten der im Morgan Stanley Weltaktienindex enthaltenen Hauptaktienmärkte den Weltaktienindex in jeder Fünfjahresperiode.

Teilperiodenergebnisse: Kleine Aktienmärkte gegenüber Marktkapitalisierungsgewichtung
Geometrische Jahresdurchschnittserträge (%)
mit wiederangelegten Nettodividenden in lokalen Währungen

	Kleine Aktienmärkte	MSCI Weltaktien-Index (KG)	Performancevorteil Kleine Aktienmärkte gegenüber MSCI (KG)
1970–1974	10,63	-3,80	14,43
1975–1979	16,82	13,10	3,72
1980–1984	24,20	14,83	9,37
1985–1990	29,57	21,19	8,38
1990–1994	6,48	1,58	4,90
Gesamtperiode	17,24	8,99	8,25

Abbildung 25: Teilperiodenergebnisse für die Hauptaktienmärkte

Aufgrund der Konsistenz ihres Auftretens können die Ertragsunterschiede wiederum als periodenindifferent klassifiziert werden. Ausgerüstet mit der Erkenntnis des Zusammenhangs zwischen Marktgröße und Durchschnittserträgen können wir nun den nächsten Schritt wagen und unser in den Hauptaktienmärkten gewonnenes Know-how auf die Emerging Markets anwenden.

Aber ist es nicht vermessen, ausschließlich durch eine Konzentrierung eines Portfolios auf die kleinsten Emerging Markets noch bessere Ergebnisse zu erwarten, als durch Gleichgewichtung zu erzielen waren? Erinnern wir uns, die Strategie der Gleichgewichtung brachte in den Emerging Markets mit 35,08 % p.a. bereits mehr als doppelt so hohe

Renditen als die Strategie der Marktkaptalisierungsgewichtung, die „nur" einen geometrischen Jahresdurchschnittsertrag von 15,87 % lieferte. Und dann ist schließlich auch noch der Risikofaktor zu berücksichtigen. Sind nicht die kleinen Märkte riskanter als die großen? Erinnerungen an die dramatischen Kurseinbrüche des polnischen Aktienmarktes, der zwischen Februar 1994 und März 1995 77 % verlor, werden wach. Viele Anleger wurden auch von den fast ebenso hohen Kursrückgängen in Ungarn in der Zeit von Januar 1994 bis März 1995 oder Venezuela seit Anfang 1992 überrascht. „Das sind doch alles kleine Aktienmärkte", werden Sie sagen. „Und wenn das Risiko in einem einzelnen Markt schon so hoch ist, kann wohl das Risiko eines ausschließlich aus kleinen Märkten zusammengesetzten Portfolios auch nicht viel niedriger sein."

Von Keppler Asset Management durchgeführte Untersuchungen zeigten jedoch, daß der für die Hauptaktienmärkte nachgewiesene „Small-Country Effect" auch für die Emerging Markets gilt. Ausgangspunkt für die Studien zum „Size Effect" war die Vermutung, daß auch die kleinen Emerging Markets die großen Emerging Markets oder einen Emerging-Markets-Index wie z.B. den IFCI-Gesamtindex schlagen sollten. Schließlich müssen wir die gleichen logischen Schlußfolgerungen wie bei den Hauptaktienmärkten treffen: Erinnern wir uns, daß die größten fünf Emerging Markets – Südafrika, Malaysia, Brasilien, Mexiko und Thailand – mehr als zwei Drittel des kapitalisierungsgewichteten IFCI-Gesamtindexes ausmachen. Wenn die Gleichgewichtungsstrategie in den Emerging Markets eine mehr als doppelt so gute Performance liefert wie die Kapitalisierungsgewichtung, müßten auch in den kleinen Märkten weit bessere Ergebnisse erzielbar sein als in den großen Emerging Markets. Und folglich müßte eine Kombination der kleinen Emerging Markets auch den gleichgewichteten IFCI-Gesamtindex schlagen.

Zur Untersuchung des Zusammenhangs zwischen Marktgröße und Performance wurden die im IFCI-Gesamtindex enthaltenen Märkte in drei Portfolios entsprechend ihrer für Ausländer investierbaren Marktkapitalisierung aufgeteilt. Im Sechseinhalb-Jahreszeitraum von Anfang 1989 bis Ende Juni 1995, für den einigermaßen verläßliche Daten vorliegen, lieferte das Portfolio mit den größten Emerging Markets für den DM-Anleger einen recht unbefriedigenden geometrischen Gesamtertrag von 5,95 % p.a., das Portfolio der mittelgroßen Emerging Markets rentierte mit 38,91 % p.a., während das Portfolio mit den an der investierbaren Marktkapitalisierung gemessenen kleinsten Emerging Markets den mit Abstand höchsten Gesamtertrag brachte: 58,72 % im Jahresdurchschnitt. Gesamtertrag wurde wiederum definiert als Kursgewinne plus wiederangelegte Dividendenerträge, wie sie von der International Finance Corporation publiziert werden. Dies bedeutet, daß ein gleichgewichtetes Portfolio mit den kleinsten Emerging Markets während des sechseinhalbjährigen Untersuchungszeitraums sowohl den kapitalisierungsgewichteten IFCI-Gesamtindex (mit erstaunlichen 42,85 % pro Jahr) als auch den gleichgewichteten IFCI-Gesamtindex (mit 23,64 % pro Jahr) schlug. Quot erat demonstrandum. Die Abbildungen 26 und 27 verdeutlichen die Überlegenheit der Strategie, ausschließlich in die kleinsten Emerging Markets zu investieren. Noch überraschender als die Spitzenerträge der kleinen Emerging Markets dürften für viele Leser die unbefriedigenden Erträge der großen Emerging Markets seit Anfang 1989 sein.[1] Die Länderübersichten im Anhang geben genaue Auskunft über die Marktkapitalisierung und die Erträge, die in den sieben Jahren von 1989 bis Ende 1995 für den DM-Anleger in jedem einzelnen Markt erzielbar waren.

Die meisten Risiko- und Ertragskennzahlen der Abbildung 27 sprechen eindeutig für das Portfolio der kleinen Emerging Markets. Alle auf die positiven Ergebnisse ausgerichteten Performance-Kennzahlen machen die Dominanz des Portfolios der kleinen Märkte gegenüber dem marktkapitalisierungsgewichteten IFCI-Gesamtindex und dem Portfolio der großen Emerging Markets deutlich. Was die Negativ-Performance-Kennzahlen anbelangt, so schnitt das Portfolio der kleinen Märkte im Vergleich zum Portfolio mit den großen Märkten mit einer niedrigeren Anzahl von Verlustmonaten (24 gegenüber 39), dem gleichen maximalen Monatsverlust (14,8 %), einer niedrigeren Verlustwahrscheinlichkeit (30,8 % gegenüber 50 %), einem niedrigeren monatlichen Durchschnittsverlust (5,22 % gegenüber 5,88 %) und damit mit einem deutlich niedrigeren Verlusterwartungswert pro Monat (1,61 % gegenüber 2,94 %) ab. Allerdings wies das Portfolio der kleinen Emerging Markets einen etwas höheren größten Wertverlust vom Höchststand (48 % gegenüber 44,5 %) und eine höhere Standardabweichung der Monatserträge (8,9 % gegenüber 8,25 %) auf. Man sollte jedoch diese Art der Ertragsvolatilität nicht als höheres Risiko interpretieren. Eine Häufigkeitsverteilung der vierteljährlichen Ertragsdifferenzen zwischen dem Portfolio der kleinen Emerging Markets und dem marktkapitalisierungsgewichteten IFCI-Gesamtindex zeigt, daß die Erträge der kleinen Emerging Markets stark positiv schief verteilt sind: Während der sechseinhalbjährigen Untersuchungsperiode gab es kein Quartal, in welchem der IFCI-Gesamtindex aller investierbaren Emerging Markets die kleinen Emerging Markets mit mehr als 20 % schlagen konnte, jedoch waren im gleichen Zeitraum acht Quartale zu verzeichnen, in denen die

[1] Per Ultimo 1995 gehörten die Länder Südafrika, Malaysia, Brasilien, Mexiko, Thailand, Argentinien, Korea und Taiwan zu den Märkten mit der größten Marktkapitalisierung.

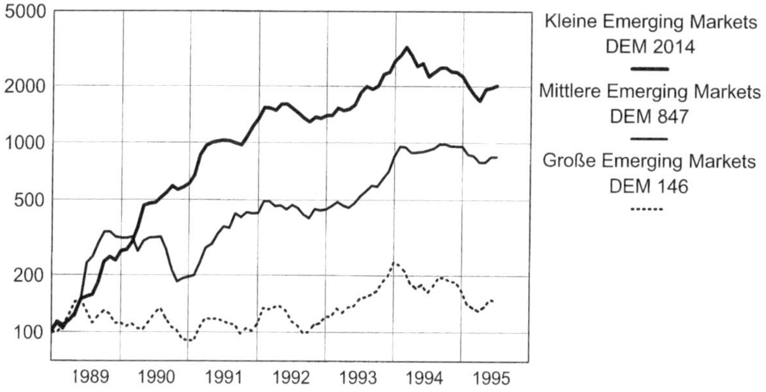

Abbildung 26: Kleine, mittlere und große Emerging Markets
Januar 1989–Juni 1995

Risiko- und Ertragscharakteristiken in DM 31. Dezember 1988–30. Juni 1995	**Kleine Emerging Markets**	**Mittlere Emerging Markets**	**Große Emerging Markets**
Anzahl der untersuchten Monate	78	78	78
Arithmetischer Monatsdurchschnittsertrag (%)	4,30	3,25	0,82
Aus 100 DM wurden ...	2014	847	146
Geometrischer Jahresdurchschnittsertrag (%)	58,72	38,91	5,95
Anzahl der Monate mit Gewinn	54	49	39
Höchster Monatsertrag (%)	29,9	55,5	21,1
Wahrscheinlichkeit eines Monatsgewinns (%)	69,2	62,8	50,0
Durchschnittsgewinn in Gewinnmonaten (%)	8,53	8,25	7,52
Erwartungswert eines Monatsgewinns (%)	5,90	5,18	3,76
Anzahl der Monate mit Verlust	24	29	39
Niedrigster Monatsertrag (%)	-14,8	-21,7	-14,8
Wahrscheinlichkeit eines Monatsverlustes (%)	30,8	37,2	50,0
Durchschnittsverlust in Verlustmonaten (%)	5,22	5,19	5,88
Erwartungswert eines Monatsverlustes (%)	1,61	1,93	2,94
Längste Verluststrähne (Monatsanzahl)	6	5	7
Größter Wertverlust vom Höchststand (%)	48,0	45,3	44,5
Standardabweichung der Monatserträge (%)	8,90	10,30	8,25
Risikoadjustierter Ertrag (Keppler-Ratio) (Durchschnittsertrag/Verlusterwartungswert)	2,67	1,69	0,28
Volatilitätsadjustierter Ertrag (Sharpe-Ratio) (Durchschnittsertrag/Standardabweichung)	0,48	0,32	0,10

Abbildung 27: Kleine, mittlere und große Emerging Markets
(Performance-Übersicht)

kleinen Märkte den IFCI-Gesamtindex um mehr als 20 % schlugen. Das Spitzenergebnis lieferte das erste Quartal 1990 mit einem Performance-Vorsprung der kleinen Märkte von über 40 %. Volatile Erträge sind dann nicht als riskant einzustufen, wenn sie systematisch (nicht zufallsbedingt!) über den Renditen der Benchmark liegen.

3.4 Marktauswahlstrategien basierend auf Bewertungsunterschieden

Die bisher vorgestellten Anlagestrategien haben einen gemeinsamen Vorteil: Abgesehen von der Annahme, daß Aktien über lange Anlageperioden ähnlich hohe Gesamtrenditen wie in der Vergangenheit liefern werden, waren weder Ertrags- noch Risikoprognosen erforderlich. Für die folgenden Strategien benötigen wir jedoch sowohl Risiko- als auch Ertragsprognosen. Wir werden zeigen, daß bestimmte auf Bewertungsunterschieden basierende Portfolios im Vergleich zu einem marktkapitalisierungsgewichteten Weltaktienindex bessere Risiko- und Ertragsstrukturen erwarten lassen. Schließlich werden wir untersuchen, ob es aktive globale Anlagestrategien mit noch besseren Ergebnissen gibt als ein gleichgewichtetes oder ein aus den kleinsten Aktienmärkten bestehendes Weltaktienportfolio.

Nach der „Random-Walk-Theorie" repräsentiert der Aktienkurs zu jedem Zeitpunkt eine gute Schätzung des inneren oder fundamentalen Wertes einer Aktie. Der innere Wert einer Aktie ist damit immer identisch mit dem augenblicklichen Börsenkurs, und Performancevorteile können nur durch die Auswertung neuer Informationen erzielt werden, die sich im Aktienkurs noch nicht widerspiegeln. Die Verfechter der „Theorie der Markteffizienz" vertreten die Ansicht, daß es nach Abzug von Transaktionskosten und Gebühren nicht möglich ist, durch aktives Wertpapiermanagement überdurchschnittliche risikoadjustierte Erträge zu erwirtschaften.

Im Gegensatz zur Theorie der effizienten Märkte sind Value-Investoren, die sich bei ihren Anlageentscheidungen auf Bewertungsfaktoren stützen, davon überzeugt, daß Kurs nicht gleich Wert ist. Nach der „Value-Theorie" hat ein Portfolio bestehend aus Papieren, die im Vergleich zu ihrem fundamentalen Wert preisgünstig erworben wurden, eine höhere risikoadjustierte Ertragserwartung als eine marktkapitalisierungsgewichtete oder eine auf Zufallsauswahl basierende Benchmark. Meist ist jedoch der Unterschied zwischen Kurs und innerem Wert zu klein, um davon zu profitieren. Value-Anleger vertreten die Auffassung, daß die

Märkte zwar über lange Zeiträume effizient sein können, es jedoch Zeiten und Situationen gibt, in denen die Märkte ineffizient sind. Erfolgreiche Anleger disponieren häufig in solchen oft kurzen Zeiträumen.

Viele große Vermögen sind in Zeiten extremer Diskrepanzen zwischen Kurs und Wert geschaffen, aber auch verloren worden. Ein berühmter Investor sagte einmal, daß man mit Hilfe der Wertpapieranalyse nur in der Lage sei festzustellen, daß eine Aktie unter DM 60 preiswert und über DM 150 zu teuer sei. Über lange Zeiträume, nämlich dann, wenn diese Aktie zwischen DM 60 und DM 150 notiert, ist diese Information völlig unbedeutend. Sie ist jedoch außerordentlich wertvoll, wenn die Aktie im Kurs tatsächlich unter DM 60 fällt oder über DM 150 steigt.

Unabhängige Studien haben gezeigt, daß die Marktauswahl in den Hauptaktienmärkten wichtiger ist als die Wahl der richtigen Aktien. Aufgrund der noch höheren jährlichen Kursschwankungen in den Emerging Markets ist die Entscheidung der Marktauswahl für globale bzw. regionale Emerging-Markets-Portfolios sogar noch wichtiger als in den Hauptaktienmärkten. Es überrascht daher nicht, daß einige Marktteilnehmer in den letzten Jahren dazu übergegangen sind, teilweise oder ganz auf die Anwendung von Aktienauswahlverfahren zu verzichten, um sich verstärkt der Frage der optimalen Marktauswahl widmen zu können.

Aus der Tatsache, daß die Marktauswahl für die Performance eines internationalen Portfolios sehr wichtig ist, sollte jedoch nicht geschlossen werden, daß Marktauswahlverfahren erfolgversprechender und einfacher zu handhaben sind als Aktienauswahlverfahren. Die hohen Unterschiede in der Wertentwicklung von Markt zu Markt stellen in gleichem Maße potentielles Risiko (für den Anleger, der sich für den Markt mit der schlechten Kursentwicklung entscheidet) wie auch potentielle Chancen dar (für den Anleger, der tendenziell richtige Entscheidungen trifft). Basierend auf der größeren Anzahl von Einflußfaktoren auf die Wertentwicklung eines Gesamtmarktes, die oft nur sehr schwer oder überhaupt nicht quantifizierbar sind, kann sogar geschlossen werden, daß es schwieriger ist, den richtigen Markt auszuwählen als die richtige Aktie. Der vorsichtige Hinweis sei gestattet, daß der Marktteilnehmer, der in der Vergangenheit nicht in der Lage war, durch aktive Aktienauswahl einen positiven Performancebeitrag zu leisten, nicht erwarten sollte, daß es einfacher sein wird, durch aktive Marktauswahl einen Performancevorteil zu erzielen.

Globale Aktienanleger können durch Investitionen in Märkte mit überdurchschnittlichen Dividendenrenditen langfristig überdurchschnittliche risikoadjustierte Gesamtrenditen erzielen. Des weiteren haben Kurs/Cash-Flow-Verhältnisse eine hohe Prognosefähigkeit im Hinblick auf die relative Wertentwicklung breit diversifizierter internationaler Aktienportfolios.

3.4.1 Globale Marktauswahlstrategien

Die von Keppler konzipierte „Top-Value"-Strategie basiert auf der praktischen Umsetzung der Ergebnisse von Dividenden- und Cash-Flow-Analysen und einer Reihe von nicht publizierten Untersuchungen zu Marktauswahlverfahren und deren Einfluß auf das Risiko- und Ertragsprofil globaler Aktienportfolios. Auf der Basis dieser Ergebnisse können Märkte mit einem überdurchschnittlichen Wertzuwachspotential *ex ante* bestimmt werden. Die zu erwartenden Wertzuwächse waren in der Vergangenheit hoch genug, um einerseits die mit den Strategien verbundenen Transaktionskosten und Gebühren zu decken und darüber hinaus dem Anleger auch noch einen deutlichen Performancevorteil im Vergleich zu einer kapitalisierungsgewichteten Benchmark zu bieten. Für jeden Markt wird, basierend auf den aggregierten inneren Werten aller zugrundeliegenden Wertpapiere, ein innerer Wert berechnet. In der Regel basiert dieser innere Wert auf einer Ertrags- und einer Substanzwertkomponente. Vor einer Investitionsentscheidung muß jeder Anleger versuchen, folgende Fragen zu beantworten: „Wie hoch ist der Substanzwert nach Abzug aller Verbindlichkeiten?" Oder: „Wieviel bin ich bereit, für die in Frage stehenden Vermögensgegenstände zu bezahlen?"

Analog muß der Wert eines Investments auf der Basis der momentanen und zukünftigen Ertragslage bestimmt werden. Als Faustregel können diese zwei Komponenten addiert und durch zwei geteilt werden. Manchmal haben Gesellschaften jedoch weder einen positiven Substanzwert noch Gewinne aufzuweisen. Meist handelt es sich dabei um Firmen mit hohem zukünftigen Ertragspotential. In diesen Fällen muß der innere Wert der Aktie basierend auf einer Schätzung, wieviel die Gesellschaft bei normalem Geschäftsgang verdienen könnte, ermittelt werden. In einem weiteren Schritt wird der innere Wert einer Gesellschaft mit den aktuellen Börsenkursen verglichen. Die „Top-Value"-Strategie konzentriert sich auf diejenigen Märkte, die den größten Gegenwert in Form von Ertragskraft und Substanz im Verhältnis zu den aktuellen Börsenkursen bieten. Mit anderen Worten, nur diejenigen Märkte werden in das „Top-Value"-Portfolio aufgenommen, deren innerer Wert bedeutend höher ist als die zugrundeliegenden Aktienkurse. Dabei wird jeder Markt mit dem gleichen Gewicht in das „Top-Value"-Portfolio eingebracht. Analog werden diejenigen Aktienmärkte verkauft, deren Kurse den zugrundeliegenden inneren Wert übersteigen.

Dieser Prozeß kann mit der Suche nach Sonderangeboten in Kaufhäusern verglichen werden. In vielen Kaufhäusern ist die Produktqualität ähnlich, bei Markenartikeln sogar identisch. Die gleichen Produkte werden jedoch von verschiedenen Firmen zu unterschiedlichen Preisen angeboten. Schnäppchensucher kaufen die gewünschten Waren in den Geschäften mit den niedrigsten Preisen. Bei den Aktienmärkten ist die Situation ähnlich: Zwar sind hier die Preise, sprich Kurse, zu jedem Zeitpunkt von Börse zu Börse identisch – die Coca-Cola-Aktie kostet an der Frankfurter Börse und an der New Yorker Börse gleich viel –, doch schwankt der Gegenwert, den der Anleger in Form von Substanz- und Ertragswert für den gezahlten Kaufpreis erhält, von Wertpapier zu Wertpapier. Value-Strategien stellen darauf ab, dem Anleger für sein eingesetztes Kapital das Maximum an Substanz- und Ertragswert zu sichern.

Basierend auf der „Top-Value“-Strategie berechnete Keppler Asset Management die Gesamtrenditen eines globalen Aktienportfolios der Hauptaktienmärkte in einem „Back-Test“ über die vergangenen 25 Jahre. Um die Zuverlässigkeit dieser Anlagestrategie zu veranschaulichen, zeigen die Abbildungen 28 und 29 auch die Ergebnisse einer sogenannten „Low-Value“-Strategie als ein Spiegelbild der „Top-Value“-Strategie. Das „Low-Value“-Portfolio setzt sich aus den gleichgewichteten am wenigsten attraktiven Aktienmärkten zusammen. D.h., es enthält diejenigen Aktienmärkte, die von den Anlegern gemieden werden sollten.

In den 25 Jahren von 1970 bis Ende 1994 hätte ein entsprechend der „Top-Value“-Strategie strukturiertes Portfolio bis auf zwei Ausnahmen nach allen in der Abbildung 29 gezeigten Performance-Kennzahlen besser abgeschnitten als der kapitalisierungsgewichtete Weltaktienindex von Morgan Stanley. Das „Top-Value“-Portfolio dominiert die Benchmark mit einem mehr als doppelt so hohen Jahresdurchschnittsertrag (18,72 % gegenüber 8,99 %) bei einer im Vergleich zum MSCI Weltaktienindex deutlich niedrigeren monatlichen Verlusterwartung (0,93 % gegenüber 1,11 %). Das „Low-Value“-Portfolio schnitt (obwohl es aufgrund des Vorteils der Gleichgewichtung der unattraktiven Märkte eine höhere Gesamtrendite aufwies als die Benchmark) bei allen oben genannten Risikokennzahlen schlechter ab als der Morgan Stanley Weltaktienindex. Darüber hinaus lieferte es sowohl den niedrigsten risikoadjustierten als auch den niedrigsten volatilitätsadjustierten Ertrag.

Während der 25jährigen Untersuchungsperiode lag der jährliche Performancevorteil eines entsprechend der „Top-Value“-Strategie strukturierten Portfolios bei 9,73 Prozent. Während die längste Verluststrähne mit sieben Monaten mit der Benchmark gleich lag, war die Standardabweichung der Monatserträge für das „Top-Value“-Portfolio mit 4,56 % höher als die Standardabweichung der monatlichen Benchmarkerträge von 3,91 %. Da insbesondere in akademischen Kreisen Risiko oft mit Volatibilität gleichgesetzt wird, könnte man bei oberflächlicher Betrachtung zu dem Schluß kommen, daß der Performancevorteil des „Top-Value“-Portfolios nur durch die Inkaufnahme einer höheren Volatilität,

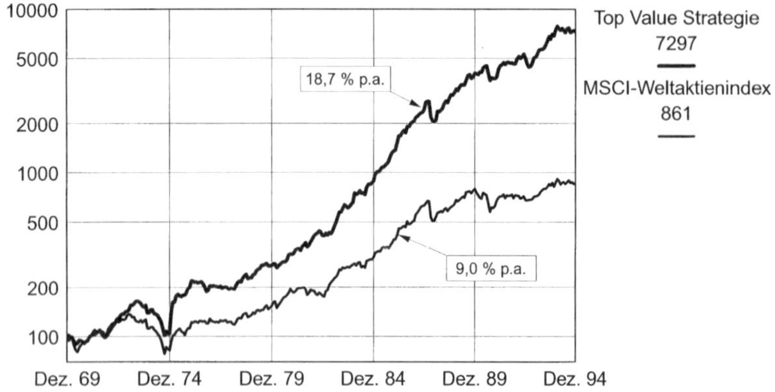

Abbildung 28: Top-Value-Strategie in den Hauptaktienmärkten in lokalen Währungen

Risiko- und Ertragscharakteristiken in lokalen Währungen 1970–1994	Hauptaktienmärkte Top-Value-Strategie	Low-Value-Strategie	MSCI-World-Index (CW)
Anzahl der untersuchten Monate	300	300	300
Arithmetischer Monatsdurchschnittsertrag (%)	1,54	0,86	0,80
Aus 100 lokalen Währungseinheiten wurden …	7297	931	861
Geometrischer Jahresdurchschnittsertrag (%)	18,72	9,34	8,99
Anzahl der Monate mit Gewinn	203	186	191
Höchster Monatsertrag (%)	35,3	21,2	14,0
Wahrscheinlichkeit eines Monatsgewinns (%)	67,7	62,0	63,7
Durchschnittsgewinn in Gewinnmonaten (%)	3,66	3,49	3,00
Erwartungswert eines Monatsgewinns (%)	2,47	2,16	1,91
Anzahl der Monate mit Verlust	97	114	108
Niedrigster Monatsertrag (%)	-19,4	-28,1	-19,6
Wahrscheinlichkeit eines Monatsverlustes (%)	32,3	38,0	36,0
Durchschnittsverlust in Verlustmonaten (%)	2,89	3,42	3,08
Erwartungswert eines Monatsverlustes (%)	0,93	1,30	1,11
Längste Verluststrähne (Monatsanzahl)	7	8	7
Größter Wertverlust vom Höchststand (%)	38,3	53,5	42,6
Standardabweichung der Monatserträge (%)	4,56	4,79	3,91
Risikoadjustierter Ertrag (Keppler-Ratio) (Durchschnittsertrag/Verlusterwartungswert)	1,65	0,67	0,72
Volatilitätsadjustierter Ertrag (Sharpe-Ratio) (Durchschnittsertrag/Standardabweichung)	0,34	0,18	0,20

Abbildung 29: Top-Value-Strategie in den Hauptaktienmärkten (Performance-Übersicht)

sprich, das Eingehen eines höheren Risikos, möglich war und aus diesem Grund nicht so vorteilhaft zu beurteilen ist, wie man aufgrund des höheren Durchschnittsertrages annehmen würde. Und das, obwohl der Durchschnittsertrag überproportional höher war als die Volatilitätszunahme, d.h. trotz eines positiven Ertrags-Volatilitäts-„Trade-Offs". Eine tiefergehende Untersuchung der Risiko- und Ertragscharakteristiken zeigt jedoch, daß das „Top-Value"-Portfolio lediglich im positiven Bereich eine höhere Ertragsvolatilität aufwies. Der im Vergleich zum MSCI-Weltaktienindex höhere höchste Monatsertrag, die höhere Wahrscheinlichkeit eines Monatsgewinns, der höhere Durchschnittsgewinn in Gewinnmonaten und folglich auch ein höherer Gewinnerwartungswert (ermittelt durch Multiplikation der Eintrittswahrscheinlichkeit mit dem Durchschnittsgewinn) und der gleichzeitig niedrigere größte Monatsverlust, die niedrigere Wahrscheinlichkeit eines Monatsverlustes, der niedrigere monatliche Durchschnittsverlust aller Verlustmonate und damit ebenso ein niedrigerer Erwartungswert eines Monatsverlustes des „Top-Value"-Portfolios deuten an, daß:

1. die Verteilung der Monatserträge so weit nach rechts (in den positiven Ertragsbereich) verschoben ist, daß die Standardabweichung als Risikomaß unbrauchbar wird, und
2. daß das „Top-Value"-Portfolio eine nicht-parametrische, rechtsschiefe und damit asymmetrische Ertragsverteilung aufweist, deren Schwankungen ebenfalls nicht durch statistische Volatilitätsmaße beschrieben werden können, die eine Normalverteilung oder eine symmetrische Verteilung voraussetzen.

Volatilitätsmaße wie die Standardabweichung oder die Varianz sind im Falle des Vorliegens asymmetrischer Verteilungen nicht brauchbar und irreführend. Der Grad der Ungenauigkeit der Standardabweichung der Monatserträge als Risikomaß steht in einem proportionalen Verhältnis zur Schiefe einer Ertragsverteilung. Im Fall des Vorliegens systematisch positiv schiefer Ertragsverteilungen (d.h., die Schiefe darf nicht zufallsbedingt sein) läßt die Standardabweichung auf ein höheres als tatsächlich vorhandenes Risiko schließen. Umgekehrt gibt die Standardabweichung für systematisch negativ schiefe Ertragsverteilungen ein zu niedriges Risiko an. Demzufolge profitieren schlechte Portfoliomanager, falls das Risiko ihrer Portfolios mit der Standardabweichung der Erträge gleichgesetzt wird, während das Geschick von Portfoliomanagern, die sich um möglichst viele positive „Performance-Ausreißer" bemühen, unterschätzt wird, wenn ihr Portfoliorisiko fälschlicherweise mit den Ertragsvolatilitäten gleichgesetzt wird. Warren Buffett, einer der erfolgreichsten Portfoliomanager aller Zeiten, führte die Standardabweichung als Risikomaß ad absurdum, als er treffend bemerkte, daß ihm hohe stark schwankende Erträge lieber seien als niedrige tendenziell gleichbleibende.

Um die Stabilität der Untersuchungsergebnisse der „Top-Value"-Strategie noch weiter zu testen, wurden die in der Abbildung 30 gezeigten Teilperiodenergebnisse berechnet. In lokalen Währungen lieferte ein entsprechend der „Top-Value"-Strategie strukturiertes Portfolio während der letzten 25 Jahre in jeder 5-Jahresperiode ein besseres Ergebnis als der marktkapitalisierungsgewichtete Weltaktienindex von Morgan Stanley Capital International (MSCI).

Teilperiodenergebnisse: Top-Value-Strategie gegenüber Marktkapitalisierungsgewichtung
Geometrische Jahresdurchschnittserträge (%) mit wiederangelegten Dividenden in lokalen Währungen

	Top-Value-Strategie	MSCI-Weltaktienindex (CW)	Performancevorteil p.a. Top-Value-Strategie ggü. MSCI-Weltaktienindex (CW)
1970–1974	0,82	-3,80	4,62
1975–1979	21,14	13,10	8,04
1980–1984	26,65	14,83	11,82
1985–1990	35,54	21,19	14,35
1990–1994	12,49	1,58	10,91
Gesamtperiode	18,72	8,99	9,73

Abbildung 30: Teilperiodenergebnisse für die Hauptaktienmärkte

Anleger sollten sich darüber im klaren sein, daß der Mehrwert der „Top-Value"-Strategie aufgrund der kleinen monatlichen Performancevorteile eine Funktion der Zeit ist und i.d.R. nur über längere Halteperioden realisiert werden kann. Das Ziel dabei ist, entsprechend dem Zitat Warren Buffetts zu Beginn des Kapitels, im Zeitablauf vieler Transaktionen durch richtige Annahmen, Fakten und Überlegungen recht zu behalten. In der 25jährigen Untersuchungsperiode lag die Wahrscheinlichkeit, den Weltaktienindex in einem Monat zu schlagen, bei etwa 60 %; diese Wahrscheinlichkeit erhöht sich auf etwa 77 % für Einjahresanlageperioden und erreicht nach etwa drei Jahren das 95. Perzentil. Nur der geduldige Anleger, der eine langfristige erfolgreiche Anlagestrategie nicht in Phasen unterdurchschnittlicher Performance aufgibt, wird in der Lage sein, die Performancevorteile der „Top-Value"-Strategie zu ernten.

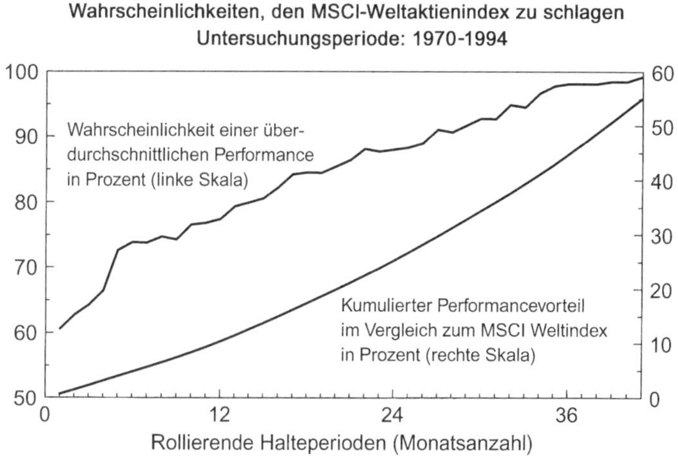

Abbildung 31: Top-Value-Strategie in den Hauptaktienmärkten: Wahrscheinlichkeit, den MSCI Weltaktienindex zu schlagen, und kumulierter Performancevorteil

Aufgrund der hohen Stabilität der überdurchschnittlichen Erträge können wir die Risiko-Ertragscharakteristiken der „Top-Value"-Strategie im Vergleich zum MSCI-Weltaktienindex als periodenindifferent klassifizieren. Und konsequenterweise sollten die für die Hauptaktienmärkte demonstrierten Zusammenhänge wiederum auf die Emerging Markets übertragen werden können. Mittlerweile ist die Performance-Hürde, die es zu überwinden gilt, so hoch geworden, daß es fraglich erscheint, ob noch bessere Ergebnisse erzielbar sind. Wie weiter vorne gezeigt, rentierte der marktkapitalisierungsgewichtete IFCI-Gesamtindex in den sechseinhalb Jahren von Anfang 1989 bis Ende Juni 1994 jährlich 15,87 %. Gleichgewichtung der im IFCI-Gesamtindex enthaltenen Emerging Markets brachte einen mehr als doppelt so hohen Ertrag: 35,08 % im Jahresdurchschnitt. Schließlich erhöhte ein aus den kleinsten Emerging Markets bestehendes gleichgewichtetes Portfolio den Jahresdurchschnittsertrag im Vergleich zur Benchmark um das 3,7-fache, auf 58,72 %. Kann diese Performance durch Konzentrierung auf diejenigen Emerging Markets, die den höchsten inneren Wert im Verhältnis zu den Aktienkursen aufweisen, nochmals geschlagen werden? Die Antwort lautet: Ja. Und darüber hinaus kann auch das Risiko noch weiter reduziert werden.

Ein auf der „Top-Value"-Strategie basierendes Aktienportfolio in den Emerging Markets konnte im gleichen Sechseinhalb-Jahreszeitraum bis Mitte 1994 vor Transaktionskosten und Gebühren eine Gesamtrendite

(Dividendenerträge plus Kursgewinne) von 61,56 % erzielen und damit den marktkapitalisierungsgewichteten IFCI-Gesamtindex mit einem Faktor von 3,88 oder um 45,69 % pro Jahr schlagen. Ebenso bedeutend war, daß dieses Ergebnis, mit Ausnahme der Standardabweichung, gemessen an allen in der Abbildung 33 gezeigten Kennzahlen, mit niedrigerem Risiko erzielt werden konnte.

Eine Häufigkeitsverteilung der Ertragsdifferenzen des „Top-Value“-Emerging Markets Portfolios und des IFCI-Gesamtindex gibt einen überzeugenden Gesamteindruck von der Güte der Strategie. Während des sechseinhalbjährigen Untersuchungszeitraums gab es 20 Quartale mit einem überdurchschnittlichen Ertrag und sechs Quartale, die durch eine unterdurchschnittliche Performance des Top-Value-Portfolios gekennzeichnet waren. Während die „Top-Value“-Strategie in keinem Quartal einen um 20 % niedrigeren Ertrag brachte als der IFCI-Gesamtindex, gab es sechs Quartale, in denen ein Performancevorteil gegenüber der Benchmark von mehr als 20 Prozent erzielt wurde. Der mit der „Top-Value“-Strategie erzielte kumulative Mehrertrag aller überdurchschnittlichen Quartale belief sich auf 1.243 % im Vergleich zu einer kumulativen Minderperformance aller unterdurchschnittlichen Quartale von 37,5 %. Diese Ergebnisse zeigen wiederum die Irrelevanz von Volatilitätskennzahlen als Risikoindikatoren in Fällen des Vorliegens systematisch schiefer Ertragsverteilungen.

3.4.2 Regionale Marktauswahlstrategien

Alle bisher vorgestellten Anlagestrategien bezogen sich auf globale Aktienportfolios, die entweder in die Hauptaktienmärkte oder in die Emerging Markets investieren. Wie an früherer Stelle gezeigt wurde, besteht der IFCI-Gesamtindex aus 25 nationalen Aktienmärkten. Die IFC teilt die Welt der Emerging Markets in drei Regionen auf: Asien, Lateinamerika und Europa/Mittlerer Osten/Afrika (EMOA).

Anleger, die daran interessiert sind, regionale Emerging Markets Aktienportfolios zu bilden, können dieselben Prinzipien wie bei globalen Aktienportfolios anwenden. D.h. Gleichgewichtung läßt auch in einem regionalen Portfolio einen höheren risikoadjustierten Ertrag als ein marktkapitalisierungsgewichtetes Portfolio erwarten. Ebenso sollten die kleineren Märkte in den verschiedenen Regionen über drei- bis fünfjährige Anlageperioden bessere Ergebnisse liefern als die großen Märkte. Die höchste risikoadjustierte Ertragserwartung in jedem regionalen Emerging Markets Portfolio hat wiederum eine Kombination der am attraktivsten bewerteten Märkte der jeweiligen Region. Wie immer ist es

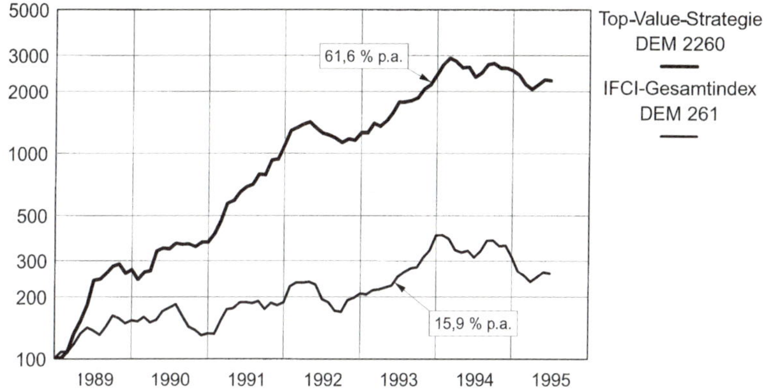

Abbildung 32: Emerging Markets: Top-Value-Strategie (Chart)

Risiko- und Ertragscharakteristiken in DM 31. Dezember 1988–30. Juni 1995	**Emerging Markets Top-Value Strategie**	**Low-Value-Strategie**	**IFCI-Gesamtindex (KG)**
Anzahl der untersuchten Monate	78	78	78
Arithmetischer Monatsdurchschnittsertrag (%)	4,40	0,78	1,51
Aus 100 DM wurden …	2260	134	261
Geometrischer Jahresdurchschnittsertrag (%)	61,56	4,56	15,87
Anzahl der Monate mit Gewinn	54	35	47
Höchster Monatsertrag (%)	31,2	27,8	19,7
Wahrscheinlichkeit eines Monatsgewinns (%)	69,2	44,9	60,3
Durchschnittsgewinn in Gewinnmonaten (%)	8,26	8,49	6,22
Erwartungswert eines Monatsgewinns (%)	5,72	3,81	3,75
Anzahl der Monate mit Verlust	24	43	31
Niedrigster Monatsertrag (%)	-10,7	-16,9	-15,1
Wahrscheinlichkeit eines Monatsverlustes (%)	30,8	55,1	39,7
Durchschnittsverlust in Verlustmonaten (%)	4,27	5,50	5,63
Erwartungswert eines Monatsverlustes (%)	1,31	3,03	2,24
Längste Verluststrähne (Monatsanzahl)	6	10	5
Größter Wertverlust vom Höchststand (%)	28,4	63,6	41,1
Standardabweichung der Monatserträge (%)	8,53	9,19	7,49
Risikoadjustierter Ertrag (Keppler-Ratio) (Durchschnittsertrag/Verlusterwartungswert)	3,35	0,26	0,68
Volatilitätsadjustierter Ertrag (Sharpe-Ratio) (Durchschnittsertrag/Standardabweichung)	0,53	0,08	0,20

Abbildung 33: Emerging Markets: Top-Value-Strategie (Performance-Übersicht)

von größter Bedeutung, die Kosten der praktischen Durchführung einer Anlagestrategie in einem Portfolio im Einzelfall zu beachten. Anleger sollten sich darüber hinaus bewußt sein, daß die Ergebnisse aufgrund der relativ niedrigen Anzahl von Märkten in den jeweiligen Regionen – die Regionen Asien und EMOA setzen sich aus jeweils neun Märkten zusammen, während die Region Lateinamerika sechs Märkte umfaßt – durch singuläre Ereignisse in kürzeren Anlageperioden stark verzerrt werden können. Grundsätzlich müßten die Ertrags- und Risikorelationen der bisher beschriebenen Anlagestrategien jedoch in Anlageperioden von drei bis fünf Jahren zur Geltung kommen.

Die Risiko- und Ertragscharakteristiken regionaler Emerging Markets Strategien sind in den Abbildungen 34 und 35 zusammengefaßt. Abbildung 34 zeigt die Ergebnisse der „Top-Value“-Strategien in den drei Regionen im Vergleich zu den regionalen IFCI-Benchmarks. Die Güte der „Top-Value“-Strategien wird durch die Spiegelbildergebnisse der sogenannten „Low-Value“-Portfolios in Abbildung 35 für jede Region indirekt bestätigt: Die Risiko- und Ertragsstrukturen dieser Portfolios, die aus einer Kombination der jeweils unattraktivsten Emerging Markets in jeder Region bestehen, schnitten in allen Fällen in Relation zu den regionalen Benchmarks deutlich schlechter ab. Aufgrund niedrigerer Diversifizierungsniveaus muß bei den regionalen Portfolios mit erhöhten Ertragsschwankungen gerechnet werden. Die regionalen „Top-Value“-Portfolios wiesen im Vergleich zu den regionalen IFCI-Indizes niedrigere und die „Low-Value“-Portfolios tendenziell höhere Verlustrisiken auf.

Für Anleger, die wünschen, grundsätzlich in allen drei Regionen gleichzeitig investiert zu sein, ist das „Top-Value“-Gesamtportfolio, bestehend aus den drei regionalen „Top-Value“-Portfolios, Asien, Lateinamerika und EMOA konzipiert. Dieses Portfolio zeichnet sich dadurch aus, daß es immer in den attraktivsten Märkten jeder Region investiert ist, während das unter 3.4.1 vorgestellte „Top-Value“-Portfolio immer international, d.h. unabhängig von bestimmten Regionen in die am attraktivsten bewerteten Märkte anlegt, wodurch sich bisweilen Konzentrationen in bestimmten Regionen ergeben können, die das Anlagerisiko erhöhen können. Das regionale „Top-Value“-Gesamtportfolio wies in dem sechseinhalbjährigen Untersuchungszeitraum bis Ende Juni 1995 einen Jahresdurchschnittsertrag von 53,37 % auf und wurde in diesem Zeitraum nur von dem globalen „Top-Value“-Portfolio und dem Portfolio der kleinen Emerging Markets übertroffen, die in diesem Zeitraum im Jahresdurchschnitt mit 61,56 % bzw. 58,72 % rentierten.

	IFCI-Gesamtindex	IFCI-Lateinamerika-Index	IFCI-Asien-Index	IFCI-EMOA-Index	Top-Value Gesamt-Portfolio	Top-Value Lateinamerika	Top-Value Asien	Top-Value EMOA
Anzahl der untersuchten Monate	78	78	78	78	78	78	78	78
Arithmetischer Monatsdurchschnittsertrag (%)	1,51	2,61	1,38	0,93	3,95	6,54	2,37	1,66
Aus 100 DM wurden ...	261	447	229	141	1612	4787	493	307
Geometrischer Jahresdurchschnittsertrag (%)	15,87	25,91	13,56	5,38	53,37	81,33	27,83	18,82
Anzahl der Monate mit Gewinn	47	49	41	39	55	49	52	39
Höchster Monatsertrag (%)	19,7	31,0	24,2	32,3	36,6	92,0	23,8	28,1
Wahrscheinlichkeit eines Monatsgewinns (%)	60,3	6,28	52,6	50,0	70,5	62,8	66,7	50,0
Durchschnittsgewinn in Gewinnmonaten (%)	6,22	9,63	7,15	8,95	7,60	10.05	6,45	6,63
Erwartungswert eines Monatsgewinns (%)	3,75	6,05	3,76	4,47	5,36	10,08	4,30	3,31
Anzahl der Monate mit Verlust	31	29	37	39	23	29	26	39
Niedrigster Monatsertrag (%)	-15,1	-25,1	-18,0	-17,3	-10,1	-36,9	-15,2	-9,3
Wahrscheinlichkeit eines Monatsverlustes (%)	39,7	37,2	47,4	50,0	29,5	37,2	33,3	50,0
Durchschnittsverlust in Verlustmonaten (%)	5,63	9,25	5,01	7,08	4,77	9,53	5,77	3,30
Erwartungswert eines Monatsverlustes (%)	2,24	3,44	2,38	3,54	1,41	3,54	1,92	1,65
Längste Verluststrähne (Monatsanzahl)	5	5	5	5	6	3	5	7
Größter Wertverlust vom Höchststand (%)	41,1	55,8	35,9	71,6	26,8	45,9	33,5	28,4
Standardabweichung der Monatserträge (%)	7,49	11,66	7,98	10,12	8,35	18,31	7,99	6,72
Risikoadjustierter Ertrag (Keppler-Ratio): (Durchschnittsertrag/Verlusterwartungswert)	0,68	0,76	0,58	0,26	2,81	1,84	1,23	1,00
Volatilitätsadjustierter Ertrag (Sharpe-Ratio): (Durchschnittsertrag/Standardabweichung)	0,20	0,22	0,17	0,09	0,47	0,36	0,30	0,25

Abbildung 34: Regionale „Top-Value"-Strategien in Emerging Markets (31. Dezember 1988 bis 30. Juni 1995)

	IFCI-Gesamtindex	IFCI-Lateinamerika-Index	IFCI-Asien-Index	IFCI-EMOA-Index	Low-Value Gesamt-Portfolio	Low-Value Lateinamerika	Low-Value Asien	Low-Value EMOA
Anzahl der untersuchten Monate	78	78	78	78	78	78	78	78
Arithmetischer Monatsdurchschnittsertrag (%)	1,51	2,61	1,38	0,93	0,93	2,22	-0,42	0,99
Aus 100 DM wurden …	261	447	229	141	143	158	46	102
Geometrischer Jahresdurchschnittsertrag (%)	15,87	25,91	13,56	5,38	5,66	7,30	-11,34	0,26
Anzahl der Monate mit Gewinn	47	49	41	39	42	43	35	40
Höchster Monatsertrag (%)	19,7	31,0	24,2	32,3	37,8	90,4	31,6	50,7
Wahrscheinlichkeit eines Monatsgewinns (%)	60,3	62,8	52,6	50,0	53,9	55,1	44,9	51,3
Durchschnittsgewinn in Gewinnmonaten (%)	6,22	9,63	7,15	8,95	7,69	11,74	8,39	11,70
Erwartungswert eines Monatsgewinns (%)	3,75	6,05	3,76	4,47	4,14	6,47	3,77	6,00
Anzahl der Monate mit Verlust	31	29	37	39	36	35	43	38
Niedrigster Monatsertrag (%)	-15,1	-25,1	-18,0	-17,3	-18,9	-68,1	-32,7	-30,2
Wahrscheinlichkeit eines Monatsverlustes (%)	39,7	37,2	47,4	50,0	46,2	44,9	55,1	48,7
Durchschnittsverlust in Verlustmonaten (%)	5,63	9,25	5,01	7,08	6,96	9,48	7,60	10,29
Erwartungswert eines Monatsverlustes (%)	2,24	3,44	2,38	3,54	3,21	4,25	4,19	5,01
Längste Verluststrähne (Monatsanzahl)	5	5	5	5	6	4	8	6
Größter Wertverlust vom Höchststand (%)	41,1	56,0	35,9	71,6	52,4	77,6	83,7	78,1
Standardabweichung der Monatserträge (%)	7,49	11,66	7,98	10,12	9.90	17,68	10,62	14,06
Risikoadjustierter Ertrag (Keppler-Ratio): (Durchschnittsertrag/Verlusterwartungswert)	0,68	0,76	0,58	0,26	0,29	0,52	-0,10	0,20
Volatilitätsadjustierter Ertrag (Sharpe-Ratio): (Durchschnittsertrag/Standardabweichung)	0,20	0,22	0,17	0,09	0,09	0,13	-0,04	0,07

Abbildung 35: Regionale „Low-Value"-Strategien in Emerging Markets (31. Dezember 1988 bis 30. Juni 1995)

3.5 Andere Marktauswahlstrategien

3.5.1 Die Liquiditätsklassenstrategie

Die Liquiditätsklassenstrategie ist eine Weiterentwicklung der Gleichgewichtungsstrategie. Basierend auf der Erkenntnis, daß bestimmte Märkte liquider sind als andere, werden die Märkte bei dieser Strategie in zwei oder drei Liquiditätsklassen eingeteilt. Die größten Beträge werden in die liquidesten Märkte angelegt, während kleinere, gleiche Beträge in die Märkte der niedrigeren Liquiditätsklassen investiert werden. Wie bei der Gleichgewichtung wird dadurch sichergestellt, daß Konzentrationen auf ein bestimmtes Maß beschränkt bleiben.

Nach Jeffrey Davis, dem Erfinder und Verfechter der Liquiditätsklassenstrategie, ist die Klassifizierung der Märkte schwierig und z.T. auch subjektiv, obwohl Informationen über das Handelsvolumen einfach zu beschaffen sind. Dies liegt daran, daß sich Liquidität und Größe einzelner Märkte schnell ändern können. Deshalb muß die Klasseneinteilung nach der in Zukunft zu erwartenden Liquidität und Größe, die nicht leicht zu bestimmen sind, vorgenommen werden. Ende 1995 wäre ein auf drei Liquiditätsklassen basierendes globales Emerging-Markets-Aktienportfolio mit etwa 58 % in Asien vertreten. Lateinamerika wäre mit etwa 31 % vertreten, während in der Region Europa, Mittlerer Osten und Afrika etwa 11 % angelegt wären. Die Anfangskosten eines entsprechend der Liquiditätsklassen konzipierten Portfolios sind ungefähr die gleichen wie für ein kapitalisierungsgewichtetes Portfolio. Die Kosten der laufenden Anpassung müssen jedoch im Vergleich zur Marktkapitalisierungsgewichtung etwas höher veranschlagt werden. In den Emerging Markets fand Davis in einer Reihe von Tests Portfolios mit im Vergleich zur Marktkapitalisierungsgewichtung sowohl höheren als auch niedrigeren Risiko- und Ertragscharakteristiken. Der Zeitraum, für den brauchbare Informationen für die Emerging Markets zur Verfügung stehen, erscheint zu kurz, um daraus verläßliche Indikationen zu erhalten.

Befürworter der Liquiditätsklassenstrategie sollten sich darüber im klaren sein, daß die niedrigere Gewichtung der kleinen Märkte, die die höchsten Erträge erwirtschaften, aber i.d.R. nicht sehr liquide sind, diese Strategie weniger attraktiv erscheinen läßt. Letztendlich sind jedoch die Kosten der praktischen Durchführung entscheidend: Wenn durch Transaktionskosten und Kursbeeinflussung zuviel des höheren Ertragspotentials der kleinen Märkte verlorengeht, ist die Liquiditätsklassenstrategie der Strategie der Fokussierung auf die kleinen Märkte überlegen. Für langfristig orientierte Anleger, die es sich leisten können, Positionen über mehrere Monate aufzubauen, und die den Cash Flow des Portfolios zur Umschichtung benutzen, hat die Gleichgewichtungsstrategie vermutlich bessere Erfolgschancen als die Liquiditätsklassenstrategie.

3.5.2 Gewichtung nach dem Bruttoinlandsprodukt

Der Idee, ein internationales Aktienportfolio entsprechend der Größe der zugrundeliegenden nationalen Volkswirtschaften, gemessen am jeweiligen Bruttoinlandsprodukt (BIP), zu gewichten, liegt implizit die Annahme zugrunde, daß sich die Möglichkeiten, in Aktien zu investieren, und der Nutzen aus diesem Aktieninvestment für den Anleger proportional zur relativen Bedeutung der Volkswirtschaft eines Landes in Relation zur Wertschöpfung aller Länder verhalten. Vorausgesetzt wird ebenfalls, daß die Liquidität der Aktienmärkte mit der Größe der zugrundeliegenden Volkswirtschaften positiv korreliert. Grundsätzlich ist bei solchen pauschalen Annahmen Vorsicht geboten, denn bereits der Novize unter den Aktiensparern weiß, daß es auch in kleinen Volkswirtschaften sehr lukrative Chancen am Aktienmarkt geben kann. Ebenso gilt, daß Pleiten in den USA, Japan oder am deutschen Aktienmarkt nicht deswegen ausgeschlossen werden können, weil es sich dabei um große Volkswirtschaften handelt. Empirische Studien deuten darauf hin, daß die Größe der Volkswirtschaft als Auswahlkriterium für die Ländergewichtung globaler Aktienportfolios in den Hauptaktienmärkten keinen signifikanten Einfluß auf die erzielbaren Gesamtrenditen hat.

Die Abbildungen 36 und 37 zeigen, daß die Gesamtrenditen eines globalen, nach dem BIP-gewichteten Portfolios in den Hauptaktienmärkten nicht nennenswert von den Ergebnissen eines marktkapitalisierungsgewichteten Portfolios abweichen. Im Zeitraum Januar 1979 bis Dezember 1994 waren die Gesamtrenditen für die beiden Strategien sehr ähnlich. Die Risikokennzahlen waren jedoch für das BIP-gewichtete Portfolio etwas günstiger. Zu Vergleichszwecken werden auch die Ergebnisse eines gleichgewichteten Portfolios angegeben. Wenn man unterstellt, daß das BIP-gewichtete Portfolio etwas höhere Transaktions- und Implementierungskosten verursacht, bringt BIP-Gewichtung im Vergleich zur Marktkapitalisierungsgewichtung keine ersichtlichen Vorteile.

Diese Ergebnisse konnten in einer Untersuchung der Emerging Markets nicht bestätigt werden. Wie die Abbildungen 38 und 39 zeigen, brachte die BIP-Gewichtung in den sechs Jahren von 1989 bis Ende 1994 eindeutig bessere Ergebnisse als die Marktkapitalisierungsgewichtung. Das bruttoinlandsproduktgewichtete Emerging-Markets-Portfolio

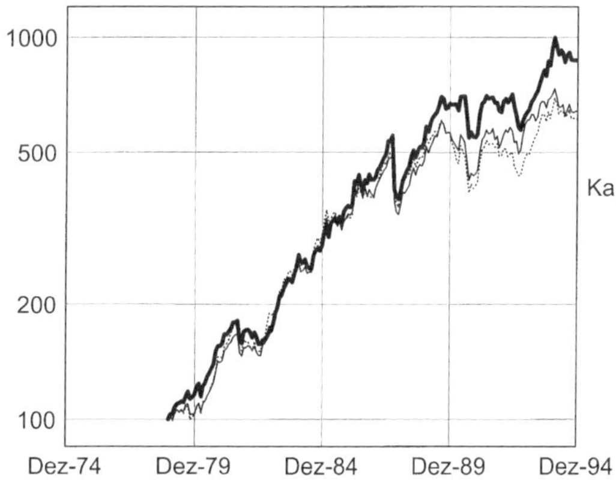

Abbildung 36: MSCI-Weltaktienindex: Bruttoinlandsproduktgewichtung, Marktkapitalisierungsgewichtung und Gleichgewichtung (Chart)

Risiko- und Ertragscharakteristiken in DM 1. Januar 1979–31. Dezember 1994	**MSCI-Welt-aktien-index (BIP)**	**MSCI-Welt-aktien-index (KG)**	**MSCI-Welt-aktien-index (GG)**
Anzahl der untersuchten Monate	192	192	192
Arithmetischer Monatsdurchschnittsertrag (%)	1,08	1,06	1,24
Aus 100 DM wurden …	641	611	869
Geometrischer Jahresdurchschnittsertrag (%)	12,32	11,97	14,47
Anzahl der Monate mit Gewinn	126	122	127
Höchster Monatsertrag (%)	16,8	15,4	15,0
Wahrscheinlichkeit eines Monatsgewinns (%)	65,6	63,5	66,2
Durchschnittsgewinn in Gewinnmonaten (%)	3,61	3,73	3,61
Erwartungswert eines Monatsgewinns (%)	2,37	2,37	2,39
Anzahl der Monate mit Verlust	66	70	65
Niedrigster Monatsertrag (%)	-24,7	-22,32	-28,0
Wahrscheinlichkeit eines Monatsverlustes (%)	34,4	36,5	33,8
Durchschnittsverlust in Verlustmonaten (%)	3,73	3,60	3,38
Erwartungswert eines Monatsverlustes (%)	1,28	1,31	1,14
Längste Verluststrähne (Monatsanzahl)	5	5	4
Größter Wertverlust vom Höchststand (%)	30,3	35,7	32,0
Standardabweichung der Monatserträge (%)	4,65	4,73	4,64
Risikoadjustierter Ertrag (Keppler-Ratio) (Durchschnittsertrag/Verlusterwartungswert)	0,84	0,81	1,09
Volatilitätsadjustierter Ertrag (Sharpe-Ratio) (Durchschnittsertrag/Standardabweichung)	0,23	0,22	0,27

Abbildung 37: MSCI-Weltaktienindex: Bruttoinlandsproduktgewichtung, Marktkapitalisierungsgewichtung und Gleichgewichtung (Performance-Übersicht)

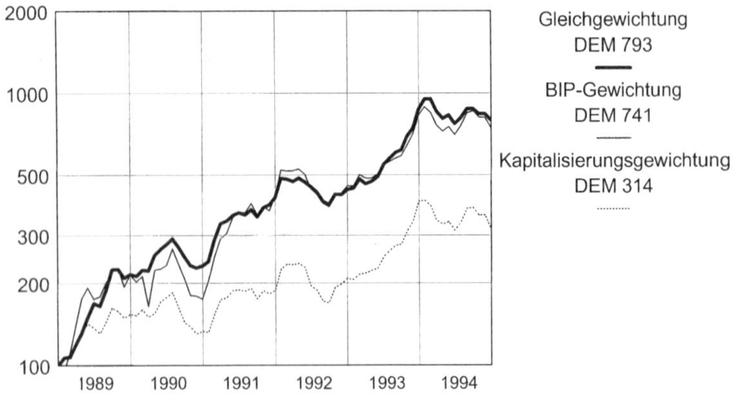

Abbildung 38: IFCI-Gesamtindex: Bruttoinlandsproduktgewichtung, Marktkapitalisierungsgewichtung und Gleichgewichtung (Chart)

Risiko- und Ertragscharakteristiken in DM 1. Januar 1989–31. Dezember 1994	**IFCI-Gesamt-index (BIP)**	**IFCI-Gesamt-index (KG)**	**IFCI-Gesamt-index (GG)**
Anzahl der untersuchten Monate	72	72	72
Arithmetischer Monatsdurchschnittsertrag (%)	3,36	1,87	3,15
Aus 100 DM wurden ...	741	314	793
Geometrischer Jahresdurchschnittsertrag (%)	39,64	21,00	41,20
Anzahl der Monate mit Gewinn	45	45	46
Höchster Monatsertrag (%)	36,1	19,7	20,0
Wahrscheinlichkeit eines Monatsgewinns (%)	62,5	62,5	63,9
Durchschnittsgewinn in Gewinnmonaten (%)	9,50	6,25	7,19
Erwartungswert eines Monatsgewinns (%)	5,94	3,91	4,60
Anzahl der Monate mit Verlust	27	27	26
Niedrigster Monatsertrag (%)	-22,7	-14,9	-10,1
Wahrscheinlichkeit eines Monatsverlustes (%)	37,5	37,5	36,1
Durchschnittsverlust in Verlustmonaten (%)	6,88	5,43	3,99
Erwartungswert eines Monatsverlustes (%)	2,58	2,04	1,44
Längste Verluststrähne (Monatsanzahl)	5	5	5
Größter Wertverlust vom Höchststand (%)	34,7	29,4	21,7
Standardabweichung der Monatserträge (%)	10,63	7,39	7,04
Risikoadjustierter Ertrag (Keppler-Ratio) (Durchschnittsertrag/Verlusterwartungswert)	1,30	0,92	2,19
Volatilitätsadjustierter Ertrag (Sharpe-Ratio) (Durchschnittsertrag/Standardabweichung)	0,32	0,25	0,45

Abbildung 39: IFCI-Gesamtindex: Bruttoinlandsproduktgewichtung, Marktkapitalisierungsgewichtung und Gleichgewichtung (Performance-Übersicht)

rentierte im Jahresdurchschnitt mit 39,64 % im Vergleich zu 21 % für den kapitalisierungsgewichteten IFCI-Gesamtindex. Die höheren Erträge mußten jedoch relativ teuer „erkauft" werden: Einige der Risikokennzahlen waren im Vergleich zu den kapitalisierungsgewichteten und gleichgewichteten Benchmarks deutlich höher. Ein Vergleich mit dem gleichgewichteten IFCI-Gesamtindex verdeutlicht den Nachteil der BIP-Gewichtung: Während das BIP-gewichtete Portfolio einen um 21 Basispunkte höheren (arithmetischen) Monatsdurchschnittsertrag aufwies, war der geometrische Jahresdurchschnittsertrag des erstgenannten Portfolios um 156 Basispunkte niedriger als der gleichgewichtete IFCI-Gesamtindex. Dies lag daran, daß das BIP-gewichtete Portfolio in den Verlustmonaten deutlich schlechter abschnitt und dadurch der Vorteil der höheren Monatsdurchschnittserträge in den Gewinnmonaten wieder aufgegeben werden mußte. Der monatliche Verlusterwartungswert war demzufolge mit 2,58 % um fast 80 % höher als der des gleichgewichteten IFCI-Gesamtindexes (1,44 %).

Die höheren Erträge des BIP-gewichteten Portfolios in den Emerging Markets während der sechsjährigen Untersuchungsperiode könnten zum Teil auf eine Gleichgewichtungskomponente und den Effekt der kleinen Märkte zurückzuführen gewesen sein, die indirekt in der BIP-Gewichtung zum Tragen kommen, da einige Emerging Markets im Verhältnis zur Größe ihrer Volkswirtschaften eine niedrige Marktkapitalisierung aufweisen. Das im Vergleich zur Marktkapitalisierung überdurchschnittliche Ergebnis der Ländergewichtung nach dem Bruttoinlandsprodukt sollte deshalb mit Skepsis beurteilt werden.

3.5.3 Die Lemming-Strategie

Die Durchschnittsgewichtung aller Portfoliomanager wird von institutionellen Anlegern als ein bedeutender Vergleichsmaßstab angesehen. Ein auf der Portfoliomanager-Durchschnittsgewichtung basierendes internationales Aktienportfolio dient vielen Zielen, die eine Benchmark zu erfüllen hat: objektive Meßbarkeit, Zeitnähe, keine extremen Konzentrierungsrisiken und auch tragbare Transaktions- und Implementierungskosten. Für die Emerging Markets gibt es jedoch zuwenig Informationen, um diese Strategie statistisch zu untersuchen. Kritiker der Portfoliomanager-Durchschnittsgewichtung äußern Bedenken, daß die Präferenzen der Anleger nicht stabil genug seien, weshalb diese Strategie nicht erfolgversprechend sei.

Ein auf der Durchschnittsgewichtung aller Portfoliomanager basierendes hypothetisches Portfolio ist ohne Zweifel als Vergleichsmaßstab nützlich, da es einen Vergleich mit dem Durchschnittsportfolio, das in die gleiche Anlageklasse investiert, ermöglicht. Die Replizierung eines solchen Portfolios ist jedoch äußerst fragwürdig. Ein solcher Ansatz zeugt von mangelndem Vertrauen in die eigene Fähigkeit, Portfolios mit überdurchschnittlichem Ertragspotential zu strukturieren. Der „Strategie der Lemminge", wie wir sie abwertend nennen möchten, fehlen darüber hinaus jegliche philosophische Grundlage und Vision des Anlegers. John Templeton sagte einmal: „Wenn Sie die gleichen Aktien kaufen wie jeder andere, wird Ihre Performance genau so durchschnittlich sein wie die aller anderen." Auch sollten die Nachahmer der Durchschnittsgewichtung aller Portfoliomanager bedenken, daß sie nur eine einzige Ausrede haben werden, wenn die absoluten Erträge des Portfolios hinter den Erwartungen zurückbleiben: Die meisten anderen haben die gleichen Fehler gemacht.

3.6 Branchenauswahlstrategien

Während umfangreiche Studien zur internationalen Marktauswahl existieren, gibt es z.Z. noch wenig Studien über Methoden, weltweit in die attraktivsten Branchen zu investieren. Es gibt zwar bereits einige Portfolios, die weltweit in bestimmten Branchen anlegen, wie z.B. den sehr erfolgreichen Food Global Fonds aufgelegt von Oppenheim und gemanagt von Grossbötzl, Schmitz & Partner, dem wir auch langfristig gute Chancen einräumen, oder die beiden geschlossenen Fonds Emerging Markets Telecommunication und Emerging Markets Infrastructure Fund, jedoch sind länderübergreifende Branchenfonds, die auf die weltweit aussichtsreichsten Industrien abstellen, bis heute wenig bekannt. Keppler Asset Management untersuchte die Ergebnisse einer solchen Anlagestrategie für den Vierzehneinhalb-Jahreszeitraum von Ende 1980 bis Ende Juni 1995. In diesem Zeitraum hätte ein Portfolio, das immer in die attraktivsten Branchen anlegt, den MSCI-Weltaktienindex vor Transaktionskosten und Gebühren mit 9,4 % jährlich geschlagen. Das globale Branchenportfolio hatte recht günstige Risikocharakteristiken aufzuweisen. Die Keppler-Ratio, d.h. der Ertrag pro Risikoeinheit – Risiko gemessen als Verlusterwartungswert – lag im Vergleich zum MSCI-Weltaktienindex mehr als doppelt so hoch. Während der sieben voneinander unabhängigen zweijährigen Teilperioden (1981–1982; 1983–1984 etc.) lagen nur die Ergebnisse 1985–1986 leicht unter der Benchmark. Die festgestellten Zusammenhänge der Branchenportfolios scheinen stabil genug zu sein, um diese Strategien in einem globalen Aktienportfolio in den Hauptaktienmärkten zu berücksichtigen. Aufgrund zu niedriger Korrelationen von Branchen in den Emerging Markets ist eine Anwendung in den Emerging Markets jedoch z.Z. noch nicht möglich.

3.7 Aktienauswahlstrategien

3.7.1 Gleichgewichtung einzelner Aktien

1992 verglichen Tweedy und Browne die jährlichen Kursveränderungen aller im Standard und Poor's 500-Index enthaltenen Aktien. Die im Outstanding Investor Digest 1992 (Nr. 9 und 10) publizierten Ergebnisse zeigen die Überlegenheit eines gleichgewichteten US-Aktienportfolios gegenüber einem kapitalisierungsgewichteten. Abbildung 40 zeigt, daß ein Anleger, der in jeder im Standard und Poor's 500-Index enthaltenen Aktie den gleichen Betrag angelegt hatte, in den 34 Jahren bis Ende 1991 nahezu dreimal soviel an Kursgewinnen erzielen konnte wie ein anderer Anleger, der sich unter Zugrundelegung der Erkenntnisse der modernen Portfoliotheorie für das marktkapitalisierungsgewichtete Portfolio entschieden hatte – im Glauben, letzteres böte den höchsten risikoadjustierten Ertrag. Abbildung 41 zeigt detaillierte Performanceangaben für beide Portfolios.

Die Ergebnisse von Tweedy und Browne deuten darauf hin, daß das gleichgewichtete Portfolio das kapitalisierungsgewichtete dominiert. Während ein jährlicher Kursvorsprung in Höhe von 3,65 % groß genug ist, um eine solche Strategie erfolgreich in einem US-Aktienportfolio anzuwenden, kann daraus noch nicht geschlossen werden, daß die Gleichgewichtungsstrategie von Aktien auch in den Emerging Markets nach Abzug aller Kosten noch vorteilhaft ist. Denn Transaktionskosten und die Kosten der Kursbeeinflussung durch die eigene Transaktion können in den Emerging Markets im Fall unzureichender Liquidität schnell auf drei bis fünf Prozent anwachsen.

Um ein besseres Verständnis des „Gleichgewichtungseffekts" in den Emerging Markets zu erhalten, untersuchte Keppler Asset Management alle in den 25-IFCI-Länderindizes enthaltenen Titel. Abbildung 42 zeigt die Ergebnisse.

Gleichgewichtung erwies sich in 17 Märkten vorteilhafter, während Kapitalisierungsgewichtung in neun Märkten bessere Ergebnisse lieferte. Im Durchschnitt konnten die gleichgewichteten Portfolios gegenüber den kapitalisierungsgewichteten jährlich um 4 % höhere Kursgewinne erzielen. Dividenden wurden bei der Untersuchung nicht berücksichtigt.

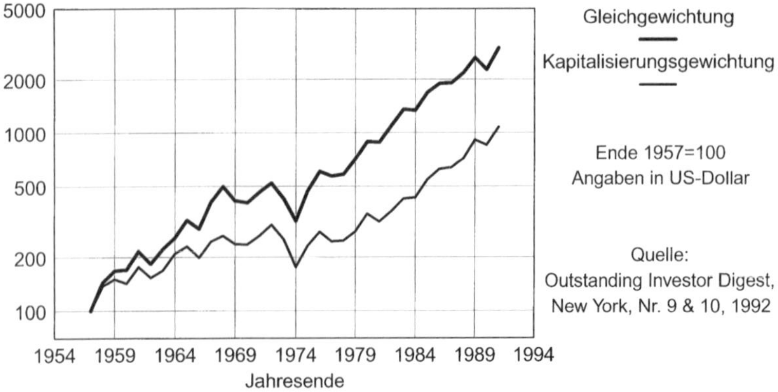

Abbildung 40: Standard & Poor's 500-Index: Gleichgewichtung und Kapitalisierungsgewichtung (Chart) – Angaben in US-Dollar

Risiko- und Ertragscharakteristiken in USD 1958–1991	**S&P 500-Index (GG)**	**S&P 500-Index (KG)**
Anzahl der untersuchten Jahre	34	34
Arithmetischer Jahresdurchschnittsertrag	12,10	8,45
Aus 100 USD wurden ...	2.996	1.074
Geometrischer Jahresdurchschnitt (%)	10,52	7,23
Anzahl der Jahre mit Gewinn	24	24
Höchster Jahresertrag (%)	47,9	37,6
Wahrscheinlichkeit eines Jahresgewinns (%)	70,6	70,6
Durchschnittsgewinn in Gewinnjahren (%)	21,7	16,8
Erwartungswert eines Jahresgewinns (%)	15,3	11,9
Anzahl der Jahre mit Verlust	10	10
Niedrigster Jahresertrag (%)	-25,0	-29,7
Wahrscheinlichkeit eines Jahresverlustes (%)	29,4	29,4
Durchschnittsverlust in Verlustjahren (%)	11,0	11,7
Erwartungswert eines Jahresverlustes (%)	3,2	3,4
Längste Verluststrähne (Jahresanzahl)	2	2
Größter Wertverlust vom Höchststand (%)	38,7	41,9
Standardabweichung der Jahreserträge (%)	18,5	15,8
Risikoadjustierter Ertrag (Keppler-Ratio) (Durchschnittsertrag/Verlusterwartungswert)	3,75	2,46
Volatilitätsadjustierter Ertrag (Sharpe Ratio) (Durchschnittsertrag/Standardabweichung)	0,66	0,53

Abbildung 41: Standard & Poor's 500-Index: Gleichgewichtung und Kapitalisierungsgewichtung (Performance-Übersicht) – Angaben in US-Dollar

Land/Index	IFCI-Index besteht seit	Gleichgewichtung: Kursgewinne (Geometrischer Jahresdurchschnitt in %)	Kapitalisierungs-Gewichtung: Kursgewinne (Geometrischer Jahresdurchschnitt in %)	Ertragsunterschied (%)
Argentinien	Dez. 88	37,2	34,4	2,8
Brasilien	Dez. 88	31,0	18,4	12,6
Chile	Dez. 88	41,6	40,4	1,2
China	Dez. 92	-14,3	-13,8	-0,5
Griechenl.	Dez. 88	17,4	15,6	1,8
Indien	Nov. 92	1,9	-0,7	2,6
Indonesien	Sep. 90	6,0	2,1	3,9
Jordanien	Dez. 88	9,6	9,7	-0,1
Kolumbien	Feb. 91	59,0	58,5	0,5
Korea	Jan. 92	6,5	7,5	-1,0
Malaysia	Dez. 88	23,9	18,1	5,8
Mexiko	Dez. 88	18,9	26,0	-7,1
Pakistan	März 91	27,2	27,8	-0,6
Peru	Dez. 92	33,7	29,6	4,1
Philippinen	Dez. 88	17,9	17,8	0,1
Polen	Dez. 92	96,9	89,1	7,8
Portugal	Dez. 88	6,2	3,4	2,8
Simbabwe	Juni 93	48,8	60,4	11,6
Sri Lanka	Dez. 92	8,7	10,6	-1,9
Südafrika	Dez. 92	51,4	39,3	12,1
Taiwan	Jan. 91	8,0	5,0	3,0
Thailand	Dez. 88	24,4	24,5	-0,1
Türkei	Aug. 89	28,2	8,6	19,6
Ungarn	Dez. 92	48,3	10,2	38,1
Venezuela	Jan. 90	32,1	28,7	3,4
Durchschnitt aller Märkte		26,8	22,8	4,0
IFCI-Gesamtindex		31,3	17,3	14,0
IFCI-Asien-Index		17,9	15,4	2,5
IFCI Europa/Mittl. Osten/ Afrika (EMOA)-Index		17,9	4,9	13,0
IFCI Lat. Amerika-Index		56,2	27,0	29,2

Abbildung 42: Gleichgewichtung und Kapitalisierungsgewichtung aller in den IFCI-Länderindizes enthaltenen Titel – Angaben in US-Dollar

Mit jährlichen Kursgewinnvorteilen von 12,6 bis 38,1 % erwies sich die Gleichgewichtung in den Ländern Ungarn, Türkei und Brasilien am vorteilhaftesten. Dagegen brachten gleichgewichtete Portfolios vor allem in Simbabwe (-11,6 %), Mexiko (-7,1 %) und Sri Lanka (-1,9 %) im Vergleich zu kapitalisierungsgewichteten Portfolios niedrigere Kursgewinne. In diesen Märkten waren die Ergebnisse der kapitalisierungsgewichteten Portfolios geprägt von überdurchschnittlichen Kursgewinnen einer oder mehrerer großer Gesellschaften wie z.B. Teléfonos de México. Ein Anleger, der alle im IFCI-Gesamtindex enthaltenen Aktien vom Zeitpunkt der Aufnahme in diesen Index gleichgewichtet gehalten hätte, hätte einen durchschnittlichen Performancevorteil von 14 % p.a. im Vergleich zum kapitalisierungsgewichteten IFCI-Gesamtindex erzielt (31,3 % gegenüber 17,3 %).

Während unsere Untersuchungen zeigen, daß globale Emerging Markets Anleger durch Gleichgewichtung von Aktien langfristig überdurchschnittliche Kursgewinne erzielen können, sollten sich die Anleger bewußt sein, daß aufgrund der bisweilen sehr hohen Transaktionskosten in den Emerging Markets Gleichgewichtung nicht uneingeschränkt als Aktienauswahlstrategie empfohlen werden kann. Das Gleichgewichtungskonzept kann jedoch in Kombination mit anderen Auswahlverfahren zur Erhöhung der Gesamtrenditen eines Emerging Markets Portfolios beitragen.

3.7.2 Auf Bewertungsfaktoren und Änderungen von Gewinnschätzungen basierende Aktienauswahlverfahren

Die Bostoner State Street Global Advisors haben ein außerordentlich erfolgreiches Aktienauswahlverfahren für die Hauptaktienmärkte entwickelt. Ihre *High Value*-Strategie ist ein erprobter Ansatz zur internationalen Aktienauswahl. Sie zielt darauf ab, in unterbewertete Aktien mit sich verbessernden Ertragsaussichten zu investieren. Seit der Einführung dieser Strategie im Jahr 1984 schlugen auf dieser Strategie basierende Portfolios den MSCI Europa Australien Fernost (EAFE)-Index jährlich mit mehr als 4 % nach Abzug von Transaktionskosten. Damit liegt diese Performance im internationalen Vergleich unter den besten vergleichbaren Portfolios.

Um die länder- und branchenspezifischen Bilanzierungsunterschiede zu eliminieren, werden bei der *High Value*-Strategie die insgesamt 2.400 Aktien in jedem der mehr als 20 Länder nach Branchen gruppiert. Die relative Attraktivität jeder einzelnen Aktie wird in jedem Land und in jeder Branche aufgrund von Bewertungskennzahlen und dem geschätzten Gewinntrend bestimmt. Die Branchengewichtung orientiert sich möglichst nahe an den Benchmarks. Die Portfolios sind i.d.R. zu 100 % in Aktien investiert. Dadurch wird in jedem Land die optimale Kombination aus niedriger Bewertung und dem erwarteten Gewinnwachstum bestimmt, d.h. es können die Gesellschaften, die im Vergleich zur Konkurrenz unterbewertet sind, identifiziert werden. Das Wachstumspotential jedes Unternehmens wird unter Zugrundelegung der Gewinnschätzungen von mehr als 3.000 Analysten über die IBES-Datenbank ermittelt. Ebenso diszipliniert werden als Verkaufskandidaten die überbewerteten Aktien der Unternehmen mit sich verschlechternden Ertragsaussichten ermittelt. Diese Titel lassen im Vergleich zu den lokalen Länderindizes unterdurchschnittliche Gesamtrenditen erwarten. Durch die Kombination der „Value“-Komponente mit der erwarteten Gewinnentwicklung konnten mit der *High-Value*-Strategie in der Vergangenheit langfristig stabile überdurchschnittliche Erträge erzielt werden.

Nachdem die *High Value*-Strategie in den Hauptaktienmärkten seit mehr als zehn Jahren sehr gute Anlageergebnisse lieferte, begann State Street diese Strategie auch auf die Emerging Markets anzuwenden. Die Erfahrungen der Vergangenheit lassen über längere Anlageperioden auch in den Emerging Markets überdurchschnittliche Ergebnisse erwarten.

3.8 Der Zusammenhang zwischen „Value“ und fundamentalem Wachstum

Nun können wir abschließend versuchen, die am Anfang dieses Kapitels gestellten Fragen zu beantworten. Ist es sinnvoll, von kapitalisierungsgewichteten Portfolios abzuweichen, die nach der Lehrmeinung der Modernen Portfoliotheorie risikoadjustiert die beste Performance erwarten lassen und deshalb langfristig auch nicht geschlagen werden können? Und selbst wenn andere Strategien höhere risikoadjustierte Gesamtrenditen erwarten lassen, ist dann der Performancevorsprung groß genug, um nicht nur die Manager (die ihre Gebühren meist unabhängig von der Wertentwicklung der von ihnen verwalteten Vermögen erhalten) zu entlohnen, sondern auch dem Anleger selbst, der letztendlich der Risikoträger ist, zugutezukommen? Die vorgestellten Strategien lassen Gesamtrenditen erwarten, die z.T. erheblich über den Renditen kapitalisierungsgewichteter Benchmarks liegen. Die gezeigten Performancevorteile lagen im geometrischen Jahresdurchschnitt zwischen 3 und 4 % für die Strategie der Gleichgewichtung der Hauptaktienmärkte bis zu 45 Prozent für ein entsprechend der „Top-Value"-Strategie aufgebautes Emerging Markets Portfolio. Die gezeigten Performancevorteile der Gleichgewichtungsstrategien, der Strategie der kleinen Märkte und besonders der Value-Strategien waren in der Vergangenheit stabil und hoch genug, so daß sie auch in Zukunft nach Abzug aller Transaktionskosten und Managementgebühren für den Anleger bei drei- bis fünfjährigen Halteperioden überdurchschnittliche Ergebnisse erwarten lassen.

Wenn es auch unrealistisch wäre, Performancevorteile in der Größenordnung von 45 % pro Jahr in der Zukunft zu erwarten, sind die Value-Strategien unter den vorgestellten Ansätzen die erfolgversprechendsten. Woran liegt das? Warum bringen Value-Strategien langfristig die höchsten Erträge?

Zum besseren Verständnis ist hier ein kleiner Exkurs zum Thema Markteffizienz angebracht: Die „Theorie der Markteffizienz" kam insbesondere in akademischen Kreisen in den 70er Jahren in den USA in Mode. In Europa und Fernost erreichte die Theorie nach der Nobelpreisverleihung an die Begründer der „Modernen Portfoliotheorie" (der die Markteffizienzthese zugrundeliegt) Markowitz, Miller und Sharpe im Jahr 1990 ihre größte Akzeptanz. Die Kernaussage der Markteffizienzthese läßt sich in dem Satz „Der Markt weiß immer alles" zusammenfassen. Damit hätte ein Portfolio, das auf dem Zufallsprinzip basiert – z.B. durch Wurfpfeile auf den Kurszettel – die gleichen Aussichten wie ein von den besten Wertpapieranalysten oder Portfoliomanagern ausgewähltes Portfolio. Warren Buffett hat das Hauptproblem der „Markteffizienz-Theorie" im Geschäftsbericht von Berkshire Hathaway 1988 treffend beschrieben: „Aus der Feststellung, daß der Markt *häufig* effizient sei, zogen sie [die Professoren] den falschen Schluß, daß er *immer* effizient sei. Der Unterschied dieser beiden Thesen ist wie Tag und Nacht".

Value-Manager kaufen Aktien i.d.R., wenn der innere Wert deutlich über dem aktuellen Aktienkurs liegt, und verkaufen Aktien, wenn der Aktienkurs den inneren Wert übersteigt. Auf diese Weise können über viele Transaktionen hinweg überdurchschnittliche Erträge erzielt werden. In der Diskussion über verschiedene Anlagestile unterscheiden Experten oft zwischen Value-Wachstumsansätzen. Letztere zielen auf die Ermittlung von Aktien von Unternehmen mit überdurchschnittlichem Gewinn-, Dividenden- und auch Eigenkapitalwachstum ab. Nur Aktien von Unternehmen mit langfristig überdurchschnittlichem Wachstum zugrundeliegender fundamentaler Größen wie Eigenkapital, Cash Flow, Gewinn oder Dividenden lassen für die Anleger überdurchschnittliche

Kursgewinne und Dividendenerträge erwarten. Die in diesem Kapitel vorgestellten Strategien für Aktienanlagen in den Hauptaktienmärkten und in den Emerging Markets zielen auf überdurchschnittliches Wachstum der o.g. fundamentalen Größen ab.

	MSCI-Weltaktien-index (KG)	**MSCI-Weltaktien-index (GG)**	**Kleine Aktien-märkte**	**Top-Value-Portfolio in den Haupt-aktienmärkten**
Eigenkapital	9,6	12,8	16,7	17,2
Cash Flow	9,5	13,0	17,6	18,2
Dividenden	8,5	12,5	16,9	18,3

Abbildung 43: Wachstumsraten in den Hauptaktienmärkten (1970–1994) in Prozent p.a.

Abbildung 43 zeigt das jährliche Wachstum von Eigenkapital, Cash Flow und Dividenden für den kapitalisierungs- und gleichgewichteten MSCI Weltaktienindex, für die kleinen Aktienmärkte und für das „Top-Value"-Portfolio in den Hauptaktienmärkten für den 25-Jahreszeitraum von 1970 bis 1994.

	IFCI-Gesamt-index (KG)	**IFCI-Gesamt-index (GG)**	**Kleine Emerging Markets**	**Top-Value-Portfolio in den Emerging Markets**
Eigenkapital	8,0	18,5	37,5	35,5
Gewinn	6,2	18,5	37,7	33,9
Dividenden	4,5	15,9	26,1	38,3

Abbildung 44: Wachstumsraten in den Emerging Markets (1989 bis Juni 1995) in Prozent p.a.

Abbildung 44 zeigt das Eigenkapital-, Gewinn- und Dividendenwachstum in den Emerging Markets für den kapitalisierungs- und gleichgewichteten IFCI-Gesamtindex, die kleinen Emerging Markets und das „Top-Value"-Portfolio in den Emerging Markets für die gesamte Historie des IFCI-Gesamtindexes bis Juni 1995.

Sowohl für die Hauptaktienmärkte als auch für die Emerging Markets gilt ein langfristiger positiver Zusammenhang zwischen der Wertentwicklung von Aktienportfolios und dem Wachstum der zugrundeliegenden fundamentalen Werte: Je höher das langfristige Wachstum fundamentaler Größen wie Eigenkapital, Gewinn und Dividenden der Gesellschaften ist, um so höher ist auch die langfristige Wertentwicklung ihrer Aktien.

Nach unserer Auffassung besteht damit kein nennenswerter Unterschied zwischen den Anlagestilen „Value“ und „Wachstum“.

4. Asset Allocation

4.1 Generelles

Der anglo-amerikanische Begriff „Asset Allocation“ bedeutet die Vermögensaufteilung auf verschiedene Anlageklassen wie Aktien, festverzinsliche Wertpapiere und Barvermögen. Um die Entscheidung, welcher Anteil des Vermögens in die zur Verfügung stehenden Anlagealternativen investiert werden soll, zu fällen, brauchen Anleger einen Überblick über die mit den verschiedenen Vermögensklassen verbundenen Ertragschancen und Risiken. Da wir in den USA auf eine lange Historie zurückgreifen können, und weil die Kapitalmärkte in anderen Ländern sehr ähnliche Ertrags- und Risikostrukturen aufweisen, kann die Frage nach der optimalen Vermögensaufteilung am besten am Beispiel der in den Vereinigten Staaten gewonnenen Erfahrungswerte erörtert werden.

In den USA liegen seit Ende 1925 genaue Angaben über die Wertentwicklung von Aktien mit niedriger Marktkapitalisierung, von Standardwerten (die im Standard & Poor's 500-Index enthaltenen Aktien), Staatsanleihen (Treasury Bonds) und kurzfristigen Schatzanweisungen (Treasury Bills) der US-Regierung vor. Die Zeitreihen werden jährlich von der Gesellschaft Ibbotson Associates aktualisiert. In den 69 Jahren bis Ende 1994 wuchs ein US-Dollar, der in die gemessen an der Marktkapitalisierung kleinsten Unternehmen angelegt wurde, mit wiederangelegten Dividenden auf USD 2,843 an. Dies entspricht einem durchschnittlichen jährlichen Gesamtertrag aus Kursgewinnen und wiederangelegten Dividenden von 12,2 %. Aus einem in US-Standardwerte angelegten Dollar wurden im gleichen Zeitraum USD 811. Dies entspricht einer durchschnittlichen jährlichen Wertentwicklung von 10,2 %.

Dagegen rentierten Staatsanleihen mittlerer Laufzeit im Jahresdurchschnitt nur mit 5,1 %, d.h. sie verdreißigfachten sich in den letzten 69 Jahren. Die durchschnittliche Jahresrendite von Geldmarktpapieren, gemessen an kurzfristigen US-Schatzanweisungen, lag sogar nur bei 3,7 %, was einer Verzwölffachung im Zeitraum von Ende 1925 bis Ende 1994 entspricht. Diese Angaben sind vor Steuern, vor Transaktionskosten und nicht inflationsbereinigt. Die Konsumentenpreise verachtfachten sich seit Ende 1925, oder anders ausgedrückt, die Inflationsrate lag im Jahresdurchschnitt bei 3,1 %. Abbildung 45 zeigt die Wertentwicklung von US-Aktien, Staatsanleihen, Treasury Bills und Konsumentenpreisen in graphischer Form. Vergleichbare Untersuchungen für

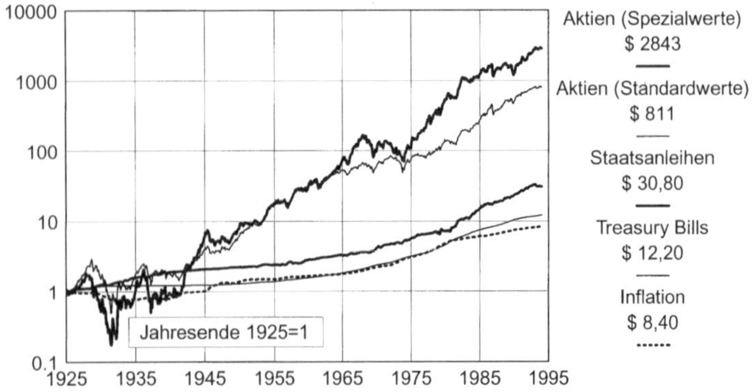

Quelle: © *Stocks, Bonds, Bills, and Infllation 1995 Yearbook*™, Ibbotson Associates, Chicago (annually updates work by Roger G. Ibbotson and Rex A. Sinquefield). Used with permission. All rights reserved.

Abbildung 45: Wertentwicklung verschiedener Anlageklassen US-Kapitalmärkte 1926–1994

Großbritannien, die Schweiz und Deutschland kommen zu sehr ähnlichen Ergebnissen. Wenn man bedenkt, daß bei Staatsanleihen und bei Schatzanweisungen der gesamte Ertragsteil aus steuerpflichtigen Zinserträgen herrührt, während Kapitalzuwächse nach sechs Monaten für deutsche Anleger steuerfrei sind, wird deutlich, daß langfristig unter den drei genannten Anlageklassen nur mit Aktienvermögen nennenswerte reale Vermögenszuwächse möglich waren.

Andererseits sind Aktien kurzfristig außerordentlich riskant. US-Aktien haben in der Depression der 30er Jahre innerhalb von zwei Jahren und zehn Monaten bis Mitte 1932 nahezu 85 Prozent ihres Wertes verloren. Und ein Anleger, der am Höchststand im August 1929 Aktien gekauft hatte, mußte bis Januar 1945, d.h. mehr als 15 Jahre warten, bis er sein Anfangskapital wieder erreichte. In der Baisse von 1973 und 1974 verloren US-Aktien mehr als 40 % ihres Wertes, und im Crash am 19. Oktober 1987 büßten sie an einem einzigen Tag mehr als 20 % ein.

Abbildung 46 zeigt die Bandbreite der Erträge von US-Aktien für unterschiedliche Halteperioden im Zeitraum von 1926 bis 1994.

Aktieninvestments sind von Jahr zu Jahr außerordentlich großen Fluktuationen unterworfen, die einerseits hohe Gewinnchancen, andererseits aber auch ein hohes Verlustrisiko mit sich bringen. In den 69 Jahren von 1926 bis Ende 1994 schwankten die jährlichen Erträge am US-Aktienmarkt zwischen plus 54 % (1933) und minus 43,3 % (1931). Über längere Anlageperioden fallen die Schwankungen jedoch zunehmend kleiner aus, das Verlustrisiko verringert sich, und die Erträge

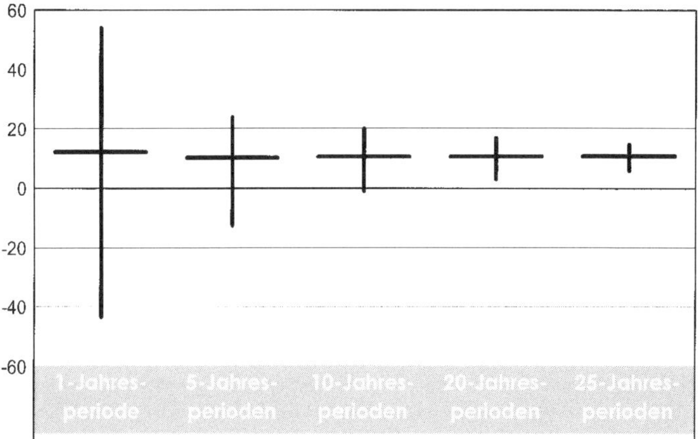

	1-Jahres-periode	5-Jahres-perioden	10-Jahres-perioden	20-Jahres-perioden	25-Jahres-perioden
Hoch	+54% (1933)	+23.9% (50-54)	+20.1% (49-58)	+16.9% (42-61)	+14.7% (43-67)
Durchschnitt	+12.2%	+10.2%	+10.6%	+10.7%	+10.8%
Tief	-43.3% (1931)	-12.5% (28-32)	-0.9% (29-38)	+3.1% (29-48)	+5.9% (29-53)

Abbildung 46: Bandbreite der Erträge von US-Aktien für unterschiedliche Halteperioden 1926–1994

nähern sich immer mehr dem langjährigen Durchschnittswert an. Je länger der Anlagezeitraum ist, desto deutlicher tritt auch der Performance-Unterschied zwischen Aktien und festverzinslichen Wertpapieren zutage.

Abbildung 47 gibt die Wahrscheinlichkeiten der Erzielung eines positiven Ergebnisses mit Aktien, mittelfristigen US-Staatsanleihen und mit Treasury Bills für unterschiedliche Halteperioden an. Abbildung 48 zeigt die Wahrscheinlichkeiten, mit Aktien, Renten oder Barvermögen auf Sicht von einem Jahr, fünf, zehn, 20 und 21 oder mehr Jahren den höchstmöglichen Ertrag dieser drei Anlageklassen zu erzielen.

Diese aus Erfahrungswerten für die US-Kapitalmärkte gewonnenen Zusammenhänge können auch auf andere Länder übertragen werden. Anleger müssen sich also über die erwarteten Halteperioden ihrer Investments Gedanken machen, bevor sie eine Entscheidung fällen, welcher Vermögensanteil in Aktien, Renten oder Barvermögen angelegt werden soll. Die wichtigsten Erkenntnisse aus dem Studium der amerikanischen Kapitalmarktgeschichte sind, daß Aktien nur kurzfristig riskant sind, während Barvermögen nur kurzfristig eine relativ hohe Sicherheit bietet. Langfristig ist Barvermögen der größte Verlierer – oder anders ausgedrückt – das riskanteste Investment, während Aktien langfristig die besten Ertragsaussichten und ein niedrigeres Risiko haben, daß ihre Wertentwicklung hinter der Kaufkraft zurückbleibt.

Halte-Periode (Jahre)	Aktien Standardwerte %	Mittelfr. T-Bonds %	Treasury Bills %
1	71	90	99
2	82	97	100
3	87	100	100
5	89	100	100
10	97	100	100
15 oder mehr	100	100	100
Jahres-durchschnitts-ertrag	12,2	5,2	3,7

Abbildung 47: Wahrscheinlichkeit der Erzielung eines positiven Ergebnisses basierend auf 69 Jahren US-Kapitalmarktgeschichte 1926–1994

Halte-Periode (Jahre)	Aktien Standardwerte %	Mittelfr. T-Bonds %	Treasury Bills %
1	60	26	14
5	75	20	5
10	82	13	5
20	98	2	0
21 oder mehr	100	0	0
Jahres-durchschnitts-ertrag	12,2	5,2	3,7

Abbildung 48: Wahrscheinlichkeit der Erzielung des höchsten Ertrages basierend auf 69 Jahren US-Kapitalmarktgeschichte 1926–1994

Jeremy Siegel kommt in seinem Buch „Stocks for the Long Run" (Irwin 1994) in einer Untersuchung der letzten 190 Jahre zu dem Schluß, daß Aktien nur für Halteperioden bis zu zehn Jahren höhere Risiken als Staatsanleihen haben. Bei Halteperioden von mehr als zehn Jahren haben Aktien niedrigere Risiken als Rentenpapiere. Damit bestätigt Siegel unsere Ergebnisse, die nur auf einem Drittel seines Untersuchungszeitraums basieren, für nahezu zwei Jahrhunderte. Wir empfehlen allen Anlegern, ihrer individuellen Asset Allocation diese Erfahrungswerte zugrundezulegen.

Siegel empfiehlt Anlegern, die Risikominimierung zum Ziel haben, bei Halteperioden von einem Jahr 6,2 %, bei Halteperioden von zehn Jahren 40 % und bei Halteperioden von 30 Jahren 72 % ihres Finanzvermögens in Aktien anzulegen. Für konservative Anleger empfiehlt er bei Halteperioden von einem Jahr einen Aktienanteil von 25 % und bei zehn- bzw. 30jährigen Halteperioden einen Aktienanteil von 62 bzw. 92 %. Nach einer amerikanischen Faustregel beträgt der in Aktien anzulegende Prozentsatz 100 abzüglich das eigene Lebensalter. Deutsche Anleger haben im Durchschnitt nur etwa 5 % ihres Finanzvermögens in Aktien angelegt. Wir sind der Auffassung, daß sich der Aktienanteil deutscher Anleger in den nächsten zehn bis 30 Jahren aufgrund der gezeigten Zusammenhänge stark erhöhen wird.

4.2 Emerging Markets und deutsche Aktien

Nachdem die Entscheidung über den Aktienanteil für ein Portfolio gefallen ist, stellt sich die Frage, welche Aktien gehalten werden sollen. Traditionell besteht unter den Anlegern eine gewisse Vorliebe für den heimischen Aktienmarkt. Deshalb wollen wir zunächst untersuchen, welchen Emerging-Markets-Aktienanteil Anleger halten sollen, die die Wahl haben, in deutsche Aktien und in Emerging-Markets-Aktien anzulegen.

Abbildung 49 zeigt die Ertrags- und Risikostrukturen von Portfolio-Kombinationen des IFCI-Gesamtindexes (hier stellvertretend für Emerging-Markets-Investments) und des Deutschen Aktienindexes DAX (hier stellvertretend für Investments in deutsche Aktien) im Zeitraum von Anfang Januar 1989 bis Ende Juni 1995. Die jeweiligen Gewichtungen sind in den ersten beiden Zeilen der Tabelle festgehalten. Deutsche Aktien brachten in diesen sechseinhalb Jahren eine durchschnittliche jährliche Gesamtrendite (Kursgewinne und Dividendenerträge) von 7,18 %, während der IFCI-Gesamtindex einen Gesamtertrag von 15,87 % pro Jahr lieferte. Der Mehrertrag des IFCI-Gesamtindex hatte jedoch seinen

IFCI-Gesamtindex **Deutscher Aktienindex (DAX)**	**0 %** **100 %**	**10 %** **90 %**	**20 %** **80 %**	**30 %** **70 %**	**40 %** **60 %**	**50 %** **50 %**	**60 %** **40 %**	**70 %** **30 %**	**80 %** **20 %**	**90 %** **10 %**	**100 %** **0 %**
Anzahl der untersuchten Monate	78	78	78	78	78	78	78	78	78	78	78
Arithmetischer Monatsdurchschnittsertrag (%)	0,73	0,81	0,88	0,96	1,04	1,12	1,20	1,28	1,36	1,43	1,51
Aus 100 DM wurden …	157	168	179	190	201	212	233	233	243	252	261
Geometrischer Jahresdurchschnittsertrag (%)	7,18	8,31	9,38	10,41	11,37	12,28	13,12	13,91	14,63	15,28	15,87
Anzahl der Monate mit Gewinn	46	47	49	49	48	47	44	41	43	46	47
Höchster Monatsertrag (%)	13,5	12,5	11,8	12,7	13,5	14,3	15,2	16,0	17,2	18,5	19,7
Wahrscheinlichkeit eines Monatsgewinns (%)	59,0	60,3	62,8	62,8	61,5	60,3	56,4	52,6	55,1	59,0	60,3
Durchschnittsgewinn in Gewinnmonaten (%)	4,17	4,01	3,90	4,02	4,24	4,48	5,00	5,73	5,89	5,91	6,22
Erwartungswert eines Monatsgewinns (%)	2,46	2,42	2,45	2,53	2,61	2,70	2,82	3,01	3,25	3,49	3,75
Anzahl der Monate mit Verlust	32	31	29	29	30	31	34	37	35	32	31
Niedrigster Monatsertrag (%)	-18,1	-17,4	-16,8	-16,2	-15,5	-14,9	-14,3	-13,6	-13,0	-14,0	-15,1
Wahrscheinlichkeit eines Monatsverlustes (%)	41,0	39,7	37,2	37,2	38,5	39,7	43,6	47,4	44,9	41,0	39,7
Durchschnittsverlust in Verlustmonaten (%)	4,22	4,06	4,22	4,21	4,08	3,97	3,72	3,66	4,21	5,01	5,63
Erwartungswert eines Monatsverlustes (%)	1,73	1,61	1,57	1,56	1,57	1,58	1,62	1,74	1,89	2,05	2,24
Längste Verluststrähne (Monatsanzahl)	4	4	4	4	5	7	7	7	5	5	5
Größter Wertverlust vom Höchststand (%)	32,2	29,8	28,9	28,1	27,3	28,2	30,7	33,3	35,8	38,4	41,1
Standardabweichung der Monatserträge (%)	5,37	5,20	5,12	5,14	5,26	5,47	5,75	6,11	6,53	6,99	7,49
Risikoadjustierter Ertrag (Keppler-Ratio): (Durchschnittsertrag/Verlusterwartungswert)	0,42	0,50	0,56	0,62	0,66	0,71	0,74	0,73	0,72	0,70	0.68
Volatilitätsadjustierter Ertrag (Sharpe-Ratio): (Durchschnittsertrag/Standardabweichung)	0,14	0,15	0,17	0,19	0,20	0,20	0,21	0,21	0,21	0,21	0,20

Abbildung 49: Asset Allocation zwischen IFCI-Gesamtindex und dem deutschen Aktienindex (DAX)
Berechnungszeitraum: Januar 1989 bis Juni 1995

Preis: Die Risiken waren für die Emerging Markets tendenziell höher als für den DAX. Der monatliche Verlusterwartungswert lag mit 2,24 % um 29 % über dem Verlusterwartungswert des DAX von 1,73 %. Anleger mit dem Ziel, ein möglichst niedriges Risiko bei der Vermögensanlage einzugehen, hätten nach den Ergebnissen der letzten sechseinhalb Jahre am besten abgeschnitten, wenn sie 70 % in deutschen Aktien und 30 % in Emerging-Markets-Aktien angelegt hätten. Der monatliche Verlusterwartungswert war bei der 70/30er Kombination mit 1,56 % am niedrigsten. Risikominimierende Anleger, die im Glauben handeln, die Standardabweichung sei gleich Risiko, hätten sich für eine suboptimale Gewichtung von 20 % Emerging-Markets-Anteil und 80 % im DAX entschieden, da diese Kombination mit der niedrigsten Standardabweichung der Monatserträge von 5,12 % einherging.

Anleger, die den risikoadjustierten Ertrag maximieren möchten, d.h. die sich an der Keppler-Ratio orientieren und den im Verhältnis zum Verlusterwartungswert höchsten Ertrag anstreben, hätten dagegen nur 40 % im DAX und 60 % in den Emerging Markets angelegt. Da Halteperioden und Ziele der Anleger nicht identisch sind, kann auf die Frage der optimalen Gewichtung von Emerging Markets keine eindeutige Antwort gegeben werden.

Abbildung 49 gibt für jeden Anleger, der zwischen deutschen Aktien und Emerging-Markets-Kombinationen auswählt, wichtige Informationen zur Entscheidungsfindung. Grundsätzlich gilt, daß der Emerging Markets-Anteil um so höher sein sollte, je sicherer sich der Anleger ist, mit dem von ihm ausgewählten Emerging-Markets-Aktienengagement den DAX zu schlagen.

Nun stellt sich die Frage: Sind die Zusammenhänge zwischen Ertrag und Risiko des sechseinhalbjährigen Untersuchungszeitraums von Anfang 1989 bis Mitte 1995 auch für die Zukunft repräsentativ? Der für strategische Asset-Allocation-Entscheidungen relativ kurze Untersuchungszeitraum war von unterdurchschnittlichen Erträgen für den deutschen Aktienmarkt gekennzeichnet. Für die Zukunft rechnen wir für den DAX eher mit jährlichen Durchschnittserträgen von etwa 10 %. Dies würde für eine höhere Dotierung deutscher Aktien sprechen. Je nach Risikoneigung und Überzeugung, mit den eingeschlagenen Emerging Markets Strategien, den DAX schlagen zu können, sollte der Emerging-Markets-Anteil deshalb für einen deutschen Anleger heute zwischen 10 und 60 % liegen.

4.3 Emerging Markets und Aktien der Hauptaktienmärkte

Anleger, die keine Präferenzen in bezug auf die „Nationalität" ihrer Aktienengagements haben und auch keinen rechtlichen Beschränkungen unterliegen, können ihre globale Asset Allocation völlig rational bestimmen. Sie können sich bei der Entscheidung des optimalen Emerging-Markets-Anteils an möglichen Kombinationen zwischen Emerging Markets und dem MSCI-Weltaktienindex orientieren. Entsprechend wurden den Kombinationsmöglichkeiten in Abbildung 50 Indexinvestments im IFCI-Gesamtindex und im MSCI-Weltaktienindex zugrundegelegt. Die jeweiligen Gewichtungen sind wieder in den ersten beiden Zeilen der Tabelle festgehalten. Die Hauptaktienmärkte gemessen am MSCI-Weltaktienindex lieferten in dem sechseinhalbjährigen Untersuchungszeitraum mit einer Gesamtrendite von nur 2,7 % weniger als ein Fünftel der jährlichen Rendite von 15,87 %, die in den Emerging Markets (gemessen am IFCI-Gesamtindex) erzielbar war.

Ein reines Emerging-Markets-Portfolio hatte gemessen am Verlusterwartungswert, dem von uns favorisierten Risikomaß, mit 2,24 % pro Monat für den IFCI-Gesamtindex ein um 34 % höheres Risiko als der MSCI-Weltaktienindex mit einem monatlichen Verlusterwartungswert von 1,67 %. Da der Durchschnittsertrag für den IFCI-Gesamtindex jedoch 5,8mal so hoch war als der Durchschnittsertrag des MSCI-Weltaktienindex, wären die Anleger durch die weitaus höheren Erträge großzügig für ihre Inkaufnahme eines unterproportional höheren Risikos entschädigt worden. Anleger mit dem Ziel der höchsten risikoadjustierten Performance hätten sich im Untersuchungszeitraum für ein 100prozentiges Emerging-Markets-Portfolio entscheiden müssen.

Anleger mit dem Ziel der Verlustminimierung hätten einen Emerging-Markets-Anteil zwischen 10 und 30 % gehalten, da in diesem Intervall die niedrigsten monatlichen Verlusterwartungswerte von 1,64 % festgestellt wurden. Ein Portfolio mit einem 30prozentigen Emerging-Markets- und einem 70prozentigem Weltaktienindex-Anteil hätte mit einer jährlichen Gesamtrendite von 6,9 % mehr als doppelt so hoch rentiert als ein 100prozentiges Engagement im Weltaktienindex. Hier wird wiederum demonstriert, daß die Standardabweichung der Erträge als Risikomaß für Asset-Allocation-Entscheidungen zu suboptimalen Lösungen führen kann: Auf Basis der Standardabweichung risikominimierende Anleger hätten 100 % im MSCI-Weltaktienindex gehalten, weil die Standardabweichung in diesem Fall mit 4,6 % am niedrigsten gewesen wäre.

IFCI-Gesamtindex MSCI-Weltaktienindex	0 % 100 %	10 % 90 %	20 % 80 %	30 % 70 %	40 % 60 %	50 % 50 %	60 % 40 %	70 % 30 %	80 % 20 %	90 % 10 %	100 % 0 %
Anzahl der untersuchten Monate	78	78	78	78	78	78	78	78	78	78	78
Arithmetischer Monatsdurchschnittsertrag (%)	0,33	0,45	0,56	0,68	0,80	0,92	1,04	1,16	1,28	1,39	1,51
Aus 100 DM wurden ...	119	130	142	154	168	182	196	211	227	244	261
Geometrischer Jahresdurchschnittsertrag (%)	2,70	4,13	5,54	6,92	8,28	9,61	10,92	12,20	13,46	14,68	15,87
Anzahl der Monate mit Gewinn	39	41	42	42	43	46	45	44	44	46	47
Höchster Monatsertrag (%)	13,0	13,4	13,7	14,0	14,3	14,6	15,0	15,3	16,7	18,2	19,7
Wahrscheinlichkeit eines Monatsgewinns (%)	50,0	52,6	53,8	53,8	55,1	59,0	57,7	56,4	56,4	59,0	60,3
Durchschnittsgewinn in Gewinnmonaten (%)	4,00	3,98	4,09	4,31	4,46	4,48	4,92	5,41	5,80	5,95	6,22
Erwartungswert eines Monatsgewinns (%)	2,00	2,09	2,20	2,32	2,46	2,64	2,84	3,05	3,27	3,51	3,75
Anzahl der Monate mit Verlust	39	37	36	36	35	32	33	34	34	32	31
Niedrigster Monatsertrag (%)	-11,1	-11,2	-11,2	-11,3	-11,3	-11,7	-12,3	-13,0	-13,6	-14,3	-15,1
Wahrscheinlichkeit eines Monatsverlustes (%)	50,0	47,4	46,2	46,2	44,9	41,0	42,3	43,6	43,6	41,0	39,7
Durchschnittsverlust in Verlustmonaten (%)	3,35	3,46	3,54	3,54	3,70	4,19	4,25	4,35	4,58	5,15	5,63
Erwartungswert eines Monatsverlustes (%)	1,67	1,64	1,64	1,64	1,66	1,72	1,80	1,90	2,00	2,11	2,24
Längste Verluststrähne (Monatsanzahl)	7	8	7	7	5	5	5	5	5	5	5
Größter Wertverlust vom Höchststand (%)	35,7	32,7	30,1	28,6	27,9	30,2	32,4	34,7	36,8	39,0	41,1
Standardabweichung der Monatserträge (%)	4,60	4,67	4,80	5,00	5,24	5,54	5,87	6,24	6,63	7,05	7,49
Risikoadjustierter Ertrag (Keppler-Ratio): (Durchschnittsertrag/Verlusterwartungswert)	0,20	0,27	0,35	0,42	0,48	0,53	0,58	0,61	0,64	0,66	0.68
Volatilitätsadjustierter Ertrag (Sharpe-Ratio): (Durchschnittsertrag/Standardabweichung)	0,07	0,10	0,12	0,14	0,15	0,17	0,18	0,19	0,19	0,20	0,20

Abbildung 50: Asset Allocation zwischen IFCI-Gesamtindex und MSCI-Weltaktienindex
Berechnungszeitraum: Januar 1989 bis Juni 1995

Wiederum stellt sich die Frage, ob diese Ergebnisse auch für die Zukunft gelten werden. Die sechseinhalbjährige Untersuchungsperiode bis Mitte 1995 war gekennzeichnet durch im Vergleich zur Vergangenheit ungewöhnlich niedrige Durchschnittserträge für den MSCI Weltaktienindex. Dadurch werden alle in der Abbildung 50 beschriebenen Kombinationsmöglichkeiten zugunsten der Emerging Markets verzerrt. Da in der Zukunft eher mit einer Normalisierung der Erträge der Hauptaktienmärkte zu rechnen ist, wurden in Abbildung 51 die Kombinationsmöglichkeiten zwischen IFCI-Gesamtindex und MSCI-Weltaktienindex mit sogenannten „normalisierten“ Durchschnittserträgen von 10 % für den MSCI-Weltaktienindex berechnet. Da wir in den nächsten fünf bis zehn Jahren im Jahresdurchschnitt Ertragsvorteile von etwa 5 % für Emerging-Markets-Aktien für realistisch halten, wurden die Jahresdurchschnittsrenditen für den IFCI-Gesamtindex auf 15 % „normalisiert“. Die Interdependenzen zwischen Ertrag und Risiko wurden so belassen, wie sie im Untersuchungszeitraum von Januar 1998 bis Juni 1995 beobachtet wurden.

Aus den normalisierten Kombinationsmöglichkeiten ergibt sich, daß risikominimierende Anleger ohne nationale Präferenzen etwa 20 bis 40 % ihres globalen Aktienanteils in Emerging Markets halten sollten. Anlegern ohne nationale Präferenzen, die ihren risikoadjustierten Ertrag maximieren möchten, empfehlen wir, zwischen 30 und 60 % in Emerging-Markets-Aktien anzulegen.

IFCI-Gesamtindex MSCI-Weltaktienindex	0 % 100 %	10 % 90 %	20 % 80 %	30 % 70 %	40 % 60 %	50 % 50 %	60 % 40 %	70 % 30 %	80 % 20 %	90 % 10 %	100 % 0 %
Anzahl der untersuchten Monate	78	78	78	78	78	78	78	78	78	78	78
Arithmetischer Monatsdurchschnittsertrag (%)	0,88	0,93	0,98	1,02	1,07	1,12	1,17	1,21	1,26	1,31	1,35
Aus 100 DM wurden …	186	193	201	208	215	221	227	233	239	244	248
Geometrischer Jahresdurchschnittsertrag (%)	10	10,68	11,31	11,91	12,48	13,00	13,48	13,92	14,32	14,68	15
Anzahl der Monate mit Gewinn	45	47	49	51	53	51	52	51	51	49	47
Höchster Monatsertrag (%)	11,6	11,6	10,4	10,2	10,5	10,9	12,1	13,4	14,9	16,3	17,8
Wahrscheinlichkeit eines Monatsgewinns (%)	57,7	60,3	62,8	65,4	67,9	65,4	66,7	65,4	65,4	62,8	60,3
Durchschnittsgewinn in Gewinnmonaten (%)	3,61	3,41	3,30	3,21	3,16	3,42	3,53	3,82	4,06	4,48	4,97
Erwartungswert eines Monatsgewinns (%)	2,08	2,06	2,07	2,10	2,15	2,23	2,35	2,50	2,65	2,81	2,99
Anzahl der Monate mit Verlust	33	31	29	27	25	27	26	27	27	29	31
Niedrigster Monatsertrag (%)	-10,4	-10,5	-10,6	-10,7	-10,8	-10,9	-11,0	-11,2	-11,4	-12,3	-13,5
Wahrscheinlichkeit eines Monatsverlustes (%)	42,3	39,7	37,2	34,6	32,1	34,7	33,3	34,6	34,6	37,2	39,7
Durchschnittsverlust in Verlustmonaten (%)	2,84	2,84	2,95	3,11	3,36	3,22	3,56	3,71	4,02	4,05	4,12
Erwartungswert eines Monatsverlustes (%)	1,20	1,13	1,10	1,08	1,08	1,12	1,19	1,29	1,39	1,50	1,64
Längste Verluststrähne (Monatsanzahl)	4	4	4	3	3	5	5	5	5	6	6
Größter Wertverlust vom Höchststand (%)	22,6	20,8	19,3	19,6	20,0	20,3	20,9	22,3	24,7	27,5	30,6
Standardabweichung der Monatserträge (%)	4,11	4,00	3,97	4,02	4,15	4,35	4,61	4,93	5,28	5,67	6,09
Risikoadjustierter Ertrag (Keppler-Ratio): (Durchschnittsertrag/Verlusterwartungswert)	0,73	0,82	0,89	0,95	0,99	1,00	0,98	0,94	0,91	0,87	0,83
Volatilitätsadjustierter Ertrag (Sharpe-Ratio): (Durchschnittsertrag/Standardabweichung)	0,21	0,23	0,25	0,25	0,26	0,26	0,25	0,25	0,24	0,23	0,22

Abbildung 51: Asset Allocation zwischen IFCI-Gesamtindex und MSCI-Weltaktienindex basierend auf normalisierten Gesamtrenditen
Berechnungszeitraum: Januar 1989 bis Juni 1995

5. Investitionsmöglichkeiten

Die bisherigen Ausführungen zeigen, daß sich die Emerging Markets durch eine isoliert und im Vergleich zu den etablierten Aktienmärkten betrachtete hohe Rendite sowie ihrer niedrige Korrelation hervorragend zur Diversifikation eines Gesamtportfolios eignen. Wie am sprunghaften Anstieg der Marktkapitalisierung, des Handelsumsatzes und der Anzahl der notierten Aktien zu erkennen ist, setzen sich diese Erkenntnisse seit Mitte der 80er Jahre auch verstärkt bei den internationalen Investoren durch.

An den Aktienmärkten der Industrienationen ist es üblich, daß sich Anleger die entsprechenden Aktien direkt kaufen. Die Zusammenstellung eines Portfolios erfolgt dann in der Regel nach den individuellen Risikoneigungen und Renditeerwartungen. Sehen wir uns deshalb einmal an, wie Aktieninvestitionen in den Emerging Markets zustande kommen.

5.1 Direkte Aktieninvestitionen

Im Gegensatz zu den etablierten Aktienmärkten sind direkte Aktieninvestments in Einzelwerte der jeweiligen Emerging Markets nicht immer uneingeschränkt möglich. Hier schließt sich nun eine Reihe von Fragen an. Welche Märkte haben welche Restriktionen? Wie sind die Erfahrungen mit den Einzelmärkten in der Anlagepraxis? – Nimmt eine deutsche oder schweizerische Bank überhaupt Kauf- und Verkauforders für Aktien aus Simbabwe, Chile und Sri Lanka entgegen? In welcher Währung und in welchem Zeitraum erfolgt die Bezahlung und Abrechnung? Und so weiter und so weiter. Fragen über Fragen, die bei der Umsetzung eines diversifizierten Emerging-Markets-Portfolios auftreten können.

Die International Finance Corporation unterteilt die Emerging Markets unter Berücksichtigung der Investitionsmöglichkeiten ausländischer Investoren generell in: „freier Zugang“, „relativ freier Zugang“, „spezielle Aktienklassen“, „autorisierte Investoren“ und „geschlossene Märkte“. In zahlreichen Emerging Markets ist der Aktienerwerb für ausländische Investoren – wenn auch unter den aufgezeigten Einschränkungen – somit also möglich.

Kauf Sind die notierten Aktien für ausländische Investoren ohne Einschränkungen käuflich?	Verkauf Rücktransfer des Einkommens	 Kapitals
Freier Zugang		
Argentinien	frei	frei
Brasilien	frei	frei
Griechenland	frei	frei
Malaysia	frei	frei
Mexiko	frei	frei
Pakistan	frei	frei
Peru	frei	frei
Polen	frei	frei
Portugal	frei	frei
Türkei	frei	frei
Südafrika	frei	frei
Ungarn	frei	frei
Relativ freier Zugang		
Chile	frei	nach 1 Jahr
Indonesien	Restriktionen	Restriktionen
Korea	frei	frei
Sri Lanka	Restriktionen	Restriktionen
Thailand	frei	frei
Venezuela	Restriktionen	Restriktionen
Simbabwe	frei	frei
Spezielle Aktienklassen		
China	frei	frei
Philippinen	frei	frei
Autorisierte Investoren		
Kolumbien	frei	frei
Indien	frei	frei
Jordanien	frei	frei
Taiwan	Restriktionen	Restriktionen

Quelle: International Finance Corporation

Abbildung 52: Investmentrestriktionen beim Kauf und Verkauf von Emerging-Markets-Aktien

Anmerkungen zum Kauf

Freier Zugang:
Gute Marktzugänglichkeit für ausländische Investoren ohne wesentliche Restriktionen beim Aktienerwerb und beim Rücktransfer des Einkommens und Kapitals.

Relativ freier Zugang:
Eingeschränkte Marktzugänglichkeit für ausländische Investoren durch aufwendige Registrierungsprozesse und Restriktionen beim Rücktransfer des Einkommens und Kapitals.

Spezielle Aktienklassen:
Ausländische Investoren können nur spezielle Aktienarten erwerben.

Autorisierte Investoren:
Nur ausländische Investoren, die bestimmte Zugangsbestimmungen erfüllen, können Aktien erwerben.

Anmerkungen zum Verkauf

Rücktransfer des Einkommens:
Dividenden, Zinsen und langfristige Kursgewinne.

Rücktransfer des Kapitals:
Ursprünglich eingesetztes Kapital.

Frei:
Keine Restriktionen beim Rücktransfer von Einkommen und Kapital.

Einige Restriktionen:
Die Restriktionen beim Rücktransfer von Einkommen und Kapital können durch die Registrierung und Genehmigung der Zentralbank, des Finanzministeriums und der Börsenaufsicht erfolgen.

Direktanlagen in den einzelnen Emerging Markets sind in der Anlagepraxis oft dennoch mit zahlreichen Problemen und Restriktionen behaftet. Intransparente und illiquide Märkte mit einer geringen Marktkapitalisierung, geringem täglichen Handelsvolumen, Währungsumrechnung in die jeweilige Handelswährung, langen Abrechnungs- und Abwicklungszeiten, der Frage der Verwahrung der Wertpapiere, Restriktionen beim Rücktransfer von Kapital und Einkommen, regulatorischen und steuerlichen Eigenheiten, hohen Transaktionsgebühren, länderspezifischen Kommunikationsproblemen, mangelnden Informationen über Aktienkurse und Unternehmensergebnisse, abweichenden Bilanzierungsvorschriften, unzureichendem Analyse- und Researchmaterial über den Gesamtmarkt und einzelne Aktien sind hier die wesentlichen der auftretenden Probleme, mit denen sich ein Investor konfrontiert sieht. Des weiteren besteht bei Wertpapieraufträgen für Emerging Markets vor allem in Deutschland das Problem, überhaupt eine Bank bzw. einen Broker zu finden, der Aufträge zum Kauf oder Verkauf einzelner Aktien entgegennimmt und abwickelt.

Emerging Markets	**Steuern Zinsen**	**Dividenden**	**langfristige Kursgewinne**
Griechenland	10	0	–
Jordanien	–	–	–
Polen	0	(G) 0/(A) 15	–
Portugal	25	15	–
Simbabwe	10	(G) 10/(A) 20	–
Südafrika	10	(G) 7/(A) 15	–
Türkei	10	0	–
Ungarn	0	15	–
Argentinien	10	15	–
Brasilien	15	15	–
Chile	0	0	–
Kolumbien	–	–	–
Mexiko	15	15	–
Peru	–	–	–
Venezuela	–	–	–
China	10	10	–
Indien	0	0	–
Indonesien	10	(G) 10/(A) 15	–
Korea	15	(G) 10/(A) 15	–
Malaysia	15	(G) 5/(A) 15	–
Pakistan	–	–	–
Philippinen	–	–	–
Sri Lanka	10	15	–
Taiwan	–	–	–
Thailand	10	(G) 10/(A) 15	–

Quelle: International Finance Corporation, Arthur Andersen, Ernst & Young

Anmerkungen:
(G) Gesellschaft mit einer Mindestbeteiligung von 25 %
(A) In allen Fällen
[1] Korea: Die Angaben sind für Fonds, in denen die US-Investments mehr als 25 % betragen.
[2] Portugal: Steuern auf Zinsen von öffentlichen Anleihen
[3] Türkei: Steuern auf Zinsen von Staatsanleihen

Abbildung 53: Quellensteuern für deutsche Investoren

Direktinvestitionen in Emerging Markets erscheinen aus den aufgezeigten Gründen in den meisten Fällen daher nur für institutionelle Investoren ratsam. Um ein breit diversifiziertes Emerging-Markets-Portfolio mit Aktien aus den verschiedenen Regionen, Ländern und Branchen in die Anlagepraxis umzusetzen, ist nämlich vor allem auch eine entsprechende Portfoliogröße notwendig, die in der Regel nur institutionelle Anleger aufweisen. Für Investoren, die den Bereich Emerging Markets nicht durch Direktinvestitionen abdecken können und wollen, besteht die Möglichkeit, auf „Depository Receipts" und spezialisierte Investmentfonds zurückzugreifen.

5.2 Depository Receipts

Die gängigste Form der „Depository Receipts" sind „American Depository Receipts" (ADRs). Es handelt sich dabei um von bedeutenden amerikanischen Banken ausgestellte Zertifikate über hinterlegte Wertpapiere, die anstelle der ausländischen Wertpapiere am amerikanischen Aktienmarkt in USD notieren und dort aktiv gehandelt werden. Die Kursentwicklung der ADRs ist aufgrund von Arbitragegeschäften abhängig vom Kurs der zugrundeliegenden Aktie und dem ausländischen Währungsumrechnungskurs. Die Investitionsentscheidung des Investors ist identisch mit der beim direkten Aktienkauf des Originalpapiers. Der einzige Unterschied besteht darin, daß ADRs das Währungs- und Einzelaktienrisiko untrennbar miteinander verbunden haben.

Während ADRs für die Investoren eine interessante Beteiligungsmöglichkeit darstellen, erweitern und diversifizieren die Unternehmen damit ihre Aktionärs- und Kapitalstruktur. Da zahlreiche Emerging Markets nur sehr geringe ausländische Devisenreserven und -einnahmequellen besitzen, ist bei der Privatisierung ehemals staatlicher Unternehmen in Form von ADR-Emissionen neben einem verstärkten Einfluß der privaten Marktwirtschaft oft auch die Gewinnung ausländischer Devisen ein wichtiger Faktor.

Neben ADRs von Unternehmen aus etablierten Märkten und Industrienationen konnte in den vergangenen Jahren besonders das Emissions- und Handelsvolumen der ADRs von Unternehmen aus Emerging Markets einen enormen Aufschwung verzeichnen. So ist inzwischen das tägliche Handelsvolumen in ADRs der mexikanischen Telefongesellschaft, Teléfonos de México (Telmex), an der New York Stock Exchange höher als das der in Mexiko notierten Originalaktie. Neben Mexiko emittierten auch Unternehmen der lateinamerikanischen Länder

Argentinien, Brasilien, Chile, Kolumbien, Mexiko, Peru und Venezuela ADRs am amerikanischen Aktienmarkt. Im asiatischen Raum sind Unternehmen aus China, Hongkong, Indonesien, Korea, Malaysia, den Philippinen, Taiwan und Thailand aktive Emittenten. Aus der Region Europa/Mittlerer Osten/Afrika sind augenblicklich nur ADRs südafrikanischer und portugiesischer Unternehmen verfügbar.

Neben ADRs emittieren immer mehr Unternehmen „Global Depository Receipts“ (GDRs). Sie werden ähnlich wie ADRs nicht nur in den USA, sondern auch an anderen internationalen Börsenplätzen emittiert und gehandelt. Der Handel und die Abrechnung der Transaktionen in GDRs kann über ein globales Abwicklungssystem wie Euroclear und Cedel erfolgen.

Direktanlagen in Emerging Markets sind in der Praxis, wie bereits erwähnt, mit zahlreichen Problemen und Restriktionen behaftet. Depository Receipts bieten den Investoren dagegen eine Möglichkeit, sich an interessanten Wachstumsunternehmen der Emerging Markets zu beteiligen und dabei die Probleme von Direktinvestitionen in den meist ineffizienten Börsenplätzen der Emerging Markets selbst zu umgehen, indem die Aktien an einem wesentlich effizienteren etablierten Börsenplatz erworben werden.

Einer der wichtigsten Vorteile ist, daß auch deutsche und schweizerische Banken Kauf- und Verkaufsaufträge in Depository Receipts annehmen, ausführen und in jedes normale Wertpapierdepot verbuchen. Weitere Vorteile von Depository Receipts sind die unproblematische Konvertierung der Währung, englischsprachige Geschäftsberichte, kurze Abrechnungsperioden, niedrige Transaktions-, Verbuchungs- und Verwahrungskosten, automatische Konvertierung der Dividendenzahlungen und die Umtauschmöglichkeit in die zugrundeliegende Aktie.

Als Nachteil kann sich dagegen manchmal die geringe Liquidität der Depository Receipts auswirken. Dieses Problem ist bei einem weiter expandierenden Markt für diese Instrumente relativierend zu betrachten. Ein weiter steigendes Interesse der Investoren auf der Nachfrageseite und der Emittenten auf der Angebotsseite werden in Zukunft sicherlich für eine höhere Liquidität und ein breiteres Angebot an Depository Receipts sorgen.

Abschließend läßt sich festhalten, daß Depository Receipts im Gegensatz zu Direktinvestitionen vor allem auch für den deutschen Privatinvestor ein durchaus geeignetes Instrument für Emerging-Markets-Investitionen in einzelne Aktien darstellen. Dies ist vor allem vor dem Hintergrund zu sehen, daß an den deutschen Börsen zahlreiche ausländische Aktien notieren, worunter sich verstärkt auch Werte aus diversen Emerging Markets befinden. Relativierend muß hinzugefügt werden, daß im Verhältnis zum weltweiten Universum der an den Emerging Markets direkt gehandelten Werte die Anzahl der Depository Receipts natürlich nach wie vor gering ist. Aufgrund der höheren Kosten von ADRs, die der Sponsor, meist eine Großbank, durch eine Verzögerung bzw. Reduzierung der Dividenden und die damit erzielten Zinsen generiert, ist es für größere institutionelle Investoren nach wie vor besser, die Aktien direkt an dem jeweiligen Emerging-Markets-Börsenplatz zu kaufen.

5.3 Aktienfonds

Neben direkten Aktieninvestitionen in Emerging Markets und Depository Receipts stellen Investmentfonds ein weiteres Investitionsinstrument dar. Bevor die speziellen Emerging-Markets-Fonds näher analysiert werden, sollen hier noch kurz Investmentfonds bzw. Aktienfonds vorgestellt werden.

Investmentfonds, deren Portfolio ganz oder überwiegend Aktien enthalten, werden als Aktienfonds bezeichnet. Bei Investmentfonds wird darüber hinaus zwischen Open-end Funds (offenen Fonds) und Closed-end Funds (geschlossenen Fonds) unterschieden. Neben global, regional oder in einzelnen Ländern investierenden Fonds gibt es auch Aktienfonds, die sich auf bestimmte Branchen, wie etwa den Telekommunikationssektor, spezialisieren. Darüber hinaus gibt es Indexfonds, deren Ziel es ist, durch eine Reduzierung der Umschlagshäufigkeit die Handelskosten, die in Emerging Markets wesentlich höher sein können als in etablierten Märkten, zu reduzieren und möglichst die Performance des zugrundeliegenden Benchmarkindexes abzubilden.

Je nach der persönlichen Erfahrung, der Risikoneigung, der Renditeerwartung und der zur Verfügung stehenden Portfoliogröße kann sich ein Anleger individuell aus diesen zur Verfügung stehenden Fondsinstrumenten ein diversifiziertes Emerging-Markets-Portfolio aus globalen, regionalen und Einzelländerfonds zusammenstellen. Wie sich an den verschiedenen Risiko- und Ertragsanalysen der Emerging Markets erkennen läßt, ist das Risiko bei global diversifizierten Emerging-Markets-Fonds am geringsten. Länderfonds, die ihr Kapital nur in einem bestimmten Einzelmarkt anlegen, weisen meist eine wesentlich ungünstigere Risikostruktur auf. Sie sind in hohem Maße vom Risiko eines Einzelmarktes abhängig. Bei der Beurteilung des Risikos eines Marktes anhand der Standardabweichung der Erträge ist zu beachten, daß es sich dabei um eine historische Risikoanalyse handelt. Die Schwankungsbreite eines Marktes hängt von verschiedenen komplexen Zusammenhängen ab und kann sich im Laufe der Zeit daher zum Teil erheblich verändern. Diese als Stabilität der Standardabweichung bezeichnete Problematik sollte jedem Anleger bei der Investitionsentscheidung bewußt sein. Entgegen der Erkenntnisse in einigen älteren wissenschaftlichen Veröffentlichungen, konnte in der Anlagepraxis der Emerging Markets kein signifikanter und stabiler Zusammenhang zwischen dem Gesamtertrag eines Aktienmarktes und der Schwankungsbreite der Aktienerträge festgestellt werden.

Die Umsetzung von Investitionen in Emerging Markets durch Aktienfonds hat in der Anlagepraxis zahlreiche Vorteile. Aktienfonds ermöglichen bereits bei einem geringen Mindestinvestment eine ausreichende Diversifikation und somit eine weitgehende Eliminierung des unsystematischen Risikos.

Bei offenen Investmentfonds deutscher Fondsgesellschaften liegt das Mindestinvestment sogar oft nur bei einem Fondsanteil und damit meist nur bei ca. DM 100,–. Dafür erschließt sich der Anleger mit der Dienstleistung professioneller Portfoliomanager den indirekten Zugang zu oft restriktiven Emerging Markets mit komplizierten Investitions- und Steuergesetzgebungen, eine effiziente Kostenstruktur im Bereich Handel, Abwicklung und Verwahrung sowie die hohe Liquidität eines regulierten und überprüften Investmentfonds.

Im Endeffekt können somit die meisten der bereits in Kapitel 5.2 bei den direkten Aktieninvestitionen in Emerging Markets angesprochenen Probleme durch Investmentfonds umgangen werden.

5.3.1 Offene Aktienfonds

Name des Fonds	Fondsvolumen in Mio. DM	Gesamtperf. in % in DM 1 Jahr	WPK*
Global Advantage Funds: Emerging Markets High Value (State Street**)	47	-7,0	972996
Pro Fonds Emerging Markets**	33	-8,0	973026
Templeton Emerging Markets	342	-17,1	971658
Pictet TF-Emerging Markets	724	-20,1	972822
Schroder Emerging Markets	69	-20,3	973114
SBC Emerging Markets	1.050	-20,5	972827
Mercury ST-Emerging Markets	76	-22,6	973010
Fleming Emerging Markets	33	-23,4	973678

Name des Fonds	Fondsvolumen in Mio. DM	Gesamtperf. in % in DM 1 Jahr	WPK*
Durchschnittsperformance aller Fonds		**-24,5**	
JP Morgan Lux-Emerging Markets		-24,9	973248
GT Emerging Markets Fund „B“	509	-25,7	972250
Invesco P.S. Global Emerging Markets	27	-26,6	973790
Vontobel Fund Emerging Markets	129	-26,6	972722
Morgan Stanley Emerging Markets	144	-26,7	973397
HYPO New Horizon	159	-26,9	971693
Scudder Emerging Markets		-27,2	
GT Emerging Markets Small Comp.	146	-28,1	973008
Credis EF-Emerging Markets	1.379	-28,2	972960
IFCI-Gesamtindex		**-28,4**	
Fidelity Emerging Markets	299	-28,8	972998
Alliance GL Developing Reg. Markets	222	-30,7	973345
Baring Emerging World Fund	29	-31,4	974006
Berenberg-Universal Emerging Markets	48	-31,7	976710
Gartmore Indosuez Developing Markets	99	-33,3	972576
RG Emerging Markets Fund	161		974044
Trinkaus Emerging Fund (1)**	24	-0,8	973990

Quelle: Feri Trust Mutual Fund Monitor, Stand: 1.11.1995

* WPK = Wertpapierkennnummer
** Investment Advisor: Keppler Asset Management Inc.
(1) Performance seit Auflage des Fonds am 31.12.1995

Abbildung 54: In Deutschland zum Vertrieb zugelassene global diversifizierte Emerging-Markets-Fonds

Offene Investmentfonds geben eine unbestimmte Anzahl von Fondsanteilen aus und erwerben dafür Wertpapiere, die in einem vom eigenen Vermögen der Fondsgesellschaft getrennten Sondervermögen verwaltet werden. Diese in Deutschland gesetzlich vorgeschriebene Art der Investmentfonds verpflichtet die Fondsgesellschaft, jederzeit Fondsanteile zum Rücknahmepreis zurückzugeben. Der Rücknahmepreis ergibt sich aus dem „Net Asset Value (NAV)“ oder Nettoinventarwert und errechnet sich aus dem jeweiligen Kurswert der im Sondervermögen enthaltenen Wertpapiere dividiert durch die in Umlauf befindlichen Fondsanteile. International betrachtet spielen diese offenen Aktienfonds im Bereich der Emerging Markets allerdings eine untergeordnete Rolle. Ende 1995 waren aus diesem Bereich insgesamt 24 Fonds in Deutschland zum Vertrieb zugelassen. Mit einem Gesamtvolumen von DM 5,8 Mrd. handelte es sich dabei hauptsächlich um weltweit und regional diversifizierte Emerging-Markets-Fonds.

5.3.2 Geschlossene Aktienfonds

Name des Fonds (Ticker Symbol)	Kurs am 8.12.1995	akt. Netto-inventarwert	akt. Aufgeld/ Abgeld	hist. durch. Aufgeld/ Abgeld
Argentina Fund (AF)	11.13	11.18	-0.5	8.4
Asia Pacific Fund (APB)	13.38	14.04	-4.7	3.0
Asia Tigers (GRR)	10.38	12.24	-15.2	-7.1
Brazil Fund (BZF)	19.88	23.29	-14.7	-5.6
Brazilian Equity Fund (BZL)	14.00	14.90	-6.0	3.6
Chile Fund (CH)	23.50	26.17	-10.2	-6.3
China Fund (CHN)	12.63	12.32	2.5	7.2
Czech Republic Fund Inc. (CRF)	13.50	13.28	1.7	-7.0
Emerging Markets Infrastructure (EMG)	9.88	11.47	-13.9	-10.9
Emerging Markets Telecommunications (ETF)	16.13	18.07	-10.8	1.0
Emerging Mexico Fund (MEF)	6.13	6.78	-9.7	-0.6
Emerging Tigers Fund (TGF)	12.25	13.77	-11.0	-9.9
F&C Emerg. Middle East Fund (EME)	10.75	13.03	-17.5	-13.6
Fidelity Advisor Korea (FAK)	11.38	12.60	-9.7	-5.8
Fidelity Emerging Markets Asia Fund (FAE)	12.13	14.02	-13.5	-10.1
First Iberian Fund (IBF)	7.63	9.84	-22.5	-8.2
First Israel Fund (ISL)	11.13	12.39	-10.2	0.1
First Philippine Fund (FPF)	15.25	17.96	-15.1	-17.5
G.T. Global Developing Markets Fund (GTD)	9.88	11.98	-17.6	-14.4
Greater China Fund (GCH)	14.38	14.48	-0.7	-1.0
India Fund (INF)	9.13	8.94	2.1	-11.3
India Growth Fund (IGF)	13.25	12.66	4.7	1.7
Indonesia Fund (IF)	10.88	9.34	16.4	14.2
Jakarta Growth Fund (JGF)	8.88	8.71	1.9	4.0
Jardine Fleming China Region Fund (JFC)	10.13	11.28	-10.2	1.0
Jardine Fleming India Fund (JFI)	9.75	8.38	16.3	-2.6

Name des Fonds (Ticker Symbol)	Kurs am 8.12.1995	akt. Netto-inventar-wert	akt. Aufgeld/ Abgeld	hist. durch. Aufgeld/ Abgeld
Korea Equity (KEF)	8.75	9.69	-9.7	-1.8
Korea Fund (KF)	21.88	21.45	2.0	33.2
Korean Investment Fund (KIF)	10.88	11.89	-8.5	6.0
Latin America Discovery Fund (LDF)	9.63	10.72	-10.2	-4.0
Latin America Equity (LAQ)	13.25	14.45	-8.3	-3.5
Latin America Growth Fund (LLF)	9.75	11.10	-12.2	-11.8
Latin America Investment Fund (LAM)	15.00	16.55	-9.4	-5.0
Malaysia Fund (MF)	17.75	19.10	-7.1	-1.6
Mexico Equity & Income Fund (MXE)	9.38	9.90	-5.3	-1.7
Mexico Fund (MXF)	12.63	14.32	-11.8	-7.0
Morgan Stanley Africa (AFF)	13.13	17.44	-24.7	-18.8
Morgan Stanley Asia Pacific (APF)	12.38	14.25	-13.2	-14.5
Morgan Stanley Emerging Markets (MSF)	15.25	14.98	1.8	4.7
Morgan Stanley India (IIF)	9.63	8.82	9.1	-7.4
New South Africa Fund (NSA)	15.63	20.01	-21.9	-18.1
Pakistan Investment (PKF)	5.25	6.18	-15.0	-17.4
Portugal Fund (PGF)	11.75	13.29	-11.6	-5.4
R.O.C. Taiwan Fund (ROC)	9.75	8.73	11.7	-0.3
Schroder Asia (SHF)	10.88	12.85	-15.4	-9.6
Scudder New Asia Fund (SAF)	14.63	15.94	-8.2	-4.8
Southern Africa Fund (SOA)	17.38	22.33	-22.2	-17.4
Taiwan Equity (TYW)	10.00	8.98	11.4	-6.1
Taiwan Fund (TWN)	20.13	17.67	13.9	11.9
TCW/DW Emerging Markets Fund (EMO)	9.88	11.76	-16.0	-13.1
Templeton China World Fund (TCH)	10.50	11.74	-10.6	-0.4
Templeton Emerging Markets Fund (EMF)	18.13	14.64	23.8	10.6
Templeton Emerging Mkts Appreciation (TEA)	12.25	12.98	-5.6	-1.7
Templeton Vietnam Opportunities (TVF)	11.75	13.56	-13.3	-6.2
Thai Capital Fund (TC)	15.13	17.41	-13.1	-8.5
Thai Fund (TTF)	23.75	27.30	-13.0	4.6
Turkish Investment Fund (TKF)	5.63	4.90	14.8	8.5

Quelle: Keppler Asset Management, Closed-end Funds Dezember 1995

Abbildung 55: Emerging Markets Closed-end Funds

Einen wesentlich höheren Stellenwert im internationalen Vergleich der Emerging-Markets-Fonds nehmen hingegen die Closed-end Funds, also die geschlossenen Aktienfonds, ein. Nach der Ausgabe einer festgelegten Anzahl von Fondsanteilen werden von der Fondsgesellschaft keine weiteren Anteile mehr ausgegeben. Geschlossene Aktienfonds werden an einer Börse oder im Freiverkehr gehandelt, und der Anteilswert ergibt sich durch Angebot und Nachfrage der Verkäufer und Käufer. Die geschlossenen Aktienfonds aus dem Emerging-Markets-Bereich notieren vorrangig an den Börsen in New York und London. Dabei ist der an der Börse zustandekommende Kurs der Fondsanteile in den seltensten Fällen identisch mit dem Nettoinventarwert des Fonds. Wenn der Kurs der Fondsanteile über dem Nettoinventarwert notiert, zahlen Käufer eine Prämie oder Aufgeld. Notiert der Kurs der Fondsanteile dagegen unter dem Nettoinventarwert, können die Anteile mit einem Discount oder Abschlag erworben werden.

5.3.3 Kritische Beurteilung der Aktienfonds

Wie bereits dargestellt, existieren auf dem Gebiet der Emerging-Markets-Fonds wesentlich mehr geschlossene als offene Investmentfonds. Es stellt sich nun die Frage, worin die Unterschiede dieser beiden Fondsformen für einen deutschen Investor in der Anlagepraxis liegen.

Offene Investmentfonds sind verpflichtet, die Fondsanteile jederzeit zum Rücknahmepreis zurückzunehmen. Aufgrund dieser Tatsache ist das Fondsmanagement gezwungen, immer einen gewissen Anteil Kasse im Portfolio zu halten, wodurch die Performance des Fonds im Vergleich zum Benchmarkindex negativ beeinflußt wird, wenn die Börse fester tendiert.

Ein weiterer Nachteil offener Investmentfonds besteht darin, daß die Zuflüsse oft sehr zyklisch erfolgen. Damit muß der Fondsmanager neues Fondsvermögen in einen steigenden Markt investieren, womit er durch seine Nachfrage für weiter steigende Notierungen sorgt. Bei Rückflüssen der Fondsanteile durch Verkäufe der Kunden muß er andererseits in fallenden Märkten Liquidität durch Aktienverkäufe schaffen. Damit sorgt er in diesem Fall durch sein Angebot für weiter fallende Notierungen an den jeweiligen Aktienmärkten der Emerging Markets. Dieses zyklische Marktverhalten kann zu erheblichen Problemen für das Fondsmanagement offener Investmentfonds führen.

Da der Manager eines geschlossenen Investmentfonds keine Abflüsse und außer bei einer Kapitalerhöhung auch keine Zuflüsse von Anteilen haben kann – ihm steht nach der Emission von Anfang an ein fester Betrag für seine Dispositionen zur Verfügung – hat er bessere Voraussetzungen für die Erzielung einer stetigen Performance.

Bei offenen Fonds dagegen herrscht ein heftiger Kampf um die vordersten Ranglistenplätze der Fondsrankingagenturen. Diese Publikationen werden von einer steigenden Anzahl von Investoren gelesen und in der Anlagepraxis aktiv zur Meinungsbildung und Investitionsentscheidungshilfe herangezogen.

Offene Fonds verfügen im Gegensatz zu ihren geschlossenen „Artgenossen" nämlich über eine weitere Dimension bei der Zusammensetzung des Fondsvolumens. Neben der Steigerungsmöglichkeit durch Kursgewinne kann das Fondsvermögen vor allem durch hohe Mittelzuflüsse neuer Investoren anwachsen. Der Fondsmanager kann also durch eine überdurchschnittliche Performance die Größe seines Fonds und damit auch das Gebühreneinkommen direkt positiv beeinflussen.

Für geschlossene Fonds trifft dies nur begrenzt zu. Einmal emittiert wachsen sie in der Regel nur durch die eigene Performance. Im Hinblick auf die zum Teil massiven Mittelzuflüsse offener Fonds ist das allerdings ein zu vernachlässigender Faktor. Der Druck und Motivationsanreiz einer überdurchschnittlichen Performance ist somit bei Managern eines offenen Fonds höher. Was im positiven Bereich bei Kursgewinnen und Mittelzuflüssen gilt, trifft natürlich auch im umgekehrten Fall bei negativer Performance zu. Hier sind es bei offenen Fonds neben den Kursverlusten drohende Mittelabflüsse, die den Fondsmanager zusätzlich unter Druck setzen.

Im Gegensatz zu Direktinvestitionen in Emerging-Markets-Aktien setzt sich das Risiko des Investors bei geschlossenen Fonds aus verschiedenen Einzelfaktoren zusammen. Neben den Schwankungen des zugrundeliegenden Aktienmarktes, der Entwicklung der jeweiligen Emerging-Markets-Währung gegenüber dem USD (die meisten Closed-end Funds notieren in USD) und der Leistung des Fondsmanagers entsteht durch Aufgeld- bzw. Abgeldschwankungen eine weitere Risikodimension. Untersuchungen zeigen, daß diese Aufgeld- bzw. Abgeldschwankungen nach dem Marktrisiko die zweitgrößte Risikokomponente eines geschlossenen Aktienfonds darstellen.

Aus der Tatsache, daß die durch Angebot und Nachfrage an der Börse entstandenen Kurse für geschlossene Aktienfonds ein Aufgeld oder ein Abgeld gegenüber dem Nettoinventarwert aufweisen, kann sich dabei für den einzelnen Anleger aber sowohl ein Vorteil als auch ein Nachteil ergeben. Ein komparativer Performancenachteil entsteht, wenn sich nach dem Kauf das Aufgeld verringert oder das Abgeld erhöht. Wenn sich im umgekehrten Fall das Aufgeld erhöht oder das Abgeld verringert, entwickelt sich der Kurs des Fondsanteils besser als der Nettoinventarwert des Fonds. Hierbei würde sich also ein Vorteil für den Investor ergeben. Die Veränderungen von Aufgeld bzw. Abgeld hängen, wie bereits erwähnt, von Angebot und Nachfrage der Anleger und damit hauptsächlich von der Qualität des Fondsmanagements, den steuerlichen Aspekten sowie den zukünftigen politischen und wirtschaftlichen Erwartungen der Anleger ab.

Ein weiterer wichtiger Faktor bei der Betrachtung des Gesamtrisikos geschlossener Aktienfonds besteht darin, daß die Wertentwicklung dieser Fonds kurzfristig mehr von den Kursentwicklungen der etablierten Börse (i.d.R. New York oder London), an der sie notieren, beeinflußt werden und weniger von der Kursentwicklung des zugrundeliegenden Emerging Markets. Eine Studie von Bailey/Lim aus dem Jahr 1992 bestätigt diesen Sachverhalt. Während die wöchentliche Korrelation des koreanischen Aktienindex mit dem New York Stock Exchange (NYSE)-Aktienindex im Untersuchungszeitraum z.B. nahezu Null war, betrug die Korrelation des an der New Yorker Börse notierten Korea Fund mit dem NYSE-Aktienindex über 40 %. Ähnliche Unterschiede in den Korrelationen ergaben sich für Fonds aus anderen Regionen und Ländern der Emerging Markets.

Die Diversifizierungsvorteile von Anlagen in Emerging Markets können aufgrund der höheren Korrelationen von geschlossenen Aktienfonds daher nur über längere Zeiträume hinweg mit diesen Instrumenten realisiert werden.

Für Privatanleger ist es aufgrund der aufgezeigten Sachverhalte trotz einiger Nachteile kaum möglich, bei der Umsetzung einer diversifizierten Asset Allocation eines Emerging-Markets-Portfolios vollkommen auf Investmentfonds zu verzichten. Wer das Thema Emerging Markets in der Anlagepraxis mit einem einzigen globalen oder regionalen Fonds abdecken will, der erwirbt am besten einen offenen Aktienfonds einer in Deutschland zugelassenen Fondsgesellschaft. Durch das wesentlich differenziertere Angebot und die dargestellten Vorteile gegenüber offenen Investmentfonds sind für den fortgeschrittenen Investor, der sich aus einzelnen Länderfonds sein persönliches Emerging-Markets-Portfolio zusammenstellen will, geschlossene Emerging-Markets-Fonds vorteilhafter. Die verschiedenen und teilweise sehr komplexen Risikokomponenten geschlossener Aktienfonds sollten jedem Anleger bei der Entscheidungsfindung allerdings bewußt sein.

5.3.4 Strategien mit geschlossenen Aktienfonds

Kauf mit Discount unter dem Inventarwert von (%):	Verkauf, wenn der Discount schrumpft auf (%):	Annualisierte Wertentwicklung (%)			
		Juli 65 bis Dez. 69	Januar 69 bis Dez. 76	Januar 77 bis August 84	Durchschnitt aller Perioden
5	0	18,8	9,5	18,4	15,6
10	5	20,6	9,8	18,5	16,3
15	10	22,7	9,4	21,3	17,8
20	10	21,4	7,9	23,2	17,5
20	15	21,3	10,8	25,1	19,1
25	10	25,3	6,2	23,8	18,4
25	15	19,9	8,2	23,2	17,1
30	15	9,4	9,0	21,3	13,3
Kauf- und Haltestrategie		15,1	5,3	18,9	13,1
S&P 500-Index		5,2	5,2	11,3	7,2

Quelle: Closed-end Funds, Premium/Discount-Analyse; Keppler Asset Management

Abbildung 56: Strategien mit Aufgeld/Abgeld Veränderung geschlossener Emerging Markets Fonds

Wie verschiedene Studien zeigen, können Investoren ihr Anlageergebnis durch den Kauf von geschlossenen Fonds mit hohen Abschlägen und den Verkauf bei niedrigen Abschlägen oder Aufgeld verbessern. Detaillierte Analysen in diesem Bereich wurden von Richard, Fraser und Groth, „Winning strategies for closed-end funds“ (Journal of Portfolio Management, Fall 1980) und Anderson, „Closed-end funds versus market efficiency“ (Journal of Portfolio Management, Fall 1986) veröffentlicht. Anderson hat 24 Kauf- und Verkaufsstrategien über den Zeitraum von Juli 1965 bis August 1984 untersucht: Alle Strategien schlugen den Standard und Poor’s 500-Index, nur drei Strategien führten zu schlechteren Resultaten als eine Kauf- und Halte-Strategie. Die Ergebnisse sind in Abbildung 56 zusammengefaßt. Die gezeigte Strategie soll nur als eines von vielen möglichen praktischen Beispielen dienen, wie man vorübergehende Marktineffizienzen in der Form von Aufgeld- bzw. Abgeldschwankungen konsequent zur Erzielung überdurchschnittlicher Renditen nutzen kann.

5.3.5 Berücksichtigung steuerlicher Aspekte für deutsche Aktienfondsanleger

Deutsche Fondsgesellschaften bieten bisher nur vereinzelt Aktienfonds an, die den Bereich Emerging Markets abdecken. Dieser Sachverhalt sollte sich aber aufgrund des Potentials der Märkte und der großen Nachfrage seitens der Investoren in Zukunft weiter verbessern. Die Kapitalanlagegesellschaften einiger Großbanken bieten bereits globale, regionale, Länder- und Branchenfonds aus dem Emerging-Markets-Bereich an. Mit Hinblick auf die Besteuerung ist es für deutsche Anleger aufgrund des Auslandsinvestmentgesetzes bei allen ausländischen Investmentfonds besonders wichtig, daß diese in Deutschland zum Vertrieb zugelassen sind. Grundlage für die Besteuerung von ausländischen Investmentfonds für den deutschen Anleger ist das Auslandsinvestmentgesetz.

Gemäß Auslandsinvestmentgesetz sind dabei drei grundlegende Fälle zu unterscheiden:

1. *Ausländische Investmentfonds mit Vertriebszulassung in Deutschland:* Das Investmentgesetz von 1989 hat die Zulassung zum öffentlichen Vertrieb von zulassungsfähigen Investmentfonds aus einem EG-Land wesentlich erleichtert. Investmentfonds aus Nicht-EG-Ländern müssen eine sehr aufwendige Zulassungsprozedur durchlaufen, die unter Umständen Jahre in Anspruch nehmen kann. Automatisch zum öffentlichen Vertrieb sind ausländische Fonds zugelassen, die an einer deutschen Börse zum geregelten Handel zugelassen sind. Ausländische Investmentfonds mit Vertriebszulassung werden steuerlich wie inländische Investmentfonds behandelt. Das bedeutet für die Ertragsbesteuerung insbesondere, daß neben den zu versteuernden Ausschüttungen und ausschüttungsgleichen Erträgen realisierte Kursgewinne bei Einhaltung der Sechsmonatsfrist steuerfrei sind.
2. *Ausländische Investmentfonds ohne Vertriebszulassung in Deutschland (mit steuerlichem Vertreter):* Im Unterschied zu Fall 1 sind im Rahmen der Ertragsbesteuerung dieser Fonds neben den Ausschüttungen und den ausschüttungsgleichen Erträgen auch bei Einhaltung der sechsmonatigen Spekulationsfrist anteilig die vom Fonds realisierten Kursgewinne zu versteuern.
3. *Ausländische Investmentfonds ohne Vertriebszulassung in Deutschland (ohne steuerlichen Vertreter):* Diese ausländischen Investmentfonds sind steuerlich erheblich benachteiligt. Bei der Ertragsbesteuerung wird der neben der Ausschüttung zu versteuernde Betrag

pauschal ermittelt. Dabei sind zusätzlich zur Ausschüttung 90 % der Steigerung des Rücknahmepreises zu versteuern, die sich als Differenz zwischen dem ersten und dem letzten im Kalenderjahr festgestellten Rücknahmepreis ergibt. Pauschal zur Steuer angesetzt werden mindestens 10 % des letzten Rücknahmepreises im Kalenderjahr, unabhängig davon, ob Wertsteigerungen oder Verluste eingetreten sind. Beim Verkauf sind pauschal 20 % des Verkaufserlöses zu versteuern.

Da nur ein Teil der offenen Investmentfonds aus dem internationalen Angebot der Emerging-Markets-Fonds in Deutschland zum Vertrieb zugelassen sind und diese regulatorische Hürde bisher nur von sehr wenigen geschlossenen Investmentfonds genommen wird, müssen die aufgezeigten Vorteile der Investitionen in Aktienfonds für den deutschen Investor aufgrund der steuerlichen Diskriminierung erheblich relativiert werden. Irreführend ist hierbei, daß ca. 30 geschlossene Emerging-Markets-Aktienfonds ausländischer Fondsgesellschaften im Freiverkehr an deutschen Börsen gehandelt werden. Die oben unter Fall 3 beschriebene drastische Besteuerung greift aber auch für diese im Freiverkehr notierten Fonds. Lediglich die wenigen geschlossenen Aktienfonds, die in Deutschland zum amtlichen oder geregelten Handel zugelassen sind, werden steuerlich so behandelt wie andere Fonds, die zum öffentlichen Vertrieb zugelassen sind.

Aus steuerlichen Überlegungen gestalten sich für den deutschen Investor Direktinvestitionen in Aktien und Depository Receipts aus Emerging Markets somit günstiger als der Erwerb von ausländischen Investmentfonds, die in Deutschland nicht zum Vertrieb zugelassen sind. Für Anleger, die die Vorteile der geschlossenen Aktienfonds im Emerging-Markets-Bereich wahrnehmen möchten, ohne die steuerlichen Benachteiligungen dieser Fonds im Kauf nehmen zu müssen, gibt es auf dem deutschen Markt zum öffentlichen Vertrieb zugelassene offene Fonds, die wiederum in geschlossene Fonds investieren.

5.4 Optionsscheine auf Einzelaktien und Aktienkörbe

In den Emerging Markets stehen im Gegensatz zu den etablierten Märkten nur in geringem Umfang derivative Instrumente und Terminmärkte zur Verfügung. Nachdem Märkte wie z.B. Brasilien und Malaysia aber bereits positive Erfahrungen mit Futures und Optionen gesammelt haben, ist in den nächsten Jahren mit weiteren Gründungen von Terminbörsen zu rechnen. Zudem werden vielleicht einige etablierte Terminmärkte dem Beispiel der Chicago Board of Trade folgen, die 1994 erfolgreich Futures und Optionen auf den mexikanischen Aktienindex einführte, und ebenfalls derivative Instrumente auf interessante Emerging-Markets-Indizes einführen. An der Chicago Mercantile Exchange werden zudem u.a. Terminkontrakte auf den mexikanischen Peso und den brasilianischen Real gehandelt. Während der regulierte Handel in Futures und Optionen bisher wie bereits erwähnt aber nur in einigen großen und etablierteren Emerging Markets möglich ist, emittierten führende internationale Investmentbanken in den letzten Jahren verstärkt Optionsscheine auf Einzelaktien und Aktienkörbe ausgewählter Emerging Markets.

Da im Rahmen dieses Buches leider nicht detailliert auf die verschiedenen Vor- und Nachteile dieser Instrumente eingegangen werden kann, sollten sich Anleger vor einem Engagement umfassend mit dieser komplexen Materie auseinandersetzen. Generell bleibt festzuhalten, daß Optionsscheine auf Einzelaktien und Aktienbaskets aus dem Bereich der Emerging Markets nur für den sehr spekulativ veranlagten Anleger eine interessante Möglichkeit zur gelegentlichen Depotbeimischung bieten. Besonders die relativ kurze Laufzeit von oft weniger als zwei Jahren eignet sich nicht dazu, das unter teilweise hohen Kursschwankungen verlaufende langfristige Kurspotential der Märkte auszunutzen. Relativierend muß allerdings erwähnt werden, daß nur zu einem verschwindend geringen Prozentsatz der direkt erwerbbaren Aktien in Emerging Markets auch entsprechende Optionsscheine notieren. Die Optionsscheine auf Aktienbaskets bieten hier zwar etwas mehr Auswahlmöglichkeiten. Da sie aber meistens nur aus einigen Aktien bestehen, sind sie in den seltensten Fällen eine Nachbildung eines diversifizierten Aktienindexes und somit ebenfalls kein Instrument für diversifizierte Investitionen in Emerging Markets.

5.5 Indirekte Emerging-Markets-Investitionen über Aktien in Industrienationen mit einem hohen Geschäftsanteil in Emerging Markets

Anleger, die weder direkt noch über ADRs, GDRs, Investmentfonds oder über derivative Instrumente in Emerging Markets investieren wollen, können durch den Kauf von Aktien weltweit operierender Konzerne mit einem hohen internationalen Geschäftsanteil am Aufschwung der

Gesellschaft	Land	Ticker Symbol	Kurs (1) per 1. 12. 95	Markt-kapitalisierung (Mrd. DE
American Express Company	USA	AXP	42,4	29,3
Bayer AG	Deutschland	BAYG	377,9	25,9
Boeing Company (The)	USA	BA	73,5	35,9
Cable and Wireless PLC	Großbritannien	CW	4,6	22,2
Coca-Cola Company (The)	USA	KO	75,8	136,0
Compaq Computer Corporation	USA	CPQ	47,8	18,2
Gillette Company (The)	USA	G	51,8	32,7
Hewlett-Packard Company	USA	HWP	81,9	59,9
Intel Corporation	USA	INTC	61,0	71,6
Johnson & Johnson	USA	JNJ	85,9	79,5
Royal Dutch	Niederlande	RD	209,4	99,1
LVMH Moet-Hennessy Louis Vuitton	Frankreich	LVMH	956,0	23,5
McDonald's Corporation	USA	MCD	44,9	44,5
Microsoft Corporation	USA	MSFT	86,3	72,8
Minnesota Mining & Manufacturing	USA	MMM	65,3	39,2
Motorola Inc.	USA	MOT	60,4	50,9
Nestle SA	Schweiz	NESZn	1263,0	59,9
Pfizer Inc.	USA	PFE	58,5	53,1
Procter & Gamble Company (The)	USA	PG	84,8	83,2
Reuters Holdings PLC	Großbritannien	RTR	6,2	21,9
RTZ Corporation PLC	Großbritannien	RTZ	9,4	21,9
Unilever N.V.	Niederlande	UN	216,9	53,3
Warner-Lambert Company	USA	WLA	90,0	17,4

Anmerkungen: (1) Kurse in lokalen Währungen; (2) Kurs/Buchwert-Verhältnis; (3) Kurs/C Flow-Verhältnis; (4) Kurs/Gewinn-Verhältnis.
Quelle der Daten: Disclosure/Worldscope, 888 Seventh Avenue, 44th Floor, New York, NY 1

Abbildung 57: Gesellschaften in Industrienationen mit einem hohen internationalen Geschäftsanteil

KBV (2)	KCV (3)	KGV (4)	Dividendenrendite (%)	Bruttogewinnmarge (%)	Eigenkapitalrendite 5-Jahres-durchschnitt (%)	Auslandsumsatz in % des Gesamtumsatzes
3,0	33,0	14,2	2,1	na	11,7	27,0
1,6	5,1	10,2	3,4	43,3	10,4	41,9
2,6	8,0	75,8	1,4	18,2	15,3	na
2,7	5,9	24,0	2,0	na	15,0	56,3
14,1	21,8	33,1	1,2	61,9	47,0	68,3
3,0	10,7	13,7	0,0	25,1	22,5	66,5
10,3	17,8	30,4	1,2	63,4	141,9	68,0
3,5	10,4	17,7	1,0	38,0	13,5	54,1
4,5	8,7	17,5	0,3	51,6	29,0	49,4
6,5	13,2	23,9	1,5	66,3	29,3	50,4
12,9	32,1	54,4	4,3	19,1	11,0	50,6
2,7	14,2	12,5	1,9	63,8	21,5	68,0
4,3	11,3	23,7	0,6	76,8	20,2	50,1
9,8	na	33,3	0,0	85,2	42,9	35,9
3,8	9,3	19,5	2,9	40,4	20,5	50,2
3,6	11,8	19,7	0,7	31,3	15,6	57,4
2,9	9,3	15,9	2,1	48,5	18,6	54,5
7,5	14,8	24,5	1,8	76,8	19,1	46,7
5,4	na	21,6	1,9	41,3	19,1	50,3
1,4	12,2	26,3	1,4	21,1	44,0	84,2
2,7	10,0	14,9	3,1	27,6	13,7	89,5
3,9	8,6	14,3	2,9	42,3	35,2	46,2
5,6	10,0	16,1	2,9	66,4	34,4	54,0

Emerging Markets teilhaben. Internationale Konzerne, die bereits in einem frühen Entwicklungsstadium mit ihren Produkten und/oder Dienstleistungen in den Emerging Markets vertreten sind, haben die besten Chancen, sich strategisch für den erwarteten langfristigen Aufschwung zu positionieren. Da die jungen Emerging Markets in der Anfangsphase aufgrund des überdurchschnittlichen Wachstumspotentials oft enorme Risikoprämien im Verhältnis zu anderen Aktieninvestments haben, ist ein indirektes Engagement über einen etablierten internationalen Konzern zudem oft preisgünstiger als das Direktinvestment. Dabei muß jedoch berücksichtigt werden, daß diese Aktien stark von den Marktbewegungen ihrer Heimatbörsen beeinflußt werden. Langfristig sollte sich jedoch ein erfolgreiches Engagement dieser Gesellschaften in den Emerging Markets in überdurchschnittlichem Gewinnwachstum und letzten Endes auch in überdurchschnittlichen Kursgewinnen selbst gegen den Trend der jeweiligen Heimatbörse niederschlagen. Diese indirekte Art einer Investition in Emerging Markets stellt nicht zuletzt wegen der problemlosen Handelbarkeit der Aktien dieser Unternehmen an einer etablierten Börse auch für den deutschen Anleger eine attraktive Alternative dar.

In Abbildung 57 werden einige Unternehmen, von denen wir glauben, daß sie die erforderlichen Voraussetzungen erfüllen oder in Zukunft erfüllen werden, vorgestellt. Mit einer Eigenkapitalrendite von 47 % p.a. im Durchschnitt der letzten fünf Jahre zählt Coca Cola zu den erfolgreichsten dieser Gesellschaften. Es ist deshalb nicht verwunderlich, daß der reichste Amerikaner, Warren Buffett, rund 30 % seines Vermögens in diesem Unternehmen konzentriert hat. Buffett hat mit seinem Coca-Cola-Engagement den indirekten Weg einer Beteiligung am Wachstum der Emerging Markets über die Gesellschaft mit dem größten Bekanntheitsgrad der Welt beschritten. Coca Cola erzielt 68 % ihres Umsatzes und knapp 80 % ihrer Gewinne außerhalb der USA. Die Coca-Cola-Aktie wurde 1919 zu 40 USD an der Börse eingeführt. Eine damals zu 40 USD gezeichnete Aktie wäre heute nach Dividenden und Kurssplits rund 3,8 Mio. USD wert. Das entspricht einem Jahresdurchschnittsertrag von 16,2 %. In der jüngsten Vergangenheit hat sich der Erfolgstrend von Coca Cola sogar noch beschleunigt. In den letzten fünf Jahren belief sich der Gesamtertrag (Kursgewinne und Dividenden in USD gerechnet) für die Coca-Cola-Aktionäre auf mehr als 25 % pro Jahr. Und die Kursgewinne von 44 % im Jahr 1995 lassen eher auf eine Hochtechnologiegesellschaft als auf ein 103 Jahre altes Konsumgüterunternehmen schließen.

In der Vergangenheit prognostizierten Skeptiker schon oft, daß sich das Wachstum der Gesellschaft in Zukunft aufgrund von Konkurrenzprodukten, Marktsaturierung oder erwarteten Geschmacksänderungen deutlich verringern würde. Doch bisher glänzte die Gesellschaft immer wieder mit positiven Überraschungen. Coca Cola erzielt in Mexiko mit einem jährlichen Pro-Kopf-Konsum von 333 0,25-Liter-Einheiten ihre größte Marktpenetration, gefolgt von den USA mit 310 und der Bundesrepublik mit 191 Einheiten. Am anderen Ende der Skala stehen die Länder Rußland, China und Indien mit einem jährlichen Pro-Kopf-Verbrauch von nur fünf, drei bzw. zwei 0,25-Liter-Getränkeeinheiten.

Wir sind der Auffassung, daß Coca Cola hervorragende Voraussetzungen hat, das überdurchschnittliche Wachstum der Vergangenheit auch in Zukunft fortzusetzen. Schließlich werden die neuen Märkte der bevölkerungsreichsten Staaten wie China, Indien und Osteuropa eben erst erschlossen. Allein durch diese Märkte hat sich die Anzahl potentieller Coca-Cola-Konsumenten in den letzten Jahren von 2,2 auf 5,2 Milliarden mehr als verdoppelt. Die meisten dieser potentiellen Kunden sind eben erst dabei, auf den Geschmack zu kommen. Den Anlegern läuft dagegen heute schon die Coca Cola im Mund zusammen, wenn sie sich das Gewinnpotential der neuen Emerging Markets für ihre Aktien ausrechnen. Wir halten die Coca-Cola-Aktie summa summarum für das indirekte Emerging-Markets-Investment par excellence.

5.6 Schlußfolgerungen

Emerging Markets verfügen insgesamt, und auf fundamental ausgewählter Basis sicherlich auch einzeln, langfristig über ein enormes Potential. Dabei sollten Anleger jedoch ein besonderes Augenmerk auf die beiden Stichwörter „fundamental“ und „langfristig“ legen.

Es gibt hervorragende Anlagemöglichkeiten in ausgewählten Emerging Markets, aber nur für Anleger, die bereit sind, die kurzfristigen enormen Kursschwankungen zu akzeptieren. Momentum-Anleger, die ihre Anlageentscheidung auf der Basis desjenigen Marktes mit der besten Performance des Vorjahres begründen, werden auch in Zukunft zu den potentiellen Verlierern zählen. Anlagen in fundamental attraktiven Märkten, die mindestens drei bis fünf Jahre gehalten werden, haben dagegen wesentlich bessere Erfolgschancen. Performance- und Risikovorteile gelten nicht für jedes Jahr oder Quartal und schon gar nicht für jeden Monat. Ein langfristiger Anlagehorizont und Geduld sind wichtige Grundvoraussetzungen, um das unter teilweise hohen Kursschwankungen verlaufende langfristige Kurspotential der Emerging Markets auszunutzen. Um diese Zusammenhänge zu durchschauen und darauf aufbauend eine auf die individuellen Bedürfnisse zugeschnittene Anlagestrategie zu entwickeln, bedarf es keiner komplizierten theoretischen Konstrukte. Es ist viel vernünftiger und zielführender, sich einige simple Fragen zu stellen:

1. Wie lang ist der zur Verfügung stehende Anlagezeitraum?
2. Welche durchschnittlichen Erträge wurden mit den zur Wahl stehenden Anlagealternativen über vergleichbare Perioden in der Vergangenheit erzielt?
3. Wie hoch war die Wahrscheinlichkeit einer negativen Ertragsentwicklung in der Vergangenheit?
4. Sind die ins Auge gefaßten Anlagen absolut und relativ über- oder unterbewertet?
5. Hat die Über- oder Unterbewertung ein Niveau erreicht, von dem aus erfahrungsgemäß mit Kurskorrekturen zu rechnen ist?

Durch einen solchen Ansatz kann das Verlustrisiko zwar nicht völlig ausgeschlossen, aber doch erheblich beschränkt werden. Und es bedarf dazu keiner höheren Mathematik. Erfahrenen Anlegern geht es – um einen Vergleich Warren Buffetts zu gebrauchen – oft wie einem Theologen, der nach zwölfsemestrigem Studium feststellt, daß es für einen guten Pfarrer im Grunde reicht, die zehn Gebote zu kennen.

Der Anlagehorizont spielt bei Aktienanlagen generell also eine außerordentlich wichtige Rolle. Wer Mittel, die in einem halben Jahr benötigt werden, in Emerging Markets investiert, geht – selbst bei einem niedrigen Bewertungsniveau – ein unvertretbar hohes Risiko ein. Demgegenüber gibt es für einen 20jährigen, der gerade beginnt, Beiträge in einen Pensionsfonds einzuzahlen – trotz der starken kurzfristigen Kursschwankungen – kaum eine bessere Alternative als eine Anlage in Aktien. Da Aktienanlagen bei einer Halteperiode von fünf Jahren wesentlich sicherer sind als bei einem Anlagezeitraum von nur einem Jahr und da bei einem sehr langfristigen Anlagehorizont von 15 bis 20 Jahren das Verlustrisiko auf Basis der historischen Erfahrung außerordentlich gering, wenn nicht vollkommen ausgeschaltet ist, sollte der Anteil des in Aktien investierten Anlagekapitals um so höher sein, je langfristiger der Investor orientiert ist. Im Rahmen dieses Aktienanteils werden Emerging Markets in den nächsten Jahren eine immer wichtigere Rolle spielen.

6. Anhang: Aktienmärkte der Emerging Markets

Erläuterungen zu den Abbildungen, Quellenangaben und Berechnungen von Datenbankinformationen

Ganzseitige Länderübersichten

In diesem Buch finden Sie ab Seite 172 in einer Abbildung für jeden einzelnen im IFCI-Gesamtindex enthaltenen Aktienmarkt die Finanz- und Wirtschaftshistorie seit Aufnahme in den IFCI-Index dargestellt. Die Basisdaten stammen von der Emerging-Markets-Datenbank der International Finance Corporation (IFC), Washington. In den ganzseitigen Abbildungen wird im oberen Teil graphisch die Kursentwicklung des jeweiligen IFCI-Landesindex und die Performance – berechnet aus den Kursveränderungen und wiederangelegten Dividenden – für einen DM-Anleger gezeigt. Unter der Graphik der Kurs- und Wertentwicklung wird ebenfalls graphisch die Historie der Bewertung jedes nationalen Aktienmarktes gemessen an Kurs/Gewinn-Verhältnissen, Dividendenrenditen und Kurs/Buchwert-Verhältnissen gezeigt.

In der regionalen Landkarte im rechten oberen Teil jeder Länderübersicht ist das betreffende Land schwarz gekennzeichnet. Zwei Tortengrafiken geben Aufschluß über die relative Größe des Bruttoinlandsprodukts und der Marktkapitalisierung im Verhältnis zum Bruttoinlandsprodukt und zur Marktkapitalisierung aller im IFCI-Gesamtindex enthaltenen Länder. Dabei wird nur die Marktkapitalisierung, die von der IFC als für Ausländer investierbar klassifiziert wird, zugrundegelegt.

An die Graphiken der Länderübersichten schließt sich ein Tabellenteil mit acht Datenblöcken an. Im ersten Datenblock finden Sie die Historie der Kursentwicklung jedes Landes mit den Höchst-, Tiefst- und Schlußkursen numerisch für jedes Kalenderjahr. Im zweiten Datenblock wurden von Keppler Asset Management auf Basis der von der IFC publizierten Bewertungsrelationen der anteilige Gewinn, Buchwert, und die Dividenden für jedes Kalenderjahr berechnet. Gewinn-, Buchwert- und Dividendenwachstum im dritten Datenblock ergeben sich als prozentuale Veränderung zum Jahresultimo im Vergleich zum Vorjahreswert.

Die im vierten Datenblock gezeigten Kurs/Gewinn-, Kurs/Buchwert-Verhältnisse und Dividendenrenditen wurden direkt von der Emerging-Markets-Datenbank der IFC zum jeweiligen Jahresende übernommen.

Die relativen Bewertungskennzahlen (fünfter Datenblock) sind als Faktor im Verhältnis zum IFCI-Gesamtmarkt zu verstehen. Ein relatives Kurs/Gewinn-Verhältnis von 0,5 besagt, daß das Kurs/Gewinn-Verhältnis dieses Marktes halb so hoch ist wie das KGV des IFCI-Gesamtmarktes.

Im sechsten Datenblock finden Sie die Marktkapitalisierung jedes Landes in Milliarden DM und in % der Marktkapitalisierung aller IFCI-Länder. Die Anzahl der im jeweiligen IFCI-Landesindex enthaltenen Titel wurde direkt von der Emerging-Markets-Datenbank der IFC übernommen.

Im vorletzten, siebten Datenblock wird das Bruttoinlandsprodukt in Milliarden DM und in % des Bruttoinlandsproduktes aller IFCI-Länder, die Inflationsrate und der Währungskurs zur DM zum jeweiligen Jahresschluß für jedes Land angegeben. Die Angaben stammen wiederum aus der Emerging-Markets-Datenbank der IFC, die Umrechnungen in DM wie auch die Berechnungen im letzten Datenblock von Keppler Asset Management.

Noch ein paar Hintergrundinformationen: Eigenkapitalrendite ist definiert als Gewinn dividiert durch Buchwert (multipliziert mit 100). Ausschüttungsquote ist definiert als die Summe der Dividendenzahlungen dividiert durch die Summe der Gewinne eines Kalenderjahres (multipliziert mit 100). Kursindex und Performance-Indexveränderungen wurden zum Jahresultimo gegenüber dem Vorjahresstand berechnet.

Dieselben ganzseitigen Übersichten wurden im zweiten Kapitel für die drei Regionen:

- Lateinamerika (Abbildung 14)
- Asien (Abbildung 15) und
- Europa, Mittlerer Osten, Afrika (EMOA) (Abbildung 16)

erstellt, für die die IFC regionale Indizes ermittelt. Dabei handelt es sich jeweils um aggregierte Daten. Darüber hinaus wurde analog eine Übersicht für den IFCI-Gesamtmarkt erstellt (Abbildung 13). Bei relativen Angaben wurde hier der Morgan-Stanley-Weltaktienindex als Vergleichsmaßstab herangezogen.

Berechnungen zu den Anlagestrategien und zur Asset Allocation

Die Gesamtrenditen in lokalen Währungen für den marktkapitalisierungsgewichteten MSCI-Weltaktienindex wurden von Morgan Stanley Capital International (MSCI), New York, übernommen. Alle anderen Berechnungen wie z.B. für den gleichgewichteten Weltaktienindex, die gemessen an der Marktkapitalisierung kleinen Aktienmärkte, die Top-

Value-Strategie etc. wurden von Keppler Asset Management durchgeführt.

Ebenso wurden die Gesamtrenditen für den IFCI-Gesamtindex, die regionalen IFCI-Indizes (Asien, EMOA und Lateinamerika) sowie für jeden einzelnen im IFCI-Gesamtindex enthaltenen Markt von der Emerging-Markets-Datenbank der IFC übernommen. Die Renditen wurden von Keppler Asset Management in DM umgerechnet. Abgesehen von den marktkapitalisierungsgewichteten Indexangaben stammen alle Berechnungen für die vorgestellten Anlagestrategien in den Kapiteln 3 und 4 von Keppler Asset Management.

Noch ein letzter Hinweis: Obwohl die Berechnungen mit größter Sorgfalt durchgeführt wurden, kann für die Richtigkeit der Angaben und Aussagen keine Gewähr übernommen werden. Die Datenbanken selbst schließen ebenfalls jede Haftung für die Richtigkeit der zur Verfügung gestellten Daten aus.

Argentinien

IFCI Emerging Markets — in D-Mark

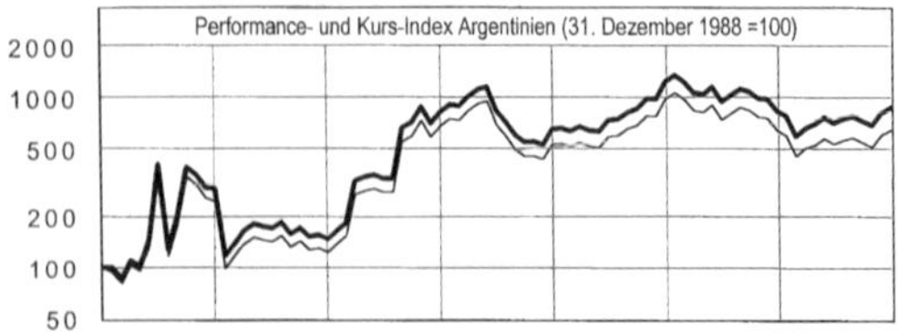

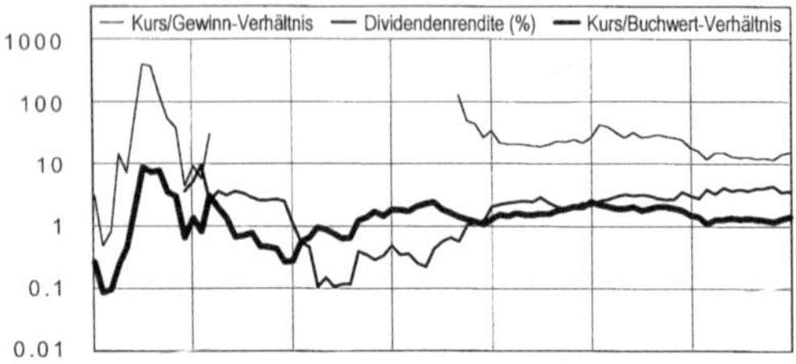

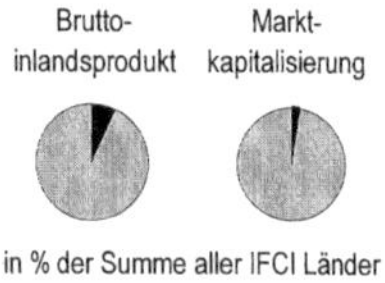

1988	1989	1990	1991	1992	1993	1994	1995	Finanz- und Wirtschafts-Historie
100	368,7	245,5	726,0	944,7	973,4	1060,2	646,4	IFCI Kursindex Hoch
100	81,4	99,4	123,2	434,3	509,5	642,6	455,4	IFCI Kursindex Tief
100	245,5	123,2	676,1	529,1	973,4	642,6	646,4	IFCI Kursindex Ultimo
33,56	27,71	-25,72	-8,24	15,99	37,51	36,83	43,41	Gewinn pro Anteil
400,00	191,79	473,75	384,17	430,19	410,73	449,41	475,29	Buchwert pro Anteil
-	12,08	1,31	3,11	10,37	19,96	18,83	22,62	Dividenden pro Anteil
-	-17,4	n.a.	n.a.	n.a.	134,7	-1,8	17,9	Gewinnwachstum p.a. (%)
-	-52,1	147,0	-18,9	12,0	-4,5	9,4	5,8	Buchwertwachstum p.a. (%)
-	-	-89,2	138,2	233,4	92,4	-5,6	20,2	Dividendenwachstum p.a. (%)
3,0	8,9	n.a.	n.a.	33,1	26,0	17,5	14,9	Kurs/Gewinn-Verhältnis
0,25	1,28	0,26	1,76	1,23	2,37	1,43	1,36	Kurs/Buchwert-Verhältnis
-	4,92	1,06	0,46	1,96	2,05	2,93	3,50	Dividendenrendite (%)
0,26	0,67	n.a.	n.a.	2,00	1,10	0,75	0,77	Relatives Kurs/Gewinn-Verhältnis
0,22	0,80	0,19	0,97	0,92	0,96	0,74	0,81	Relatives Kurs/Buchwert-Verhältnis
-	1,84	0,26	0,22	0,84	1,21	1,50	1,51	Relative Dividendenrendite
2,06	5,09	2,83	17,20	22,77	50,23	28,47	31,51	Marktkapitalisierung (in Milliarden DEM)
4,4	5,4	2,9	8,2	8,2	7,5	4,4	3,7	" (in % der Mk. aller IFCI Länder)
14	14	10	19	23	11	24	-	Anzahl der im IFCI Index enthaltenen Titel
148,63	116,57	157,58	286,66	369,96	443,46	-	-	Bruttoinlandsprodukt (in Milliarden DEM)
4,6	3,3	4,4	7,2	7,9	8,5	-	-	" (in % des BIP aller IFCI Länder)
343,0	3079,8	2314,0	171,7	24,9	7,4	4,2	-	Konsumentenpreise (Veränderung in % p.a.)
0,00092	0,08050	0,37939	0,65941	0,61643	0,57587	0,64531	0,69860	Wechselkurs (ARS/DEM)
8,39	14,45	-5,43	-2,14	3,72	9,13	8,19	9,13	Eigenkapitalrendite (%)
-	43,6	n.a.	n.a.	64,9	53,2	51,1	52,1	Ausschüttungsquote (%)
-	145,5	-49,8	448,9	-21,7	84,0	-34,0	0,6	IFCI Kursindex-Veränderung (%)
-	190,2	-49,1	452,3	-20,6	89,5	-32,1	4,3	IFCI Performance-Index-Veränderung (%)

Quellen: International Finance Corporation's (IFC) Emerging Markets Database (EMDB), U.S. Department of Commerce. Berechnungen: Keppler Asset Management Inc., New York.

Argentinien

Entwicklung der Wirtschaft und des Aktienmarktes

Argentiniens durchschnittliches Bruttosozialprodukt pro Kopf der Bevölkerung lag 1993 bei USD 7.290. Es erreicht damit den höchsten Wert in Lateinamerika und wird weltweit nur von den beiden europäischen Emerging Markets Portugal (USD 7.890) und Griechenland (USD 7.390) sowie Südkorea (USD 7.670) übertroffen. Die Kaufkraftparität von USD 7.290 in Argentinien würde im Vergleich dazu in den USA sogar dem wesentlich höheren Wert von USD 9.130 entsprechen.

In den 80er Jahren, unter der Regierung von Präsident Raúl Alfonsín, war die unterdurchschnittliche Performance des Aktienmarktes gekennzeichnet durch hohe jährliche Inflationsraten, die 1989 mit 3.080 % ihren Höhepunkt erreichten, ein hohes Haushaltsdefizit von insgesamt 22 % (1989) des Bruttosozialprodukts, eine hohe Auslandsverschuldung und stagnierende Wachstumsraten. Mangelnde Liquidität aufgrund fehlender Auslandsinvestoren führte dabei zu einer erheblichen Unterbewertung einzelner Aktien. Nach Jahrzehnten des Mißmanagements, welches hohe Inflationsraten, eine instabile Währung, hohe Arbeitslosigkeit und konkurrenzunfähige Unternehmen zur Folge hatte, führte Präsident Carlos Menem nach seinem Wahlsieg 1989 ein umfassendes wirtschaftliches Umstrukturierungsprogramm durch, welches im einzelnen folgende Bereiche beinhaltete:

1. State Reform Law,
2. New Foreign Investment Regime,
3. Privatisierung in den Bereichen Energie, Chemie, Telekommunikation und Transport,
4. Deregulierung,
5. Handelsvereinbarungen,
6. „Cavallos Konvertibilitätsplan" mit einer festen Bindung des Pesos an den USD und
7. Liberalisierung der Wirtschaft.

Der argentinische Aktienmarkt, der seit Anfang 1989 im IFCI-Gesamtindex enthalten ist, verzeichnete auf die Bekanntgabe der umfassenden Reformen 1989 einen spektakulären Kursgewinn von 145,5 %. Obwohl 1990 der Index durch eine Korrektur wieder um 49,8 % zurückfiel, leiteten Präsident Menem und sein Wirtschaftsminister Domingo Cavallo durch die umfassenden Wirtschaftsreformen eine Wende ein. Aufgrund der Koppelung des Pesos an den USD (1 Peso wurde einem USD gleichgesetzt und ersetzte damit 10.000 des 1985 von Alfonsín eingeführten Austral), einer starken Reduzierung der Inflation von 3.080 % (1989) auf 170 % (1991) und sogar auf 24 % im Jahr 1992, begleitet von einem starken Wirtschaftswachstum und einem auf 1,8 % des Bruttosozialprodukts reduzierten Haushaltsdefizits, explodierte der argentinische Aktienmarkt 1991 um 448,9 % auf 676,1 Indexpunkte. Nach 1989 war Argentinien damit 1991 erneut der Markt mit der besten Kursentwicklung aller Emerging Markets. Nachdem 1992 eine Korrektur zu einem Minus von 21,7 % führte, setzte 1993, begleitet durch einen Rückgang der Inflationsrate auf 7,4 %, mit 84,0 % erneut eine kräftige Kursralley ein.

Die Privatisierung des Ölunternehmens Yacimientos Petrolíferos Fiscales (YPF) im Juli und dem Verkauf an nationale und internationale Investoren, durch eine Emission mit der Notierung an der Börse von Buenos Aires und New York Stock Exchange, brachte dem Staat Argentinien Kapital in der Höhe von über USD 3 Mrd. ein. YPF repräsentierte nach der Emission über 25 % der gesamten Marktkapitalisierung und hat somit erheblichen Einfluß auf die Performance des Gesamtindexes.

Ebenfalls positiv beeinflußt wurde der Markt durch die Reduzierung und Umstrukturierung von Schulden und ausstehenden Zinsen im Rahmen des Brady Plans in der Höhe von insgesamt knapp USD 30 Mrd. Zur Garantierung des Nominalwertes mußte Argentiniens Regierung USD 3,2 Mrd. für den Erwerb von 30jährigen US Treasury Bonds aufbringen. Ebenfalls 1993 verabschiedete der Kongreß im Rahmen umfassender Reformen des Sozialversicherungssystems die Einführung eines privaten Pensionsfondssystems (AFP).

Unter großen Schwankungen notierte der Aktienmarkt 1994, trotz eines hohen Wirtschaftswachstums von 6,2 % und einer auf 4,2 % weiter rückläufigen Inflationsrate, um insgesamt 34,0 % schwächer. Dabei verursachten Befürchtungen über eine Ausweitung der mexikanischen Finanzkrise allein im vierten Quartal einen Kurseinbruch von 23,5 %. Argentinien, dessen Währung direkt an den USD gekoppelt ist, verspürte die Auswirkungen der mexikanischen Währungsabwertung damit am deutlichsten von allen lateinamerikanischen Ländern. Im Gegensatz zu Mexiko verfügte Argentinien aber über ausreichende ausländische Devisenreserven. Zudem waren zu diesem Zeitpunkt so gut wie keine kurzfristig fälligen Schulden ausstehend. Bis Ende Februar 1995 erfaßte den argentinischen Aktienmarkt allerdings ein weiterer Kursrückgang auf 455,4 Indexpunkte. Seit dem Höchststand von 1.060,2 Zählern im Januar 1994 bedeutete dies einen Kurseinbruch um 57 %. Als die amerikanische Federal Reserve Bank (FED) und die Regierung der Vereinigten Staaten Mexiko insgesamt USD 53 Mrd. zur Verfügung stellten, um unter anderem Mexikos kurzfristige USD-denominierten Schulden zu refinanzieren, besserte sich auch die Stimmung in Argentinien. Die Wiederwahl Präsident Carlos Menems zu seiner zweiten Amtszeit wurde von den Investoren ebenfalls positiv beurteilt. Menem, der bei Beginn seiner zweiten Amtszeit soziale Gerechtigkeit versprach, kündigte bereits im August ein Beschäftigungsprogramm an, um die hohe Arbeitslosigkeit zu reduzieren. Als Folge des umfangreichen Privatisierungsprogramms der zum Teil defizitären Staatsbetriebe in den letzten Jahren stieg die Arbeitslosenrate auf 17,4 % an.

Die Investoren erwarten in den nächsten Jahren auch positive Auswirkungen von dem Anfang 1995 in Kraft getretenen Abkommen der Mercosur-Staaten (Argentinien, Brasilien, Paraguay und Uruguay). Im 4. Quartal verzeichneten die argentinischen Aktien Gewinne von knapp 20 % aufgrund eines erwarteten Anstiegs des Wirtschaftswachstums auf 5 % im Jahr 1996 und Verbesserungen bei der Steuergesetzgebung. 1995 wies das Bruttoinlandsprodukt bei einer moderaten Inflationsrate von 3 % einen Rückgang von 2,5 % auf. Der Index beendete das Jahr 1995 bei 646,4 Punkten und wies damit einen Kursgewinn von 0,6 % auf.

Brasilien

IFCI Emerging Markets — in D-Mark

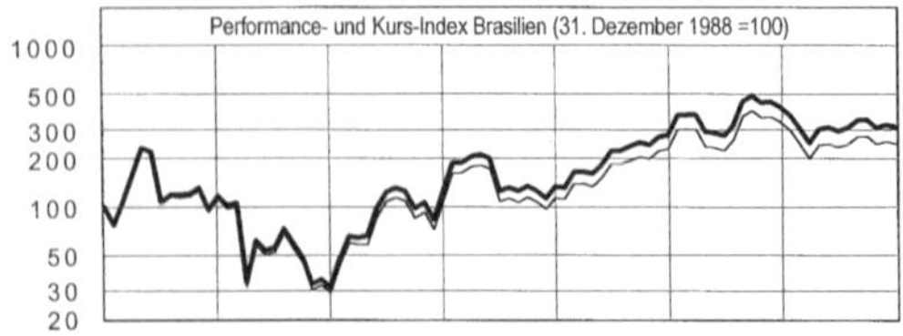

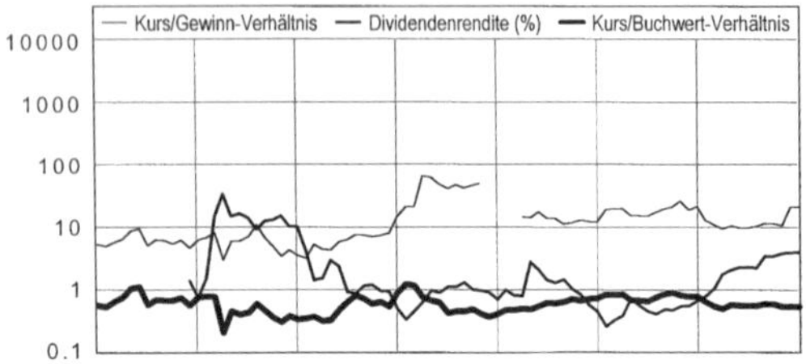

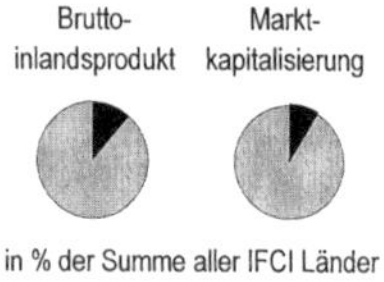

1988	1989	1990	1991	1992	1993	1994	1995	Finanz- und Wirtschafts-Historie
100	226,6	112,9	114,5	181,5	227,9	393,7	335,3	IFCI Kursindex Hoch
100	77,0	29,2	29,2	97,3	112,2	224,1	200,3	IFCI Kursindex Tief
100	112,9	29,2	107,5	114,1	227,9	335,3	246,4	IFCI Kursindex Ultimo
20,04	19,31	8,77	7,61	-0,19	19,49	16,34	11,94	Gewinn pro Anteil
192,31	161,35	94,22	129,57	300,31	330,24	453,05	492,78	Buchwert pro Anteil
-	0,79	2,76	0,49	0,74	0,96	2,08	9,39	Dividenden pro Anteil
-	-3,7	-54,6	-13,3	n.a.	n.a.	-16,2	-26,9	Gewinnwachstum p.a. (%)
-	-16,1	-41,6	37,5	131,8	10,0	37,2	8,8	Buchwertwachstum p.a. (%)
-	-	248,7	-82,1	49,9	29,0	117,2	351,6	Dividendenwachstum p.a. (%)
5,0	5,9	3,3	14,1	n.a.	11,7	20,5	20,6	Kurs/Gewinn-Verhältnis
0,52	0,70	0,31	0,83	0,38	0,69	0,74	0,50	Kurs/Buchwert-Verhältnis
-	0,70	9,44	0,46	0,65	0,42	0,62	3,81	Dividendenrendite (%)
0,43	0,44	0,23	0,86	n.a.	0,49	0,89	1,07	Relatives Kurs/Gewinn-Verhältnis
0,45	0,43	0,22	0,46	0,28	0,28	0,39	0,30	Relatives Kurs/Buchwert-Verhältnis
-	0,26	2,28	0,22	0,28	0,25	0,32	1,64	Relative Dividendenrendite
5,25	6,49	1,64	20,28	27,52	59,45	108,58	90,64	Marktkapitalisierung (in Milliarden DEM)
11,2	6,9	1,7	9,7	9,9	8,9	16,7	10,6	" (in % der Mk. aller IFCI Länder)
31	31	16	30	41	42	57	-	Anzahl der im IFCI Index enthaltenen Titel
587,95	764,11	733,07	616,17	624,51	728,42	-	-	Bruttoinlandsprodukt (in Milliarden DEM)
18,1	21,8	20,6	15,5	13,4	13,9	-	-	" (in % des BIP aller IFCI Länder)
682,3	1287,0	2937,8	440,9	1008,7	2708,7	-	-	Konsumentenpreise (Veränderung in % p.a.)
0,00000	0,00000	0,00004	0,00026	0,00275	0,06720	0,54652	0,67910	Wechselkurs (BRR/DEM)
10,42	11,97	9,31	5,87	-0,06	5,90	3,61	2,42	Eigenkapitalrendite (%)
-	4,1	31,4	6,5	n.a.	4,9	12,7	78,6	Ausschüttungsquote (%)
-	12,9	-74,1	268,2	6,1	99,7	47,1	-26,5	IFCI Kursindex-Veränderung (%)
-	17,2	-73,0	290,4	8,0	108,3	49,0	-24,7	IFCI Performance-Index-Veränderung (%)

Quellen: International Finance Corporation's (IFC) Emerging Markets Database (EMDB), U.S. Department of Commerce. Berechnungen: Keppler Asset Management Inc., New York.

Brasilien

Entwicklung der Wirtschaft und des Aktienmarktes

Brasiliens durchschnittliches Bruttosozialprodukt pro Kopf der Bevölkerung lag 1993 bei USD 3.020. Es erreichte damit zwischen dem reichsten Land in der Region Lateinamerika, Argentinien (USD 7.290), und dem ärmsten Land, Kolumbien (USD 1.400), einen durchschnittlichen Wert. Die Kaufkraftparität von USD 3.020 in Brasilien würde im Vergleich dazu in den USA allerdings dem wesentlich höheren Wert von USD 5.470 entsprechen.

Trotz seiner Größe und seines Reichtums an Rohstoffen konnte Brasilien über all die Jahrzehnte keine kontinuierliche wirtschaftliche und politische Aufwärtsentwicklung vollziehen. Instabile politische Verhältnisse, eine ungleiche Vermögensverteilung (die reichsten 10 % der Bevölkerung kontrollieren 50 % des gesamten Vermögens), vierstellige Inflationsraten und eine immense Auslandsverschuldung waren dabei die wesentlichen Haupthindernisse. Trotz der enormen Schwankungsbreite ist an der positiven Entwicklung des Aktienmarktes in den letzten Jahren allerdings zu erkennen, daß Brasilien eine zentrale Rolle beim wirtschaftlichen Aufschwung in Lateinamerika spielt.

Der brasilianische Aktienmarkt, der seit Anfang 1989 und somit seit der Auflegung im IFCI-Gesamtindex enthalten ist, verzeichnete im ersten Jahr eine moderate Aufwärtsbewegung um 12,9 %. Die ersten anstehenden freien Wahlen nach 25 Jahren Diktatur und ein erneuter Wirtschaftsplan zur Reduzierung der Inflation, der sogenannte „Summer-Plan" von Collor, waren die bestimmenden Themen der Börse.

An den Amtsantritt des neuen Präsidenten Collor de Mello am 15. März 1990 waren viele Hoffnungen geknüpft. Die Bekanntgabe des radikalen Wirtschaftsplans, der unter anderem wieder die Einführung des ursprünglichen „Cruzeiro" als Währung vorsah und damit die auf 2.937,5 % (1990) angestiegene Inflation eindämmen sollte, bewirkte jedoch das Gegenteil. Durch die verordnete Konstanthaltung der Preise und Gehälter sowie eine Blockierung von 80 % des Geldes aller Privatpersonen und Unternehmen in Brasilien fehlte dem Aktienmarkt jegliche Liquidität, und der Index brach um 74,1 % auf 29,2 Punkte ein. Eine auf 440,9 % reduzierte Inflationsrate, attraktiv bewertete Aktien und eine weitere Öffnung und Liberalisierung des Marktes für direkte Investitionen ausländischer Anleger führte im Jahr 1991 zu einer Erholung und einem Indexanstieg um 268,2 %. Damit erreichte Brasilien nach Argentinien (+448,9 %) den zweithöchsten Kursanstieg aller Emerging Markets, und der Index stand mit 107,5 Zählern fast wieder auf dem Niveau des Vorjahres.

Die Privatisierung des Stahlunternehmens Usiminas wirkte sich ebenfalls positiv auf die Börsenstimmung aus. Das folgende Jahr verlief mit einem Kursanstieg von 6,1 % – bei einer Schwankungsbreite von 181,5 Indexpunkten im Hoch und 97,3 im Tief – nicht nur für brasilianische Verhältnisse sehr moderat.

1993, in einem generell sehr positiven Jahr für die Emerging Markets, war Brasilien mit 99,4 % der lateinamerikansiche Aktienmarkt mit der besten Kursentwicklung. Dabei konnte der Index allein im Februar durch die Fortsetzung der Privatisierung staatlicher Großunternehmen (Poliolefinas, CSN und Acominas) sowie durch die Deregulierung der Strom- und Wasserpreise einen Anstieg von über 20 % verzeichnen. Bei einem Wirtschaftswachstum von 4,9 % hatte auch ein Wiederanstieg der Inflation auf 2708,7 % keinen negativen Einfluß auf den Markt.

Während zahlreiche Emerging Markets, vor allem in Lateinamerika, durch die Mexikokrise 1994 empfindliche Einbußen verzeichnen mußten, schloß der brasilianische Markt das Jahr mit einem Kursanstieg von 47,1 % ab. Das bedeutete vor Peru (+31,6 %), Chile (+27,0 %) und Südafrika (+13,7 %) die beste Kursentwicklung aller Märkte. Mit einem Anstieg von 37,8 % im ersten Quartal, einem Verlust von 21,9 % im zweiten Quartal, einem starken Anstieg von 79,7 % im dritten Quartal und einem relativ moderaten Rückgang von 14,8 % im letzten Quartal war die Entwicklung aber wiederum von hoher Volatilität geprägt.

Brasilien, dessen Auslandsschulden sich zu diesem Zeitpunkt auf ca. USD 135 Mrd. beliefen, schloß im April 1994 mit 750 internationalen Gläubigerbanken ein langfristiges Umschuldungsabkommen. Wie im Rahmen des Brady-Plans üblich, kaufte Brasilien zur Garantierung des Nominalwertes dazu 30jährige US Treasury Bonds. Als weitere vom Markt positiv aufgenommene Stabilisierungsmaßnahme wurde im Juli eine neue Währung eingeführt. Die durch vierstellige Jahresinflationsraten völlig entwertete alte Währung (Cruzeiro) wurde zu einer Umtauschrate von 2.750:1 durch den Real ersetzt, dessen Wert an die Notierung des USD gekoppelt wurde. Bereits im gleichen Monat sank daraufhin die monatliche Preissteigerungsrate Brasiliens von bisher 50 % auf 6 %. Bei einer mit 928 % zwar immer noch sehr hohen, aber dennoch rückläufigen jährlichen Inflationsrate sorgte 1994 darüber hinaus vor allem ein Anstieg des Wirtschaftswachstums um 5,7 % für ein positives fundamentales Umfeld. 1995 erfolgte allerdings bereits wieder eine Abwertung des Reals.

Nachdem sich Brasilien 1994 mit Kurssteigerungen von 47,1 % auf 335,3 Indexpunkte noch von den negativen Entwicklungen in Mexiko

(-45,9 %) absetzen konnte, verzeichnete der Markt bei einem extremen Anstieg der Volatilität im ersten Quartal 1995 einen erheblichen Einbruch. Bei 200,3 Punkten und einem Rückgang um 40 % in drei Monaten erreichte die Abwärtsbewegung im März ihren vorläufigen Tiefststand. Seit dem Höchststand von 393,7 Zählern im September 1994 bedeutete dies einen Einbruch um knappe 50 %.

Neben den negativen Meldungen aus Mexiko sanken die Kurse aufgrund einer Kapitalflucht und eines steigenden Handelsdefizits, was wiederum beides zu einem Druck auf den Real beitrug. Da zahlreiche Investoren in Brasilien nach der guten Performance in 1994 noch Gewinne hatten, spielten auch Verkäufe von Investoren eine Rolle, die ihre mexikanischen Verluste ausglichen und Liquidität schufen. Als die Federal Reserve Bank (FED) und die Regierung der Vereinigten Staaten Mexiko insgesamt USD 53 Mrd. zur Verfügung stellten, um unter anderem deren kurzfristige USD-denominierte Schulden zu refinanzieren, und auch Argentinien ein striktes Maßnahmenpaket verabschiedete, besserte sich die Stimmung in Brasilien ebenfalls. Trotz der Turbulenzen in Lateinamerika rechneten Experten 1995 mit einem Anstieg des Wirtschaftswachstums auf 7,5 %. Die Inflationsrate sollte für das ganze Jahr allerdings eher bei ca. 40 % liegen und damit die positiven Schätzungen der Regierung von 20 % deutlich übertreffen. Der Kursindex sank 1995 um 26,5 % auf einen Jahresendstand von 246,4 Punkten.

Chile

IFCI Emerging Markets

in D-Mark

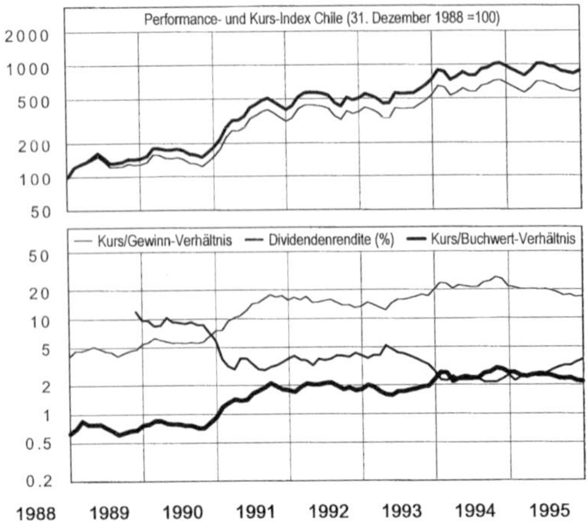

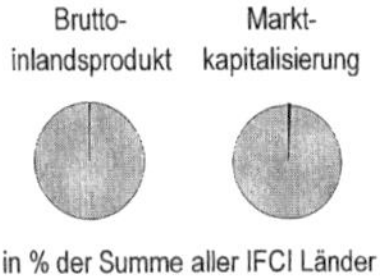

Finanz- und Wirtschafts-Historie

1988	1989	1990	1991	1992	1993	1994	1995	
100	152,3	158,0	399,3	441,0	540,3	729,3	707,1	IFCI Kursindex Hoch
100	100,0	124,2	153,5	314,0	333,7	528,8	560,4	IFCI Kursindex Tief
100	129,5	153,5	314,0	382,0	540,3	686,0	604,1	IFCI Kursindex Ultimo
25,32	24,39	20,58	20,18	28,72	26,96	31,80	35,68	Gewinn pro Anteil
163,93	175,03	170,57	182,56	217,07	243,37	261,84	284,94	Buchwert pro Anteil
-	12,43	8,87	11,71	15,28	14,75	16,94	21,75	Dividenden pro Anteil
-	-3,7	-15,6	-1,9	42,3	-6,1	18,0	12,2	Gewinnwachstum p.a. (%)
-	6,8	-2,5	7,0	18,9	12,1	7,6	8,8	Buchwertwachstum p.a. (%)
-	-	-28,6	32,0	30,5	-3,5	14,9	28,3	Dividendenwachstum p.a. (%)
4,0	5,3	7,5	15,6	13,3	20,0	21,6	16,9	Kurs/Gewinn-Verhältnis
0,61	0,74	0,90	1,72	1,76	2,22	2,62	2,12	Kurs/Buchwert-Verhältnis
-	9,60	5,78	3,73	4,00	2,73	2,47	3,60	Dividendenrendite (%)
0,34	0,40	0,51	0,94	0,80	0,85	0,93	0,88	Relatives Kurs/Gewinn-Verhältnis
0,53	0,46	0,65	0,95	1,31	0,90	1,36	1,27	Relatives Kurs/Buchwert-Verhältnis
-	3,58	1,40	1,82	1,71	1,62	1,27	1,55	Relative Dividendenrendite
1,14	1,68	2,08	5,99	7,34	10,65	15,05	16,07	Marktkapitalisierung (in Milliarden DEM)
2,4	1,8	2,1	2,9	2,6	1,6	2,3	1,9	" (in % der Mk. aller IFCI Länder)
8	9	9	19	19	20	25	-	Anzahl der im IFCI Index enthaltenen Titel
39,10	44,16	46,07	51,51	66,69	75,79	-	-	Bruttoinlandsprodukt (in Milliarden DEM)
1,2	1,3	1,3	1,3	1,4	1,4	-	-	" (in % des BIP aller IFCI Länder)
14,7	17,0	26,0	21,8	15,4	12,7	11,5	-	Konsumentenpreise (Veränderung in % p.a.)
140,70	174,08	225,40	247,44	236,15	248,22	258,78	284,11	Wechselkurs (CLP/DEM)
15,44	13,94	12,06	11,05	13,23	11,08	12,15	12,52	Eigenkapitalrendite (%)
-	51,0	43,1	58,0	53,2	54,7	53,3	60,9	Ausschüttungsquote (%)
-	29,5	18,5	104,5	21,7	41,4	27,0	-11,9	IFCI Kursindex-Veränderung (%)
-	45,5	28,2	113,8	26,1	47,2	30,4	-8,8	IFCI Performance-Index-Veränderung (%)

Quellen: International Finance Corporation's (IFC) Emerging Markets Database (EMDB), U.S. Department of Commerce. Berechnungen: Keppler Asset Management Inc., New York.

Chile

Entwicklung der Wirtschaft und des Aktienmarktes

Chiles durchschnittliches Bruttosozialprodukt pro Kopf der Bevölkerung lag 1993 bei USD 3.070. Es erreicht damit zwischen dem reichsten Land in der Region Lateinamerika, Argentinien (USD 7.290), und dem ärmsten Land, Kolumbien (USD 1.400), einen durchschnittlichen Wert. Die Kaufkraftparität von USD 3.070 in Chile würde im Vergleich dazu in den USA allerdings dem wesentlich höheren Wert von USD 8.380 entsprechen.

Seit 1939, als die COFRO (Gesellschaft zur Entwicklung der Produktion) zur Förderung der eigenen Produktion und zur Substituierung der importierten Güter gegründet wurde, spielt die Regierung eine entscheidende Rolle in der wirtschaftlichen Entwicklung des Landes. Im Jahr 1973 nach dem Sturz der Allende-Regierung, übernahm General Ernesto Pinochet Ugarte das Regime und bewirkte durch die Abschaffung zahlreicher Handelsschranken und Zölle eine Reduzierung des Einflusses der Gewerkschaften und des Staates auf die Wirtschaft – somit die seinerzeit freieste Marktwirtschaft Lateinamerikas. Begleitet von hohen Wachstumsraten konnte der Aktienmarkt in den 70er Jahren enorme Kursgewinne verzeichnen. Anfang der 80er Jahre glitt Chile, ausgelöst durch eine weltweite Rezession der wichtigsten Wirtschaftsnationen, in eine schwere Rezession. 1982 brach das Bruttoinlandsprodukt dabei um 14 % ein, und der Aktienmarkt mußte bis zum Ende der Rezession im Jahr 1984 heftige Kursrückschläge hinnehmen. In den folgenden Jahren verhalfen dem chilenischen Aktienmarkt hohe Wachstumsraten bei einer gemäßigten Inflation zu einer bis heute anhaltenden Aufwärtsbewegung. Die positive Entwicklung wurde unterstützt durch:

1. eine hervorragende Entwicklung der chilenischen Unternehmen,
2. die Privatisierung großer staatlicher Unternehmen,
3. interessante Neuemissionen,
4. wachsendes Interesse institutioneller Investoren am chilenischen Aktienmarkt sowie
5. umfassende Deregulierungs- und Liberalisierungsmaßnahmen der Börsen- und Finanzmärkte.

Der chilenische Aktienmarkt verzeichnete in den ersten beiden Jahren nach der Einführung des IFCI-Index trotz ansteigender Inflationsraten von 14 % (1988) auf 26 % (1990) eine Performance von 29,5 % (1989)

bzw. 18,5 % (1990) auf 153,5 Indexpunkte. Aufgrund eines weiter positiven Wirtschaftswachstums und einer auf 21,8 % sinkenden Inflationsrate konnte der Markt 1991 sogar 104,5 % zulegen. Nach einem Plus von 21,7 % im folgenden Jahr stand der Index Ende 1992 bei 382 Punkten.

1993, in einem generell sehr positiven Jahr für die Emerging Markets, erreichte Chile mit 41,4 % dann allerdings nur eine unterdurchschnittliche Kursentwicklung. Trotz einer auf 12,7 % verbesserten Inflationsrate und eines weiterhin hohen Bruttoinlandsproduktwachstums von 6 % wurde die Aufwärtsbewegung des Aktienmarktes durch einen Verfall der Kupferpreise von durchschnittlich USD 1,04 pro Pfund im Jahr 1992 auf unter USD 0,75 gebremst. Kupfer hat mit 36 % einen wesentlichen Anteil an Chiles Export und somit einen erheblichen Einfluß auf die ausländischen Deviseneinnahmen und die Wirtschaftsentwicklung. Andererseits sorgten die positiven Verhandlungen über Chiles NAFTA-Beitritt, eine Anhebung der Bewertung der Auslandsschulden von BBB auf BBB+ durch die Ratingagentur Standard & Poors, sowie die Wahl Eduardo Freis zum chilenischen Staatspräsidenten für eine positive Grundstimmung.

Während zahlreiche Emerging Markets, vor allem in Lateinamerika, durch die Mexikokrise 1994 empfindliche Kurseinbußen hinnehmen mußten, schloß der chilenische Markt das Jahr mit einem Gewinn in der Höhe von 27,0 % ab. Das bedeutete nach Brasilien (+47,1 %) und Peru (+31,6 %) sowie vor Südafrika (+13,7 %) die drittbeste Kursentwicklung aller Märkte. Von fundamentaler Seite erhielt der Markt Unterstützung durch ein positives Wirtschaftswachstum von 4,5 %, eine auf 11,5 % sinkende Inflationsrate und Verhandlungen zur Intensivierung der inter-lateinamerikanischen Handelsbeziehungen. Im Zuge einer weiteren Integration Chiles wurden die Gespräche über den Beitritt in NAFTA und in Mercosur, eine Handelsunion zwischen Argentinien, Brasilien, Paraguay und Uruguay, fortgesetzt. Die Abwertung des mexikanischen Pesos sowie die Folgen für die mexikanischen Finanzmärkte blieben mit einem moderaten Kursverlust von 6 % im Monat Dezember ohne größere Auswirkungen auf Chile.

Obwohl chilenische Unternehmen seit Anfang der 90er Jahre über USD 2 Mrd., was über 60 % der gesamten Auslandsinvestitionen entspricht, in Argentinien investierten, zeigten sich die Investoren Anfang 1995 dennoch verunsichert über die Auswirkungen der mexikanischen und argentinischen Krise auf Chile. Mit einem Kursrückgang um knapp 20 % auf 560,4 Punkte erreichte die Abwärtsbewegung im März einen vorläufigen Tiefststand. Seit dem Höchststand im Jahr 1994 von 729,3 Zählern bedeutete dies, gegenüber anderen lateinamerikanischen Märkten wie Mexiko (-74 %), Brasilien (-49 %) und Argentinien (-67 %)

einen verhältnismäßig moderaten Kursrückgang von 23 %. Als die Federal Reserve Bank (FED) und die Regierung der Vereinigten Staaten Mexiko insgesamt USD 53 Mrd. zur Verfügung stellten, um unter anderem die kurzfristigen in USD denominierten Schulden zu refinanzieren und auch Argentinien ein striktes Maßnahmenpaket verabschiedete, besserte sich die Stimmung in Chile. Trotz der Turbulenzen in Lateinamerika rechneten Experten für 1995 mit einem Anstieg des Wirtschaftswachstums auf 7,3 % und einer Inflationsrate von 8 %. Der Aktienmarkt beendete das Jahr 1995 bei 604,1 Punkten und wies damit einen Rückgang von 11,9 % auf.

China

IFCI Emerging Markets **in D-Mark**

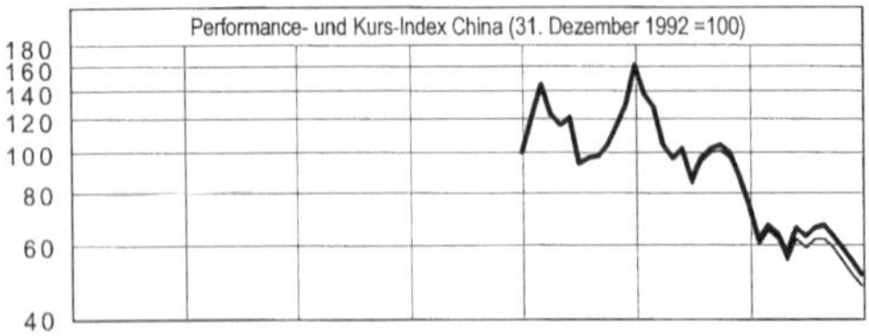

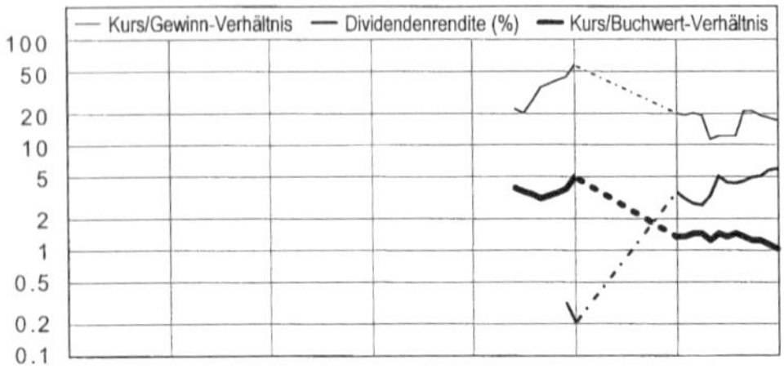

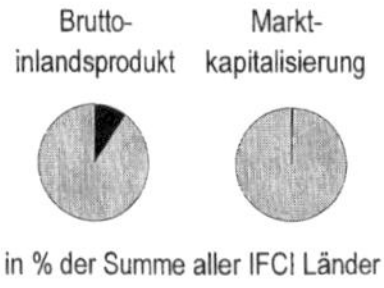

1988	1989	1990	1991	1992	1993	1994	1995	Finanz- und Wirtschafts-Historie
-	-	-	-	100	160,1	160,1	72,6	IFCI Kursindex Hoch
-	-	-	-	100	94,2	72,6	47,8	IFCI Kursindex Tief
-	-	-	-	100	160,1	72,6	47,8	IFCI Kursindex Ultimo
-	-	-	-	-	2,79	3,61	2,87	Gewinn pro Anteil
-	-	-	-	-	33,64	54,60	47,23	Buchwert pro Anteil
-	-	-	-	-	0,34	2,57	2,79	Dividenden pro Anteil
-	-	-	-	-	-	29,2	-20,5	Gewinnwachstum p.a. (%)
-	-	-	-	-	-	62,3	-13,5	Buchwertwachstum p.a. (%)
-	-	-	-	-	-	664,6	8,7	Dividendenwachstum p.a. (%)
-	-	-	-	-	57,3	20,1	16,7	Kurs/Gewinn-Verhältnis
-	-	-	-	-	4,76	1,33	1,01	Kurs/Buchwert-Verhältnis
-	-	-	-	-	0,21	3,54	5,84	Dividendenrendite (%)
-	-	-	-	-	2,42	0,87	0,87	Relatives Kurs/Gewinn-Verhältnis
-	-	-	-	-	1,92	0,69	0,61	Relatives Kurs/Buchwert-Verhältnis
-	-	-	-	-	0,12	1,82	2,52	Relative Dividendenrendite
-	-	-	-	1,20	3,95	2,95	2,71	Marktkapitalisierung (in Milliarden DEM)
-	-	-	-	0,4	0,6	0,5	0,3	" (in % der Mk. aller IFCI Länder)
-	-	-	-	11	16	18	-	Anzahl der im IFCI Index enthaltenen Titel
-	-	-	574,59	705,19	629,61	-	-	Bruttoinlandsprodukt (in Milliarden DEM)
-	-	-	14,5	15,1	12,0	-	-	" (in % des BIP aller IFCI Länder)
-	-	-	5,1	6,7	9,1	-	-	Konsumentenpreise (Veränderung in % p.a.)
-	-	-	-	4,8879	5,0101	5,4499	5,8111	Wechselkurs (CIR/DEM)
-	-	-	-	-	8,30	6,61	6,07	Eigenkapitalrendite (%)
-	-	-	-	-	12,0	71,2	97,4	Ausschüttungsquote (%)
-	-	-	-	-	60,1	-54,6	-34,1	IFCI Kursindex-Veränderung (%)
-	-	-	-	-	60,7	-53,4	-31,2	IFCI Performance-Index-Veränderung (%)

Quellen: International Finance Corporation's (IFC) Emerging Markets Database (EMDB), U.S. Department of Commerce.
Berechnungen: Keppler Asset Management Inc., New York.

China

Entwicklung der Wirtschaft und des Aktienmarktes

Mit einem sehr niedrigen durchschnittlichen Bruttosozialprodukt pro Kopf der Bevölkerung von USD 480 zählte China 1993 innerhalb der im IFCI-Universum enthaltenen Emerging Markets zu den niedrigentwickelten Märkten. Nur Indien (USD 290) und Pakistan (USD 430) wiesen noch geringere Werte auf. Die Kaufkraftparität von USD 480 in China würde im Vergleich dazu in den USA allerdings dem wesentlich höheren Wert von USD 2.120 entsprechen.

China ist nach dem Zusammenbruch der UdSSR der einzige große kommunistisch regierte Staat, der versucht, das Land marktwirtschaftlich zu entwickeln, ohne die Macht der Partei zu gefährden. Diese Entwicklung begann 1978, als der pragmatische Deng Xiaoping eine Ära der Öffnung, des Handels und der Investitionen einleitete. Um den Aufbau der Industrie zu fördern und ausländische Investitionen anzuziehen, wurden verschiedene, zum Teil mit erheblichen Steuervorteilen und Investitionsanreizen ausgestattete Industrie- und Wirtschaftszonen eingerichtet. Dadurch konnten zahlreiche internationale Unternehmen und Investoren angezogen werden. Neben hohen Wachstumsraten, niedrigen Produktions- und Arbeitskosten und einem riesigen chinesischen Binnenmarkt schätzen ausländische Investoren vor allem auch das Unternehmertum sowie die hohe Arbeitsmoral und Motivation des chinesischen Volkes.

Die fundamentalen Wirtschaftsdaten bestätigen den Erfolg des eingeschlagenen Kurses der Pro-Marktwirtschaftsentwicklung. Das reale Wirtschaftswachstum des Bruttoinlandsprodukts lag im Zeitraum von 1985 bis 1993 bei 6,5 % bei einer jährlichen durchschnittlichen Inflationsrate von 8,1 %. 1993 intensivierte Deng Xiaoping die wirtschaftliche Reformpolitik und erweiterte die Verfassung mit Zusätzen über den Aufbau einer sozialistischen Marktwirtschaft. Zur Vertiefung der bisherigen Reformen sind bis zum Ende dieses Jahrhunderts folgende Maßnahmen zur Förderung der Industrie und zum allgemeinen wirtschaftlichen Aufbau der Industrie vorgesehen: Globalsteuerung der Wirtschaft statt direkter staatlicher Eingriffe, Leitung der Staatsbetriebe durch qualifiziertes Management, Entlohnung nach Leistung, Einführung eines umfassenden Sozialversicherungssystems und Reformen von Bankwesen, Finanzen, Steuern, Planung, Investitionen und Außenhandel.

Als generelles Problem beim Aufbau der chinesischen Industrie erweisen sich dabei die Knappheit an Rohstoffen und Energie sowie die für die überdimensionale Größe des Landes völlig unzureichende Verkehrs- und Kommunikationsinfrastruktur. In diese beiden Bereiche soll in den nächsten Jahren verstärkt investiert werden.

1993, im ersten Jahr des chinesischen Aktienmarktes im IFCI-Gesamtindex, verzeichnete der Kursindex nach einem bewegten Verlauf vor allem dank eines rasanten Anstiegs im letzten Quartal einen Kursgewinn von 60,1 % auf 160,1 Indexpunkte. Neben den guten fundamentalen Wachstumsdaten stimulierten ab August vor allem massive Käufe internationaler Emerging-Markets-Investoren die Kurse. Dadurch erklärt sich auch der Performancevorsprung des IFCI-Indexes für China, der ausschließlich für Ausländer erwerbbare Aktien der „B"-Kategorie enthält, gegenüber dem lokalen Shanghai-Composite-Index, der nur Aktien der „A"-Kategorie enthält und das Jahr fast unverändert beendete. Das staatliche statistische Amt der Volksrepublik China meldete für 1993 weitere Erfolge beim „Aufbau des sozialistischen Marktwirtschaftssystems" und ein etwa gleich starkes Wirtschaftswachstum wie in den vergangenen Jahren. Mit 13,4 % verzeichnete China bei weitem das höchste Bruttoinlandsproduktwachstum aller ostasiatischen bzw. asiatischen Wachstumsregionen, das in amtlichen Publikationen vor allem auf Reformen in der Betriebsführung, verstärkte Einführung von Marktmechanismen und höhere ausländische Investitionen zurückgeführt wurde. Das wichtigste Problem war, die boomende wirtschaftliche Entwicklung nach dem Übergang von einer strikt planorientierten Ordnung zum gegenwärtigen System in geordnete Bahnen zu lenken und die Entwicklung der einzelnen Landesteile zu koordinieren.

Ein Zeichen für konjunkturelle Überhitzungserscheinungen und Diskrepanzen zwischen Angebot und wachsender Nachfrage waren die erhöhten Preissteigerungsraten von 9,1 %. In den großen Städten stieg die Inflationsrate sogar um 20 % und im Dienstleistungsbereich um 27 %.

1994, in einem generell sehr schwierigen Jahr für Emerging Markets, verzeichneten die Kurse in China einen herben Kurseinbruch um 54,6 % auf 72,6 Indexpunkte. Während 1993 der Markt für Aktien der „B"-Kategorie eine wesentlich höhere Volatilität aufwies, war es 1994 der „A"-Markt. Aufkommende Unsicherheiten über die zukünftige Haltung der Regierung zur weiteren Entwicklung des Aktienmarktes, ein hoher Kapitalbedarf von über 100 Neuemissionen, Konfusion über das neue Steuer- und Bilanzierungsgesetz sowie die Abschaffung des dualen Devisensystems und ein weiterer Anstieg der Inflation auf 24,2 % waren dabei die hauptsächlichen belastenden Faktoren.

Das Wirtschaftswachstum erreichte 1994 mit 11,8 %, nach 13,4 % im Vorjahr, zwar erneut einen zweistelligen Wert, durch die hohen Inflationsraten kam die Regierung aber immer mehr unter Druck, restriktive

Sanktionen zur Beruhigung der überhitzten Wirtschaft einzuleiten. Da die Situation extremen Wachstums und einer schnell eskalierenden Inflation das letzte Mal erst 1988 auftrat und die Regierung damals mit einschneidenden restriktiven Maßnahmen drei Jahre benötigte, die Inflationsraten wieder zu normalisieren, reagieren die Investoren sehr sensibel auf negative Meldungen von der Preisfront.

Anfang 1994 wurde das duale Wechselkurssystem mit einem offiziellen, vor allem für Ausländer geltenden Kurs (1 USD = 5,8 RMB Yuan) und einem marktbestimmten Swapsatz (1 USD = 8,7 RMB Yuan) von einem einheitlichen, sich grundsätzlich an Angebot und Nachfrage orientierenden Wechselkurs abgelöst. Die Regierung unternahm diesen ersten Schritt zur Währungskonvertibilität, der de facto mit einer Abwertung des Yuan um 50 % verbunden war, um den Eintritt in das GATT zu erleichtern. Ende des Jahres wurde der erste, vorerst noch von der Zentralbank kontrollierte Devisenmarkt eingeführt. Die Regierung geht allerdings davon aus, daß der Yuan erst im Jahr 2000 völlig frei konvertierbar sein wird.

Die im vierten Quartal 1994 einsetzende heftige Abwärtsbewegung setzte sich zu Beginn des Jahres 1995 fort und brachte dem chinesischen Aktienmarkt nach dem Kursverlust von 54,6 % im Vorjahr noch einmal einen weiteren Kursrückgang um 34,1 auf 47,8 Indexpunkte.

Von den Höchstkursen im Januar 1994 bedeutete dies einen Rückgang um über 70 %. Vor allem in der zweiten Jahreshälfte tendierte der Markt kontinuierlich schwächer und schloß auf dem Jahrestiefststand. Neben dem ungewissen Gesundheitszustand von Deng Xiaoping und den nicht prognostizierbaren Auswirkungen nach seinem Tod auf die wirtschaftliche Zukunft und politische Stabilität des Landes waren die restrikte Geldpolitik und Ausgabenkürzungen der Regierung zur Eindämmung des Preisanstiegs die Hauptbeweggründe für diese Situation. Ebenfalls negative Auswirkungen auf die Kurse hatte die Ankündigung der chinesischen Regierung im Rahmen des APEC-Treffens in Osaka, die Importbeschränkungen auf insgesamt 4.000 Güter und Produkte aufzuheben. Diese Maßnahme führt zu einer Senkung der durchschnittlichen Importsteuern von 36 % auf 22 %, wodurch sich der Wettbewerbsdruck für chinesische Unternehmen erhöhte und die Gewinnmargen schrumpften.

Immobilienaktien verzeichneten den größten Kursrückgang, da die Regierung eine Reduzierung der finanziellen Unterstützung und Einschränkungen der Steuerbegünstigungen der sogenannten „special economic zones“ (SEZs) ankündigte.

Ein Handelsstreit mit den USA um die Verletzung von Urheberrechten, der durch die unerlaubte chinesische Herstellung Hunderttausender illegaler Raubkopien von CDs und Computersoftware ausgelöst wurde, konnte in letzter Minute beigelegt werden. Der US-Handelsbeauftragte Mickey Kantor und Außenminister Wu Yi unterzeichneten ein Abkommen über den Schutz amerikanischer geistiger Eigentumsrechte in China.

Im Rahmen des Rechenschaftsberichtes der Regierung zur Tagung des VIII. Nationalen Volkskongresses stand die wirtschaftliche Entwicklung im Mittelpunkt. Finanzminister Liu Zhongli gab bekannt, daß die Inflationsrate nach einem Anstieg um 24,2 % im Vorjahr 1995 nur noch um 15 % zulegen sollte. Beim Bruttoinlandsprodukt wurde trotz der restriktiven und beruhigenden Maßnahmen mit einem nach wie vor zweistelligen Wachstum von etwas über 10 % gerechnet. Darüber hinaus setzte die Regierung Prioritäten bei der Erhöhung des Nahrungsmittelangebots durch die gezielte Förderung der Landwirtschaft sowie der Bekämpfung der stark zunehmenden Kriminalität und Korruption.

Sehr aktiv war China in den vergangenen Jahren neben der Einrichtung von Joint Ventures bei der Vergabe von Großprojekten an ausländische Unternehmen. Ende 1994, z.B. beim Besuch von Kanadas Premierminister Jean Chrétien, wurden chinesisch-kanadische Wirtschaftsverträge im Gesamtwert von USD 6,1 Mrd. unterzeichnet. Darin enthalten war auch der Kauf von zwei kanadischen Kernkraftwerken in der Höhe von USD 3,5 Mrd. Französische Unternehmen erhielten Anfang 1995 Aufträge im Gegenwert von USD 7 Mrd. Dabei handelt es sich unter anderem um ein Kernkraftwerk nahe der britischen Kronkolonie Hongkong und den Bau einer Ölraffinerie in Shanghai. Im Rahmen eines Peking-Besuchs von Bundeskanzler Kohl Ende 1995 wurden zwischen der Daimler Benz, BMW, Audi, Siemens und anderen führenden Unternehmen der deutschen und chinesischen Wirtschaft Vereinbarungen im Auftragswert von DM 2 Mrd. unterzeichnet.

Griechenland

IFCI Emerging Markets — in D-Mark

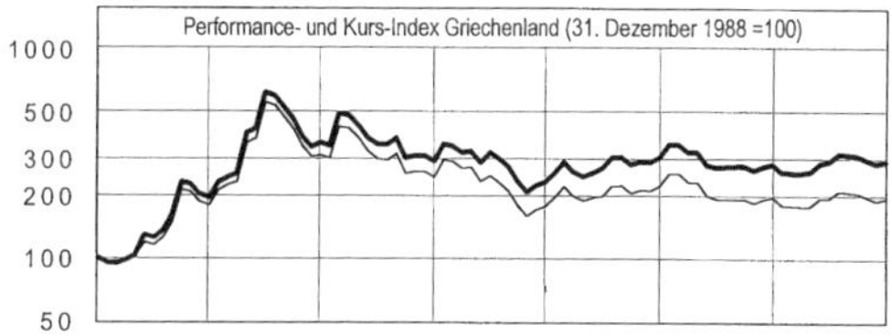

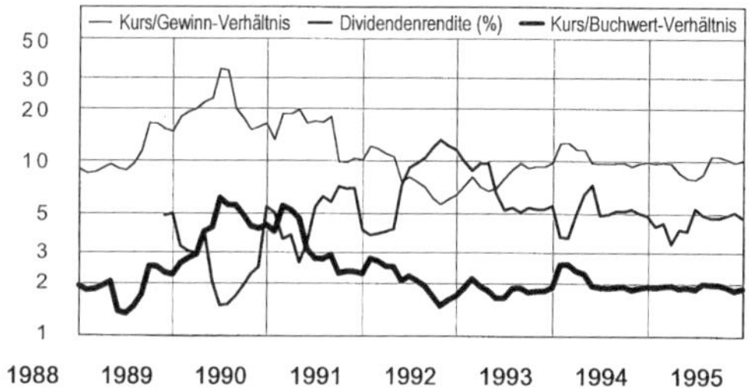

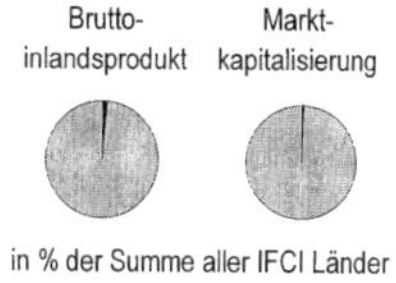

1988	1989	1990	1991	1992	1993	1994	1995	Finanz- und Wirtschafts-Historie
100	213,6	551,3	425,0	296,0	224,4	255,9	210,4	IFCI Kursindex Hoch
100	94,6	180,4	246,5	160,5	178,3	185,5	178,3	IFCI Kursindex Tief
100	180,4	310,6	246,5	178,3	222,9	197,2	194,9	IFCI Kursindex Ultimo
11,25	12,38	19,03	24,68	28,34	23,05	20,16	19,46	Gewinn pro Anteil
53,19	82,74	73,44	111,04	108,05	120,50	105,45	106,53	Buchwert pro Anteil
-	8,87	16,71	9,76	20,41	12,17	9,43	9,08	Dividenden pro Anteil
-	10,0	53,8	29,6	14,9	-18,7	-12,5	-3,5	Gewinnwachstum p.a. (%)
-	55,5	-11,2	51,2	-2,7	11,5	-12,5	1,0	Buchwertwachstum p.a. (%)
-	-	88,3	-41,6	109,1	-40,4	-22,6	-3,6	Dividendenwachstum p.a. (%)
8,9	14,6	16,3	10,0	6,3	9,7	9,8	10,0	Kurs/Gewinn-Verhältnis
1,88	2,18	4,23	2,22	1,65	1,85	1,87	1,83	Kurs/Buchwert-Verhältnis
-	4,92	5,38	3,96	11,45	5,46	4,78	4,66	Dividendenrendite (%)
0,77	1,10	1,10	0,60	0,38	0,41	0,42	0,52	Relatives Kurs/Gewinn-Verhältnis
1,62	1,35	3,07	1,23	1,23	0,75	0,97	1,10	Relatives Kurs/Buchwert-Verhältnis
-	1,84	1,30	1,93	4,89	3,23	2,45	2,01	Relative Dividendenrendite
2,78	5,01	11,56	10,79	7,03	9,55	11,50	13,79	Marktkapitalisierung (in Milliarden DEM)
6,0	5,3	11,8	5,2	2,5	1,4	1,8	1,6	" (in % der Mk. aller IFCI Länder)
8	8	20	24	15	17	25	-	Anzahl der im IFCI Index enthaltenen Titel
90,76	91,48	99,54	106,48	125,65	126,65	-	-	Bruttoinlandsprodukt (in Milliarden DEM)
2,8	2,6	2,8	2,7	2,7	2,4	-	-	" (in % des BIP aller IFCI Länder)
13,5	13,7	20,4	19,5	15,9	14,4	10,9	-	Konsumentenpreise (Veränderung in % p.a.)
83,282	92,513	106,72	115,51	132,98	143,59	155,25	165,29	Wechselkurs (GRD/DEM)
21,15	14,96	25,92	22,22	26,23	19,13	19,12	18,26	Eigenkapitalrendite (%)
-	71,7	87,8	39,6	72,0	52,8	46,7	46,7	Ausschüttungsquote (%)
-	80,4	72,2	-20,6	-27,7	25,0	-11,5	-1,1	IFCI Kursindex-Veränderung (%)
-	95,7	81,6	-17,9	-20,7	31,8	-7,7	3,4	IFCI Performance-Index-Veränderung (%)

Quellen: International Finance Corporation's (IFC) Emerging Markets Database (EMDB), U.S. Department of Commerce.
Berechnungen: Keppler Asset Management Inc., New York.

Griechenland

Entwicklung der Wirtschaft und des Aktienmarktes

Griechenland war zwar 1993 mit einem durchschnittlichen Bruttosozialprodukt pro Kopf der Bevölkerung von USD 7.390 das ärmste Land in der Europäischen Union, aber nach Portugal (USD 7.890) und Süd-Korea (USD 7.670) sowie vor Argentinien (USD 7.290) dennoch eines der fortschrittlichsten Länder im Universum der Emerging Markets. Die Kaufkraftparität von USD 7.390 in Griechenland würde im Vergleich dazu in den USA sogar dem Wert von USD 8.130 entsprechen.

Seit 1981, dem Jahr, in dem Griechenland ein Vollmitglied der Europäischen Union wurde, gewann der griechische Aktienmarkt trotz einer nur mittelmäßigen Entwicklung der Wirtschaft systematisch an Bedeutung. Ausländische Investoren wurden vor allem durch die niedrige Bewertung des Marktes im Vergleich zu anderen internationalen Märkten angelockt. Aufgrund der Mitgliedschaft in der Europäischen Union stellen Europäer heute zwar nach wie vor den größten Anteil der ausländischen Investoren dar, nach dem globalen Aufschwung der Emerging Markets, dem ein immenser Mittelzufluß weltweiter Investoren in diesen Sektor folgte, investieren inzwischen aber auch Anleger aus allen großen Finanzmetropolen der Welt in griechische Aktien.

Die sozialistische Regierung von 1981 bis 1989 führte zu einer Erhöhung der Staatsquote von 55 % auf 70 %. Aufgrund eines breit angelegten Privatisierungsprogramms sowie umfangreicher Deregulierungs- und Liberalisierungsmaßnahmen konnte die Staatsquote bis Ende 1994 allerdings wieder auf unter 60 % gesenkt werden. Das durchschnittliche jährliche reale Bruttoinlandsproduktwachstum betrug in den 80er Jahren 1,6 % und lag somit unter dem EU-Durchschnitts, von 2,2 %. Die Inflationsrate erreichte im gleichen Zeitraum jedoch mit 16 % den vierfachen Wert des EU-Durchschnitts, und die Staatsverschuldung lag mit einem Anteil von 140 % des Bruttoinlandsprodukts ebenfalls weit über dem EU-Durchschnitt.

Griechenland ist von Beginn an, also seit Anfang 1989, im Gesamtindex aller investierbaren Emerging-Markets-Aktien der International Finance Corporation (IFCI-Gesamtindex) enthalten. Der Markt verzeichnete in den ersten eineinhalb Jahren mit einer Kurssteigerung um 451,3 % eine hervorragende Performance und erreichte sein bisheriges Indexhoch von 551,3 Punkten im Juni 1990.

1990 veranlaßten eine hohe Inflationsrate (22 %), ein hohes öffentliches Haushaltsdefizit (20,9 %) und ein wachsendes Leistungsbilanzdefizit (5,4 % des Bruttoinlandsprodukts) die Regierung zur Umsetzung eines Dreijahresplans. Die Kernelemente des Programms waren eine Stabilisierung und Verringerung der Verschuldung durch eine Erhöhung der Einnahmen und gleichzeitige Reduzierung der Ausgaben sowie umfangreiche Deregulierungs- und Liberalisierungsmaßnahmen zur Öffnung der staatlichen Monopole für die Privatwirtschaft.

Zur Beschaffung von Kapital und zur Reduzierung der Schuldenlast verabschiedete das Parlament 1991 ein Privatisierungsprogramm. Die Auslandsverschuldung lag damals bei 31,5 % des Bruttoinlandsprodukts. Die hohen Zinsen (im kurzfristigen Bereich lag der Zinssatz über 30 %) machten es für griechische Unternehmen nahezu unmöglich, sich über reguläre Bankkredite zu refinanzieren. Diese Tatsache veranlaßte allein 1990 knapp 30 Unternehmen zum Börsengang. Obwohl die Inflationsrate von ihrem Höchstwert im Jahr 1990 (20,4 %) bis 1994 systematisch auf 10,9 % sank, tendierte der Markt aufgrund niedriger Wachstumsraten des Bruttoinlandsprodukts 1991 mit minus 20,6 % und 1992 mit minus 27,7 % schwächer. Angetrieben durch die Umsetzung des Privatisierungsprogramms der Regierung konnte der griechische Markt 1993 zwar um 25,0 % zulegen, er verzeichnete damit allerdings nach Venezuela (22,2 %) die zweitschlechteste Kursentwicklung aller Emerging Markets.

Der intensive Gebrauch von EU-Geldern, die seit dem Beitritt im Jahr 1981 jährlich bis zu 6 % des griechischen Bruttoinlandsprodukts ausmachten, verursachte innerhalb der EU in den vergangenen Jahren erhebliche Spannungen. 1994 äußerte die EU erneut harsche Kritik an dem mit 18 % des Bruttoinlandsprodukts sehr hohen Anteil der Staatsausgaben (1989 lag dieser Anteil nur bei 3,9 %) und forderte die griechische Regierung zu konsequenten Einnahmenerhöhungen auf. Aus diesem Grund erhöhte die Regierung im April 1994 die Unternehmenssteuern für Gesellschaften, die nicht an der Börse notieren, von 35 % auf 40 %. Dieser Schritt und eine weiter vorangetriebene Privatisierungspolitik waren die Hauptgründe, daß im Jahr 1994 somit 73 Neuemissionen erfolgten und am Ende des Jahres insgesamt 216 Aktien an der ASE notierten.

Seit Mai 1994 sind zudem alle Restriktionen in bezug auf kurzfristige Kapitalbewegungen aufgehoben, und die griechische Währung ist ohne Einschränkungen frei konvertierbar. Der Aktienmarkt tendierte 1994 in einer relativ engen Bandbreite und beendete das Jahr mit einem moderaten Kursrückgang von 11,5 %. Der IFCI Gesamtindex sank dagegen um 23 %. Eine auf 10,9 % gesunkene Inflationsrate hatte aufgrund des nach wie vor geringen Bruttoinlandsproduktwachstums von nur 1,5 % keinen positiven Einfluß auf die Kurse.

Die Mexikokrise wirkte sich in Griechenland kaum negativ auf die Kurse aus. Ein weiterer Rückgang der Inflationsrate, sinkende Zinsen, die Wahl Konstantinos Stephanopoulos und die Bereitstellung umfangreicher Finanzmittel der Europäischen Union zum Ausbau der Infrastruktur, die unter anderem den Bau eines neuen Flughafens in Athen beinhalten, verhalfen dem Markt zu einer verhaltenen Aufwärtsbewegung. Die fundamentalen Rahmendaten mit einer sinkenden Inflationsrate (9,5 %), einem Rückgang der Arbeitslosenquote auf 9,5 % und einem moderaten Bruttoinlandsproduktwachstum von 2,0 % unterstützten die Kurse. Mit einer Inflationsrate von 9,5 % lag Griechenland allerdings immer noch weit über dem EU-Durchschnitt von 3,5 %. Nach Griechenland hatten in der EU nur noch Spanien und Italien mit jeweils 5,5 % eine überdurchschnittlich hohe Inflationsrate. Der griechische Aktienindex verzeichnete 1995 einen moderaten Kursrückgang von 1,1 % und beendete das Jahr bei 194,9 Indexpunkten.

Indien

IFCI Emerging Markets in D-Mark

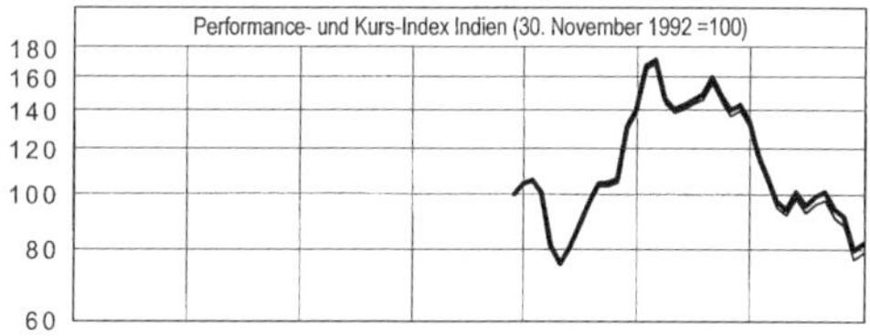

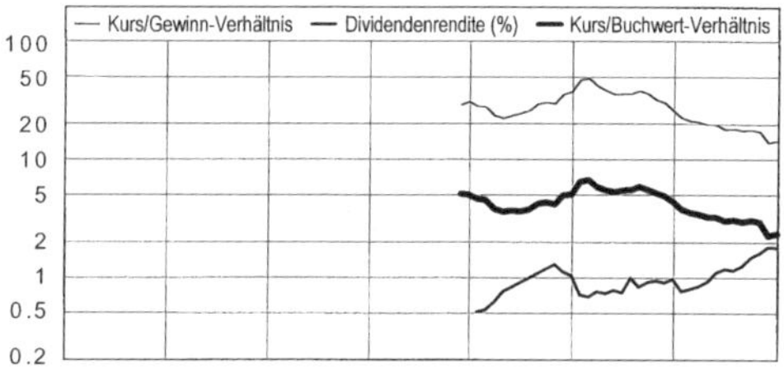

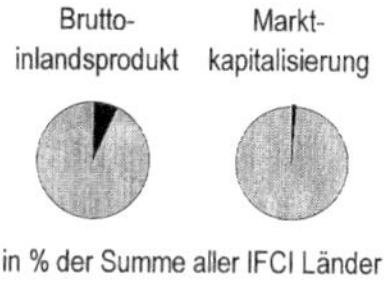

1988	1989	1990	1991	1992	1993	1994	1995	Finanz- und Wirtschafts-Historie
-	-	-	-	104,2	138,7	168,4	131,4	IFCI Kursindex Hoch
-	-	-	-	100	75,4	131,4	76,8	IFCI Kursindex Tief
-	-	-	-	104,2	138,7	131,4	79,0	IFCI Kursindex Ultimo
-	-	-	-	3,38	3,71	5,06	5,59	Gewinn pro Anteil
-	-	-	-	21,26	28,01	30,63	34,48	Buchwert pro Anteil
-	-	-	-	-	1,40	1,24	1,37	Dividenden pro Anteil
-	-	-	-	-	9,6	36,6	10,4	Gewinnwachstum p.a. (%)
-	-	-	-	-	31,8	9,3	12,6	Buchwertwachstum p.a. (%)
-	-	-	-	-	-	-11,8	11,2	Dividendenwachstum p.a. (%)
-	-	-	-	30,8	37,4	26,0	14,1	Kurs/Gewinn-Verhältnis
-	-	-	-	4,90	4,95	4,29	2,29	Kurs/Buchwert-Verhältnis
-	-	-	-	-	1,01	0,94	1,74	Dividendenrendite (%)
-	-	-	-	1,86	1,58	1,12	0,73	Relatives Kurs/Gewinn-Verhältnis
-	-	-	-	3,66	2,00	2,23	1,37	Relatives Kurs/Buchwert-Verhältnis
-	-	-	-	-	0,60	0,48	0,75	Relative Dividendenrendite
-	-	-	-	9,17	17,25	21,88	19,31	Marktkapitalisierung (in Milliarden DEM)
-	-	-	-	3,3	2,6	3,4	2,3	" (in % der Mk. aller IFCI Länder)
-	-	-	-	40	61	76	-	Anzahl der im IFCI Index enthaltenen Titel
504,32	463,32	455,12	409,12	502,09	456,37	-	-	Bruttoinlandsprodukt (in Milliarden DEM)
15,6	13,2	12,8	10,3	10,8	8,7	-	-	" (in % des BIP aller IFCI Länder)
9,4	6,2	9,0	13,9	11,8	8,0	-	-	Konsumentenpreise (Veränderung in % p.a.)
8,4691	9,9674	12,145	17,030	17,715	17,927	20,241	24,569	Wechselkurs (INR/DEM)
-	-	-	-	15,91	13,24	16,53	16,21	Eigenkapitalrendite (%)
-	-	-	-	-	37,8	24,4	24,6	Ausschüttungsquote (%)
-	-	-	-	-	33,1	-5,2	-39,9	IFCI Kursindex-Veränderung (%)
-	-	-	-	-	35,0	-4,4	-39,0	IFCI Performance-Index-Veränderung (%)

Quellen: International Finance Corporation's (IFC) Emerging Markets Database (EMDB), U.S. Department of Commerce.
Berechnungen: Keppler Asset Management Inc., New York.

Indien

Entwicklung derWirtschaft und des Aktienmarktes

Mit einem sehr niedrigen durchschnittlichen Bruttosozialprodukt pro Kopf der Bevölkerung von USD 290 war Indien 1993 nach China (USD 480) und Pakistan (USD 430) innerhalb der im IFCI-Gesamtindex enthaltenen Emerging Markets das Land mit dem niedrigsten Entwicklungsstand. Die Kaufkraftparität von USD 290 in Indien würde im Vergleich dazu in den USA allerdings dem wesentlich höheren Wert von USD 1.250 entsprechen.

Seit der Unabhängigkeit im Jahr 1950 durchlief Indien unterschiedliche wirtschaftliche Entwicklungen, die von einer staatlich sozialistischen Planwirtschaft bis zur freien Marktwirtschaft reichten. Schlüsselindustrien in den Bereichen Eisenbahn, Automobilbau und Bankwesen befinden sich nach wie vor in staatlicher Hand, während in der Landwirtschaft und im Konsumgüterbereich dagegen heute schon mehrheitlich private Unternehmen existieren. In absoluten Zahlen betrachtet, zählt Indien heute schon zu den größten zehn Industrienationen der Welt.

Das reale Wirtschaftswachstum des Bruttoinlandsprodukts lag im Zeitraum von 1985 bis 1993 nur bei 3,0 %. In Relation zu der hohen jährlichen durchschnittlichen Inflationsrate von 9,7 % ist dieser Wert enttäuschend. In den vergangenen Jahren konnte sich allerdings das Wirtschaftswachstum wesentlich steigern. Die von der indischen Regierung 1991 eingeleitete Politik wirtschaftlicher Reformen wurde erfolgreich umgesetzt und weitergeführt. Ziel ist es, das mit USD 90 Mrd. Auslandsschulden belastete und zu Beginn der 90er Jahre wirtschaftlich stagnierende Land weiter auf Wachstumskurs zu halten.

Die Reserve Bank of India (RBI) wies in einem Jahresbericht gesondert auf die Probleme der hohen Aulandsverschuldung hin. Besonders kritisiert wurde dabei, daß das Budgetdefizit der Regierung die vom Internationalen Währungsfonds vorgegebene Höchstmarke von 5 % des Bruttosozialprodukts überschreitet. 1993 lag das Budgetdefizit bei 7,3 %. Die Auslandsdevisenreserven, die im Krisenjahr 1991 auf USD 1 Mrd. geschrumpft waren, konnten inzwischen wieder erheblich erhöht werden. Der Rücktransfer von ehemals im Ausland angelegtem indischen Kapital und die Zuflüsse ausländischer Investoren brachten 1993 eine Verbesserung um USD 2 Mrd. auf USD 8 Mrd. Aggressive Käufe ausländischer Devisen von der RBI, um einen Anstieg der indischen Rupie zu verhindern, sowie zahlreiche Emissionen indischer Aktien an ausländischen Märkten führten 1994 zu einem erneuten Anstieg auf USD 19 Mrd. Allein 41 Neuemissionen durch indische Unternehmen von Global Depository Receipts brachten USD 3 Mrd. ein.

Mit Hilfe der Weltbank und des Internationalen Währungsfonds wurde in den vergangenen Jahren eine systematische Sanierung der indischen Wirtschaft fortgesetzt, was vor allem eine Abkehr von der bisher praktizierten sozialistischen Staatswirtschaft beinhaltete. Die Liberalisierung des Handels, die Privatisierung von Staatsbetrieben, die Konvertibilität der Währung, die Senkung der Steuern auf langfristige Kursgewinne, die Förderung privater Investitionen und Kooperationen mit ausländischen Unternehmen führten dazu, daß 1993 und 1994 an die Erfolge angeknüpft werden konnte und sich der Aufwärtstrend stabilisierte. So wuchs die Industrieproduktion real jeweils um rd. 6,5 % und die gesamte Wirtschaft um 4,5 % (1993) bzw. 5,5 % (1994). Die Inflationsrate konnte 1993 zwar leicht auf 8 %, gegenüber 11,8 % (1992) und 13,9 % (1991), reduziert werden. 1994 verzeichnete sie aufgrund umfangreicher ausländischer Kapitalzuflüsse allerdings einen erneuten Anstieg auf 9 %.

Nach der Aufnahme Indiens in den IFCI-Gesamtindex im Dezember 1992 verzeichnete der Markt im 1. Quartal aufgrund innenpolitischer Probleme und öffentlicher Krawalle einen 25prozentigen Kurseinbruch. Da in den folgenden Monaten eine Stabilisierung der politischen Lage, erfreuliche Unternehmensmeldungen und massive Käufe ausländischer Investoren eine furiose Aufwärtsbewegung auslösten, konnte das Jahr mit einem Kursgewinn von 33,1 % bei 138,7 Indexpunkten beendet werden. In einem schwierigen Umfeld weltweit schwacher Aktienkurse, steigender Zinsen und schwer abzuschätzender Auswirkungen nach dem Ausbruch einer Seuche in Westindien fielen 1994 die Kursverluste mit 5,2 % sehr moderat aus.

Im September 1994 kam es zu landesweiten Protesten gegen die Wirtschaftspolitik der Regierung, wobei allein im Bundestaat Tamil Nadu rd. 10.000 Menschen vorübergehend festgenommen wurden. Die 1991 eingeleiteten Liberalisierungsmaßnahmen führten unter anderem zu einer steigenden Arbeitslosigkeit und steigenden Lebensmittelpreisen. Die Unruhen resultierten aus den ärmeren Bevölkerungsschichten, die davon besonders hart betroffen waren.

Die daraufhin einsetzende Abwärtsbewegung setzte sich zu Beginn des Jahres 1995 jedoch fort und brachte dem indischen Aktienmarkt im ersten Quartal 1995 bereits einen Kursverlust von knapp 30 % auf 92 Indexpunkte. Nach einer kurzen Konsolidierung setzte sich der Kursrückgang im 4. Quartal fort. Der Index beendete das Jahr mit einem Minus von 39,9 % bei 79,0 Punkten nahe dem Jahrestiefststand von 76,8 Punkten. Indien wies damit nach Sri Lanka (– 44,1 %) und Ungarn (– 40,1 %) die drittschlechteste Wertentwicklung aller Emerging Markets auf. Der IFCI-Gesamtindex sank um 17,0 %.

Neben den Auswirkungen der mexikanischen Währungskrise, politischen Unsicherheiten und einer verspäteten Monsunregenphase führten besonders das nach wie vor zu hohe Budgetdefizit und eine restriktive Zinspolitik der indischen Zentralbank zu Verkäufen institutioneller Investoren. Rückflüsse lokaler und internationaler Fondsgesellschaften verstärkten den Abgabedruck in der zweiten Jahreshälfte. Das Budgetdefizit überschritt mit einem Anteil von 6,5 % des Bruttosozialprodukts wiederum die vom Internationalen Währungsfonds vorgegebene Höchstmarke von 5 %. Experten gingen davon aus, daß das für das Wahljahr 1996 gesteckte Ziel von 5,5 %, was den Vorgaben des Internationalen Währungsfonds entsprechen würde, ebenfalls nicht eingehalten wird.

Der Haushaltsentwurf für das am 1.4.1995 begonnene Fiskaljahr 1995/96 enthielt zahlreiche Maßnahmen gegen die Armut. Die größten Ausgabenposten blieben der Schuldendienst, die Verteidigung sowie die Subventionen für Nahrungs- und Düngemittel. Trotz der erheblichen Verbesserung auf ca. USD 21 Mrd. (1995) äußerte sich der Internationale Währungsfonds auch nach wie vor kritisch über die zu geringen Auslandsdevisenreserven. Die fundamentalen Rahmendaten der indischen Wirtschaft waren 1995 mit einem Bruttosozialproduktwachstum von 5,5 % und einer Inflationsrate von 9 % erneut positiv. Einige Marktteilnehmer rechnen jedoch nach den Wahlen 1996 aufgrund erwarteter höherer Importsteuern und Zinsen mit einen Anstieg der Inflationsrate.

Indonesien

IFCI Emerging Markets

in D-Mark

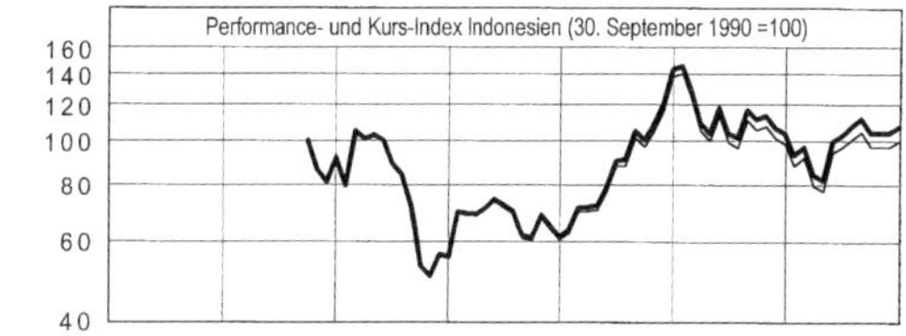

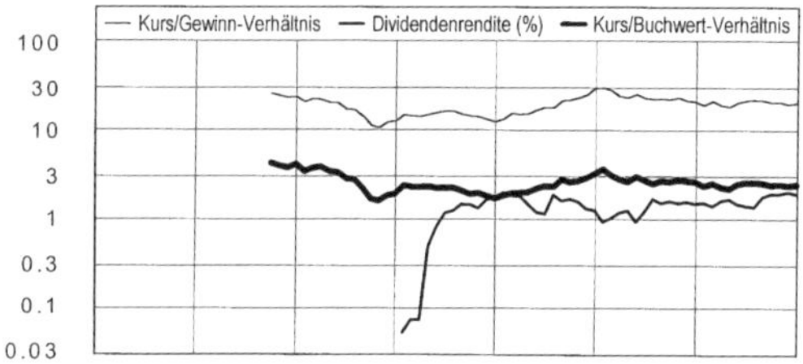

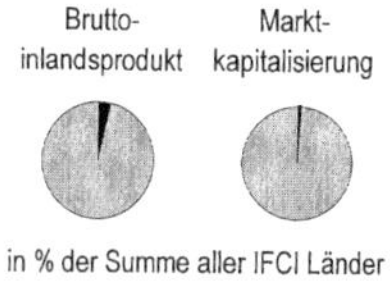

1988	1989	1990	1991	1992	1993	1994	1995	Finanz- und Wirtschafts-Historie
-	-	100	105,1	73,9	138,0	140,3	104,4	IFCI Kursindex Hoch
-	-	81,3	50,4	55,5	60,6	96,6	77,7	IFCI Kursindex Tief
-	-	91,7	55,5	60,6	138,0	98,6	100,1	IFCI Kursindex Ultimo
-	-	3,94	4,51	4,95	4,69	4,77	4,99	Gewinn pro Anteil
-	-	22,82	29,98	36,94	43,96	39,12	42,41	Buchwert pro Anteil
-	-	-	-	1,02	1,67	1,41	1,85	Dividenden pro Anteil
-	-	-	14,4	9,9	-5,3	1,6	4,8	Gewinnwachstum p.a. (%)
-	-	-	31,4	23,2	19,0	-11,0	8,4	Buchwertwachstum p.a. (%)
-	-	-	-	-	63,1	-15,6	31,4	Dividendenwachstum p.a. (%)
-	-	23,3	12,3	12,2	29,4	20,7	20,0	Kurs/Gewinn-Verhältnis
-	-	4,02	1,85	1,64	3,14	2,52	2,36	Kurs/Buchwert-Verhältnis
-	-	-	-	1,69	1,21	1,43	1,85	Dividendenrendite (%)
-	-	1,58	0,74	0,74	1,24	0,89	1,04	Relatives Kurs/Gewinn-Verhältnis
-	-	2,91	1,02	1,22	1,27	1,31	1,41	Relatives Kurs/Buchwert-Verhältnis
-	-	-	-	0,72	0,72	0,73	0,80	Relative Dividendenrendite
-	-	2,50	2,82	6,15	15,04	17,35	19,87	Marktkapitalisierung (in Milliarden DEM)
-	-	2,5	1,3	2,2	2,3	2,7	2,3	" (in % der Mk. aller IFCI Länder)
-	-	17	20	33	31	38	-	Anzahl der im IFCI Index enthaltenen Titel
149,57	159,87	159,45	173,13	207,62	251,63	-	-	Bruttoinlandsprodukt (in Milliarden DEM)
4,6	4,6	4,5	4,4	4,5	4,8	-	-	" (in % des BIP aller IFCI Länder)
8,0	6,4	7,5	9,2	7,5	9,7	-	-	Konsumentenpreise (Veränderung in % p.a.)
-	1063,6	1264,0	1309,6	1274,6	1211,1	1418,2	1597,5	Wechselkurs (IDR/DEM)
-	-	17,28	15,04	13,41	10,67	12,19	11,78	Eigenkapitalrendite (%)
-	-	-	-	20,7	35,6	29,6	37,1	Ausschüttungsquote (%)
-	-	-	-39,5	9,2	127,8	-28,6	1,5	IFCI Kursindex-Veränderung (%)
-	-	-	-39,5	11,1	132,4	-27,5	3,4	IFCI Performance-Index-Veränderung (%)

Quellen: International Finance Corporation's (IFC) Emerging Markets Database (EMDB), U.S. Department of Commerce. Berechnungen: Keppler Asset Management Inc., New York.

Indonesien

Entwicklung der Wirtschaft und des Aktienmarktes

Indonesien gehörte 1993 mit einem durchschnittlichen Bruttosozialprodukt pro Kopf der Bevölkerung von USD 730 nach wie vor zu den am geringsten entwickelten Emerging Markets des IFCI-Universums. Die Kaufkraftparität von USD 730 in Indonesien würde im Vergleich dazu in den USA allerdings dem wesentlich höheren Wert von USD 3.140 entsprechen.

Die hohen Wachstumsraten der vergangenen Jahre, die allein im Zeitraum von 1985 bis 1993 jährlich durchschnittlich 4,8 % betrugen, reichten nicht aus, um die hohe Arbeitslosigkeit abzubauen und die jährlich 2,3 Millionen neu auf den Arbeitsmarkt drängenden Beschäftigungssuchenden zu absorbieren. Die Inflationsrate erreichte in den Jahren von 1985 bis 1993 den relativ hohen Wert von jährlich durchschnittlich 8,6 % und veranlaßte die Zentralbank zur Umsetzung einer restriktiven Geldpolitik, die jedoch angesichts signifikant höhere Strom- und Wasserkosten sowie steigende Löhne und Gehälter nicht den gewünschten Effekt brachte. Obwohl der Mindestlohn von der Regierung 1994 von 3.000 auf 3.800 Rupiah (DM 2,90) erhöht wurde, dürfte der Inflationsdruck durch potentiell weiter steigende Löhne und Gehälter auch in den nächsten Jahren ein Hauptproblem Indonesiens bleiben.

Nach der Aufnahme Indonesiens in den IFCI-Gesamtindex im September 1990 mußte der Markt innerhalb eines Jahres bis Oktober 1991 aufgrund einer restriktiven Geldpolitik und steigender Zinsen trotz eines Wachstums des Bruttoinlandsprodukts um 7,4 % einen Kursrückgang von 49,6 % auf 50,4 Indexpunkte hinnehmen. 1992 tendierte der Markt bei einem freundlichen Grundton im wesentlichen seitwärts. Im folgenden Jahr legte der Aktienmarkt in Jakarta dann allerdings um 127,8 % auf 138,0 Punkte zu und belegte damit den 4. Platz in der weltweiten Performance-Rangliste. Der Markt profitierte dabei vor allem von der Wiederwahl Präsident Suhartos auf weitere fünf Jahre, von regem Interesse ausländischer Fondsmanager und Investoren sowie von einem guten fundamentalen Umfeld in Form von niedrigen Zinsen und einer positiven Entwicklung der Wirtschaft. Das Wachstum des Bruttoinlandsprodukts für die Jahre 1993 und 1994 betrug jeweils 7 % bei Inflationsraten von 9,7 % und 9,2 %.

1994 konnte der indonesische Aktienmarkt weder von positiven Wirtschaftsmeldungen noch von weiteren Liberalisierungs- und Deregulierungsreformen profitieren, sondern litt unter Gewinnmitnahmen und dem Verkaufsdruck ausländischer Investoren. 47 Neuemissionen verhalfen dem Markt 1994 zwar zu neuen Höchstständen bei der Marktkapitalisierung, dem Handelsumsatz und der Anzahl der notierten Aktien; trotzdem verlor der Kursindex 28,6 % auf 99,6 Punkte. Das Finanzministerium gab bekannt, daß die Begrenzung ausländischer Investitionen auf maximal 49 % des Aktienkapitals eines Unternehmens bestehen bleibt und auch in naher Zukunft nicht mit einer Anhebung gerechnet werden kann. Ausgenommen hiervon sind Banken, die nach wie vor gar nicht von Ausländern erworben werden dürfen. Die Behörden äußerten Bedenken, daß es bei einer Anhebung kurzfristig zu spekulativen Zuflüssen ausländischen Anlagekapitals kommen könnte.

Wie in zahlreichen anderen Emerging Markets setzte sich die Abwärtsbewegung der Kurse Anfang 1995 auch in Indonesien fort. Nach der Währungskrise in Mexiko und deren Auswirkung auch auf lateinamerikanische Aktienmärkte verschlechterte sich die generelle Stimmung unter den internationalen Emerging-Markets-Investoren. In Jakarta sank der Kursindex bis Ende April um über 20 % auf einen Jahrestiefststand von 77,7 Punkten. Im weiteren Verlauf des Jahres kam es trotz einer Zinserhöhung der Zentralbank zu einer Erholung, die auf Jahresbasis zu einem Kursgewinn von 1,5 % führte. Damit stand der IFCI-Index für Indonesien Ende 1995 nach über fünf Jahren mit 100,1 Punkten allerdings nur marginal über seinem ursprünglichen Ausgangsniveau von 100 Indexpunkten im September 1990.

Das Budget für 1995 sah neben einer Senkung der Einkommensteuer von 35 auf 30 % eine Erhöhung der Ausgaben für Projekte zur Verbesserung der Infrastruktur in den Bereichen Straßenbau, Telekommunikation und Stromversorgung vor. Zur langfristigen Sicherung der wirtschaftlichen Entwicklung Indonesiens sind diese Maßnahmen sehr positiv und wachstumsfördernd zu beurteilen. Im Zuge der Mexikokrise verunsicherte ausländische Investoren besonders die indonesische Auslandsverschuldung. Obwohl die Auslandsverschuldung Indonesiens in der Tat einen ähnlich hohen Wert wie diejenige Mexikos erreicht, ist die Schuldensituation allerdings grundlegend anders zu beurteilen. Erstens erfolgte die Finanzierung langfristig durch Länder und internationale Organisationen wie die Weltbank im Rahmen von Unterstützungsprogrammen zum Aufbau und zur Entwicklung des Landes zu Zinssätzen, die unter dem eigentlichen Marktsatz lagen. Da die Gelder fast ausschließlich für Investitions- und Infrastrukturprojekte verwendet wurden und kaum in den Konsum flossen, sollten den Investitionen in der Zukunft zweitens auch Einnahmen folgen, die wiederum die laufenden Zinszahlungen wie auch die Rückzahlung sichern.

Die fundamentalen Rahmendaten zeigten auch für 1995 ein positives Bild. Nach 7 % im Vorjahr wurde 1995 erneut mit einem Anstieg des Bruttoinlandsprodukts von 7 % gerechnet. Die Inflationsrate verschlechterte sich allerdings gegenüber 8,1 % auf 9,5 % (1995). In einer Rede anläßlich der Feierlichkeiten zur 50jahrigen Unabhängigkeit Indonesiens gab Präsident Suharto bekannt, daß die Regierung bis zum Jahr 2000 mit einem durchschnittlichen jährlichen Wirtschaftswachstum von über 7 % rechnet. Dies würde zu einer Erhöhung des durchschnittlichen Bruttosozialprodukts pro Kopf der Bevölkerung auf knapp USD 1.300 führen.

Jordanien

IFCI Emerging Markets in D-Mark

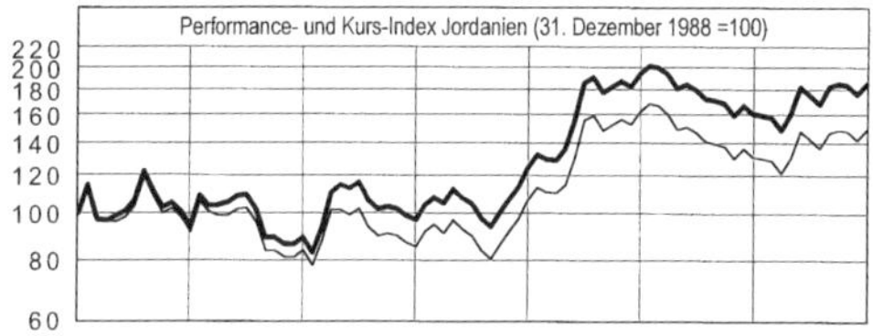

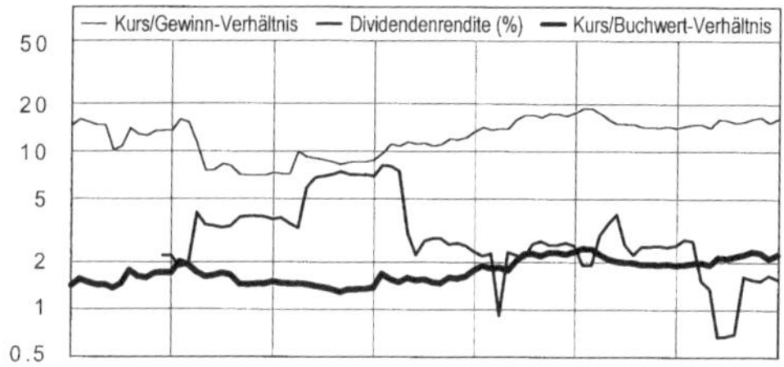

Brutto-inlandsprodukt Markt-kapitalisierung

in % der Summe aller IFCI Länder

1988	1989	1990	1991	1992	1993	1994	1995	Finanz- und Wirtschafts-Historie
100	118,7	105,6	102,1	106,7	162,1	168,3	149,0	IFCI Kursindex Hoch
100	91,4	81,1	78,0	80,5	106,7	130,0	121,5	IFCI Kursindex Tief
100	91,4	83,8	85,4	106,7	162,1	131,1	149,0	IFCI Kursindex Ultimo
6,91	6,85	11,60	9,83	8,08	9,33	9,42	9,25	Gewinn pro Anteil
72,46	55,09	57,38	63,70	61,65	71,09	70,48	68,37	Buchwert pro Anteil
-	1,97	3,06	5,82	2,42	4,00	3,26	2,27	Dividenden pro Anteil
-	-0,8	69,4	-15,2	-17,8	15,4	1,1	-1,8	Gewinnwachstum p.a. (%)
-	-24,0	4,2	11,0	-3,2	15,3	-0,9	-3,0	Buchwertwachstum p.a. (%)
-	-	55,5	90,4	-58,4	65,4	-18,5	-30,6	Dividendenwachstum p.a. (%)
14,5	13,4	7,2	8,7	13,2	17,4	13,9	16,1	Kurs/Gewinn-Verhältnis
1,38	1,66	1,46	1,34	1,73	2,28	1,86	2,18	Kurs/Buchwert-Verhältnis
-	2,15	3,65	6,82	2,27	2,47	2,49	1,52	Dividendenrendite (%)
1,25	1,01	0,49	0,53	0,80	0,73	0,60	0,84	Relatives Kurs/Gewinn-Verhältnis
1,19	1,03	1,06	0,74	1,29	0,92	0,97	1,31	Relatives Kurs/Buchwert-Verhältnis
-	0,80	0,88	3,33	0,97	1,46	1,28	0,66	Relative Dividendenrendite
1,06	0,97	0,89	0,90	0,97	1,47	1,52	1,60	Marktkapitalisierung (in Milliarden DEM)
2,3	1,0	0,9	0,4	0,3	0,2	0,2	0,2	" (in % der Mk. aller IFCI Länder)
5	5	5	5	5	5	13	-	Anzahl der im IFCI Index enthaltenen Titel
10,37	7,67	6,09	6,40	8,48	9,95	9,61	-	Bruttoinlandsprodukt (in Milliarden DEM)
0,3	0,2	0,2	0,2	0,2	0,2	-	-	" (in % des BIP aller IFCI Länder)
6,6	25,7	16,2	8,2	4,0	5,0	-	-	Konsumentenpreise (Veränderung in % p.a.)
0,26783	0,37739	0,42884	0,44422	0,41643	0,39562	0,45425	0,49535	Wechselkurs (JOD/DEM)
9,53	12,43	20,22	15,44	13,11	13,12	13,37	13,53	Eigenkapitalrendite (%)
-	28,7	26,4	59,2	30,0	42,9	34,6	24,5	Ausschüttungsquote (%)
-	-8,6	-8,4	1,9	24,9	52,0	-19,1	13,7	IFCI Kursindex-Veränderung (%)
-	-6,0	-5,0	8,8	28,3	56,0	-17,2	15,3	IFCI Performance-Index-Veränderung (%)

Quellen: International Finance Corporation's (IFC) Emerging Markets Database (EMDB), U.S. Department of Commerce.
Berechnungen: Keppler Asset Management Inc., New York.

Jordanien

Entwicklung der Wirtschaft und des Aktienmarktes

Nachdem sich Jordanien 1950 das West-Jordanland (West Banks und Ost Jerusalem) aneignete, verdoppelte sich die Bevölkerung, und die landwirtschaftliche Produktion steigerte sich. Die Landwirtschaft und der Tourismus, dessen Hauptanziehungspunkte Jerusalem und Bethlehem waren, erlitten allerdings schwere Einbußen, als Israel 1967 West-Jordanien besetzte. Sinkende Weltmarktpreise des bedeutenden Exportgutes Phosphat verschärften die schlechte wirtschaftliche Situation. Ende der 70er Jahre und Anfang der 80er erlebte Jordanien dann einen starken wirtschaftlichen Aufschwung, in dem es während des Ölbooms von den reichlichen Investitionen und Aufbauhilfen der angrenzenden Arabischen Ölstaaten profitierte. In dieser Zeit konnte die Börse auch eine sehr gute Gesamtentwicklung verzeichnen. Im Verlauf der 80er Jahre sorgte dann ein Ausbleiben der Petro-Dollars für eine schwächere Entwicklung der Wirtschaft sowie einen erst abwärts und später seitwärts tendierenden Aktienmarkt. Mit der Aufnahme in den IFCI-Gesamtindex zu Beginn des Jahres 1989 setzte Jordanien ein Umschuldungsprogramm des Internationalen Währungsfonds um und stimmte einer systematischen Reduzierung des Budgetdefizits und der ausufernden Auslandsverschuldung zu.

Der Aktienmarkt tendierte seit der Aufnahme in den IFCI-Gesamtindex bis Ende 1992 seitwärts, wobei der Höchstkurs von 118,7 Punkten Mitte 1989 und der Tiefstand von 78,0 während des Golfkrieges die Extremwerte darstellten. Im Zeitraum von 1985 bis 1993 verzeichnete Jordanien einen realen durchschnittlichen jährlichen Rückgang des Bruttosozialprodukts um -5,9 %, bei Inflationsraten von 7 %. Der Golfkrieg und die pro-irakische Haltung hatten katastrophale Auswirkungen auf Jordaniens Wirtschaft und verursachten einen erheblichen Einbruch des Bruttoinlandsprodukts. Zudem stellten zahlreiche Industrienationen und Organisationen ihre Hilfeleistungen und Unterstützungen ein. Mitte 1992 gewann die Wirtschaft, ausgelöst durch den Rücktransfer der Gehälter und Löhne zahlreicher Jordanier, die beim Wiederaufbau Kuwaits mitarbeiteten, an Stärke. Bei Wachstumsraten des Bruttoinlandsprodukts von 5,5 % (1993) und 5,7 % (1994) sowie dank mit 4,0 % (1992), 5,0 % (1993) und 5,0 % (1994) niedrigen Inflationsraten konnte der Aktienmarkt 1993 um 52 % zulegen. Vom Tiefststand im August 1992 betrug der Kursanstieg sogar über 100 %. Die Aufwärtsbewegung wurde durch eine angekündigte Öffnung des Aktienmarktes für ausländische Investoren und die fortschreitenden Friedensgespräche zwischen Jordanien und Israel zusätzlich verstärkt.

1994 tendierte der Markt schwach und beendete das Jahr bei 131,1 Punkten mit einem Kursrückgang von 19,1 %. Während Banken und Tourismusunternehmen höher notierten, mußten Industrieunternehmen Einbußen hinnehmen. Zudem hielten sich internationale Investoren spürbar mit Käufen zurück. Die Aussichten auf einen langfristigen Frieden zwischen Israel und Jordanien nach der Unterzeichnung des Friedensvertrages sollten sich in den nächsten Jahren aber vor allem positiv auf die Wirtschaft auswirken.

Der Privatsektor, der 1994 erst 20 % des Bruttoinlandsprodukts erwirtschaftete, soll durch verstärktes Privatengagement und ausländische Investitionen in den nächsten Jahren erheblich ansteigen. Durch die Umsetzung von 27 Projekten mit Regierungsbeteiligung und 136 Projekten der Privatwirtschaft wird mit Gesamtinvestitionen in Höhe von USD 14,5 Mrd. gerechnet. Die Weltbank ging für 1995 und 1996 von Wachstumsraten von 6 % und 9 % aus. Bis zum Ende des Jahrtausends sollen jährlich durchschnittlich sogar 8 % Wachstum erreicht werden. Hierzu ist jedoch viel Kapital nötig. Um die notwendigen hohen privaten Investitionen zu ermöglichen, ist geplant, daß sich neben einer Zunahme der ausländischen Investitionen in den nächsten Jahren vor allem die Sparquote von aktuell 0,1 % drastisch auf Werte von ca. 16 % im Jahr 2003 erhöht. Nach der Rückkehr von ca. 275.000 Arbeitern aus dem Kriegsgebiet am Golf bleibt die mit 20 % nach wie vor sehr hohe Arbeitslosenquote allerdings ein Problem. Eine weitere Belastung ist zudem die hohe Auslandsverschuldung in Höhe von USD 7 Mrd., die damit 134 % des Bruttoinlandsprodukts beträgt. Auch wenn Frankreich und die USA aufgrund der jordanischen Bemühungen in den Friedensverhandlungen des Mittleren Ostens einige DM 100 Mio. Schulden erlassen haben und mit den Banken und Schuldnern des Paris- und London-Clubs ein Umschuldungsprogramm ausgearbeitet werden konnte, wartet auf die jordanische Regierung in diesem Bereich in den nächsten Jahren noch eine große Aufgabe. Bei einem Besuch in Jordanien gab der amerikanische Vizepräsident Al Gore einen weiteren Erlaß der jordanischen Schulden bekannt und sicherte neben militärischen Hilfsleistungen die Unterstützung beim Aufbau der Wirtschaft zu.

Nach einer kurzen Schwächephase zu Beginn des Jahres tendierte der Aktienmarkt in Amman 1995 freundlich. Die Ankündigung von Liberalisierungs- und Deregulierungsmaßnahmen zur weiteren Erleichterung ausländischer Investitionen sowie sinkende Zinsen waren dabei die treibenden Faktoren. Die Einführung einer 10prozentigen Besteuerung von Dividendeneinkünften wurde von den Marktteilnehmern dagegen eher negativ beurteilt. Trotz vieler Kritiker im eigenen Land, die neben einer höheren Arbeitslosigkeit auch den Verkauf an ausländische Investoren skeptisch beurteilen, konnte mit der Neuemission eines Spitzenhotels und eines Reiseunternehmens die Privatisierungpolitik erfolgreich weitergeführt werden. Unternehmen aus dem Telekommunikations- und Versorgungsbereich stehen neben der staatlichen Royal Jordanian Airline als nächste Kandidaten auf der Privatisierungsliste der Regierung.

Das verbesserte fundamentale Umfeld Jordaniens trug ebenfalls zum Anstieg des Aktienmarktes bei. Dank eines Aufschwungs in der Tourismusbranche verzeichnete das Bruttoinlandsprodukt 1995 ein Wachstum von 6,3 % (nach 5,7 % im Vorjahr). Die Inflationsrate fiel nach 5,0 % im Vorjahr weiter auf 4,3 %, die Arbeitslosenrate konnte sich zwar auf 15 % verbessern, ist damit aber immer noch sehr hoch. Der Markt beendete das Jahr 1995 mit einem Kursgewinn von 13,7 % bei 149 Indexpunkten und war damit vor Südafrika (6,0 %) und Simbabwe (3,7 %) der Markt mit der besten Kursentwicklung. Der IFCI-Gesamtindex sank um 17,0 %.

Kolumbien

IFCI Emerging Markets | in D-Mark

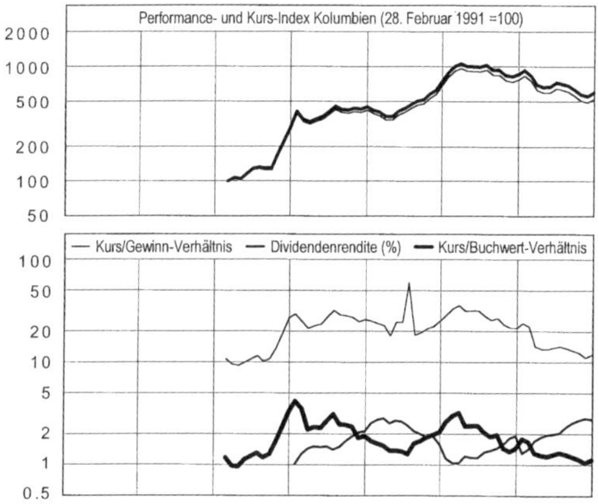

1988	1989	1990	1991	1992	1993	1994	1995	Finanz- und Wirtschafts-Historie
-	-	-	287,6	426,4	683,5	961,6	831,5	IFCI Kursindex Hoch
-	-	-	100	287,6	343,4	683,5	488,7	IFCI Kursindex Tief
-	-	-	287,6	420,2	683,5	767,9	522,6	IFCI Kursindex Ultimo
-	-	-	10,84	16,42	27,45	36,15	44,93	Gewinn pro Anteil
-	-	-	89,87	227,15	338,35	548,48	483,88	Buchwert pro Anteil
-	-	-	-	8,61	10,53	14,28	14,06	Dividenden pro Anteil
-	-	-	-	51,5	67,2	31,7	24,3	Gewinnwachstum p.a. (%)
-	-	-	-	152,7	49,0	62,1	-11,8	Buchwertwachstum p.a. (%)
-	-	-	-	-	22,2	35,7	-1,6	Dividendenwachstum p.a. (%)
-	-	-	26,5	25,6	24,9	21,2	11,6	Kurs/Gewinn-Verhältnis
-	-	-	3,20	1,85	2,02	1,40	1,08	Kurs/Buchwert-Verhältnis
-	-	-	-	2,05	1,54	1,86	2,69	Dividendenrendite (%)
-	-	-	1,61	1,55	1,05	0,92	0,60	Relatives Kurs/Gewinn-Verhältnis
-	-	-	1,77	1,38	0,81	0,73	0,65	Relatives Kurs/Buchwert-Verhältnis
-	-	-	-	0,88	0,91	0,95	1,16	Relative Dividendenrendite
-	-	-	3,05	6,91	10,20	13,74	11,61	Marktkapitalisierung (in Milliarden DEM)
-	-	-	1,5	2,5	1,5	2,1	1,4	" (in % der Mk. aller IFCI Länder)
-	-	-	5	10	8	11	-	Anzahl der im IFCI Index enthaltenen Titel
69,60	67,21	62,28	63,90	70,66	89,41	-	-	Bruttoinlandsprodukt (in Milliarden DEM)
2,1	1,9	1,8	1,6	1,5	1,7	-	-	" (in % des BIP aller IFCI Länder)
28,1	25,8	29,1	30,4	27,0	22,6	-	-	Konsumentenpreise (Veränderung in % p.a.)
189,46	250,42	349,95	465,62	501,40	467,55	536,59	692,20	Wechselkurs (COP/DEM)
-	-	-	12,06	7,23	8,11	6,59	9,29	Eigenkapitalrendite (%)
-	-	-	-	52,5	38,3	39,5	31,3	Ausschüttungsquote (%)
-	-	-	-	46,1	62,6	12,3	-31,9	IFCI Kursindex-Veränderung (%)
-	-	-	-	49,8	66,0	14,4	-30,3	IFCI Performance-Index-Veränderung (%)

Quellen: International Finance Corporation's (IFC) Emerging Markets Database (EMDB), U.S. Department of Commerce.
Berechnungen: Keppler Asset Management Inc., New York.

Kolumbien

Entwicklung der Wirtschaft und des Aktienmarktes

Kolumbiens durchschnittliches Bruttosozialprodukt pro Kopf der Bevölkerung lag 1993 nur bei USD 1.400, womit ein Großteil der kolumbianischen Bevölkerung unter der Armutsgrenze lebt. Kolumbien ist damit vor Peru (USD 1.490) das ärmste Land der Region Lateinamerika. Die Kaufkraftparität von USD 1.400 in Kolumbien würde im Vergleich dazu in den USA allerdings dem wesentlich höheren Wert von USD 5.630 entsprechen.

Nach einer Abschwächung des wirtschaftlichen Aufschwungs Mitte der 80er Jahre setzte sich unter der Regierung von César Gaviría Trujillo Anfang der 90er Jahre die Aufwärtsbewegung vor dem Hintergrund kontrollierter Inflationsraten, einer Reduzierung des staatlichen Einflusses auf die Wirtschaft, eines breit angelegten Privatisierungsprogramms und durch einen Abbau der Handelsschranken in verstärktem Maße fort. So konnte das Bruttoinlandsproduktwachstum stetig von 2,3 % (1991), 3,5 % (1992), 5,1 % (1993) auf 5,7 % im Jahr 1994 ansteigen. Die Inflationsraten konnten sich seit 1990 von ca. 30 % auf 22 % im Jahr 1994 ebenfalls verbessern, und der Peso blieb gegenüber dem USD weitgehend stabil. Umfassende Deregulierungs- und Liberalisierungsmaßnahmen waren im Februar 1991 schließlich der Auslöser für die Aufnahme des Marktes in den IFCI-Gesamtindex. Von diesem Zeitpunkt an konnten deutsche Investoren aufgrund der hervorragenden wirtschaftlichen Rahmenbedingungen in drei Jahren von Februar 1991 bis März 1994 ihr Kapital fast verzehnfachen. Der Markt stieg ohne wesentliche Korrekturen um 187,6 % (1991), 46,1 % (1992), 62,6 % (1993) und 12,3 % (1994) an.

Kolumbiens Bruttoinlandsprodukt konnte 1994 mit 5,7 % Wachstum an die hohen Steigerungsraten der Vorjahre anknüpfen. Mit 22 % lag die Inflationsrate jedoch über dem angestrebten Zielkorridor. Das Handelsbilanzdefizit erhöhte sich bei Importen in der Höhe von USD 11,9 Mrd. und Exporten von USD 8,4 Mrd. um 34 % auf USD 2,6 Mrd. Die starken Gewinne des Aktienmarktes von annähernd 50 % in den ersten drei Monaten des Jahres 1994 konnten zwar nicht ganz gehalten werden, da der Markt nach Ernesto Sampers Amtsübernahme negativ auf dessen Bekanntgabe eines umfangreichen Sozialförderungsprogramms reagierte. Zur Verbesserung und zum Ausbau des Gesundheits- und Erziehungswesens sollen hierbei bis 1998 insgesamt USD 4,5 Mrd. bereitgestellt werden. Neben den Befürchtungen einer ansteigenden Verschuldung spiegelten steigende Zinsen die Erwartung steigender Inflationsraten wider. Während zahlreiche Emerging Markets durch die Mexikokrise empfindliche Einbußen verzeichnen mußten, schloß der kolumbianische Markt das Jahr 1994 allerdings immer noch mit einem Kursgewinn von 12,3 % ab. Das bedeutete nach Brasilien (+47,1 %), Peru (+31,6 %), Chile (+27,0 %) und Südafrika (+13,7 %) die fünftbeste Kursentwicklung aller Märkte.

Aufgrund des mit 5 % sehr geringen Anteils ausländischer Investoren an der Gesamtmarktkapitalisierung von USD 14 Mrd. hatte die Mexikokrise Anfang 1995 erst so gut wie keinen Einfluß auf die kolumbianischen Aktienkurse. Im Januar, einem Monat, in dem andere lateinamerikanische Märkte teilweise zweistellige Verluste hinnehmen mußten, konnte der Index sogar um knapp 10 % zulegen.

Durch steigende Zinsen und Liquiditätsverschiebungen in den Anleihemarkt erfaßte die Aktienkurse ab Februar dann allerdings eine kontinuierliche Abwärtsbewegung. Der Rückgang verstärkte sich, als Untersuchungen der Staatsanwaltschaft ergaben, daß Präsident Ernesto Samper und sein angesehener früherer Wahlkampfmanager Fernando Botero, der inzwischen das Amt des Verteidigungsministers besetzte, USD 17 Mio. zur Finanzierung des Wahlkampfs vom Cali-Drogenkartell angenommen haben sollen. Die Ausrufung des Ausnahmezustands und der Rücktritt Boteros trugen zur weiteren Verunsicherung der Investoren bei.

Trotz der erheblichen innenpolitischen Turbulenzen rechneten Experten mit einem Anstieg des Wirtschaftswachstums um 7,5 % und einer nochmals leicht verbesserten Inflationsrate von 20 %. Der Aktienmarkt beendete das Jahr 1995 bei einem Indexstand von 522,6 Punkten und wies damit einen Kursrückgang um 31,9 % auf.

Südkorea

IFCI Emerging Markets | in D-Mark

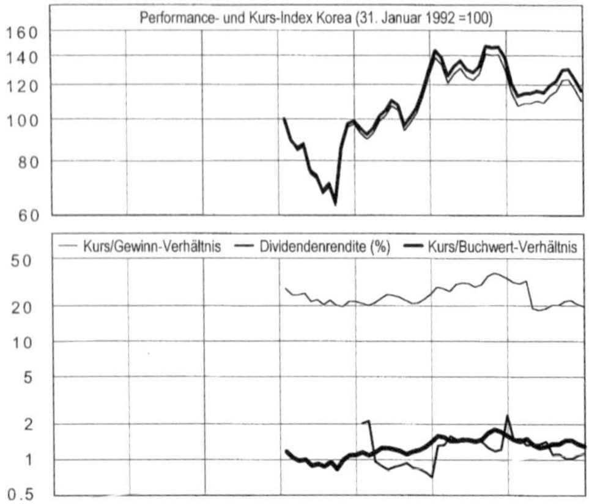

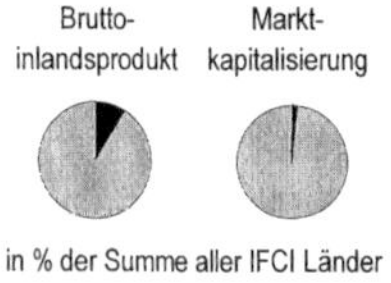

1988	1989	1990	1991	1992	1993	1994	1995	Finanz- und Wirtschafts-Historie
-	-	-	-	100	125,6	141,3	129,8	IFCI Kursindex Hoch
-	-	-	-	63,0	89,8	121,2	107,3	IFCI Kursindex Tief
-	-	-	-	97,3	125,6	129,8	110,4	IFCI Kursindex Ultimo
-	-	-	-	4,50	5,00	3,79	5,62	Gewinn pro Anteil
-	-	-	-	90,96	91,05	83,21	86,91	Buchwert pro Anteil
-	-	-	-	-	0,87	3,01	1,22	Dividenden pro Anteil
-	-	-	-	-	11,2	-24,2	48,3	Gewinnwachstum p.a. (%)
-	-	-	-	-	0,1	-8,6	4,5	Buchwertwachstum p.a. (%)
-	-	-	-	-	-	247,3	-59,4	Dividendenwachstum p.a. (%)
-	-	-	-	21,6	25,1	34,3	19,7	Kurs/Gewinn-Verhältnis
-	-	-	-	1,07	1,38	1,56	1,27	Kurs/Buchwert-Verhältnis
-	-	-	-	-	0,69	2,32	1,11	Dividendenrendite (%)
-	-	-	-	1,31	1,06	1,48	1,02	Relatives Kurs/Gewinn-Verhältnis
-	-	-	-	0,80	0,56	0,81	0,76	Relatives Kurs/Buchwert-Verhältnis
-	-	-	-	-	0,41	1,19	0,48	Relative Dividendenrendite
-	-	-	-	10,28	15,21	21,46	24,49	Marktkapitalisierung (in Milliarden DEM)
-	-	-	-	3,7	2,3	3,3	2,9	" (in % der Mk. aller IFCI Länder)
-	-	-	-	88	130	156	-	Anzahl der im IFCI Index enthaltenen Titel
309,38	360,81	366,77	446,46	498,61	574,53	-	-	Bruttoinlandsprodukt (in Milliarden DEM)
9,5	10,3	10,3	11,3	10,7	11,0	-	-	" (in % des BIP aller IFCI Länder)
7,1	5,7	8,6	9,7	6,2	4,8	6,3	-	Konsumentenpreise (Veränderung in % p.a.)
386,19	400,95	478,09	500,79	486,97	465,36	508,78	541,99	Wechselkurs (KRW/DEM)
-	-	-	-	4,94	5,49	4,55	6,46	Eigenkapitalrendite (%)
-	-	-	-	-	17,3	79,5	21,8	Ausschüttungsquote (%)
-	-	-	-	-	29,1	3,3	-15,0	IFCI Kursindex-Veränderung (%)
-	-	-	-	-	30,6	7,1	-15,9	IFCI Performance-Index-Veränderung (%)

Quellen: International Finance Corporation's (IFC) Emerging Markets Database (EMDB), U.S. Department of Commerce.
Berechnungen: Keppler Asset Management Inc., New York.

Südkorea

Entwicklung der Wirtschaft und des Aktienmarktes

Südkorea zählte 1993 mit einem durchschnittlichen Bruttosozialprodukt pro Kopf der Bevölkerung von (USD 7.670) nach Portugal (USD 7.890) sowie vor Griechenland (USD 7.390) und Argentinien (USD 7.290) zu dem zweithöchst entwickelten Einzelmarkt des IFCI-Gesamtindexes. Die Kaufkraftparität von USD 7.670 in Südkorea würde im Vergleich dazu in den USA sogar dem Wert von USD 9.810 entsprechen.

Die treibende Kraft hinter der dynamischen Entwicklung Südkoreas war die systematische Verwirklichung einer modernen exportorientierten Wirtschaft durch eine unternehmerische, disziplinierte und hart arbeitende Gesellschaft. Bis heute übertrifft Südkorea mit einer durchschnittlichen wöchentlichen Arbeitsleistung von 50 Stunden die Industrienationen bei weitem und steht bei der Wochenarbeitszeit unangefochten an 1. Stelle in der Welt. In den 70er und Anfang der 80er Jahre konnte der für ausländische Investoren nicht direkt zugängliche Aktienmarkt vom koreanischen Aufschwung jedoch kaum profitieren. Von Ende 1985 bis Anfang 1989 verfünffachten sich die Kurse – ausgelöst durch jährliche Wirtschaftswachstumsraten von über 10 %. Im gesamten Zeitraum von 1985 bis 1993 lag das reale Wachstum des Bruttoinlandsprodukts bei 8,1 %. Die jährliche Inflationsrate betrug dabei durchschnittlich 6,9 %, wobei die langjährig hohen Wirtschaftswachstumsraten die ursprünglich geringen Inflationsraten von weniger als 3 % in den Jahren 1985 bis 1987 auf 9,7 % (1991) erhöhten. Im Anschluß daran konnte eine restriktive Geldpolitik das überhitze Wirtschaftswachstum beruhigen und die Inflation wieder eindämmen. Durch hohe Zinsen und ein geringes Geldmengenwachstum verlangsamte sich allerdings auch das Wirtschaftswachstum auf 4,7 % (1992) nach 9,3 % und 8,4 % in den Vorjahren.

Nach der Aufnahme Koreas in den IFCI-Gesamtindex im Januar 1992 folgte, bedingt durch die mit 4,7 % auf ein Zwölfjahrestief zurückfallende niedrigere Wachstumsrate, die allerdings immer noch weit über den Werten anderer Emerging Markets lag, eine Periode mit schwacher Kursentwicklung. Der Index sank allein bis September um 37 % auf 63 Indexpunkte, um dann bis Ende des Jahres 1992 wieder auf 97,3 Zähler anzusteigen. 1993 konnte der Markt zwar zulegen, trotz eines Plus von 29,1 % war Korea 1993 nach Venezuela damit allerdings der Aktienmarkt mit der zweitschlechtesten Kursentwicklung aller Emerging Markets. Präsident Kims Anti-Korruptionskampagne und ein Verbot aller

Konten mit Phantasienamen, die bis dahin erlaubt waren und sich vor allem bei Privatanlegern großer Beliebtheit erfreuten, lähmten in den ersten drei Quartalen den Markt. Langfristig ist die Abschaffung der Phantasiekonten im Interesse eines transparenten und modernen Aktienmarktes allerdings natürlich positiv für den Markt zu betrachten.

Gegen Ende des Jahres konnten dann positive Wirtschaftsmeldungen und eine steigende Liquidität in- und ausländischer Investoren den Markt beleben. Bei einer nach wie vor geringen Arbeitslosigkeit von 2,6 % nahm das Bruttoinlandsprodukt bei einer Inflationsrate von 4,8 % um 5,3 % zu.

Ende 1993 befanden sich fast 9 % aller gehandelten Aktien mit einem Anteil von 9,8 % an der gesamten Marktkapitalisierung im Besitz von ausländischen Investoren. Aus diesem Grund erfolgte Anfang 1994 die von vielen Marktteilnehmern erwartete Erhöhung des ausländischen Investment-Limits auf 12 %.

In einem ansonsten sehr schwierigen Jahr für die Emerging Markets konnte Südkorea 1994 aufgrund positiver wirtschaftlicher Rahmendaten (8,1 % Bruttoinlandsproduktwachstum) um 3,3 % zulegen. Damit verzeichnete Korea nach Taiwan (+8,6 %) die höchsten Kurssteigerungen unter den asiatischen Märkten. Nur der Wiederanstieg der Inflationsrate auf 6,3 %, der die koreanische Zentralbank zu einer restriktiven Geldpolitik veranlaßte, hielt die Anleger vor weiteren Käufen zurück. Steigende Exporte (17 %) und steigende Importe (22 %) führten 1994 zu einem Handelsbilanzdefizit von USD 6,1 Mrd. nach USD 1,8 Mrd. in 1993.

Eine restriktive Zins- und Geldmengenpolitik zur Eindämmung eines weiteren Inflationsanstiegs war Anfang 1995 der Auslöser zu umfangreichen Verkäufen einheimischer institutioneller Anleger. Zudem trugen die Währungskrise in Mexiko und deren Auswirkung auf andere lateinamerikanische Aktienmärkte auch in Südkorea zu einer Verschlechterung der Börsenstimmung bei. Nach einem scharfen Kurseinbruch um 25 % in den ersten beiden Monaten auf 107,3 Punkte konnte sich der Index im Verlauf des Jahres erst bis auf 129,8 Punkte erholen, um dann am Ende des Jahres nahe dem Jahrestiefststand bei 110,4 Zählern zu schließen. Umfangreiche Käufe des regierungseigenen Aktienstabilisierungsfonds und eine erneute Anhebung des Limits für ausländische Investitionen von 12 auf 15 % trugen zu einer Verbesserung der Stimmung bei. Ein erwarteter Rückgang des Exportwachstums von 31 % auf 17 % im Jahr 1996 sowie politische Unsicherheiten verhinderten allerdings eine weitere Erholung. Auf Jahresbasis wies Korea einen Kursrückgang von 15,0 % auf. Seit der Öffnung des koreanischen Aktienmarktes tätigten ausländische Investoren umfangreiche Käufe von USD 5,7 Mrd.

(1993) und USD 1,2 Mrd. (1994). Das Netto-Gesamtengagement seit Öffnung der Börse im Januar 1992 erhöhte sich damit bis Ende 1994 auf USD 7,7 Mrd. Die Wirtschaft konnte 1995 mit einem Anstieg des Bruttoinlandsprodukts um 9,9 % gegenüber 8,4 % im Vorjahr wiederum ein hervorragendes Wachstum aufweisen. Für 1996 wird allerdings eine Abschwächung des Wirtschaftswachstums auf ca. 7 % erwartet. Dank einer konsequenten Zins- und Geldmengenpolitik der Zentralbank sank die Inflationsrate 1995 auf 4,7 % und lag damit unter den Erwartungen der Regierung auf dem niedrigsten Stand seit 1987.

In den nächsten Jahren muß Korea versuchen, das Problem stark steigender Löhne und Gehälter, die in den vergangenen Jahren durchschnittlich um 15 % anstiegen, in den Griff zu bekommen. Ein Schritt ist dabei die Ausgliederung arbeitsintensiver Produktionen in die angrenzenden asiatischen Billiglohnländer und die Forcierung der Hochtechnologie und Innovation neuer Produkte im eigenen Land. Im Rahmen eines umfassenden fünf Jahre dauernden Reformprogramms (1993 bis 1997) wird die Politik der Öffnung, Liberalisierung und Deregulierung fortgesetzt. Unter anderem ist auch eine schrittweise Lockerung der ausländischen Devisenbestimmungen mit dem Ziel der freien Konvertibilität des koreanischen Won bis 1997 geplant.

Mit der Schaffung eines Terminmarktes folgt Korea den erfolgreichen Beispielen in Brasilien und Malaysia. Die Regierung gab bekannt, daß im Mai 1996 an der Korean Stock Exchange (KSE) der Handel in Terminkontrakten auf den KOSPI-200-Index aufgenommen wird. Der Handel mit Optionen soll 1997 erfolgen. Aus regulatorischen Gründen ist der Anteil am durchschnittlichen täglichen „open interest“ für ausländische Investoren und Privatanleger auf 15 % bzw. 3 % limitiert.

Malaysia

IFCI Emerging Markets — in D-Mark

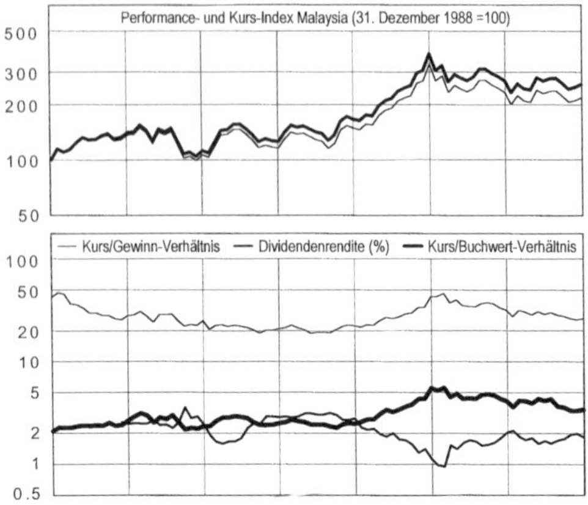

Brutto-inlandsprodukt — Markt-kapitalisierung

in % der Summe aller IFCI Länder

1988	1989	1990	1991	1992	1993	1994	1995	Finanz- und Wirtschafts-Historie
100	136,5	150,0	147,3	154,4	332,0	332,0	240,0	IFCI Kursindex Hoch
100	100,0	99,5	103,6	115,8	146,1	233,0	201,5	IFCI Kursindex Tief
100	136,5	106,8	116,1	149,3	332,0	233,0	218,8	IFCI Kursindex Ultimo
2,37	4,90	4,30	5,59	6,74	7,78	7,36	8,46	Gewinn pro Anteil
49,26	52,91	47,04	47,56	62,21	61,94	57,82	65,72	Buchwert pro Anteil
-	3,26	2,53	3,24	4,05	3,62	4,61	3,92	Dividenden pro Anteil
-	106,7	-12,2	29,9	20,7	15,4	-5,4	14,9	Gewinnwachstum p.a. (%)
-	7,4	-11,1	1,1	30,8	-0,4	-6,6	13,7	Buchwertwachstum p.a. (%)
-	-	-22,4	27,9	25,0	-10,6	27,5	-15,1	Dividendenwachstum p.a. (%)
42,2	27,9	24,8	20,8	22,1	42,7	31,7	25,9	Kurs/Gewinn-Verhältnis
2,03	2,58	2,27	2,44	2,40	5,36	4,03	3,33	Kurs/Buchwert-Verhältnis
-	2,39	2,37	2,79	2,71	1,09	1,98	1,79	Dividendenrendite (%)
3,65	2,10	1,68	1,26	1,34	1,80	1,37	1,35	Relatives Kurs/Gewinn-Verhältnis
1,75	1,60	1,64	1,35	1,79	2,16	2,10	1,99	Relatives Kurs/Buchwert-Verhältnis
-	0,89	0,57	1,36	1,16	0,64	1,02	0,77	Relative Dividendenrendite
23,40	33,73	28,36	43,39	55,89	160,30	161,38	170,32	Marktkapitalisierung (in Milliarden DEM)
50,1	35,7	28,9	20,7	20,0	24,0	24,8	19,9	" (in % der Mk. aller IFCI Länder)
57	57	57	62	57	61	104	-	Anzahl der im IFCI Index enthaltenen Titel
61,63	63,35	63,88	71,39	93,94	111,88	-	-	Bruttoinlandsprodukt (in Milliarden DEM)
1,9	1,8	1,8	1,8	2,0	2,1	-	-	" (in % des BIP aller IFCI Länder)
2,6	2,8	2,6	4,4	4,8	2,0	-	-	Konsumentenpreise (Veränderung in % p.a.)
1,5281	1,5972	1,8055	1,7957	1,6152	1,5508	1,6476	1,7739	Wechselkurs (MYR/DEM)
4,81	9,26	9,14	11,74	10,84	12,57	12,73	12,87	Eigenkapitalrendite (%)
-	66,6	58,8	58,0	60,0	46,5	62,7	46,3	Ausschüttungsquote (%)
-	36,5	-21,8	8,7	28,6	122,4	-29,8	-6,1	IFCI Kursindex-Veränderung (%)
-	40,4	-19,9	11,8	32,6	126,1	-28,5	-4,4	IFCI Performance-Index-Veränderung (%)

Quellen: International Finance Corporation's (IFC) Emerging Markets Database (EMDB), U.S. Department of Commerce.
Berechnungen: Keppler Asset Management Inc., New York.

Malaysia

Entwicklung der Wirtschaft und des Aktienmarktes

Der Lebensstandard in Malaysia war 1993 mit einem durchschnittlichen Bruttosozialprodukt pro Kopf der Bevölkerung von 3.160 USD für ein asiatisches Land bereits sehr hoch. Es zählte damit zu den durchschnittlich entwickelten Emerging Markets, allerdings besteht intern ein starkes Wohlstandsgefälle zwischen dem weiter entwickelten Westmalaysia und dem rückständigen Ostmalaysia. Die Kaufkraftparität von USD 3.160 in Malaysia würde im Vergleich dazu in den USA dem Wert von USD 8.630 entsprechen.

Malaysia hatte in den vergangenen Jahren mit die höchsten Wirtschaftswachstumsraten aller asiatischen Emerging Markets, obwohl der hohe Exportanteil des Landes natürlich eine starke Abhängigkeit von der Entwicklung der Weltwirtschaft verursacht. Die Basis des Aufschwungs stellten zweifellos die zahlreichen natürlichen Ressourcen, günstige klimatische Bedingungen, eine junge dynamische Bevölkerung sowie eine gefestigte Regierung, deren Wirtschaftspolitik seit der Erlangung der Unabhängigkeit 1957 auf das Prinzip des freien Unternehmertums und dem Außenhandel ausgerichtet ist.

Anfang der 60er Jahre erkannte die Regierung, daß Malaysia seine Abhängigkeit von Kautschuk und Zinn, damals die beiden wichtigsten Exporterlösquellen, reduzieren mußte, um neue Arbeitsplätze für die schnell wachsende Bevölkerung zu schaffen und die zukünftige Wirtschaftsentwicklung des Landes unabhängig von den stark flukturierenden Weltmarktpreisen der beiden Waren langfristig zu sichern. Bereits damals erfolgten somit eine Diversifizierung des Agrarsektors und ein Aufbau der Industrie. In den 70er Jahren profitierte Malaysia von der Entdeckung der fossilen Brennstoffe Erdöl und Erdgas sowie den stark ansteigenden Rohstoffpreisen in den beiden Ölkrisen. Die durchschnittlichen jährlichen Wachstumsraten lagen in den beiden Jahrzehnten bei 6,5 % bzw. 8,3 %.

Zwischen 1980 und 1984 konnte die Wirtschaft dann trotz der weltweiten Rezession Wachstumsraten zwischen 5,9 % (1982) und 7,8 % (1984) verzeichnen. Obwohl die Auswirkungen der weltweiten wirtschaftlichen Abkühlung in den Jahren 1985 (-1,1 %) und 1986 (1,2 %) dann doch noch erhebliche Spuren hinterließen, betrugen die Wachstumsraten des Bruttoinlandsprodukts im Zeitraum 1985 bis 1993 jährlich durchschnittlich 5,7 %. Die tragenden Säulen des Wirtschaftswachstums waren dabei erneut die doppelstelligen Verbesserungen beim

Export und beim privaten Konsum. Besonders beeindruckend ist auch, daß die hohen Wachstumsraten der vergangenen Jahre nicht zu Lasten der Preisstabilität gingen. Die Inflationsrate erreichte im gleichen Zeitraum den moderaten Wert von jährlich durchschnittlich 3,1 %. Regional betrachtet ist die Wirtschaftsstruktur des Landes allerdings nach wie vor unausgewogen. Westmalaysia, das nur 40 % der Fläche einnimmt, liefert ca. 90 % des Bruttoinlandsprodukts.

Malaysia ist seit Anfang 1989 im IFCI-Gesamtindex enthalten. Bis Ende 1992 bewegte sich der Index aber trotz jährlich durchschnittlicher Wachstumsraten von 9 % und einer moderaten Inflation in einer relativ engen Bandbreite von 99,5 bis 154,4 Punkten. Positive wirtschaftliche Nachrichten eines Wachstums des Bruttoinlandsprodukts von 8,5 % bei einer Inflationsrate von 3,6 % und stabile politische Rahmenbedingungen, ein hohes Geldmengenwachstum sowie massive Käufe in- und ausländischer Investoren verhalfen der Börse 1993 zu einem Kursanstieg von 122,4 % auf 332 Indexpunkte. Daß der starke Anstieg vor allem auch durch eine Welle der Spekulation getragen wurde, ließ sich an dem hohen Turnover-Ratio von 94,3 % gegenüber 27,3 % im Vorjahr ablesen. Aufgrund der hohen Kursgewinne erreichte die Marktkapitalisierung Malaysias 1993 mit USD 220 Mrd. vor Mexiko und Südafrika den höchsten Wert aller Emerging Markets und lag damit sogar vor dem MSCI-Markt Australien (USD 203 Mrd.) und nur unweit hinter der Schweiz (USD 270 Mrd.). Im Haushalt für 1994 bestätigte die malaysische Regierung mit Steuersenkungen, einer Erhöhung der Ausgaben für Maßnahmen zur Verbesserung der Infrastruktur und einem Abbau der Importzölle ihre marktwirtschaftliche Grundeinstellung.

1994 konnten der malaysische Aktienmarkt in einem Umfeld weltweit steigender Zinsen und unter dem Verkaufsdruck internationaler Emerging-Markets-Investoren nicht von den positiven Wirtschaftsmeldungen eines hohen Bruttosozialproduktwachstums von 8,7 %, einer geringen Inflationsrate von 3,7 % und einer niedrigen Arbeitslosenrate (2,9 %) profitieren. Der Kursindex sank um 29,8 % auf 233 Punkte. Die malaysische Zentralbank (Bank Negara) verstärkte diese Korrektur, indem sie eigene Aktienpositionen liquidierte und mit einer restriktiven Geldpolitik versuchte, die stark steigende Geldmenge und Anzeichen einer ansteigenden Inflation unter Kontrolle zu bekommen. Bis 1992 und 1993, als die Bank Negara Verluste in der Höhe von USD 4 Mrd. und USD 3 Mrd. hinnehmen mußte, agierte die Zentralbank mit aggressiven Devisenpositionen als einer der größten Spekulanten im internationalen Devisenhandel. Obwohl andere Zentralbanken dieses spekulative Verhalten oft mißbilligten und kritisierten, verdienen die Steuerung und Kontrolle der hohen Wachstumsraten, des stabilen Devisenkurses (malaysischer Ringgit) gegenüber den wichtigsten Währungen der Industrienationen und der moderate Inflationsanstieg höchste Anerkennung.

Während in vielen Emerging Markets die Währungskrise in Mexiko und ihre Auswirkungen auf andere Aktienmärkte zu heftigen Verlusten im ersten Quartal 1995 führte, wies Malaysia in diesem Zeitraum nur einen Kursrückgang von knapp 15 % auf. Ein Wachstum des Bruttoinlandsprodukts von knapp 8,7 % bei einer nach wie vor moderaten Inflationsrate von 3,7 %, eine niedrige Arbeitlosenquote (2,8 %) und wieder steigende Unternehmensgewinne bildeten den fundamentalen Hintergrund für eine Erholung der Kurse. Der Index beendete das Jahr mit einem Kursrückgang von 6,1 % auf 218,8 Indexpunkte. Für 1996 rechnet die Zentralbank mit einem leichten Rückgang des Bruttoinlandsproduktwachstums auf 8,4 %, einer ansteigenden Inflationsrate von 4 % und einer Arbeitslosenquote von 2,7 %.

Mexiko

IFCI Emerging Markets — in D-Mark

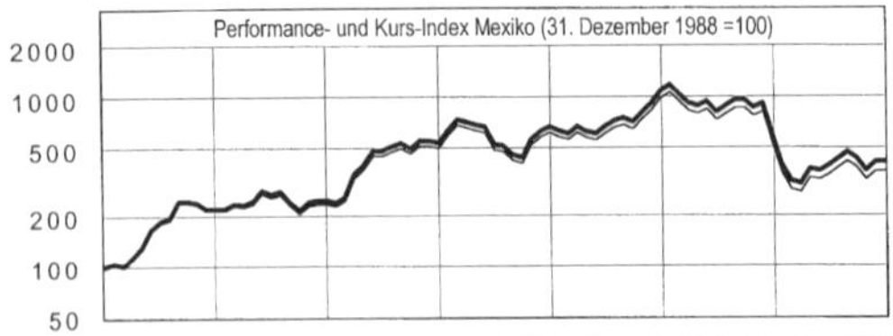

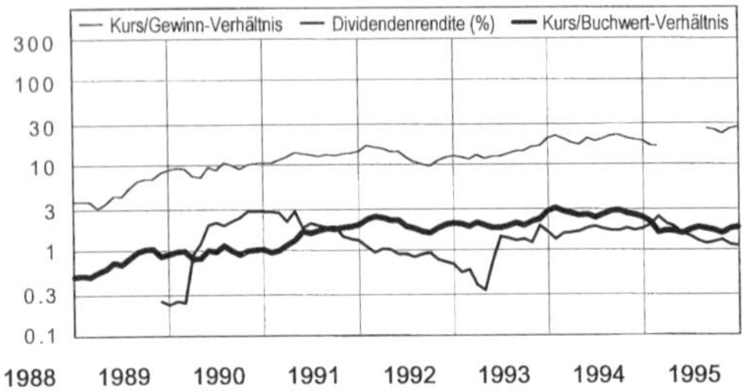

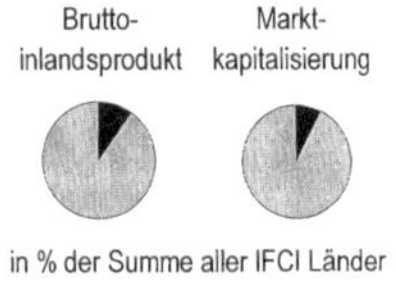

Finanz- und Wirtschafts-Historie

1988	1989	1990	1991	1992	1993	1994	1995	
100	238,8	272,1	517,0	682,4	980,0	1061,9	530,4	IFCI Kursindex Hoch
100	100,0	207,4	227,4	407,3	557,7	530,4	275,0	IFCI Kursindex Tief
100	214,6	234,5	497,9	617,1	980,0	530,4	365,7	IFCI Kursindex Ultimo
27,62	24,86	22,64	35,54	50,09	49,75	28,76	13,69	Gewinn pro Anteil
212,77	246,65	239,29	262,03	311,69	355,08	229,60	206,64	Buchwert pro Anteil
-	0,47	6,47	6,17	4,01	15,29	9,07	3,91	Dividenden pro Anteil
-	-10,0	-9,0	57,0	41,0	-0,7	-42,2	-52,4	Gewinnwachstum p.a. (%)
-	15,9	-3,0	9,5	19,0	13,9	-35,3	-10,0	Buchwertwachstum p.a. (%)
-	-	1271,0	-4,6	-35,0	281,1	-40,7	-56,9	Dividendenwachstum p.a. (%)
3,6	8,6	10,4	14,0	12,3	19,7	18,4	26,7	Kurs/Gewinn-Verhältnis
0,47	0,87	0,98	1,90	1,98	2,76	2,31	1,77	Kurs/Buchwert-Verhältnis
-	0,22	2,76	1,24	0,65	1,56	1,71	1,07	Dividendenrendite (%)
0,31	0,65	0,70	0,85	0,74	0,83	0,80	1,39	Relatives Kurs/Gewinn-Verhältnis
0,41	0,54	0,71	1,05	1,48	1,11	1,20	1,06	Relatives Kurs/Buchwert-Verhältnis
-	0,08	0,67	0,60	0,28	0,92	0,88	0,46	Relative Dividendenrendite
1,69	18,43	24,76	63,60	88,71	190,73	114,51	78,77	Marktkapitalisierung (in Milliarden DEM)
3,6	19,5	25,2	30,4	31,8	28,6	17,6	9,2	" (in % der Mk. aller IFCI Länder)
5	25	30	31	40	56	67	-	Anzahl der im IFCI Index enthaltenen Titel
308,95	337,33	362,34	434,37	540,79	625,87	-	-	Bruttoinlandsprodukt (in Milliarden DEM)
9,5	9,6	10,2	11,0	11,6	11,9	-	-	" (in % des BIP aller IFCI Länder)
114,2	20,0	26,7	22,7	15,5	9,7	7,0	-	Konsumentenpreise (Veränderung in % p.a.)
1,3081	1,5883	1,9726	2,0389	1,9246	1,7904	3,1778	5,3832	Wechselkurs (MXN/DEM)
12,98	10,08	9,46	13,56	16,07	14,01	12,53	6,62	Eigenkapitalrendite (%)
-	1,9	28,6	17,4	8,0	30,7	31,5	28,6	Ausschüttungsquote (%)
-	114,6	9,3	112,3	24,0	58,8	-45,9	-31,0	IFCI Kursindex-Veränderung (%)
-	118,9	12,5	116,9	24,7	61,6	-45,0	-30,1	IFCI Performance-Index-Veränderung (%)

Quellen: International Finance Corporation's (IFC) Emerging Markets Database (EMDB), U.S. Department of Commerce.
Berechnungen: Keppler Asset Management Inc., New York.

Mexiko

Entwicklung der Wirtschaft und des Aktienmarktes

Mit einem Bruttosozialprodukt pro Kopf der Bevölkerung von USD 3.750 erreichte Mexiko 1993, also vor den Turbulenzen Ende 1994 und deren gravierenden wirtschaftlichen Folgen, in der Region Lateinamerika nach Argentinien (USD 7.290) den zweithöchsten Wert. Die Kaufkraftparität von USD 3.750 in Mexiko würde im Vergleich dazu in den USA allerdings dem wesentlich höheren Wert von USD 7.100 entsprechen.

Der mexikanische Aktienmarkt, der seit Anfang 1989 und somit von Beginn an im IFCI-Gesamtindex enthalten ist, verzeichnete bis Ende 1992 eine hervorragende Kursentwicklung von +114,6 %, +9,3 %, +112,3 % und +24,0 % auf 617,1 Indexpunkte. Unterstützt wurde die Bewegung durch positive fundamentale Nachrichten. Nach 114,2 % im Jahr 1988 sank die Inflationsrate im Zeitraum 1989 bis 1992 auf 20,0 %, 26,7 %, 22,7 % und 15,5 %.

1993, in einem generell sehr positiven Jahr für die Emerging Markets, verbuchte Mexiko trotz eines Anstiegs der Kurse von 58,8 % auf 980,0 Indexpunkte allerdings nur eine unterdurchschnittliche Entwicklung. Der IFCI-Gesamtindex konnte im gleichen Jahr nämlich um 88 % zulegen. Das Vertrauen der Investoren wurde neben positiven wirtschaftlichen Nachrichten, einer nochmals auf 9,7 % verbesserten Inflationsrate und einem positiven, wenn auch moderaten Bruttoinlandsproduktwachstum von 1,1 %, vor allem durch die Verabschiedung des North American Free Trade Agreement (NAFTA) mit den USA und Kanada gestärkt. Mexiko kann sicherlich als ein Nutznießer der NAFTA bezeichnet werden. Als Niedriglohnproduzent erreichte es neuen Zugang zu den USA und Kanada, die ihrerseits einen Arbeitsplätzeverlust durch neue mexikanische Anbieter befürchten müssen. Mexiko wickelte 1994 bereits über 80 % seines Handels mit den NAFTA-Partnerländern ab. Die durch NAFTA langfristig gesicherten Wachstumschancen in einem Markt mit 390 Millionen Einwohnern veranlaßten internationale Investoren zu massiven Käufen und führten allein im vierten Quartal zu einem Kursaufschwung um 45 %. Am 1. Januar führte Mexiko mit dem „Neuen Peso“, der tausend alten Pesos entspricht, eine neue Währung ein.

Trotz eines Bruttoinlandsproduktwachstums von 3,5 % und einer nochmaligen Senkung der Inflationsrate (7 %) brach der mexikanische Aktienmarkt 1994 aufgrund einer massiven Abwertung des Pesos und einer anschließenden Finanzkrise um 45,9 % ein. Das bedeutete in diesem Jahr nach China (-54,6 %), Polen (-48,8 %) und der Türkei (-48,9 %) die viertschlechteste Kursentwicklung aller Emerging Markets.

Im März zeigten sich die Investoren nach der Ermordung des Spitzenkandidaten Colosios über die zukünftige politische Stabilität des Landes verunsichert. Die positive Reaktion des Marktes auf die anschließende Wahl von Colosios Nachfolger Ernesto Zedillo Ponce de León war nicht von langer Dauer. Nach massiven Kapitalabflüssen gab der Finanzminister Sierra Puche am 20. Dezember eine Erweiterung der Schwankungsbreite des Pesos gegenüber dem USD um 15 % bekannt. Dadurch erhöhte sich der maximale Interventionspunkt von 3,46 auf 3,99 Peso pro USD. Eine Ende 1995 veröffentlichte Analyse des Internationalen Währungsfonds kam zu dem Ergebnis, daß die Krise in erster Linie durch den Run mexikanischer und erst später auch durch einen Abzug ausländischer Investoren ausgelöst wurde. Bereits drei Tage später, am 23. Dezember 1994, konnte auch dieser erweiterte Interventionspunkt nicht mehr gehalten werden. Der Peso mußte für frei konvertierbar erklärt werden, und sein Preis wurde dem Gleichgewicht von internationalem Angebot und Nachfrage überlassen. Die Abwärtsbewegung stoppte erst bei 5,60 Peso per USD. Massive Stützungsaktionen und Interventionen seitens der mexikanischen Zentralbank führten zu einem Rückgang der ausländischen Devisenreserven von USD 24 Mrd. auf USD 6 Mrd. Präsident Zedillo versuchte, mit der Bekanntgabe neuer Privatisierungspläne, die allein 1995 USD 12 Mrd. an Einnahmen erbringen sollten, einer weiteren Öffnung des Marktes für ausländische Investoren sowie mit einer Preisstabilisierungsvereinbarung im Rahmen des „Pacto“ zwischen Wirtschaft, Gewerkschaften und der Regierung das Vertrauen der Investoren zurückgewinnen und die Märkte zu stabilisieren. Die Turbulenzen führten auch zum Rücktritt des Finanzministers Puche. Nachfolger wurde sein früherer Vertreter, Guillermo Ortiz.

Die Finanzsituation Mexikos verschärfte sich jedoch durch den hohen Anteil an kurzfristigen Auslandsschulden. Aufgrund der Währungskrise war Mexiko nicht in der Lage, die Anfang 1995 auslaufende große Tranche kurzfristiger, in USD emittierter Tesobonos in einer Auktion zu plazieren. Die Federal Reserve Bank (FED) und die Regierung der Vereinigten Staaten stellten Mexiko insgesamt USD 53 Mrd. zur Verfügung, um unter anderem diese kurzfristigen USD-denominierten Schulden zu refinanzieren. Zukünftige Einnahmen aus dem Ölverkauf dienten als finanzielle Sicherheit für das umfangreiche Hilfspaket. Die mexikanische Regierung hoffte, daß diese großzügige Kapitalspritze zur Beruhigung der Investoren beitragen würde und die Zahlungserfüllung der fälligen Tesobonos sicherstellen würde. Von den insgesamt knapp USD 30 Mrd. der 1995 fälligen Tesobonos wurden ca. USD 17 Mrd. von ausländischen Investoren gehalten. Bis Ende des dritten Quartals 1995 waren insgesamt bereits über 80 % der gesamten Tesobono-Emission termingerecht zurückgezahlt.

Aufgrund der gegenüber den mexikanischen Zinsen niedrigen USD-Zinsen refinanzierten sich in der Vergangenheit zahlreiche mexikanische Unternehmen, auch solche ohne signifikante Geschäfts- und Erlösanteile im amerikanischen Raum, in USD. Die abrupte Abwertung des Pesos führte zu erheblichen Belastungen der Refinanzierungsseite der Bilanzen dieser Unternehmen. Während die Unternehmen auf der Aktivseite der Bilanz nach den Turbulenzen bestenfalls mit gleichbleibenden Erträgen und Geschäftsaussichten in lokaler Währung rechnen konnten, verschlechterte sich die Situation der Passivseite mit in USD denominierten Schulden durch die Abwertung des Pesos erheblich. Neben den düsteren Aussichten der gesamten mexikanischen Wirtschaft, die 1995 einen Einbruch des Bruttoinlandsprodukts um 4,5 % und einen Anstieg der Inflation um 40 % erlebte, verschlechterte sich somit zusätzlich auch die fundamentale Bewertung der einzelnen Unternehmen mit USD-Schulden. Allein in den ersten beiden Monaten des Jahres verloren mehr als 700.000 Beschäftigte ihren Arbeitsplatz, und knapp 20.000 Unternehmen mußten Konkurs anmelden. Die Folge all dieser Meldungen und Ergebnisse waren weiter sinkende Aktienkurse. Bis März mußte der mexikanische Index einen weiteren Kursrückgang um 48 % auf 275,0 Indexpunkte hinnehmen. Von dem Indexhöchststand im Januar 1994 bedeutete dies einen Einbruch um fast 75 %. Ende März erreichte der Peso 6,82 pro USD, im Oktober sank die Währung kurzfristig sogar auf 8,30 Peso pro USD ab.

Es folgte die Bekanntgabe eines wirtschaftlichen „Schock-Plans" der Regierung, der unter anderem die Mindestlöhne entgegen den Erwartungen zur Beruhigung der Inflation nicht um 30 %, sondern nur um 12 % auf USD 2,75 pro Tag anhob. Ab April folgte dadurch sowie durch eine Erholung des Pesos, einen sich abzeichnenden Handelsbilanzüberschuß und die termingerechte Rückzahlung der Tesobonos eine Besserung der wirtschaftlichen und finanziellen Situation Mexikos und damit einhergehend eine Erholung des Aktienmarktes. Der Index beendete das Jahr mit einem Kursrückgang von 31,0 % bei 365,7 Punkten.

Im nachhinein stellte sich die Politik des überwerteten Pesos auch für die eigentlich geplante Belebung des Exports als kontraproduktiv heraus. Mexikanische Produkte wurden für ihren Qualitätsstandard am Weltmarkt dadurch nämlich zunehmend konkurrenzunfähiger, wodurch das Exportvolumen auf USD 60,8 Mrd. zurückging. Durch attraktive Preise für den Import ausländischer Produkte erhöhten sich die Importe andererseits auf USD 79,4 Mrd., wodurch sich das Handelsbilanzdefizit erheblich ausweitete. 1994 erreichte es USD 18,5 Mrd. Nach der Abwertung konnte 1995 sogar ein Handelsbilanzüberschuß erreicht werden, der sich allein im ersten Halbjahr auf knapp USD 3 Mrd. belief.

Pakistan

IFCI Emerging Markets — in D-Mark

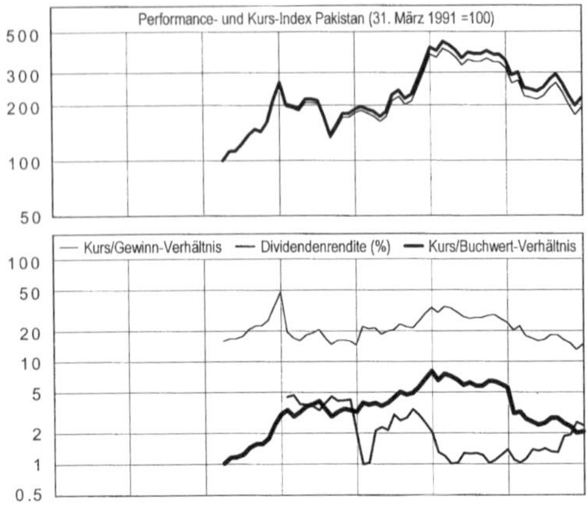

Brutto-inlandsprodukt — Markt-kapitalisierung

in % der Summe aller IFCI Länder

1988	1989	1990	1991	1992	1993	1994	1995	Finanz- und Wirtschafts-Historie
-	-	-	258,1	258,1	377,5	405,7	317,9	IFCI Kursindex Hoch
-	-	-	100	132,3	162,9	317,9	176,8	IFCI Kursindex Tief
-	-	-	258,1	181,6	377,5	317,9	194,6	IFCI Kursindex Ultimo
-	-	-	5,43	12,74	11,30	13,36	13,47	Gewinn pro Anteil
-	-	-	87,21	57,84	48,09	58,55	96,82	Buchwert pro Anteil
-	-	-	-	3,56	7,47	4,26	4,50	Dividenden pro Anteil
-	-	-	-	134,5	-11,3	18,2	0,8	Gewinnwachstum p.a. (%)
-	-	-	-	-33,7	-16,9	21,8	65,4	Buchwertwachstum p.a. (%)
-	-	-	-	-	110,0	-43,0	5,5	Dividendenwachstum p.a. (%)
-	-	-	47,5	14,3	33,4	23,8	14,5	Kurs/Gewinn-Verhältnis
-	-	-	2,96	3,14	7,85	5,43	2,01	Kurs/Buchwert-Verhältnis
-	-	-	-	1,96	1,98	1,34	2,31	Dividendenrendite (%)
-	-	-	2,88	0,86	1,41	1,03	0,75	Relatives Kurs/Gewinn-Verhältnis
-	-	-	1,64	2,34	3,17	2,83	1,20	Relatives Kurs/Buchwert-Verhältnis
-	-	-	-	0,84	1,17	0,69	1,00	Relative Dividendenrendite
-	-	-	1,67	1,09	4,71	6,24	6,92	Marktkapitalisierung (in Milliarden DEM)
-	-	-	0,8	0,4	0,7	1,0	0,8	" (in % der Mk. aller IFCI Länder)
-	-	-	5	5	8	15	-	Anzahl der im IFCI Index enthaltenen Titel
66,69	64,16	59,89	63,02	78,62	84,38	-	-	Bruttoinlandsprodukt (in Milliarden DEM)
2,1	1,8	1,7	1,6	1,7	1,6	-	-	" (in % des BIP aller IFCI Länder)
8,8	7,8	9,1	11,8	9,5	9,4	12,5	-	Konsumentenpreise (Veränderung in % p.a.)
10,431	12,578	14,533	16,238	15,750	17,265	19,854	23,905	Wechselkurs (PKR/DEM)
-	-	-	6,23	22,04	23,50	22,82	13,91	Eigenkapitalrendite (%)
-	-	-	-	27,9	66,2	31,9	33,4	Ausschüttungsquote (%)
-	-	-	-	-29,6	107,9	-15,8	-38,8	IFCI Kursindex-Veränderung (%)
-	-	-	-	-28,3	115,9	-14,7	-37,4	IFCI Performance-Index-Veränderung (%)

Quellen: International Finance Corporation's (IFC) Emerging Markets Database (EMDB), U.S. Department of Commerce. Berechnungen: Keppler Asset Management Inc., New York.

Pakistan

Entwicklung der Wirtschaft und des Aktienmarktes

Mit einem sehr niedrigen durchschnittlichen Bruttosozialprodukt pro Kopf der Bevölkerung von USD 430 war Pakistan 1993 nach Indien (USD 290) innerhalb der im IFCI-Gesamtindex enthaltenen Emerging Markets das Land mit dem zweitniedrigsten Entwicklungsstand. Aufgrund des hohen Bevölkerungswachstums konnte sich das durchschnittliche Bruttosozialprodukt pro Kopf der Bevölkerung trotz der hohen Wirtschaftswachstumsraten in den vergangenen Jahren nur unwesentlich erhöhen. Die Kaufkraftparität von USD 430 in Pakistan würde im Vergleich dazu in den USA allerdings dem wesentlich höheren Wert von USD 2.110 entsprechen.

Im Rahmen umfassender politischer und wirtschaftlicher Deregulierungs- und Liberalisierungsmaßnahmen öffnete die Regierung Pakistans Anfang 1991 den Kapitalmarkt für ausländische Investoren. Dazu wurde eine breit angelegte Privatisierungswelle von insgesamt über 160 staatlichen Unternehmen durchgeführt. Zudem wurden die Devisenbeschränkungen aufgehoben, so daß Pakistanier ab diesem Zeitpunkt sogar Konten in ausländischen Devisen führen konnten. Um die Ansiedlung neuer Industrien zu fördern, gewährte die Regierung neuen Unternehmen zwischen drei Jahren (in städtischen Gebieten) und bis zu acht Jahren (in unterentwickelten ländlichen Randgebieten) Steuerfreiheit.

Der Aktienmarkt hatte infolge dieser Maßnahmen nach der Aufnahme in den IFCI-Gesamtindex im März 1991 einen enormen Zufluß an internationalem Kapital zu verzeichnen. Allein bis Ende des Jahres stieg der Kursindex um 158,1 % auf 258,1 Punkte an. Danach folgte jedoch bis August 1992 eine Korrektur um 50 % auf 132,3 Punkte, die vor allem durch die Folgen einer verheerenden Flutkatastrophe in diesem Jahr ausgelöst wurde. Besonders betroffen durch die Wassermassen war die Baumwollernte und somit die Textilbranche, eine Branche, die ein Drittel aller an der KSE notierenden Aktien umfaßt. In den folgenden eineinhalb Jahren konnte der Index dann allerdings durch sinkende Inflationsraten, ein hohes Wirtschaftswachstum, zwei kontrollierte Abwertungen der Rupie um 3 % und 6 % sowie eine Fortsetzung der Reformen zur Öffnung der Wirtschaft bis Ende Februar 1994 einen Kursanstieg um über 200 % auf 405,7 Punkte erzielen. Nachdem der Markt in diesem Zeitraum bis August 1993 durch politische Unsicherheiten und den Rücktritt des Premierministers Nawaz Sharif aufgrund von Korruption und Mißmanagement leichter tendierte, gewann die Aufwärtsbewegung im 4. Quartal 1993 mit Kurssteigerungen von 80 % deutlich an Momentum. Die Abwertung der Rupee brachte zudem einen positiven Effekt für den Export. Besonders die Textilbranche, die einen der wichtigsten Sektoren in Pakistan darstellt und in der das Land vor allem mit Indien und China im Konkurrenzkampf steht, konnte davon profitieren.

Seit März 1994 erlitten die Kurse am pakistanischen Aktienmarkt von ihrem Hoch bei 405,7 Punkten einen Kursrückgang um über 20 % auf einen Jahresendstand von 317,9 Indexpunkten. Dabei beeinflußten vor allem innenpolitische Probleme zwischen der regierenden Pakistan People Party (PPP) und der Premierministerin Benazir Bhutto auf der einen Seite und der Opposition durch den ehemaligen Premierminister Nawaz Sharif auf der anderen Seite den Markt. Aus diesem Grund konnte auch die Genehmigung des Internationalen Währungsfonds (IWF) von Krediten in der Höhe von über DM 2 Mrd. den Markt nicht positiv beeinflussen. Nachdem sich die Regierung unter anderem zu einer Erhöhung des Wirtschaftswachstums von 3 % auf 6,5 % binnen drei Jahren, einer Senkung des Budgetdefizits auf 5,4 % des Bruttoinlandsprodukts, einer Reduzierung der mit derzeit USD 23 Mrd. hohen Auslandsschulden und einer Steuerreform verpflichtet hatte, gab das IWF eine Kreditzusage.

Von fundamentaler Seite hatte der Markt die zwiespältige Vorgabe einer auf 12,5 % ansteigenden Inflationsrate, die hauptsächlich auf steigende Lebensmittelpreise und einen 20 %igen Anstieg der Strom- und Gaspreise zurückzuführen war, und eines von 2,3 % auf 4 % angestiegenen Wirtschaftswachstums zu verarbeiten.

Die 1994 begonnene Abwärtsbewegung beschleunigte sich im ersten Halbjahr 1995 und führte zu einem Kursrückgang des Indexes bis auf 214,5 Punkte. Neben innenpolitischen Problemen und einer Abschwächung der Wirtschaft, trug die Währungskrise in Mexiko zu einer Verschlechterung der Börsenstimmung in Pakistan bei.

Die feindlichen Auseinandersetzungen zwischen der muslimischen Oppositionspartei MQM und der Regierung führten auch 1995 wieder zu blutigen Gefechten in Karachi. Nach einer kurzen Erholung setzte sich die Abwärtsbewegung im Verlauf des Jahres aufgrund der innenpolitischen Unruhen fort. Auf Jahresbasis verlor der Index 38,8 % auf 194,6 Punkte.

Aufgrund einer Insektenplage und heftiger Monsunregenfälle fiel die Produktion von Baumwollfasern 1994–1995 mit nur 1,25 Mio. Tonnen auf ein Neunjahrestief. Mit einem Anteil von knapp 30 % zählen Baumwollgarne und -gewebe zum wichtigsten Exportgut Pakistans, und mit über 50 % stellen die Exporterlöse aus diesem Bereich mit Abstand die wichtigste ausländische Deviseneinnahmequelle dar. Weltweit nimmt Pakistan bei der Produktion von Baumwollfasern nach der Volksrepublik China, den USA und Indien den vierten Platz ein. Bedingt durch die Ernteeinbrüche mußte die Regierung die Schätzungen für das Wirtschaftswachstum im Jahr 1995 von 7 % auf 6 % reduzieren. Die Schätzungen der Inflationsrate mußten ebenfalls von 7 % auf 13 % revidiert werden. Für 1996 rechnet die Regierung aufgrund einer besseren Baumwollernte mit einer Reduzierung der Inflationsrate auf 9 % und einem Wirtschaftswachstum von 5,5 %. Da zudem das Budgetdefizit auf 4,6 % des Bruttoinlandsprodukts sinken soll und bei den Währungsreserven ein Anstieg von USD 1,5 Mrd. (1995) auf rund USD 2,0 Mrd. erwartet wird, was die Importe für neun Monate abdecken würde, bewilligte der IWF USD 200 Mio. als Kreditzusage.

Nachdem das Budgetdefizit mit einem Anteil von 6 % des Bruttoinlandsprodukts erneut über dem gesetzten Ziel des Internationalen Währungsfonds von 4 % lag und auch die Geldmenge mit 16 % um 4 Prozentpunkte mehr als erwartet zulegte, mehrten sich zunehmend kritische Stimmen zur Wirtschaftspolitik der Regierung.

Mit der geplanten Privatisierung von 15 staatlichen Unternehmen bis 1996 setzt die Regierung zwar konsequent den eingeschlagenen Weg der Öffnung und Liberalisierung der Wirtschaft fort. Ein Problem für die nächsten Jahre stellen allerdings nach wie vor die hohe Staatsverschuldung, hohe Ausgaben für den Verteidigungs- und Militärbereich, niedrige Sparquoten, die Abhängigkeit des Exports von der Textilbranche, innenpolitische Unruhen und eine hohe Analphabetenquote dar.

Peru

IFCI Emerging Markets — in D-Mark

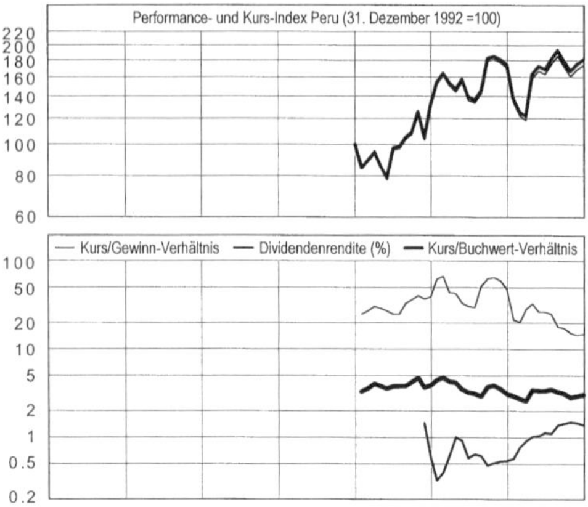

1988	1989	1990	1991	1992	1993	1994	1995	Finanz- und Wirtschafts-Historie
-	-	-	-	100	129,7	180,9	186,0	IFCI Kursindex Hoch
-	-	-	-	100	77,7	129,7	118,5	IFCI Kursindex Tief
-	-	-	-	100	129,7	170,7	174,4	IFCI Kursindex Ultimo
-	-	-	-	-	3,31	3,58	11,77	Gewinn pro Anteil
-	-	-	-	-	34,41	56,71	59,11	Buchwert pro Anteil
-	-	-	-	-	0,74	0,89	2,34	Dividenden pro Anteil
-	-	-	-	-	-	8,1	229,0	Gewinnwachstum p.a. (%)
-	-	-	-	-	-	64,8	4,2	Buchwertwachstum p.a. (%)
-	-	-	-	-	-	20,1	163,2	Dividendenwachstum p.a. (%)
-	-	-	-	-	39,2	47,7	14,8	Kurs/Gewinn-Verhältnis
-	-	-	-	-	3,77	3,01	2,95	Kurs/Buchwert-Verhältnis
-	-	-	-	-	0,57	0,52	1,34	Dividendenrendite (%)
-	-	-	-	-	1,65	2,06	0,77	Relatives Kurs/Gewinn-Verhältnis
-	-	-	-	-	1,52	1,57	1,77	Relatives Kurs/Buchwert-Verhältnis
-	-	-	-	-	0,34	0,27	0,58	Relative Dividendenrendite
-	-	-	-	2,39	3,82	6,63	9,76	Marktkapitalisierung (in Milliarden DEM)
-	-	-	-	0,9	0,6	1,0	1,1	" (in % der Mk. aller IFCI Länder)
-	-	-	-	7	7	11	-	Anzahl der im IFCI Index enthaltenen Titel
77,57	69,17	54,08	61,90	68,10	71,17	-	-	Bruttoinlandsprodukt (in Milliarden DEM)
2,4	2,0	1,5	1,6	1,5	1,4	-	-	" (in % des BIP aller IFCI Länder)
667,0	3398,7	7481,7	409,5	73,5	48,6	23,7	-	Konsumentenpreise (Veränderung in % p.a.)
-	-	-	-	0,96356	1,2381	1,4073	1,6094	Wechselkurs (PEN/DEM)
-	-	-	-	-	9,62	6,31	19,92	Eigenkapitalrendite (%)
-	-	-	-	-	22,3	24,8	19,8	Ausschüttungsquote (%)
-	-	-	-	-	29,7	31,6	2,1	IFCI Kursindex-Veränderung (%)
-	-	-	-	-	31,7	32,4	3,8	IFCI Performance-Index-Veränderung (%)

Quellen: International Finance Corporation's (IFC) Emerging Markets Database (EMDB), U.S. Department of Commerce.
Berechnungen: Keppler Asset Management Inc., New York.

Peru

Entwicklung der Wirtschaft und des Aktienmarktes

Peru ist das zweitärmste lateinamerikanische Land, welches im IFCI-Gesamtindex enthalten ist. Mit einem durchschnittlichen Bruttosozialprodukt pro Kopf der Bevölkerung von USD 1.490 wies 1993 nur Kolumbien mit USD 1.400 einen geringeren Wert auf. Die Kaufkraftparität von USD 1.490 in Peru würde im Vergleich dazu in den USA allerdings dem Wert von USD 3.130 entsprechen.

Aufgrund einer ausufernden Auslandsverschuldung und ausstehender Zinszahlungen gegenüber ausländischen Kreditgebern erfuhr Peru ab Mitte der 80er Jahre keine Unterstüztung der Weltbank mehr. Nachdem das Wirtschaftswachstum in der ersten Hälfte der 80er Jahre kaum mit dem Bevölkerungswachstum mithalten konnte, durchlief Peru 1989 und 1990 mit einer Inflationsrate von 3.398,7 % bzw. 7.481,7 % und einer hohen Arbeitslosigkeit die schlimmste Wirtschaftskrise dieses Jahrhunderts.

Als im Juli 1990 Alberto Fujimori den Regierungsvorsitz übernahm, hatte Peru bereits im dritten Jahr in Folge mit einem negativen Wirtschaftswachstum zu kämpfen. Der Trend wurde erst 1991 umgekehrt, in dem ein Wirtschaftswachstum von 2,4 % erzielt werden konnte. 1992 erlitt das Bruttoinlandsprodukt, vor allem bedingt durch einen 30 %igen Einbruch der Fischindustrie, der wiederum auf zu warme Meerestemperaturen, veränderte Meeresströmungseffekte und ein Ausbleiben des „El Niño"-Stromes zurückzuführen war, erneut einen Rückgang um 2,8 %. Aufgrund steigender Auslandsinvestitionen konnte das Bruttoinlandsprodukt 1993 um 6 % anwachsen. Der in diesem Jahr neu in den IFCI-Gesamtindex aufgenommene peruanische Aktienmarkt erzielte unter volatilen Schwankungen ein Plus von 29,7 %. In dem generell sehr positiven Jahr für die Emerging Markets erreichte Peru damit allerdings vor Venezuela (22,2 %) und Korea (29,1 %) nur die drittschlechteste Wertentwicklung aller Emerging Markets.

Nach der Hyperinflation von bis zu 7.481,7 % in den Jahren 1989 und 1990 konnte der Preisauftrieb in den Folgejahren systematisch bis auf 23,7 % (1994) reduziert werden. Perus Bruttoinlandsproduktwachstum stieg 1994, ausgelöst durch private und staatliche Investitionen im Infrastrukturbereich, im gleichen Jahr um 12,9 % an. Ein reduziertes Defizit und eine umfassende Umstrukturierung der Auslandsschulden im Rahmen des Brady-Plans fügten sich ebenfalls nahtlos in ein rundum sehr positives fundamentales Umfeld. Aufgrund dieser Entwicklung gewährte die Weltbank allein für das Jahr 1994 Kredite in einer Höhe von insgesamt USD 1 Mrd. Nach einer Verbesserung der Menschenrechte nahmen auch Industrienationen wie Deutschland und Japan wieder die finanzielle Unterstützung Perus auf.

Die Landeswährung Perus, der Nuevo Sol, hielt sich dank der guten wirtschaftlichen und politischen Nachrichten ebenfalls relativ stabil. Ein weiterer positiver Faktor für den Markt war das Privatisierungsprogramm der Regierung, das in den Jahren 1993 und 1994 gute Fortschritte verzeichnen konnte. Während 1993 insgesamt 13 staatliche Unternehmen privatisiert wurden, waren es 1994 sogar 30 Unternehmen, deren Börsengang dem Staat USD 2,9 Mrd. an Kapital erbrachte.

Im Gegensatz zu zahlreichen anderen Emerging Markets, die vor allem in Lateinamerika durch die Mexikokrise 1994 empfindliche Einbußen verzeichnen mußten, schloß der peruanische Markt das Jahr mit einem Kursgewinn in Höhe von 31,6 % ab. Das bedeutete nach Brasilien (+47,1 %) die zweitbeste Kursentwicklung aller Märkte. Dabei stieg der Aktienmarkt allein im September um 25 %, nachdem die peruanische Bank Banco Wiese ihre Aktien erfolgreich in einer ADR-Emission in New York plaziert hatte.

Nachdem sich Peru 1994 mit Kurssteigerungen von 31,6 % auf 170,7 Indexpunkte noch von den negativen Entwicklungen in Mexiko (–45,9 %) absetzen konnte, verzeichnete der Markt bei einem extremen Anstieg der Volatilität im ersten Quartal 1995 einen erheblichen Kurseinbruch. Bis März sank der Index um über 30 % und erreichte den tiefsten Stand des Jahres bei 118,5 Punkten. Neben den negativen Meldungen aus Mexiko sanken die Kurse aufgrund eskalierender Grenzstreitigkeiten mit Ecuador und einer negativen Resonanz auf Fujimoris Privatisierungsprogramm. Als die US-Notenbank (FED) und die Regierung der Vereinigten Staaten Mexiko insgesamt USD 53 Mrd. zur Verfügung stellten, um unter anderem diese kurzfristigen USD-denominierten Schulden zu refinanzieren, und auch Argentinien ein striktes Maßnahmenpaket verabschiedete, besserte sich die Stimmung in Peru ebenfalls. Die Märkte reagierten zudem positiv auf die Wiederwahl Fujimoris. In seiner Antrittsrede kündigte er eine Fortsetzung der Privatisierungspolitik, eine Verbesserung der Finanz- und Schuldensituation Perus sowie ein wirtschaftliches Stimulationsprogramm an. Innerhalb des von Fujimori bekanntgegebenen Fünfjahresplans wird mit einer Verdoppelung des Exports und einer Erhöhung des Pro-Kopf-Einkommens um 30 % gerechnet. Während das Wirtschaftswachstum durchschnittlich bei 5 % liegen soll, wird mit einem weitereren Rückgang der Inflation auf 6 % gerechnet.

Positive fundamentale Rahmendaten mit einem erwarteten Wirtschaftswachstum von 6,0 % und einer moderaten Inflationsrate von 10 % verstärkten die Kurserholung im Verlauf des Jahres 1995. Der Index konnte die Verluste des ersten Quartals mehr als ausgleichen und beendete das Jahr 1995 nach einem zwischenzeitlichen Hoch von 186 Punkten bei 174,4 Zählern und wies damit einen Kursanstieg um 2,1 % auf.

Unterstützt wurde diese Bewegung durch einen Anstieg der Unternehmensgewinne um 229,0 %.

Philippinen

IFCI Emerging Markets — in D-Mark

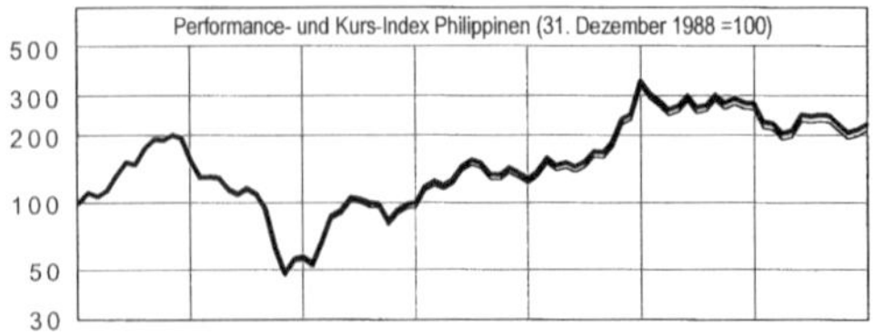

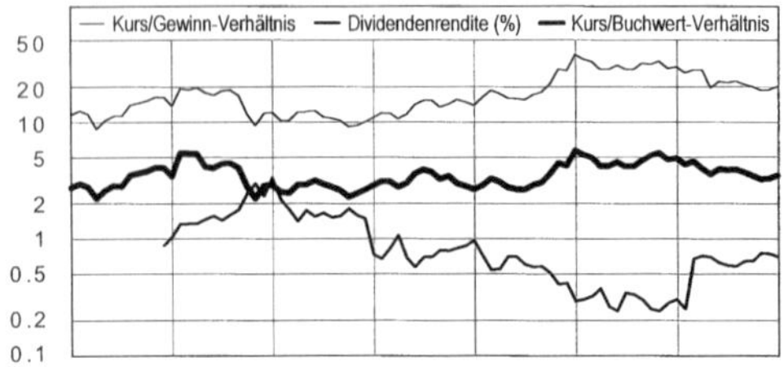

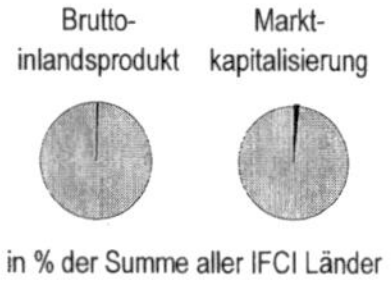

1988	1989	1990	1991	1992	1993	1994	1995	Finanz- und Wirtschafts-Historie
100	198,2	151,7	101,4	147,6	329,6	329,6	260,5	IFCI Kursindex Hoch
100	100,0	47,1	51,8	95,4	121,9	244,6	190,4	IFCI Kursindex Tief
100	151,7	55,3	95,4	121,9	329,6	260,5	209,5	IFCI Kursindex Ultimo
8,75	11,07	4,62	8,85	8,86	8,80	8,83	10,44	Gewinn pro Anteil
37,45	45,27	19,70	34,31	47,43	58,44	54,27	61,43	Buchwert pro Anteil
-	1,53	1,79	0,68	1,15	0,92	0,76	1,42	Dividenden pro Anteil
-	26,5	-58,3	91,5	0,1	-0,7	0,4	18,3	Gewinnwachstum p.a. (%)
-	20,9	-56,5	74,2	38,2	23,2	-7,1	13,2	Buchwertwachstum p.a. (%)
-	-	17,1	-62,2	69,2	-19,5	-18,1	88,5	Dividendenwachstum p.a. (%)
11,4	13,7	12,0	10,8	13,8	37,5	29,5	20,1	Kurs/Gewinn-Verhältnis
2,67	3,35	2,81	2,78	2,57	5,64	4,80	3,41	Kurs/Buchwert-Verhältnis
-	1,01	3,24	0,71	0,94	0,28	0,29	0,68	Dividendenrendite (%)
0,99	1,03	0,81	0,65	0,83	1,58	1,27	1,04	Relatives Kurs/Gewinn-Verhältnis
2,30	2,08	2,04	1,54	1,92	2,27	2,50	2,04	Relatives Kurs/Buchwert-Verhältnis
-	0,38	0,78	0,35	0,40	0,17	0,15	0,29	Relative Dividendenrendite
2,12	3,20	2,75	4,63	6,01	20,79	25,27	24,26	Marktkapitalisierung (in Milliarden DEM)
4,6	3,4	2,8	2,2	2,2	3,1	3,9	2,8	" (in % der Mk. aller IFCI Länder)
5	5	7	6	8	11	19	-	Anzahl der im IFCI Index enthaltenen Titel
68,27	74,04	68,27	70,44	88,22	96,15	-	-	Bruttoinlandsprodukt (in Milliarden DEM)
2,1	2,1	1,9	1,8	1,9	1,8	-	-	" (in % des BIP aller IFCI Länder)
8,8	12,2	14,1	18,7	8,9	7,6	9,1	-	Konsumentenpreise (Veränderung in % p.a.)
11,672	12,885	18,200	17,261	15,812	15,549	15,744	18,326	Wechselkurs (PHP/DEM)
23,36	24,45	23,46	25,79	18,68	15,06	16,27	17,00	Eigenkapitalrendite (%)
-	13,8	38,8	7,7	12,9	10,5	8,6	13,6	Ausschüttungsquote (%)
-	51,7	-63,5	72,3	27,8	170,4	-21,0	-19,6	IFCI Kursindex-Veränderung (%)
-	53,3	-62,6	73,7	28,9	171,9	-20,7	-19,1	IFCI Performance-Index-Veränderung (%)

Quellen: International Finance Corporation's (IFC) Emerging Markets Database (EMDB), U.S. Department of Commerce. Berechnungen: Keppler Asset Management Inc., New York.

Philippinen

Entwicklung der Wirtschaft und des Aktienmarktes

Mit einem durchschnittlichen Bruttosozialprodukt pro Kopf der Bevölkerung von USD 830 zählten die Philippinen 1993 innerhalb der im IFCI-Gesamtindex enthaltenen Emerging Markets zu den niedrig entwickelten Ländern. Aufgrund des hohen Bevölkerungswachstums konnte sich dieser Wert trotz der hohen Wirtschaftswachstumsraten in den vergangenen Jahren nur unwesentlich erhöhen. Die Kaufkraftparität von USD 830 auf den Philippinen würde im Vergleich dazu in den USA dem wesentlich höheren Wert von USD 2.660 entsprechen.

Bei einer hohen durchschnittlichen jährlichen Inflationsrate von 10 % im Zeitraum von 1985 bis 1993 betrug das reale Wachstum des Bruttosozialprodukts nur 1,6 %. Dabei stieg die Inflationsrate von 0,8 % (1986) auf 18,7 % (1991) an, um bis Ende 1994 wieder auf 9,1 % zu sinken.

Im ersten Jahr des philippinischen Aktienmarktes im IFCI-Gesamtindex (1989) konnten die Kurse um 51,7 % auf 151,7 Indexpunkte zulegen. Allerdings verzeichneten die Notierungen in den letzten beiden Monaten aufgrund einer scharfen Rezession und eines merklichen Anstiegs der Inflationsraten auf 14,1 % schon einen Kurseinbruch, der sich 1990 weiter beschleunigte. Der Markt beendete das Jahr 1990 mit einem Kursrückgang von 63,5 % bei 55,3 Indexpunkten.

Trotz eines folgenschweren Ausbruchs des Vulkans Mt. Pinatubo, eines stagnierenden Wirtschaftswachstums und einer hohen Inflationsrate von 18,7 % konnte der Aktienmarkt 1991 nach dem herben Einbruch des Vorjahres um 72,3 % zulegen. 1992 profitierte der Markt von einer auf 8,9 % gesunkenen Inflationsrate, einem leichten Anstieg des Wirtschaftswachstums um 0,1 % und einer ohne Zwischenfälle verlaufenden Wahl des ehemaligen Verteidigungsministers Fidel Ramos, eines langjährigen Weggefährten Corazon Aquinos, zum neuen Präsidenten des Landes. Die Entdeckung neuer Ölvorkommen und die Verabschiedung eines umfassenden Umschuldungsprogramms verhalfen dem Index zu einem Kursanstieg um 27,8 % auf 121,9 Punkte.

Mit Kurssteigerungen um 170,4 % auf 329,6 Indexpunkte konnte der philippinische Aktienmarkt 1993, in einem generell sehr erfolgreichen Jahr für die Emerging Marktes, die beste Performance aller asiatischen Börsen erzielen. International erreichten nur noch Polen (+777,3 %) und die Türkei (+233,1 %) eine bessere Wertentwicklung. Bedingt durch ein hohes Leistungsbilanzdefizit, eine hohe Auslandsverschuldung und regelmäßige Stromausfälle lag das Wachstum des Bruttoinlandsprodukts nur bei 1,7 %. Besonders in der zweiten Jahreshälfte stieg der Index aufgrund massiver Kaufaufträge internationaler Investoren, einer Verbesserung der Inflationsrate auf 7,6 % gegenüber 8,9 % im Vorjahr und einer Senkung der kurzfristigen Zinsen von 12,8 % auf 9,4 %.

Wie in den meisten Emerging Markets war das Jahr 1994 auch in den Philippinen von einer allgemeinen Kurskorrektur gekennzeichnet. Mit einem Minus von 21,0 % fiel der Kursrückgang im Hinblick auf die starken Kursgewinne der Vorjahre und im Vergleich zum Rückgang des IFCI-Gesamtindexes von 23 % allerdings moderat aus. Dabei ist interessant, daß der Rückgang im IFCI-Index für die Philippinen mit 21 % aufgrund der Aktien der Kategorie „B“, die nur von Ausländern erworben werden können und somit stärker von internationalen Kapitalströmen beeinflußt werden, wesentlich kräftiger war als der lokale Index, der fast unverändert blieb. Die massiven Verkäufe internationaler Emerging-Markets-Investoren konnten durch ein höheres Bruttoinlandsproduktwachstum von 2,3 %, eine unveränderte Inflationsrate von 9,1 %, die eine erneute Zinssenkung auf 8,7 % (dem niedrigsten Wert in sieben Jahren) nach sich zog, und gleichbleibende Unternehmensgewinne nur teilweise absorbiert werden.

Die Währungskrise in Mexiko und ihre Auswirkungen trugen 1995 auch am philippinischen Markt zu einem Rückgang der Aktienkurse bei. Ein mit ca. 50 % sehr hoher Anteil ausländischer Investoren am Handelsumsatz war und ist sicherlich einer der Gründe für die hohe Korrelation des philippinischen Marktes mit den wichtigsten Weltbörsen. Im Verlauf des Jahres konnten sich die Kurse aufgrund eines positiven Wirtschaftswachstums, steigender Unternehmensgewinne, eines stabilen philippinischen Pesos und der Wiederwahl Präsident Ramos jedoch leicht erholen. Der Index beendete das Jahr 1995 allerdings trotzdem mit einem Kursverlust von 19,6 % bei 209,5 Punkten.

Nach einer erwarteten Inflationsrate von 7,5 % und einem Anstieg des Bruttoinlandsprodukts von 4,5 % rechnet die Regierung Ramos 1996 sogar mit einem Wirtschaftswachstum von 6,5 %.

Die positive Entwicklung der Börse in den vergangenen Jahren wurde sicherlich auch durch die stabile und im Zeitraum von 1990 bis 1993 sogar feste Tendenz des philippinischen Pesos gegenüber der DM unterstützt. Der Internationale Währungsfonds (IWF) gewährte 1994 einen Kredit von DM 1 Mrd. Das dabei von der Regierung mit dem IWF vereinbarte Programm sieht unter anderem vor, daß bis 1997 das jährliche Wirtschaftswachstum von 2,3 % auf 6 % erhöht und die Inflationsrate von knapp 10 % auf 4 % gesenkt wird. Eine Konsultativgruppe aus 16 Staaten und acht internationalen Organisationen stellte zudem Finanzhilfen von USD 2,8 Mrd. in Aussicht. Die im Pariser Club zusammengeschlossenen Gläubigerstaaten räumten einen weiteren Zahlungsaufschub zu günstigen Bedingungen ein. Die Auslandsschulden, die zum Großteil während der verschwenderischen Diktatur Marcos entstanden, betragen insgesamt ca. USD 39 Mrd. und nehmen damit 55 % des Bruttosozialprodukts ein. Der IWF äußerte bereits generelle Bedenken über das niedrige Steueraufkommen und die nach wie vor unbefriedigende Schuldensituation der Philippinen.

Polen

IFCI Emerging Markets — in D-Mark

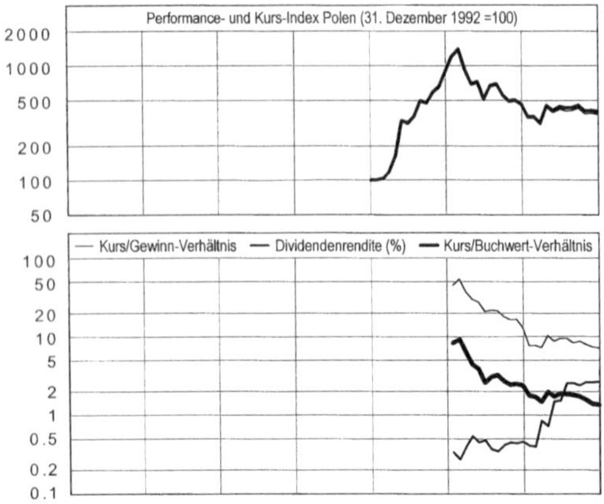

Brutto-inlandsprodukt — Markt-kapitalisierung

in % der Summe aller IFCI Länder

1988	1989	1990	1991	1992	1993	1994	1995	Finanz- und Wirtschafts-Historie
-	-	-	-	100	877,3	1358,1	449,3	IFCI Kursindex Hoch
-	-	-	-	100	100,0	449,3	306,9	IFCI Kursindex Tief
-	-	-	-	100	877,3	449,3	376,9	IFCI Kursindex Ultimo
-	-	-	-	-	-	34,72	54,00	Gewinn pro Anteil
-	-	-	-	-	-	195,34	287,73	Buchwert pro Anteil
-	-	-	-	-	-	1,98	9,76	Dividenden pro Anteil
-	-	-	-	-	-	-	55,5	Gewinnwachstum p.a. (%)
-	-	-	-	-	-	-	47,3	Buchwertwachstum p.a. (%)
-	-	-	-	-	-	-	393,8	Dividendenwachstum p.a. (%)
-	-	-	-	-	-	12,9	7,0	Kurs/Gewinn-Verhältnis
-	-	-	-	-	-	2,30	1,31	Kurs/Buchwert-Verhältnis
-	-	-	-	-	-	0,44	2,59	Dividendenrendite (%)
-	-	-	-	-	-	0,56	0,36	Relatives Kurs/Gewinn-Verhältnis
-	-	-	-	-	-	1,20	0,78	Relatives Kurs/Buchwert-Verhältnis
-	-	-	-	-	-	0,23	1,12	Relative Dividendenrendite
-	-	-	-	0,30	3,72	2,29	2,81	Marktkapitalisierung (in Milliarden DEM)
-	-	-	-	0,1	0,6	0,4	0,3	" (in % der Mk. aller IFCI Länder)
-	-	-	-	9	12	12	-	Anzahl der im IFCI Index enthaltenen Titel
-	-	-	118,08	136,07	147,57	-	-	Bruttoinlandsprodukt (in Milliarden DEM)
-	-	-	3,0	2,9	2,8	-	-	" (in % des BIP aller IFCI Länder)
-	-	-	70,3	43,0	30,4	33,3	-	Konsumentenpreise (Veränderung in % p.a.)
-	-	-	-	0,92946	1,2349	1,5725	1,7235	Wechselkurs (PLN/DEM)
-	-	-	-	-	-	17,77	18,77	Eigenkapitalrendite (%)
-	-	-	-	-	-	5,7	18,1	Ausschüttungsquote (%)
-	-	-	-	-	777,3	-48,8	-16,1	IFCI Kursindex-Veränderung (%)
-	-	-	-	-	800,5	-48,6	-14,0	IFCI Performance-Index-Veränderung (%)

Quellen: International Finance Corporation's (IFC) Emerging Markets Database (EMDB), U.S. Department of Commerce.
Berechnungen: Keppler Asset Management Inc., New York.

Polen

Entwicklung der Wirtschaft und des Aktienmarktes

Das durchschnittliche Bruttosozialprodukt pro Kopf der Bevölkerung Polens betrug 1993 USD 2.270. Es liegt damit z.B. über dem der Türkei (USD 2.120). Die Kaufkraftparität von USD 2.270 in Polen würde im Vergleich dazu in den USA auch dem wesentlich höheren Wert von USD 5.010 entsprechen.

Der Sturz des Kommunismus und die ersten teilweise freien Wahlen im Jahr 1989 mit der Ernennung T. Mazowieckis, des Vertreters der wieder legalisierten „Solidarnosc", zum ersten nichtkommunistischen Ministerpräsidenten seit 1945 bedeuteten eine schlagartige Wende in der Wirtschaftspolitik Polens. In einer Art „Schocktherapie" schaffte Finanzminister Leszek Balcerowicz die Preiskontrollen auf Waren und Nahrungsmittel ab. Darüber hinaus wurden nach der steuerlichen und rechtlichen Gleichstellung von privaten und staatlichen Unternehmen Anfang 1989 zahlreiche staatliche Betriebe privatisiert.

Die ersten Resultate und die Auswirkungen auf die Wirtschaft waren chaotisch. Als die durchgreifenden politischen und wirtschaftlichen Reformen und Strukturveränderungen Polens Anfang der 90er Jahre zu greifen begannen und erste Erfolge zeigten, entspannte sich die Situation.

Im April 1991 erfolgte die Gründung der Warschauer Börse (WSE). Nach den ersten beiden Jahren notierten 16 Aktien an der WSE, und der Handel erfolgte zweimal pro Woche. Die Performance des Marktes war aber aufgrund von hohen Inflationsraten, 70,3 % (1991) und 43,0 % (1992), sowie einem negativen Wirtschaftswachstum von -7 % (1991) und -1 % (1992) und einer schwachen Währung enttäuschend. Der Index tendierte nach leichten Verlusten 1991 und leichten Gewinnen 1992 fast wieder auf seinem Ausgangsniveau. Insgesamt betrug das durchschnittliche jährliche reale Wirtschaftswachstum von 1985 bis 1993 -1,8 % bei Inflationsraten von 112,8 %.

1993 wurde Polens Aktienmarkt nach umfangreichen Deregulierungs- und Liberalisierungsmaßnahmen für ausländische Investoren in den IFCI-Gesamtindex aufgenommen. Bessere wirtschaftliche Rahmenbedingungen in Form von einer auf 30,4 % gesunkenen Inflationsrate und einem Wirtschaftswachstum von 4 % sowie massive Käufe in- und ausländischer Investoren sorgten 1993 für eine atemberaubende Kursentwicklung von 777,3 %. Damit wies Polen die beste Performance aller Emerging Markets auf. Die im 2. Quartal 1993 einsetzende Aufwärtsbewegung wurde neben den bereits genannten Faktoren vor allem durch sinkende Zinsen, steigende Unternehmensgewinne, große Nachfrage nach Privatisierungen und Neu-Emissionen und aggressive Käufe institutioneller Investoren in einem engen Markt ausgelöst. Allein im Mai 1993 verdoppelten sich die Kurse.

Anfang Februar 1993 trat der Assoziierungsvertrag mit der Europäischen Union in Kraft, und nur zwei Monate später stellte Polen den Antrag auf Aufnahme in die EU. Das Wirtschaftsprogramm für 1994 bis 1997 sah eine Fortsetzung der Stabilisierungspolitik und der Privatisierung vor. Das Bruttoinlandsprodukt soll jährlich um rund 5 % steigen, die Inflationsrate soll von 23 % auf unter 10 % und das Haushaltsdefizit von 4 % auf 2 bis 3 % des Bruttoinlandsprodukts gesenkt werden.

Für die Arbeitslosenquote wird ein Rückgang auf 14 % erwartet (1994: 15,5 %), und mit Beginn des Jahres 1995 wurde der neue Zloty (10.000 alte Zloty) eingeführt. Nach der Verabschiedung eines Sparhaushalts für 1994 (DM 47,5 Mrd. Einnahmen gegenüber DM 54 Mrd. Ausgaben) mit einem Budgetdefizit von 4 % des erwarteten Bruttoinlandsprodukts wurden die vom Internationalen Währungsfonds auferlegten Normen für eine weitere Kreditvergabe erfüllt. Neben dem internationalen Währungsfonds gaben die Europäische Investitionsbank und die Weltbank Polen Kreditzusicherungen über DM 3 Mrd. zum Ausbau der Infrastruktur. Der Haushalt für 1995 sah bereits ein auf 3,3 % des Bruttoinlandsprodukts reduziertes Budgetdefizit vor.

Nachdem der Index das Jahr 1993 bei 877,3 Punkten beendet hatte, konnte sich die Aufwärtsbewegung bis Ende Februar 1994 mit einem Indexhöchststand von 1.358,1 Punkten fortsetzen. Damit hatte sich der polnische Aktienmarkt in nur 14 Monaten mehr als verdreizehnfacht. Das nach vierjährigen Verhandlungen mit den im Londoner Club zusammengeschlossenen westlichen Gläubigerbanken Anfang 1994 vereinbarte Umschuldungsabkommen stellt nach der Erlassung von 50 % der Schulden Anfang der 90er Jahre mit einer Reduzierung der polnischen Schulden (einschließlich nicht gezahlter Zinsen) von USD 13,1 Mrd. um rund 43 % einen weiteren Meilenstein für eine kontinuierliche Verbesserung der wirtschaftlichen Situation Polens dar. Anfang März begannen ausländische Investoren trotz dieser positiven Nachricht mit Gewinnmitnahmen und liquidierten erste Positionen aufgrund der extrem hohen fundamentalen Bewertungen des polnischen Aktienmarktes. Mit einem Kurseinbruch von 63 % in nur 4 Monaten gewann der Rückgang ein enormes Momentum. Einzelne Aktien zeigten eine sehr hohe Volatilität und schwankten oft um das täglich erlaubte Limit von 10 %. Nach einer kurzen Konsolidierung beendete der Index das Jahr weiter schwach bei 449,3 Punkten und wies damit einen Rückgang um 48,6 %

auf. Dies war 1994 nach China (-54,6 %) die zweitschwächste Kursentwicklung aller Emerging Markets.

Um für die Massenprivatisierung im Rahmen der Nationalen Investment Fonds (NIF) und für die Neuemission einer der größten polnischen Banken (Przemyslowo-Handlowy) Liquidität zu schaffen, verkauften zahlreiche Investoren polnische Aktien, und der Index verzeichnete im ersten Quartal einen weiteren Kursrückgang von über 30 %.

In Polen wurden seit 1990 knapp 5.000 Unternehmen privatisiert, was fast 60 % aller polnischen Unternehmen entspricht.

Nach einer Korrektur um 77 % vom Indexhöchststand im Februar 1994 auf 306,9 Indexpunkte im März 1995 konnte sich der Markt bis Ende des Jahres – ausgelöst durch eine attraktive fundamentale Bewertung und regen Kaufinteresse in- und ausländischer Investoren – auf 426,9 Punkte erholen. Auf Jahresbasis bedeutete dies einen Kursrückgang um 5 %. Nachdem das polnische Kursbarometer 1995 zwischenzeitlich bereits einen Indexstand von 449,3 Punkten erreicht hatte, zeigten sich internationale Investoren vom Ausgang der Wahlen verunsichert, aus denen Aleksander Kwasniewski, Parteivorsitzender der linksorientierten LDAP, als Gewinner hervorging. Bei einer Inflationsrate von 27 % (nach 33,3 % im Vorjahr), einem Bruttoinlandsproduktwachstum von 5,7 % (nach 5 % im Vorjahr) unterstützten die fundamentalen Rahmendaten die Entwicklung der Aktienkurse. Bei einem Kurs/Gewinn-Verhältnis von 7,0 und einem Anstieg der Unternehmensgewinne um 55,5 % verbesserte sich vor allem die Bewertung polnischer Aktien.

Portugal

IFCI Emerging Markets — in D-Mark

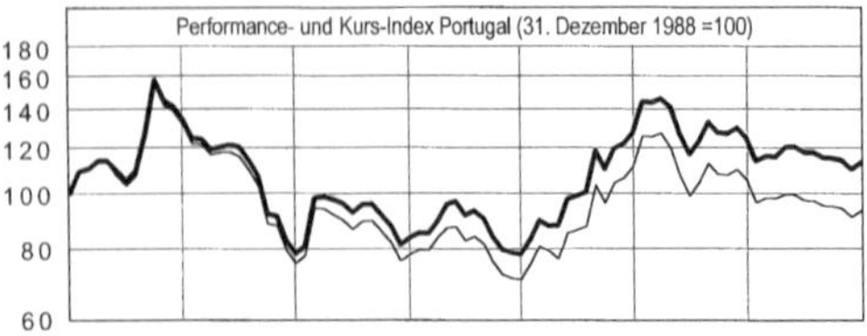

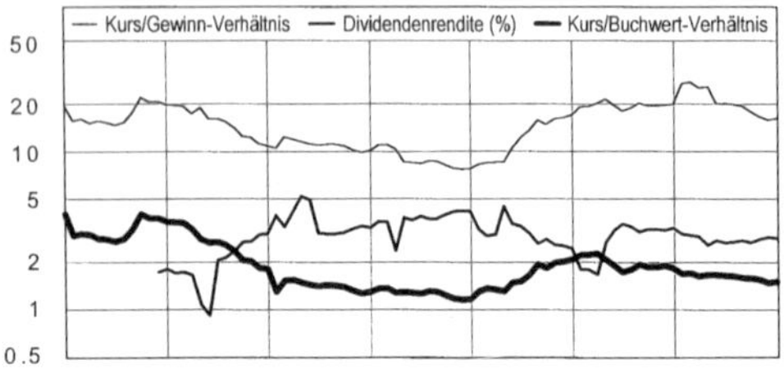

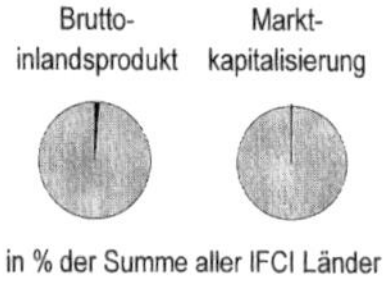

1988	1989	1990	1991	1992	1993	1994	1995	Finanz- und Wirtschafts-Historie
100	154,4	131,6	94,2	87,3	111,2	127,1	105,8	IFCI Kursindex Hoch
100	100,0	75,5	75,5	70,5	70,5	99,1	90,9	IFCI Kursindex Tief
100	131,6	75,5	78,3	70,5	111,2	105,8	93,4	IFCI Kursindex Ultimo
5,23	6,68	7,03	7,78	9,20	6,57	5,33	5,78	Gewinn pro Anteil
25,45	37,28	42,89	62,14	62,42	54,78	59,43	63,55	Buchwert pro Anteil
-	2,32	2,23	2,51	2,89	2,65	3,41	2,59	Dividenden pro Anteil
-	27,7	5,2	10,7	18,1	-28,6	-18,8	8,5	Gewinnwachstum p.a. (%)
-	46,5	15,1	44,9	0,4	-12,2	8,5	6,9	Buchwertwachstum p.a. (%)
-	-	-3,9	12,9	15,1	-8,5	28,7	-24,0	Dividendenwachstum p.a. (%)
19,1	19,7	10,7	10,1	7,7	16,9	19,8	16,2	Kurs/Gewinn-Verhältnis
3,93	3,53	1,76	1,26	1,13	2,03	1,78	1,47	Kurs/Buchwert-Verhältnis
-	1,76	2,95	3,21	4,10	2,38	3,22	2,77	Dividendenrendite (%)
1,65	1,49	0,73	0,61	0,46	0,71	0,86	0,84	Relatives Kurs/Gewinn-Verhältnis
3,39	2,19	1,28	0,70	0,84	0,82	0,93	0,88	Relatives Kurs/Buchwert-Verhältnis
-	0,66	0,71	1,57	1,75	1,41	1,65	1,19	Relative Dividendenrendite
4,89	8,59	6,35	5,09	4,51	8,90	11,18	12,35	Marktkapitalisierung (in Milliarden DEM)
10,5	9,1	6,5	2,4	1,6	1,3	1,7	1,4	" (in % der Mk. aller IFCI Länder)
10	17	19	17	13	16	25	-	Anzahl der im IFCI Index enthaltenen Titel
73,99	77,08	89,19	104,19	136,06	135,01	-	-	Bruttoinlandsprodukt (in Milliarden DEM)
2,3	2,2	2,5	2,6	2,9	2,6	-	-	" (in % des BIP aller IFCI Länder)
9,6	12,6	13,4	11,4	8,9	6,5	5,3	-	Konsumentenpreise (Veränderung in % p.a.)
82,729	88,547	91,429	88,185	90,747	101,71	102,72	104,37	Wechselkurs (PTE/DEM)
20,57	17,93	16,39	12,52	14,73	11,99	8,97	9,10	Eigenkapitalrendite (%)
-	34,7	31,7	32,3	31,4	40,3	63,9	44,7	Ausschüttungsquote (%)
-	31,6	-42,6	3,7	-9,9	57,7	-4,9	-11,7	IFCI Kursindex-Veränderung (%)
-	34,1	-41,5	6,7	-6,6	63,2	-2,0	-9,4	IFCI Performance-Index-Veränderung (%)

Quellen: International Finance Corporation's (IFC) Emerging Markets Database (EMDB), U.S. Department of Commerce. Berechnungen: Keppler Asset Management Inc., New York.

Portugal

Entwicklung der Wirtschaft und des Aktienmarktes

Portugal, seit 1986 volles Mitglied der Europäischen Union, zählt im europäischen Vergleich, was den Lebensstandard, das Bildungswesen, die medizinische Versorgung, die Infrastruktur und die Industrialisierung betrifft, nach Griechenland zu den am geringsten entwickelten Ländern. Im Universum der Emerging Markets war Portugal 1993 mit einem Bruttosozialprodukt pro Kopf der Bevölkerung von 7.890 USD vor Südkorea (USD 7.670), Griechenland (USD 7.390) und Argentinien (USD 7.290) allerdings das fortschrittlichste Land. Die Kaufkraftparität von USD 7.890 in Portugal würde im Vergleich dazu in den USA sogar dem Wert von USD 9.890 entsprechen.

Nach dem EU-Beitritt Portugals zusammen mit Spanien im Jahr 1986 konnte Portugals Wirtschaft dank eines konsequenten Abbaus der Handelsschranken und einer Steigerung der Produktivität im Zeitraum von 1985 bis 1993 mit 4,7 % hohe Wachstumsraten des Bruttoinlandsprodukts erreichen, die um 1,5 Prozentpunkte über dem EU-Durchschnitt lagen. Der aktive Handel Portugals mit den wichtigsten Industrienationen der EU, der mit 80 % inzwischen die zentrale Position des portugiesischen Exports einnimmt, macht die Wirtschaft in erhöhtem Maße abhängig von der wirtschaftlichen Verfassung und Entwicklung der europäischen Handelspartner. Deutlich wurde diese Interdependenz an der portugiesischen Rezession im Jahr 1993, die vor allem durch die Verlangsamung der Konjunktur in der EU ausgelöst wurde.

Das Erreichen einer hohen Geldwertstabilität war und ist nach dem Beitritt der EU eines der zentralen Ziele der portugiesischen Wirtschaftspolitik. In den Jahren 1987 bis 1990 nahm allerdings sowohl die portugiesische als auch die EU-Inflation von 8,9 % bzw. 3,2 % auf 13,4 % bzw. 5,7 % zu. Seitdem konnte sich die Lage an der Preisfront aber entspannen. Die Inflationsrate lag 1994 bei moderaten 4,0 % und damit nur noch 1,9 % über dem EU-Durchschnitt. 1990 betrug die Differenz noch 7,7 %. Die Verbesserung der Preisstabilität war auf eine Kombination von moderaten Lohnabschlüssen, schwacher Inlandsnachfrage und einem steigenden Escudo, der wiederum die Importkosten reduzierte, zurückzuführen. Da in Portugal nach wie vor ein wesentlich niedrigeres Kosten- und Lohnniveau als in anderen EU-Ländern vorliegt, dürfte auch in den nächsten Jahren aufgrund der daraus resultierenden ausländischen Nachfrage eine Inflationsdifferenz von 1 % bis 2 % bestehen. Die Arbeitslosigkeit liegt mit 5,1 % tendenziell weit unter dem EU-Durchschnitt. Die schleppende Verfassung der Konjunktur in den wichtigsten europäischen Industrienationen sowie die Umstrukturierungs- und Modernisierungsprozesse in der portugiesischen Wirtschaft könnten die Arbeitslosenquote allerdings erhöhen.

Seit 1985 gewann der portugiesische Aktienmarkt systematisch an Bedeutung. Die Liberalisierungs- und Deregulierungsmaßnahmen des Marktes, eine boomende Wirtschaft, sowie der EU-Beitritt verhalfen dem Markt dabei von Anfang Januar 1986 bis zum 9. Oktober 1987 in nur 21 Monaten zu atemberaubenden Kursgewinnen von über 1.000 %. Die explosionsartig steigenden Kurse und Umsätze veranlaßten in diesem Zeitraum 119 Unternehmen zum Börsengang. Die Folgen der Übertreibung und enormen fundamentalen Überbewertung waren abzusehen. Durch den Oktober-Crash an der Wallstreet wurde eine heftige Kurskorrektur ausgelöst, in der der Index innerhalb eines Jahres 70 % verlor. Als der Markt Anfang 1989 in den IFCI-Emerging-Markets-Index aufgenommen wurde, befanden sich die Kurse wieder auf einem attraktiven Bewertungsniveau, und der Markt konnte bis Ende des Jahres um 31,6 % auf einen Indexstand von 131,6 zulegen.

1990 konnte sich diese positive Tendenz durch die Golfkrise und die düsteren Wirtschaftsaussichten in den großen Industrienationen nicht fortsetzen. Der Markt tendierte durch eine massive Abwärtsbewegung in der zweiten Jahreshälfte um 42,6 % schwächer und beendete das Jahr bei 75,5 Punkten. Bis Ende 1992 bewegten sich portugiesische Aktien dann unter einer sehr geringen Volatilität mit +3,7 % (1991) und -9,9 % (1992) fast auf der Stelle.

Der Markt wurde vor allem durch hohe Zinsen und geringes Wirtschaftswachstum von 1,1 % (1992) gelähmt. Gute fundamentale Bewertungen, eine auf 6,5 % sinkende Inflationsrate, sinkende Zinsen und wieder wachsendes Interesse ausländischer Investoren waren die wesentlichen Auslöser für eine solide Aufwärtsbewegung, die den Index trotz eines schwachen Escudos um 57,7 % auf 111,2 Punkte ansteigen ließen.

Gegen Ende des Jahres gab Portugal ein neues umfassendes Wirtschaftsprogramm im Hinblick auf die geforderten Zielkorridore der EU bekannt. Die Staatsschuld soll demnach bis 1997 bei ca. 67 % des Bruttoinlandsprodukts bleiben und danach auf das in Maastricht festgelegte Limit von 60 % sinken. Das Staatsdefizit, das 1993 8,2 % des Bruttoinlandsprodukts ausmachte, soll bis 1997 auf 3,5 % sinken.

Obwohl das Bruttoinlandsprodukt nach einem Rückgang im Jahr 1993 um -1,3 % 1994 wieder einen leichten Anstieg von 1 % verzeichnen konnte, beherrschte seit Anfang 1994 wieder eine Seitwärtsbewegung mit einer relativ geringen Schwankungsbreite das Geschehen. Portugal ist weltweit einer der wenigen Aktienmärkte, die bis heute ihre Höchststände vor dem Oktober-Crash 1987 nicht wieder erreichen konnten. Der Index notiert acht Jahre später noch immer mehr als 50 % unter den damaligen Höchstständen.

Der portugiesische Aktienmarkt tendierte 1995 in einer extrem engen Bandbreite um 11,7 % schwächer. Der Index beendete das Jahr mit 93,4 Punkten. Der weltweiten Schwächephase der Emerging Markets, die zu Beginn des Jahres durch die Währungskrise in Mexiko ausgelöst wurde, konnte sich Portugal mit einem moderaten Rückgang von 10 % relativ gut entziehen. Durch die vielfach überzeichnete Neuemission des portugiesischen Telekommunikationsunternehmens Portugal Telekom wurde die portugiesische Privatisierungspolitik erfolgreich fortgesetzt. Die fundamentalen Rahmendaten konnten sich ebenfalls weiter verbessern. Die Experten der portugiesischen Zentralbank erwarteten für das gesamte Jahr 1995 einen Anstieg des Bruttoinlandsprodukts um knappe 3 %, und die Inflationsrate verzeichnete trotz einer Anhebung der Mehrwertssteuer von 16 auf 17 % nur einen Anstieg um 4 % nach 5,3 % (1994).

Südafrika

IFCI Emerging Markets — in D-Mark

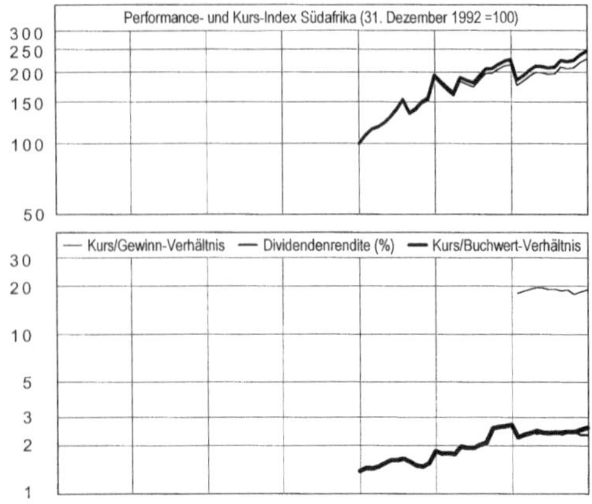

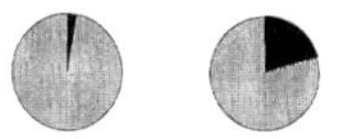

1988	1989	1990	1991	1992	1993	1994	1995	Finanz- und Wirtschafts-Historie
-	-	-	-	100	189,2	215,1	228,1	IFCI Kursindex Hoch
-	-	-	-	100	100,0	158,9	176,2	IFCI Kursindex Tief
-	-	-	-	100	189,2	215,1	228,1	IFCI Kursindex Ultimo
-	-	-	-	-	-	-	12,11	Gewinn pro Anteil
-	-	-	-	74,07	105,14	81,49	89,82	Buchwert pro Anteil
-	-	-	-	-	-	-	5,20	Dividenden pro Anteil
-	-	-	-	-	-	-	-	Gewinnwachstum p.a. (%)
-	-	-	-	-	41,9	-22,5	10,2	Buchwertwachstum p.a. (%)
-	-	-	-	-	-	-	-	Dividendenwachstum p.a. (%)
-	-	-	-	-	-	-	18,8	Kurs/Gewinn-Verhältnis
-	-	-	-	1,35	1,80	2,64	2,54	Kurs/Buchwert-Verhältnis
-	-	-	-	-	-	-	2,28	Dividendenrendite (%)
-	-	-	-	-	-	-	0,98	Relatives Kurs/Gewinn-Verhältnis
-	-	-	-	1,01	0,73	1,38	1,52	Relatives Kurs/Buchwert-Verhältnis
-	-	-	-	-	-	-	0,98	Relative Dividendenrendite
-	-	-	-	94,46	180,67	204,33	231,39	Marktkapitalisierung (in Milliarden DEM)
-	-	-	-	33,8	27,1	31,4	27,0	" (in % der Mk. aller IFCI Länder)
-	-	-	-	58	58	59	-	Anzahl der im IFCI Index enthaltenen Titel
154,50	150,37	152,45	163,44	185,81	205,01	-	-	Bruttoinlandsprodukt (in Milliarden DEM)
4,8	4,3	4,3	4,1	4,0	3,9	-	-	" (in % des BIP aller IFCI Länder)
12,8	14,7	14,4	15,3	13,9	9,7	9,0	-	Konsumentenpreise (Veränderung in % p.a.)
-	-	-	-	2,9907	2,4705	2,6294	2,5470	Wechselkurs (ZAR/DEM)
-	-	-	-	-	-	-	13,48	Eigenkapitalrendite (%)
-	-	-	-	-	-	-	43,0	Ausschüttungsquote (%)
-	-	-	-	-	89,2	13,7	6,0	IFCI Kursindex-Veränderung (%)
-	-	-	-	-	94,4	16,2	8,8	IFCI Performance-Index-Veränderung (%)

Quellen: International Finance Corporation's (IFC) Emerging Markets Database (EMDB), U.S. Department of Commerce. Berechnungen: Keppler Asset Management Inc., New York.

Südafrika

Entwicklung der Wirtschaft und des Aktienmarktes

Südafrikas durchschnittliches Bruttosozialprodukt pro Kopf der Bevölkerung lag 1993 bei USD 2.900. Durch die ungleiche Verteilung des Einkommens aufgrund der jahrelangen Apartheidpolitik leben aber nach wie vor insgesamt 17 Millionen Menschen in extremer Armut.

Die Entdeckung von Diamanten in Kimberley (1867) und Gold im Gebiet Witwatersrand (1886) forcierte die Entwicklung Südafrikas von einem Agrarland zu einem modernen Industriestaat, der zum Großteil von Weißen kontrolliert wurde und auf der Arbeitskraft der schwarzen Bevölkerung aufgebaut war. Der wirtschaftliche Aufbau des Landes verlief jedoch nicht gleichmäßig. Während die Gebiete mit vorrangig weißer Bevölkerung von den hohen Wachstumsraten profitieren konnten und heute einen hohen Lebensstandard verzeichnen, ist die in den Homelands wohnende schwarze Bevölkerung nach wie vor benachteiligt und leidet unter den schlechten Lebensbedingungen mit unzureichenden Wohn- und sanitären Anlagen und hoher Arbeitslosigkeit.

Der Reichtum an Bodenschätzen und die positive wirtschaftliche Entwicklung Südafrikas lockte europäische und amerikanische Investoren und machte Südafrika zu dem bestentwickelten Land Afrikas. In den 80er Jahren verhängten die USA und zahlreiche weitere Industrienationen Sanktionen gegen das Land am Kap der Guten Hoffnung, um die Beendigung der Apartheidpolitik zu forcieren. Ein Großteil dieser Sanktionen, die tiefe Spuren in der wirtschaftlichen Entwicklung des Landes hinterließen, wurde erst nach den ersten freien Wahlen im April 1994 endgültig wieder aufgehoben.

Das Wirtschaftswachstum nahm in den Jahren der internationalen Isolierung deshalb kontinuierlich ab, von durchschnittlich jährlich 6 % (1960–1969), 3 % (1970–1979) bis auf 1 % (1980–1989). Zwischen 1985 und 1993 verzeichnete das Land sogar ein negatives reales durchschnittliches jährliches Wachstum von -1,5 %. Die Inflationsrate lag im gleichen Zeitraum bei 13,5 %. 1993 ging sie auf 9,7 % zurück und erreichte damit den niedrigsten Stand seit Anfang der 70er Jahre. Die Wirtschaft konnte in diesem Jahr mit 1,1 % zwar nur eine sehr geringe Wachstumsrate aufweisen, der Aktienmarkt verzeichnete unter den sich abzeichnenden politischen Reformen allerdings trotzdem einen beeindruckenden Kursanstieg von 89,2 %.

Im Jahr 1994 konnte der Markt 13,7 % zulegen und war damit in einem generell sehr schwierigen Jahr für die Emerging Markets der

Markt mit der besten Wertentwicklung aus dem nicht-lateinamerikanischen Raum. Bei weiterhin guten fundamentalen Rahmenbedingungen mit einer Inflationsrate von 9 % und einem Wachstum des Bruttoinlandsprodukts von 2,3 % wurden die Aktien am Kap der Guten Hoffnung nach einer kurzen Korrektur stark von den politischen Ereignissen beeinflußt und konnten allein in den beiden Wochen im Vorfeld der Wahlen um 25 % zulegen.

Die neue Regierung verkündete im Rahmen eines umfangreichen Programms zur Verbesserung der Lebensbedingungen der schwarzen Bevölkerung den Bau von 1 Mio. Wohnungen und Häusern mit fließendem Wasser und modernen sanitären Anlagen. Zudem sollen 30 % der landwirtschaftlichen Nutzfläche neu verteilt werden. Insgesamt sollen durch die Maßnahmen, deren Finanzierung durch rigorose Kürzungen des Verteidigungshaushalts geplant ist, 2,5 Mio. neue Arbeitsplätze entstehen und somit die extrem hohe Arbeitslosigkeit von 42 % gesenkt werden.

Die Ratingagenturen Moody's und Standard and Poor's stuften Südafrika unter seiner neuen politischen Führung mit Baa3 und BB mit einem positiven Ausblick für die Zukunft ein. Dabei beurteilten die Agenturen besonders die gut ausgebaute Infrastruktur und die relativ solide finanzielle Situation (die Auslandsverschuldung lag 1994 nur bei 15 % des Bruttoinlandsprodukts) des Landes als positiv, zeigten sich jedoch vorsichtig, was die zukünftige Ausgabenpolitik der neuen Regierung anging.

Zu Beginn des Jahres 1995 erlebte der südafrikanische Aktienmarkt aufgrund eines Rückgangs des Goldpreises sowie der Finanzkrise in Mexiko einen scharfen Einbruch um 18 %. Danach konnte sich der Markt im Laufe des Jahres kontinuierlich erholen. Er beendete das Jahr mit einem Kursrückgang von 3,6 % bei 207,3 Indexpunkten allerdings immer noch leicht im Minus. Die fundamentalen Rahmendaten von 1995 gaben dem Markt gemischte Vorgaben. Das Budgetdefizit reduzierte sich nach 6,4 % im Vorjahr auf 5,8 % des Bruttoinlandsprodukts. Experten erwarteten für das gesamte Jahr 1995 trotz eines schwachen Wachstums in den ersten beiden Quartalen einen Anstieg des Bruttoinlandsprodukts um knapp 4 %. Die Inflationsrate verzeichnete dagegen mit einem Anstieg von 10 % gegenüber 9 % im Vorjahr ein weniger erfreuliches Bild.

Im März 1995 vollzog die südafrikanische Regierung den lange erwarteten Schritt und schaffte das duale Währungssystem des Handels- und Finanzrands ab. Seitdem gibt es mit dem Südafrikanischen Rand für In- und Ausländer sowohl bei Finanz- als auch bei Handelstransaktionen nur noch eine einheitliche Währung. Finanzminister Chris Liebenberg gab zudem bekannt, daß die Kursentwicklung wie bisher durch Angebot und Nachfrage des internationalen Devisenhandels bestimmt werden wird und die Zentralbank in Extremsituationen mit Interventionen ausgleichend eingreifen wird.

Die Liberalisierungsmaßnahmen brachten keine Änderung der Investitions- und Devisenausfuhrrestriktionen für Südafrikaner. Sie dürfen bisher nach wie vor nicht außerhalb des Landes investieren und keine Devisen ausführen. Experten der Zentralbank gehen davon aus, daß eine Aufhebung der Beschränkungen zu einem massiven Kapitalabfluß führen könnte, der die augenblicklich sowieso geringen Gold- und ausländischen Devisenreserven von nur USD 3,7 Mrd. erheblich übersteigen würde. Durch die fälligen Rückzahlungen ausländischer Schulden in Höhe von USD 2,5 Mrd. bis Ende 1997 und einer Handelsbilanz, die aufgrund steigender Importe einem wachsenden Druck ausgesetzt ist, besteht auch kaum eine Möglichkeit, die Devisenreserven nachhaltig zu erhöhen.

Simbabwe

IFCI Emerging Markets | in D-Mark

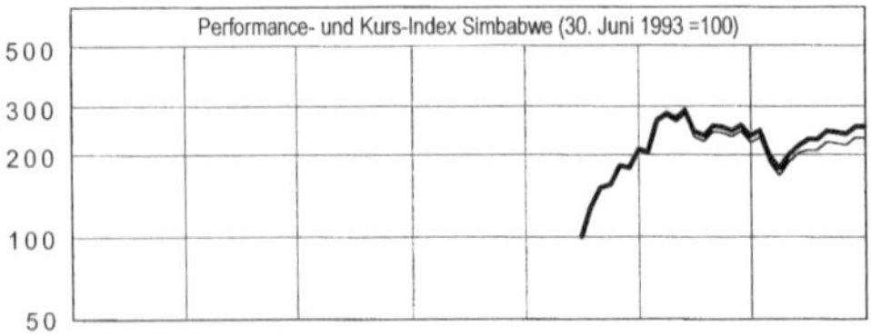

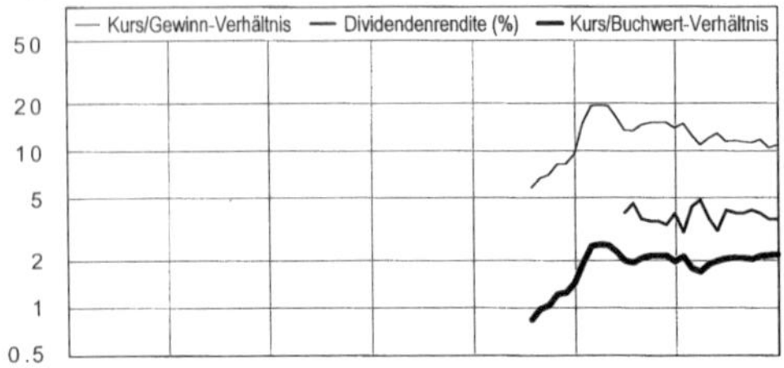

Brutto-inlandsprodukt

Markt-kapitalisierung

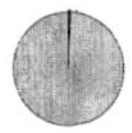

in % der Summe aller IFCI Länder

1988	1989	1990	1991	1992	1993	1994	1995	Finanz- und Wirtschafts-Historie
-	-	-	-	-	205,5	281,5	231,5	IFCI Kursindex Hoch
-	-	-	-	-	100	200,4	167,9	IFCI Kursindex Tief
-	-	-	-	-	205,5	222,1	230,2	IFCI Kursindex Ultimo
-	-	-	-	-	21,75	16,08	21,38	Gewinn pro Anteil
-	-	-	-	-	146,80	115,66	108,60	Buchwert pro Anteil
-	-	-	-	-	-	8,64	8,22	Dividenden pro Anteil
-	-	-	-	-	-	-26,1	32,9	Gewinnwachstum p.a. (%)
-	-	-	-	-	-	-21,2	-6,1	Buchwertwachstum p.a. (%)
-	-	-	-	-	-	-	-4,8	Dividendenwachstum p.a. (%)
-	-	-	-	-	9,5	13,8	10,8	Kurs/Gewinn-Verhältnis
-	-	-	-	-	1,40	1,92	2,12	Kurs/Buchwert-Verhältnis
-	-	-	-	-	-	3,89	3,57	Dividendenrendite (%)
-	-	-	-	-	0,40	0,60	0,56	Relatives Kurs/Gewinn-Verhältnis
-	-	-	-	-	0,56	1,00	1,27	Relatives Kurs/Buchwert-Verhältnis
-	-	-	-	-	-	1,99	1,54	Relative Dividendenrendite
-	-	-	-	-	0,22	0,24	0,26	Marktkapitalisierung (in Milliarden DEM)
-	-	-	-	-	0,0	0,0	0,0	" (in % der Mk. aller IFCI Länder)
-	-	-	-	-	5	5	-	Anzahl der im IFCI Index enthaltenen Titel
10,13	9,69	9,07	8,63	8,52	10,00	-	-	Bruttoinlandsprodukt (in Milliarden DEM)
0,3	0,3	0,3	0,2	0,2	0,2	-	-	" (in % des BIP aller IFCI Länder)
7,4	12,9	17,4	23,3	42,1	17,1	-	-	Konsumentenpreise (Veränderung in % p.a.)
-	-	-	-	-	3,9937	5,3975	6,5107	Wechselkurs (ZID/DEM)
-	-	-	-	-	14,81	13,90	19,68	Eigenkapitalrendite (%)
-	-	-	-	-	-	53,7	38,4	Ausschüttungsquote (%)
-	-	-	-	-	-	8,0	3,7	IFCI Kursindex-Veränderung (%)
-	-	-	-	-	-	12,2	7,8	IFCI Performance-Index-Veränderung (%)

Quellen: International Finance Corporation's (IFC) Emerging Markets Database (EMDB), U.S. Department of Commerce. Berechnungen: Keppler Asset Management Inc., New York.

Simbabwe

Entwicklung der Wirtschaft und des Aktienmarktes

Trotz eines sehr niedrigen durchschnittlichen Bruttosozialprodukts pro Kopf der Bevölkerung von USD 540, das 1993 nur von Indien (USD 290), Pakistan (USD 430) und China (USD 490) unterboten wurde, zählt Simbabwe zu den höchstentwickelten Ländern in Afrika. Die Kaufkraftparität von USD 540 in Simbabwe würde im Vergleich dazu in den USA dem wesentlich höheren Wert von USD 1.900 entsprechen.

Wie die meisten britischen Kolonien am Anfang des 20. Jahrhunderts war das damalige Rhodesien wirtschaftlich abhängig von Großbritannien, wobei es landwirtschaftliche Produkte und Rohstoffe exportierte und Produktions- und Konsumgüter importierte. Dieses Bild änderte sich erst mit der Unabhängigkeit Rhodesiens und den daraufhin verhängten Handelssanktionen der bis dahin wichtigsten Handelspartner. Die Sanktionen führten nicht zu einer Einlenkung und Unterwerfung Simbabwes, sondern förderten die Industrialisierung und den wirtschaftlichen Aufschwung des Landes. Das damalige Rhodesien entwickelte sich zu einem der Länder mit dem höchsten und diversifiziertesten Industriestandard in Afrika.

Die Wachstumsraten im Zeitraum von 1985 bis 1993 verzeichneten einen jährlichen durchschnittlichen Rückgang von 1,1 % und wurden vor allem durch die Rezession 1991 und 1992 negativ beeinflußt. Die Inflationsrate erreichte im gleichen Zeitraum den relativ hohen Wert von jährlich durchschnittlich 20,5 %. Eine katastrophale Dürre in den Jahren 1991 und 1992, die durch ein Ausbleiben der Regenzeit verursacht wurde und spürbare Auswirkungen auf die Versorgung der Bevölkerung und die wirtschaftliche Entwicklung des Landes hatte, fand schließlich im April 1993 ihr Ende. Mit Verlusten von jeweils über 50 % waren die Auswirkungen auch für den Aktienmarkt deutlich spürbar.

Nachdem das Bruttoinlandsprodukt 1992, begleitet von einer hohen Inflationsrate (42,1 %), einen Einbruch auf 7,7 % zu verzeichnen hatte, konnten sich die fundamentalen Rahmendaten in den folgenden Jahren deutlich verbessern. 1993 ging die Inflation auf 17,1 % zurück, und das Bruttoinlandsprodukt stieg um 1 % an.

Ende April 1993 gab Finanzminister Chidzero mit Wirkung zum 23. Juni im Rahmen umfassender Deregulierungs- und Liberalisierungsmaßnahmen die Öffnung des Aktienmarktes für ausländische Investoren bekannt. Daraufhin konnte der Index nach der Aufnahme in den IFCI-Gesamtindex von Juli an einen explosionsartigen Kursanstieg verzeichnen und beendete das Jahr mit einem Zuwachs von 105,5 % bei 205,5 Indexpunkten. Gegenüber den ersten sechs Monaten des Jahres verdreifachte sich das durchschnittliche monatliche Handelsvolumen in der zweiten Jahreshälfte auf knapp DM 7 Mio., wobei die Statistik zeigt, daß 35 % aller Transaktionen von ausländischen Investoren getätigt wurden.

Obwohl Simbabwes Wirtschaft 1994 sogar um 5,2 % wuchs und damit die höchste Wachstumsrate der vergangenen sechs Jahre erreichte, weisen eine hohe Arbeitslosigkeit (über 35 %), niedrige Reallöhne, eine ansteigende Inflation auf über 20 % sowie eine hohe Auslandsverschuldung von USD 5,5 Mrd., was einem Anteil von 65 % des Bruttosozialprodukts entspricht, nach wie vor auf die immensen Probleme des Landes hin. Bis Ende Februar 1994 hielt die durch ausländische Käufer genährte Aufwärtsbewegung an und trieb den Index bis auf 281,5 Punkte voran. In den folgenden Monaten sorgte neben den Wahlen in Südafrika vor allem eine strikte Zinspolitik der Zentralbank erst für volatile und schließlich für schwächere Kurse. Nachdem gegen Ende des Jahres eine Verzögerung der Regenzeit die Angst vor einer Dürre und damit verbundenen Ernteeinbußen schürte, tendierte der Index erneut schwächer und beendete das Jahr nur noch mit einem moderaten Kursgewinn von 8,0 % bei 222,1 Indexpunkten. Damit wies Simbabwe 1994, in einem generell sehr schwierigen Jahr für die Emerging Markets, nach Südafrika (+13,7 %) die zweitbeste Kursentwicklung der Region auf.

Nach einem 25 %igen Kurseinbruch zu Beginn des Jahres 1995 auf 167,9 Indexpunkte, der auf eine ausgedehnte Dürreperiode und steigende Zinsen zurückzuführen war, erholte sich der Aktienmarkt im Verlauf des Jahres. Der überwältigende Wahlerfolg von Präsident Mugabes ZANUPF-Partei und ansteigende Unternehmensgewinne trugen zu einer kontinuierlichen Verbesserung der Stimmung bei.

Auf Jahresbasis stieg der Markt 1995 um 3,7 % auf einen Indexstand von 230,2 Punkten. Die fundamentalen Rahmendaten von 1995 zeigten ein gemischtes Bild. Die ausländischen Devisenreserven stiegen auf USD 1 Mrd. an, und das Budgetdefizit reduzierte sich nach 13,4 % (1994) auf 6,5 % des Bruttoinlandsprodukts. Nach einem Anstieg um 20 % im Vorjahr stieg die Inflationsrate 1995 um 25 % an. Aufgrund der Dürreperiode verlangsamte sich zudem das Wachstum von 5,2 % (1994) auf weniger als 2 %.

Unter normalen Regenbedingungen geht die Regierung 1996 allerdings wieder von einem Wachstum von 6 % aus. Die Regierung muß allerdings drastische Maßnahmen ergreifen, um die nach wie vor hohe Inflation zu senken. Gemäß einem von der Weltbank und dem Internationalen Währungsfonds verordneten Wirtschaftsanpassungsprogramms das Finanzminister Ariston Chambati einige Monate später wieder für gescheitert erklärte, wurden die Einfuhrbeschränkungen und Preiskontrollen für die meisten Produkte aufgehoben. Zusätzlich erfolgte die Freigabe des Wechselkurses des Simbabwe-Dollars.

Das größte ausländische Investitionsvorhaben (USD 225 Mio.) war 1995 eine von australischen Unternehmen finanzierte Anlage einer Platingrube südwestlich der Hauptstadt Harare.

Sri Lanka

IFCI Emerging Markets — in D-Mark

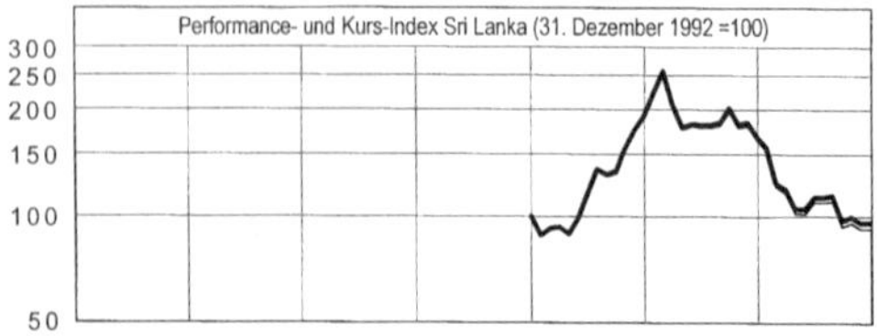

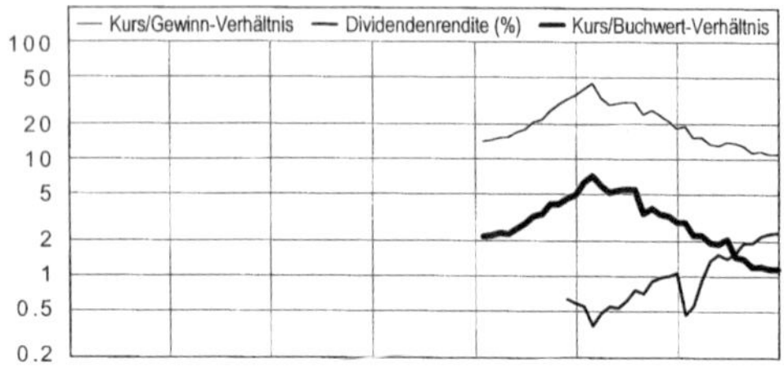

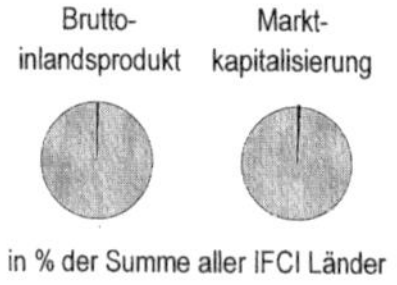

1988	1989	1990	1991	1992	1993	1994	1995	Finanz- und Wirtschafts-Historie
-	-	-	-	100	190,1	253,5	164,6	IFCI Kursindex Hoch
-	-	-	-	100	88,2	164,6	92,0	IFCI Kursindex Tief
-	-	-	-	100	190,1	164,6	92,0	IFCI Kursindex Ultimo
-	-	-	-	-	5,40	9,08	8,45	Gewinn pro Anteil
-	-	-	-	-	39,36	58,17	82,15	Buchwert pro Anteil
-	-	-	-	-	1,06	1,70	2,11	Dividenden pro Anteil
-	-	-	-	-	-	68,0	-6,9	Gewinnwachstum p.a. (%)
-	-	-	-	-	-	47,8	41,2	Buchwertwachstum p.a. (%)
-	-	-	-	-	-	59,3	24,3	Dividendenwachstum p.a. (%)
-	-	-	-	-	35,2	18,1	10,9	Kurs/Gewinn-Verhältnis
-	-	-	-	-	4,83	2,83	1,12	Kurs/Buchwert-Verhältnis
-	-	-	-	-	0,56	1,03	2,29	Dividendenrendite (%)
-	-	-	-	-	1,49	0,78	0,57	Relatives Kurs/Gewinn-Verhältnis
-	-	-	-	-	1,95	1,47	0,67	Relatives Kurs/Buchwert-Verhältnis
-	-	-	-	-	0,33	0,53	0,99	Relative Dividendenrendite
-	-	-	-	0,44	0,94	0,80	1,11	Marktkapitalisierung (in Milliarden DEM)
-	-	-	-	0,2	0,1	0,1	0,1	" (in % der Mk. aller IFCI Länder)
-	-	-	-	5	5	5	-	Anzahl der im IFCI Index enthaltenen Titel
12,38	11,81	12,00	13,60	15,69	18,51	-	-	Bruttoinlandsprodukt (in Milliarden DEM)
0,4	0,3	0,3	0,3	0,3	0,4	-	-	" (in % des BIP aller IFCI Länder)
14,0	11,6	21,5	12,2	11,4	10,3	-	-	Konsumentenpreise (Veränderung in % p.a.)
-	-	-	-	28,505	28,540	32,046	37,379	Wechselkurs (LKR/DEM)
-	-	-	-	-	13,73	15,60	10,28	Eigenkapitalrendite (%)
-	-	-	-	-	19,7	18,7	24,9	Ausschüttungsquote (%)
-	-	-	-	-	90,1	-13,4	-44,1	IFCI Kursindex-Veränderung (%)
-	-	-	-	-	92,3	-12,6	-43,0	IFCI Performance-Index-Veränderung (%)

Quellen: International Finance Corporation's (IFC) Emerging Markets Database (EMDB), U.S. Department of Commerce.
Berechnungen: Keppler Asset Management Inc., New York.

Sri Lanka

Entwicklung der Wirtschaft und des Aktienmarktes

Mit einem durchschnittlichen Bruttosozialprodukt pro Kopf der Bevölkerung von USD 600 zählte Sri Lanka 1993 innerhalb der im IFCI-Gesamtindex enthaltenen Emerging Markets zu den niedrig entwickelten Ländern. Die Kaufkraftparität von USD 600 in Sri Lanka würde im Vergleich dazu in den USA dem Wert von USD 3.030 entsprechen.

Als Sri Lanka 1948 unabhängig wurde, befand es sich in einer für ein Entwicklungsland sehr günstigen Ausgangsposition. Die Analphabetenquote war relativ niedrig, und gemessen am Pro-Kopf-Einkommen der Bevölkerung gehörte es zu den reichsten Ländern Süd- und Südostasiens. Das Land verfügte über eine leistungsfähige Wirtschaft sowie über eine demokratische parlamentarische Tradition mit einem funktionierenden politischen System.

Das hohe Bevölkerungswachstum der 50er Jahre war die Hauptursache dafür, daß die Aufrechterhaltung des Leistungsniveaus immer problematischer wurde. Die Sozialausgaben nahmen 1975 allein ein Drittel des Staatshaushalts in Anspruch. Zudem hatten eine starre sozialistische Politik mit Verstaatlichungen und Einfuhrbeschränkungen sowie Korruption und Protektionismus einen bedenklichen wirtschaftlichen Rückgang bewirkt. Belastend wirkten auch die wachsenden Spannungen und Gewaltausbrüche zwischen den Singhalesen und Tamilen.

Obwohl Sri Lanka eine Demokratische Sozialistische Republik ist, verfolgt die Regierung seit dem Machtwechsel durch die UNP im Jahr 1977 eine liberale Wirtschaftspolitik mit dem Ziel, die wirtschaftliche Lage des Landes zu verbessern. In diesem Zusammenhang und zum Anreiz ausländischer Investoren schuf die Regierung eine Freihandelszone im Norden der Hauptstadt Colombo. Die Reformen verhalfen der Wirtschaft zu einem Aufschwung und führten im Zeitraum von 1978 bis 1983 zu durchschnittlichen Wachstumsraten des Bruttoinlandsprodukts von über 6 %, gegenüber knapp 3 % in den Jahren 1971 bis 1977. Die hohen Wachstumsraten bis Anfang der 80er Jahre konnten im Zeitraum von 1985 bis 1993 mit jährlich durchschnittlich 2,6 % nicht gehalten werden. Zudem wirkte sich die hohe Inflationsrate von jährlich durchschnittlich 11,2 % negativ auf die Wirtschaft aus.

Nach der Aufnahme Sri Lankas in den IFCI-Gesamtindex Anfang Januar 1993 konnte der Markt im ersten Jahr Kursgewinne von 90,1 % verzeichnen. Bei einer generell sehr positiven Stimmung für die Emerging Markets, massiven Käufen ausländischer Investoren und einer Fortsetzung der positiven wirtschaftlichen Entwicklung wurde der Markt selbst von der Ermordung des Oppositionsführers Lalith Athulathmudali und des Präsidenten Premadasa nicht beeinträchtigt. Als der neue Präsident Dingiri Banda Wijetunge in seiner Antrittsrede versicherte, daß alle wirtschaftlichen Vorhaben und Liberalisierungsmaßnahmen wie geplant umgesetzt würden und sich die Stimmung im Land daraufhin wieder besserte, zeigten sich auch die sonst sehr sensiblen ausländischen Investoren zufrieden und zuversichtlich. Die positive Meldung eines mit 6 % sehr hohen Wirtschaftswachstums wurde allerdings durch eine auf 11 % ansteigende Inflationsrate und einen dadurch ausgelösten Zinsanstieg gedämpft.

Nachdem der Markt in den ersten beiden Monaten des Jahres 1994 einen weiteren Kursanstieg um über 30 % auf 253,5 Indexpunkte verzeichnen konnte, folgte bis Ende des Jahres eine Korrektur auf 164,6 Punkte. Im Vergleich zu anderen Emerging Markets und dem IFCI-Gesamtindex, der einen Kursrückgang von 23 % aufwies, waren die Verluste in Sri Lanka mit -13,4 % allerdings moderat. Zu Beginn des Jahres stimulierte die Emission zweier neuer Länderfonds mit einem Volumen von USD 125 Mio. den Markt. Dadurch erhöhen sich vor allem auch die Marktliquidität und das Handelsvolumen. Ausländische Investoren zeigten aufgrund der Gewinnentwicklung der Unternehmen und der Offenheit des Marktes weiterhin Interesse an Sri Lanka. Im Verlauf wirkte sich dann allerdings die politische Unsicherheit durch die überraschende Parlamentsauflösung Ende Juni sowie die Ermordung des Präsidentschaftskandidaten Gamini Dissanayake negativ auf die Kurse aus.

Die Parlamentswahlen im August führten zu einem Regierungswechsel. Obwohl die Vorsitzende der Peoples Alliance Party (AP), Chandrika Kumaratunga, eine Fortsetzung der bisherigen Wirtschaftspolitik versicherte, reagierte der Markt unsicher, ob die eher linksorientierte neue Regierung dies auch tatsächlich verwirklichen würde. Die fundamentalen Rahmendaten waren weiter positiv. Bei einem leichten Rückgang der Inflationsrate auf 8,4 % konnte das Bruttoinlandsprodukt erneut ein hohes Wachstum von 5,4 % verzeichnen. Die Arbeitslosigkeit ist mit 15 % jedoch nach wie vor ein Hauptproblem.

1995 verzeichnete Sri Lanka mit einem Kursrückgang von 44,1 % vor Ungarn die schlechteste Entwicklung aller Emerging Markets. Der Index sank dabei durch eine kräftige Abwärtsbewegung unter steigenden Umsätzen im ersten und im dritten Quartal auf einer Jahresbasis von 164,6 auf 92,0 Punkte. Trotz weiterhin positiver wirtschaftlicher Rahmendaten und einer inzwischen attraktiven fundamentalen Bewertung wurde dieser Einbruch durch Bedenken über ein zu hohes Budgetdefizit, welches außerhalb des gesteckten Rahmens von 7,5 % des Bruttoinlandsprodukts erwartet wurde, und durch Verzögerungen im Privatisierungsprogramm ausgelöst. Erneute Gewaltausbrüche und Kampfhandlungen im Tamilenkonflikt führten zu Befürchtungen, daß steigende Verteidigungsausgaben den Haushalt stärker als erwartet belasten könnten und so zu einem Anstieg der Inflation beitragen würden. Stablisierend auf den Markt wirkte sicherlich die Forcierung der Privatisierung staatlicher Unternehmen. Nachdem die Regierung bereits im Juni 1993 die Privatisierung von 23 regionalen landwirtschaftlichen Plantagen bekanntgegeben hatte, wurde 1995 der Verkauf eines Investmentunternehmens und vier weiterer Plantagen angekündigt. Die Einführung eines Programms zur Stimulierung der Wirtschaft mit umfangreichen Steuererleichterungen und die ebenfalls vorgenommenen Liberalisierungsmaßnahmen der Investitionsbeschränkungen für ausländische Anleger sollten langfristig ebenfalls positive Impulse auf Sri Lankas Wirtschaft haben.

Taiwan

IFCI Emerging Markets　　　　in D-Mark

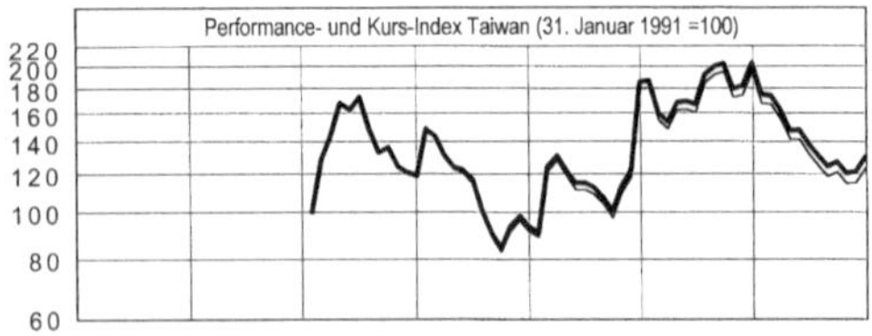

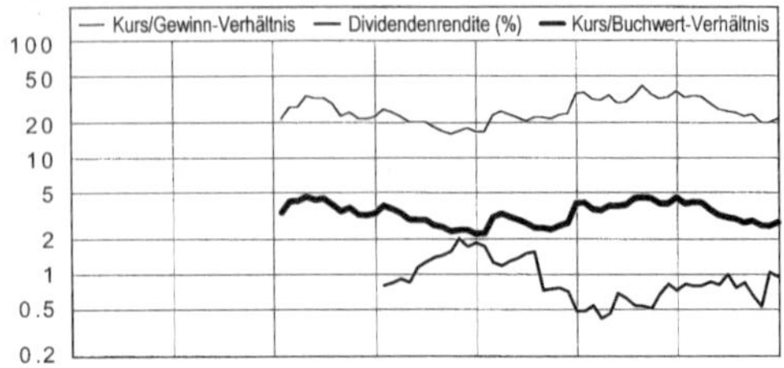

Brutto-inlandsprodukt　　Markt-kapitalisierung

in % der Summe aller IFCI Länder

1988	1989	1990	1991	1992	1993	1994	1995	Finanz- und Wirtschafts-Historie
-	-	-	171,9	147,4	179,3	194,7	194,7	IFCI Kursindex Hoch
-	-	-	100	82,8	88,7	148,7	114,7	IFCI Kursindex Tief
-	-	-	117,9	91,2	179,3	194,7	123,2	IFCI Kursindex Ultimo
-	-	-	5,28	5,53	5,13	5,27	5,75	Gewinn pro Anteil
-	-	-	36,27	42,42	45,50	44,06	45,48	Buchwert pro Anteil
-	-	-	-	1,64	0,82	1,36	1,13	Dividenden pro Anteil
-	-	-	-	4,8	-7,3	2,8	9,1	Gewinnwachstum p.a. (%)
-	-	-	-	17,0	7,3	-3,2	3,2	Buchwertwachstum p.a. (%)
-	-	-	-	-	-49,8	65,3	-16,8	Dividendenwachstum p.a. (%)
-	-	-	22,3	16,5	35,0	37,0	21,4	Kurs/Gewinn-Verhältnis
-	-	-	3,25	2,15	3,94	4,42	2,71	Kurs/Buchwert-Verhältnis
-	-	-	-	1,80	0,46	0,70	0,92	Dividendenrendite (%)
-	-	-	1,35	1,00	1,48	1,60	1,11	Relatives Kurs/Gewinn-Verhältnis
-	-	-	1,80	1,60	1,59	2,30	1,62	Relatives Kurs/Buchwert-Verhältnis
-	-	-	-	0,77	0,27	0,36	0,40	Relative Dividendenrendite
-	-	-	3,92	3,05	14,20	20,70	24,27	Marktkapitalisierung (in Milliarden DEM)
-	-	-	1,9	1,1	2,1	3,2	2,8	"　(in % der Mk. aller IFCI Länder)
-	-	-	69	69	76	90	-	Anzahl der im IFCI Index enthaltenen Titel
217,14	249,50	238,05	269,30	337,97	380,16	-	-	Bruttoinlandsprodukt (in Milliarden DEM)
6,7	7,1	6,7	6,8	7,2	7,3	-	-	"　(in % des BIP aller IFCI Länder)
1,3	4,4	4,1	3,6	4,5	2,4	-	-	Konsumentenpreise (Veränderung in % p.a.)
15,895	15,419	17,819	16,832	15,547	15,180	16,962	19,064	Wechselkurs (TWD/DEM)
-	-	-	14,55	13,03	11,27	11,96	12,64	Eigenkapitalrendite (%)
-	-	-	-	29,7	16,1	25,9	19,7	Ausschüttungsquote (%)
-	-	-	-	-22,6	96,5	8,6	-36,7	IFCI Kursindex-Veränderung (%)
-	-	-	-	-21,5	98,6	9,6	-36,0	IFCI Performance-Index-Veränderung (%)

Quellen: International Finance Corporation's (IFC) Emerging Markets Database (EMDB), U.S. Department of Commerce. Berechnungen: Keppler Asset Management Inc., New York.

Taiwan

Entwicklung der Wirtschaft und des Aktienmarktes

Das reale Bruttosozialproduktwachstum Taiwans betrug in den 80er Jahren jährlich durchschnittlich 7,9 %. Dabei schwankten die Wachstumsraten zwischen 5,1 % (1985) im Minimum und 11,9 % (1987) im Maximum. Erstaunlich ist, daß die jährlichen Inflationsraten in diesem Zeitraum trotz des enormen Wirtschaftswachstums zeitweise sogar bei 0 % (1984 und 1985) lagen und erst gegen Ende des Jahrzehnts (1989) langsam auf 4,4 % anstiegen. Dank der restriktiven Geldpolitik der Zentralbank konnte ein weiterer Anstieg der Inflation in den folgenden Jahren gebremst werden. 1994 lag die Preissteigerungsrate bei 4,1 %.

Der taiwanesische Aktienindex TSE verzeichnete seit Anfang der 80er Jahre unterstützt durch die enormen Wachstumsraten bei gleichzeitig sehr niedrigen Inflationsraten einen kräftigen Anstieg. Im Zeitraum von 1982 bis 1986 konnte sich der Index mehr als verdoppeln. 1987 startete dann eine atemberaubende Hausse, die selbst durch den Crash an der Wallstreet im Oktober 1987 nur kurzzeitig unterbrochen wurde. Der Index stieg innerhalb von nur drei Jahren von ca. 1.000 Punkten (Anfang 1987) auf einen Höchststand von 12.495 Punkten am 10. Februar 1990. Danach erfaßte den Markt in nur acht Monaten allerdings eine crashartige Korrektur, die den Index um 80 % auf 2.560 Punkte absacken ließ. Diese extremen Kursbewegungen hatten wenig mit der zugrundeliegenden wirtschaftlichen Entwicklung des Landes zu tun, sondern waren vielmehr die Auswirkungen spekulativer Ekzesse kurzfristig orientierter lokaler Privatanleger, einer fehlenden Besteuerung der Kursgewinne sowie der Einführung einer täglichen maximalen Schwankungsbreite von 7 %.

1991, im ersten Jahr Taiwans im IFCI-Gesamtindex, konnte der Markt nach einem scharfen Anstieg in den ersten sechs Monaten bis auf 171,9 Punkte gegen Jahresende aufgrund einsetzender Gewinnmitnahmen nur noch einen moderaten Kurszuwachs von 17,9 % verbuchen. Unter erheblichen Schwankungen setzte sich die Abwärtsbewegung 1992 mit einem Kursrückgang von 22,6 % auf einen Indexstand von 91,2 Punkte fort.

Mit einer Kurssteigerung um 96,5 % auf 179,3 Indexpunkte beendete der taiwanesische Aktienmarkt 1993, in einem generell sehr erfolgreichen Jahr für die Emerging Markets, die 18 Monate andauernde Abwärtsbewegung. Ein nach wie vor hohes Wirtschaftswachstum von 5,9 %, eine auf 2,4 % zurückgehende Inflationsrate sowie die steigende

Liquidität seitens privater lokaler und ausländischer institutioneller Anleger verhalfen dem Markt vor allem in den letzten drei Monaten zu einem explosionsartigen Anstieg um 80 %.

Im Gegensatz zu zahlreichen anderen Emerging Markets verbuchte der taiwanesische Aktienmarkt 1994 einen Kursgewinn von immerhin 8,6 %. Damit war Taiwan vor Korea (+3,3 %) der asiatische Markt mit der besten Kursentwicklung. Der IFCI-Gesamtindex verzeichnete einen Kursverlust von 23 %, der Teilindex der asiatischen Region mußte sogar einen Kursrückgang von 23,7 % hinnehmen. Die Börse in Taipeh entwickelte sich 1994 mit einer gesamten Marktkapitalisierung von USD 247 Mrd. und einem jährlichen Handelsvolumen von USD 711 Mrd. zum größten Einzelmarkt aller 25 im IFCI-Gesamtindex enthaltenen Emerging Markets. Bei einem nochmals leicht ansteigenden Wirtschaftswachstum von 6,8 % stieg die Inflationsrate aufgrund höherer Lebensmittelpreise, anziehender Importpreise und einer hohen Kapazitätsauslastung auf 4,1 % an.

Nachdem sich Taiwan 1994 mit einer Kursentwicklung von 8,6 % noch erheblich von der enttäuschenden Entwicklung des IFCI-Gesamtindexes absetzen konnte, setzte 1995 eine kräftige Abwärtsbewegung ein. Der taiwanesische Aktienmarkt tendierte im Verlauf des gesamten Jahres schwächer und wies Ende des Jahres einen Kursverlust von 36,7 % auf 123,2 Indexpunkte auf. Nachdem der New Taiwan Dollar selbst gegenüber der international starken DM im Zeitraum von 1988 bis Ende 1994 nahezu stabil tendierte, verzeichnete die taiwanesische Währung 1995 einen Rückgang von 12 % und trug damit erheblich zum Gesamtverlust für DM-Investoren bei. Auf den Aktienmarkt hatten besonders die steigende Ungewißheit über den Gesundheitszustand von Chinas Deng Xiaoping und Spekulationen über die Auswirkungen nach seinem Tod auf die wirtschaftliche Zukunft und politische Stabilität Chinas sowie politische Spannungen mit dem chinesischen Festland negativen Einfluß. Selbst die Bekanntgabe weiterer Lockerungen der Restriktionen für ausländische Investoren trug nicht zu einer Verbesserung der Börsenstimmung bei. Das taiwanesische Finanzministerium und die Zentralbank erhöhten im Rahmen der Internationalisierung des Aktienmarktes die Limitierung der gesamten Käufe aller ausländischen Investoren pro Aktie erst von 10 % auf 12 % und nach einem weiteren Absinken der Kurse auf 15 % des jeweiligen Aktienkapitals. Um einem weiteren Anstieg der Inflation entgegenzuwirken, reduzierte die Zentralbank das Geldmengenwachstum auf ein Vierjahrestief von 12 %. Das Finanzministerium gab bekannt, daß die Inflationsrate – nach einem Anstieg von 4,1 % im Vorjahr – 1995 nur noch um 3,5 % zulegen sollte. Beim Bruttoinlandsprodukt rechneten die Experten dank steigender Exporterlöse und anziehender Privatinvestitionen mit einem Bruttoinlandsproduktwachstum von 6,5 %. Weitere starke Zuwächse beim Export waren auch einer der Hauptgründe für das Erreichen einer neuen Rekordmarke der ausländischen Devisenreserven in Höhe von USD 100 Mrd.

Thailand

IFCI Emerging Markets **in D-Mark**

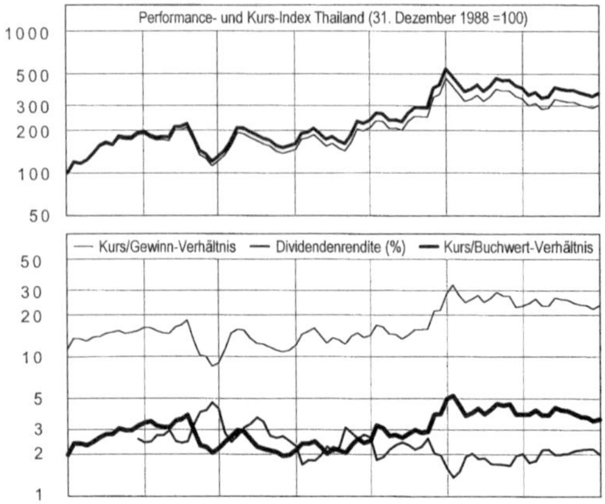

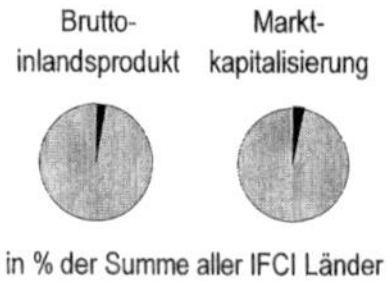

1988	1989	1990	1991	1992	1993	1994	1995	Finanz- und Wirtschafts-Historie
100	189,1	210,0	192,8	210,3	467,6	467,6	335,1	IFCI Kursindex Hoch
100	100,0	112,6	122,3	143,9	200,9	322,0	283,1	IFCI Kursindex Tief
100	189,1	122,3	146,6	210,3	467,6	335,1	303,3	IFCI Kursindex Ultimo
8,87	11,75	13,84	12,26	14,85	16,54	14,48	12,99	Gewinn pro Anteil
51,81	57,82	56,89	70,15	86,19	95,63	88,66	86,91	Buchwert pro Anteil
-	4,48	5,08	3,27	5,43	7,15	6,57	5,91	Dividenden pro Anteil
-	32,5	17,7	-11,4	21,2	11,4	-12,5	-10,3	Gewinnwachstum p.a. (%)
-	11,6	-1,6	23,3	22,9	11,0	-7,3	-2,0	Buchwertwachstum p.a. (%)
-	-	13,3	-35,6	66,0	31,9	-8,2	-10,0	Dividendenwachstum p.a. (%)
11,3	16,1	8,8	12,0	14,2	28,3	23,1	23,4	Kurs/Gewinn-Verhältnis
1,93	3,27	2,15	2,09	2,44	4,89	3,78	3,49	Kurs/Buchwert-Verhältnis
-	2,37	4,15	2,23	2,58	1,53	1,96	1,95	Dividendenrendite (%)
0,98	1,22	0,60	0,72	0,86	1,19	1,00	1,21	Relatives Kurs/Gewinn-Verhältnis
1,66	2,03	1,56	1,15	1,82	1,97	1,97	2,09	Relatives Kurs/Buchwert-Verhältnis
-	0,88	1,00	1,09	1,10	0,91	1,01	0,84	Relative Dividendenrendite
2,30	5,80	4,52	7,43	12,50	36,55	34,37	40,33	Marktkapitalisierung (in Milliarden DEM)
4,9	6,1	4,6	3,5	4,5	5,5	5,3	4,7	" (in % der Mk. aller IFCI Länder)
16	25	28	36	41	52	55	-	Anzahl der im IFCI Index enthaltenen Titel
105,75	117,07	120,14	139,26	167,11	208,79	-	-	Bruttoinlandsprodukt (in Milliarden DEM)
3,3	3,3	3,4	3,5	3,6	4,0	-	-	" (in % des BIP aller IFCI Länder)
3,9	5,4	5,9	5,7	4,1	3,6	-	-	Konsumentenpreise (Veränderung in % p.a.)
14,204	15,158	16,929	16,535	15,744	14,673	16,199	17,599	Wechselkurs (THB/DEM)
17,11	20,32	24,32	17,47	17,23	17,30	16,34	14,95	Eigenkapitalrendite (%)
-	38,1	36,7	26,7	36,5	43,3	45,4	45,5	Ausschüttungsquote (%)
-	89,1	-35,3	19,9	43,4	122,4	-28,3	-9,5	IFCI Kursindex-Veränderung (%)
-	96,1	-33,1	22,2	48,0	129,4	-27,0	-7,7	IFCI Performance-Index-Veränderung (%)

Quellen: International Finance Corporation's (IFC) Emerging Markets Database (EMDB), U.S. Department of Commerce.
Berechnungen: Keppler Asset Management Inc., New York.

Thailand

Entwicklung der Wirtschaft und des Aktienmarktes

Thailand zählte 1993 mit einem durchschnittlichen Bruttosozialprodukt pro Kopf der Bevölkerung von USD 2.040 nach Südkorea (USD 7.670) und Malaysia (USD 3.160) in Asien zu den höchstentwickelten Emerging Markets. Die Kaufkraftparität von USD 2.040 in Thailand würde im Vergleich dazu in den USA sogar dem wesentlich höheren Wert von USD 6.390 entsprechen.

Der enorme Aufschwung Thailands in den 80er Jahren, der auch auf den Aktienmarkt ausstrahlte, wurde vor allem von folgenden Faktoren unterstützt:

1. hohe durchschnittliche Wachstumsraten von über 8 % mit Spitzenwerten von 12 % bzw. 13 % in den Jahren 1988 und 1989,
2. fallende Inflationsraten, die gegenüber den zweistelligen Werten Ende der 70er Jahre 1985 bis 1987 um die 2 % lagen,
3. hohe Sparquoten von bis zu über 20 %,
4. eine sehr stabile Währung (Baht) gegenüber den wichtigsten Währungen der Industrienationen,
5. Entdeckung des Aktienmarkts als attraktive Kapital- und Finanzierungsquelle für Unternehmen,
6. systematische Reduzierung der Sektoren Landwirtschaft und Bodenschätze bei gleichzeitigem Aufbau einer fortschrittlichen Industrie mit Exportorientierung und
7. solide Finanzsituation Thailands sowie
8. teilweise zweistellige Gewinnwachstumsraten der wichtigsten Unternehmen.

Umfassende Liberalisierungsmaßnahmen in Form einer Aufhebung der Devisenkontrollen, frei floatender Zinssätze und der Gründung der Bangkok International Banking Facility förderten das Vertrauen der Anleger und führten ab 1986 zu massiven Aktienkäufen und einer spürbaren Belebung des Handels an der Börse in Bangkok (SET).

Zu einer Fortsetzung der Aufwärtsbewegung trugen neben einem anhaltend hohen Wirtschaftswachstum bei moderaten Inflationsraten vor allem direkte Investitionen ausländischer Anleger und spekulative Käufe thailändischer Privatanleger bei. So erhöhte sich der Anteil der Ausländer am gesamten Handelsumsatz von 7,8 % (1986) auf 20,3 % (1994). Die täglichen Handelsumsätze stiegen im gleichen Zeitraum von USD 3,9 Mio. auf USD 353,13 Mio. an.

Ein wichtiger Schlüsselfaktor der thailändischen Erfolgsgeschichte ist vor allem die niedrige Inflationsrate. Der allgemeine Aufschwung wurde seit 1988 zudem durch die Überschüsse in der Handelsbilanz und dem Staatshaushalt unterstützt. Die ausländischen Devisenreserven stiegen ebenfalls stark an, und die Auslandsverschuldung lag mit ca. 40 Mrd. DM nur bei 35,2 % des Bruttosozialprodukts.

1989, dem ersten Jahr Thailands im IFCI-Gesamtindex, verzeichnete der Markt eine Kurssteigerung von 89,1 % auf 189,10 Indexpunkte. Damit erreichte Thailand nach Argentinien (+145,5 %) und Mexiko (+114,6 %) die drittbeste Wertentwicklung aller Emerging Markets. 1990 verbuchte der Markt bis zum Ausbruch der Kuwaitkrise einen weiteren Kursanstieg bis auf 210 Indexpunkte. Danach folgte, ausgelöst durch den eskalierenden Golfkonflikt, innenpolitische Probleme und ansteigende Zinsen, ein herber Kurseinbruch um über 40 %. Der Index beendete das Jahr mit einem Kursrückgang von 35,3 % bei 122,3 Punkten. Im Zuge einer weltweiten Erholung konnten 1991 dann auch die Kurse in Thailand wieder Gewinne verbuchen.

1992 erreichte der Markt, bedingt durch eine fulminante Jahresendralley, die zum Großteil ein Resultat der stabilen politischen Situation nach der Wahl darstellte, mit 43,4 %, nach Kolumbien (+46,1 %), die zweitbeste Performance aller Emerging Markets. Und das, obwohl thailändische Aktien nach dem Militärputsch am 19. Mai mit -8,9 % den höchsten Tagesverlust seit Gründung der SET hinnehmen mußten. Mit einer Kurssteigerung um 122,4 % auf 467,6 Indexpunkte rangierte der Markt 1993 erneut auf den vorderen Plätzen der weltweiten Performanceranglisten. Dabei konnten die Aktien aufgrund massiver Kaufaufträge internationaler Investoren, spekulativer Käufe lokaler Privatanleger, niedriger Zinsen, eines weiterhin hohen Wirtschaftswachstums von 7,5 % bei einer niedrigen Inflationsrate von 3,5 % sowie positiver Unternehmensnachrichten und zahlreicher attraktiver Neuemissionen allein im letzten Quartal um 88 % zulegen.

Wie in den meisten Emerging Markets war das Jahr 1994 auch in Thailand von einer allgemeinen Kurskorrektur gekennzeichnet. Trotz eines Wirtschaftswachstums von 8,5 % bei einer leicht auf 5,4 % ansteigenden Inflation sank der Index um 28,3 % auf 335,1 Punkte.

Der thailändische Aktienmarkt litt 1995 wie zahlreiche andere Emerging Markets unter der Währungskrise in Mexiko und ihren Auswirkungen auf andere lateinamerikanische Aktienmärkte. Obwohl die thailändische Währung selbst gegenüber der international starken DM im Zeitraum von 1990 bis 1994 stabil notierte, geriet der Bath 1995 unter einen gewissen Abwertungsdruck. Im Gegensatz zu Mexiko verfügte Thailand aber über ausreichende ausländische Devisenreserven in Höhe von

USD 30 Mrd. Zudem wies das Land in der Vergangenheit traditionell ein höheres Wirtschaftswachstum und wesentlich höhere Sparquoten auf. Die Auslandsverschuldung ist mit einem Anteil von 35 % am Bruttosozialprodukt im Vergleich zu anderen Emerging Markets ebenfalls relativ gering. Da die Gelder in Thailand fast ausschließlich für Investitions- und Infrastrukturprojekte verwendet wurden und kaum in den Konsum flossen, sollten den Investitionen in der Zukunft auch Einnahmen folgen, die sowohl die laufenden Zinszahlungen als auch die Rückzahlung der Kredite sichern.

Auf Jahresbasis wies der Index trotzdem einen Kursrückgang von 9,5 % auf 303,3 Punkte auf. Die fundamentalen Rahmendaten zeigten weiterhin ein positives Bild. Die thailändische Zentralbank rechnete für 1995 bei 8,5 % mit einem identischen Anstieg des Bruttoinlandsprodukts wie 1994. Bei der Inflationsrate gingen die Schätzungen der Experten nach 5,4 % 1994 von einer Steigerung um 5,0 % aus.

IFCI Emerging Markets — in D-Mark

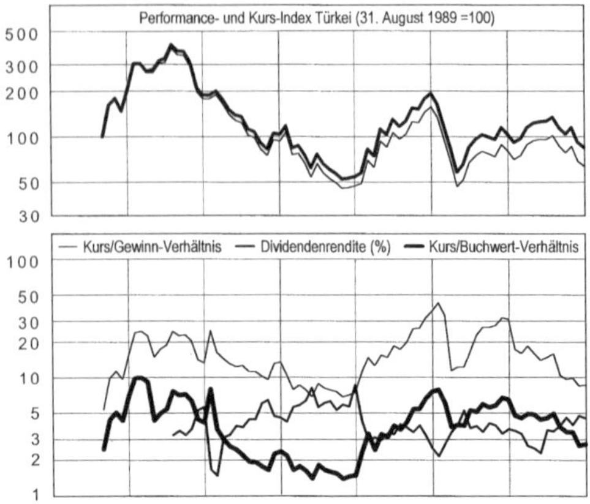

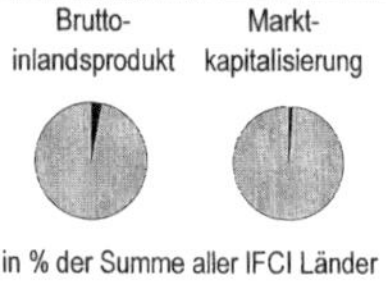

1988	1989	1990	1991	1992	1993	1994	1995	Finanz- und Wirtschafts-Historie
-	203,8	384,2	189,7	107,1	157,6	157,6	102,1	IFCI Kursindex Hoch
-	100	177,9	75,2	45,4	47,3	46,7	63,9	IFCI Kursindex Tief
-	203,8	177,9	93,9	47,3	157,6	80,6	63,9	IFCI Kursindex Ultimo
-	13,21	13,55	7,00	6,43	4,35	2,60	7,56	Gewinn pro Anteil
-	30,01	43,93	40,83	32,86	21,25	12,69	24,01	Buchwert pro Anteil
-	-	9,75	4,18	4,00	3,85	2,88	2,82	Dividenden pro Anteil
-	-	2,6	-48,3	-8,2	-32,3	-40,3	190,7	Gewinnwachstum p.a. (%)
-	-	46,4	-7,1	-19,5	-35,3	-40,3	89,2	Buchwertwachstum p.a. (%)
-	-	-	-57,1	-4,2	-3,9	-25,2	-1,9	Dividendenwachstum p.a. (%)
-	15,4	13,1	13,4	7,4	36,2	31,0	8,5	Kurs/Gewinn-Verhältnis
-	6,79	4,05	2,30	1,44	7,42	6,35	2,66	Kurs/Buchwert-Verhältnis
-	-	5,48	4,45	8,46	2,44	3,57	4,42	Dividendenrendite (%)
-	1,17	0,89	0,81	0,44	1,53	1,34	0,44	Relatives Kurs/Gewinn-Verhältnis
-	4,22	2,93	1,27	1,07	2,99	3,31	1,59	Relatives Kurs/Buchwert-Verhältnis
-	-	1,32	2,17	3,62	1,44	1,83	1,91	Relative Dividendenrendite
-	5,41	6,57	12,20	5,91	38,29	23,62	19,73	Marktkapitalisierung (in Milliarden DEM)
-	5,7	6,7	5,8	2,1	5,7	3,6	2,3	" (in % der Mk. aller IFCI Länder)
-	10	16	20	20	31	40	-	Anzahl der im IFCI Index enthaltenen Titel
126,80	135,35	164,50	158,35	177,46	219,37	-	-	Bruttoinlandsprodukt (in Milliarden DEM)
3,9	3,9	4,6	4,0	3,8	4,2	-	-	" (in % des BIP aller IFCI Länder)
73,7	63,3	60,3	66,0	70,1	55,2	-	-	Konsumentenpreise (Veränderung in % p.a.)
1017,8	1357,2	1939,1	3316,8	5274,9	8390,4	24971	42549	Wechselkurs (TRL/DEM)
-	44,01	30,85	17,15	19,57	20,50	20,49	31,48	Eigenkapitalrendite (%)
-	-	72,0	59,7	62,3	88,3	110,6	37,3	Ausschüttungsquote (%)
-	-	-12,7	-47,2	-49,6	233,1	-48,9	-20,7	IFCI Kursindex-Veränderung (%)
-	-	-9,3	-45,0	-47,3	254,6	-46,1	-18,1	IFCI Performance-Index-Veränderung (%)

Quellen: International Finance Corporation's (IFC) Emerging Markets Database (EMDB), U.S. Department of Commerce.
Berechnungen: Keppler Asset Management Inc., New York.

Türkei

Entwicklung der Wirtschaft und des Aktienmarktes

Das durchschnittliche Bruttosozialprodukt pro Kopf der Bevölkerung lag in der Türkei 1993 mit USD 2.120 noch weit unter dem europäischen Durchschnitt. Die Kaufkraftparität von USD 2.120 in der Türkei würde im Vergleich dazu in den USA allerdings einem Wert von USD 5.550 entsprechen.

Bis 1980 befand sich die türkische Wirtschaft in den Händen des Staates und einiger weniger Familien. Die Öffnung und Liberalisierung der Wirtschaft unter der Regierung von Turgut Özal verhalf dem Land vor allem durch einen gestärkten Mittelstand zu einem Aufschwung. So verzeichnete das Land zwischen 1985 und 1993 eine reale durchschnittliche jährliche Wachstumsrate von 3,0 %. 1990 entfiel mehr als die Hälfte der Wirtschaftsleistung auf die State Economic Enterprises (SEE). Seit Anfang der 80er Jahre entwickelten die Unternehmen der SEE ein umfangreiches und modernes Infrastrukturnetz mit neuen Straßen, Flughäfen, Telekommunikationsleitungen, Gaspipelines und Staudämmen. Zur Finanzierung dieser zahlreichen Projekte und der damit verbundenen hohen öffentlichen Ausgaben erhöhte die Regierung die Geldmenge. Der Preis für die hohen Wachstumsraten, die vorrangig auf staatliche Investitionsprogramme zur Förderung und zum Ausbau der Infrastruktur zurückzuführen waren, war eine in diesem Zeitraum (1985 – 1993) mit 56,2 % hohe durchschnittliche jährliche Inflationsrate.

Nach der Gründung der Istanbul Stock Exchange (ISE) in ihrer jetzigen Form im Jahr 1986 wurde der türkische Aktienmarkt im August 1989 nach einer durchgreifenden Liberalisierung und Öffnung des Marktes in den IFCI-Gesamtindex aufgenommen. In den folgenden zwölf Monaten konnte der Aktienmarkt, ausgelöst durch positive fundamentale Nachrichten und starke Käufe ausländischer Investoren, mit einer Kurssteigerung von 284,2 % eine fulminante Aufwärtsbewegung verzeichnen. Danach folgte eine selbst für die an höhere Volatilitäten gewöhnten Emerging-Markets-Investoren ungewöhnlich verlustreiche Abwärtsbewegung. Von einem Indexhöchststand von 384,2 Punkten im August 1990 erfolgte mit dem Ausbruch der Kuwaitkrise bis Oktober 1992 ein kontinuierlicher Kursrückgang um 88,2 % auf 45,4 Indexpunkte. Nachdem der lokale Istanbul-Stock-Exchange-Index in diesem Zeitraum sogar zulegen konnte, erlitten ausländische Investoren durch die Abwertung der türkischen Lira diesen herben Verlust.

Ein Wachstum des Bruttoinlandsprodukts von 7 % (1993), die Wiederaufnahme des Privatisierungsprogramms und eine gegenüber dem Vorjahr von 70,1 % auf 55,2 % rückläufige Inflationsrate verhalfen dem Markt nach zwei Jahren mit enormen Verlusten 1993 trotz eines Rückgangs der Unternehmensgewinne um -32,3 % schließlich zu einem Kursanstieg um 233,1 %. Dabei hat vor allem auch die Wahl von Tansu Çiller zur ersten weiblichen Ministerpräsidentin des Landes das Vertrauen der ausländischen Investoren zurückgebracht. Zusätzliche Unterstützung bekam der Markt von den kapitalmarktfreundlichen Ansichten der neuen Ministerpräsidentin und der Bekanntgabe umfangreicher Steuersenkungen. Die eigentlichen Probleme der Türkei, nämlich ein weiterer Anstieg der Auslandsverschuldung auf über USD 65 Mrd. (was immerhin ca. 50 % des Bruttosozialprodukts entspricht), ein hohes Geldmengenwachstum und eine hohe Inflation blieben allerdings weiterhin bestehen. Nachdem Anfang 1994 zwei amerikanische Kreditratingagenturen die Kreditwürdigkeit für Auslandsschulden der Türkei abwerteten, kam die türkische Lira erneut unter massiven Abwertungsdruck, und der Aktienmarkt brach ein.

Ministerpräsidentin Tansu Çiller kündigte im April 1994 als Maßnahmenpaket zur Reduzierung des hohen Budgetdefizits unter anderem Ausgabenkürzungen, Steuererhöhungen, die Schließung unrentabler Staatsbetriebe und die Privatisierung von Staatsbetrieben an. Am selben Tag wurden die Preise für Produkte der Staatsbetriebe, darunter Heizöl, Benzin, Tee und Alkohol, um bis zu 100 % erhöht. Die Zentralbank, die wegen einer Währungskrise die türkische Lira Ende Januar gegenüber dem USD bereits um 13,6 % abgewertet hatte, mußte die Landeswährung nach der Bekanntgabe der Sparmaßnahmen erneut um 39,9 % abwerten. Mit einem Rückgang des Bruttosozialprodukts von 5,4 % und einer auf 106 % angestiegenen Inflationsrate verschlechterte sich darüber hinaus das fundamentale Umfeld erheblich. Bis Ende April verzeichnete der Aktienmarkt in nur vier Monaten Verluste in Höhe von 70,4 %. Im Verlauf des Jahres erholte sich der Markt von seinem Tiefststand (46,7 Punkte) und schloß das Jahr mit einem Kursrückgang von 48,9 % bei einem Indexstand von 80,6 Punkten ab.

Während die Abwertung des mexikanischen Pesos besonders in anderen lateinamerikanischen Märkten Ende 1994 und im 1. Quartal 1995 zu panikartigen Verkäufen und erheblichen Kursverlusten führte, konnte der türkische Aktienmarkt im ersten Halbjahr steigende Kurse verzeichnen. Aufgrund eines Anstiegs der ausländischen Devisenreserven auf die Rekordmarke von USD 15 Mrd. reduzierte sich die sofortige Abwertungsgefahr der türkischen Lira. Gegenüber dem Internationalen Währungsfonds gab die Türkei jedoch bekannt, daß sie auch in Zukunft mit einer gezielten und schrittweisen Abwertung der Lira rechne.

Bis zur Jahresmitte konnte der Markt aufgrund weiterer Fortschritte bei der Umsetzung der Privatisierungsmaßnahmen, steigender Unternehmensgewinne von +190,7 % gegenüber dem Vorjahr und sinkender Zinsen umfangreiche Käufe in- und ausländischer Investoren verzeichnen und um 27 % auf 102,1 Punkte zulegen. Bei einer leichten Verbesserung der Inflationsrate auf 85 %, einem Rückgang der Arbeitslosenquote auf 9,5 % und einem abgebremsten Rückgang des Bruttoinlandsprodukts um 1,5 % zeigten die fundamentalen Rahmendaten ein leicht verbessertes Bild. In der zweiten Jahreshälfte tendierte der Markt aufgrund innenpolitischer Probleme schwächer. Generell belasten das harte Vorgehen des türkischen Militärs gegen die für die Autonomie der Kurden kämpfende PKK, die Verfolgung kurdischer Politiker und der zögerliche demokratische Reformprozeß die Beziehungen der Türkei zum Ausland. Eine Bewilligung des Beitrittsgesuchs in die EU ist damit ebenfalls in Frage gestellt. Das Europäische Parlament stimmte am 13. Dezember einer Zollunion zwischen der EU und der Türkei zu. Dies wird in den kommenden Jahren vor allem exportorientierte Branchen und Unternehmen positiv beeinflussen. Der türkische Aktienindex beendete das Jahr 1995 bei 63,9 Punkten und wies damit auf Jahresbasis erneut einen hohen Kursrückgang von 20,7 % auf, der wiederum zum Großteil auf eine extrem schwache türkische Lira zurückzuführen ist. Internationale Investoren zeigten sich besonders über den Wahlerfolg der pro-islamischen Refah-Partei (RP) mit 21,5 % der Stimmen verunsichert.

Ungarn

IFCI Emerging Markets — in D-Mark

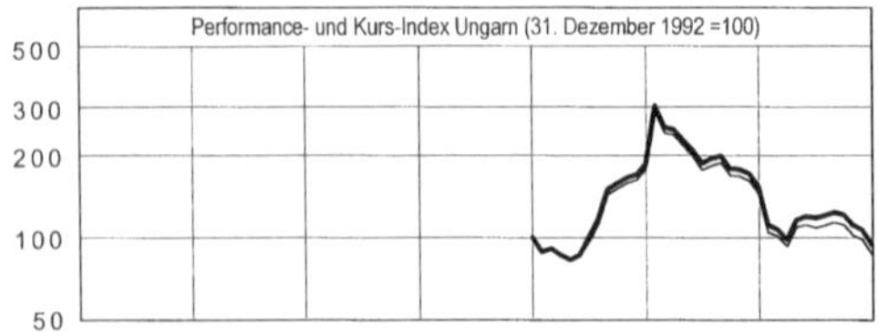

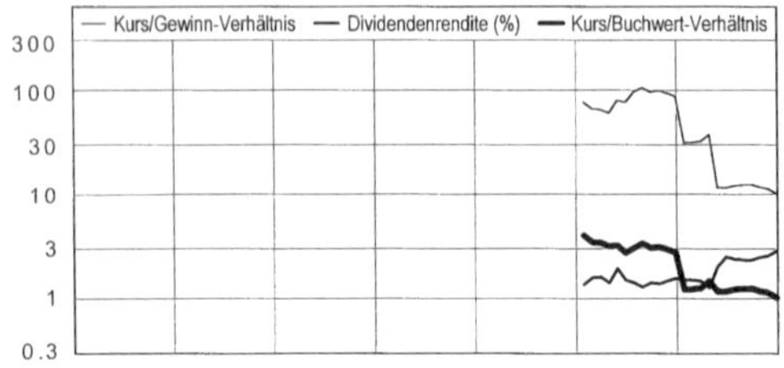

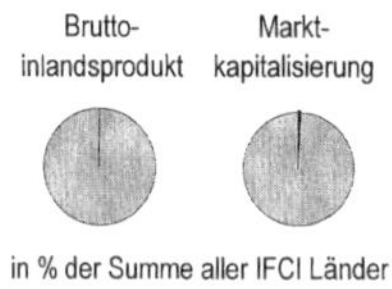

1988	1989	1990	1991	1992	1993	1994	1995	Finanz- und Wirtschafts-Historie
-	-	-	-	100	178,7	289,6	145,3	IFCI Kursindex Hoch
-	-	-	-	100	82,1	145,3	87,0	IFCI Kursindex Tief
-	-	-	-	100	178,7	145,3	87,0	IFCI Kursindex Ultimo
-	-	-	-	-	-	1,67	8,82	Gewinn pro Anteil
-	-	-	-	-	-	54,61	88,79	Buchwert pro Anteil
-	-	-	-	-	-	2,18	2,40	Dividenden pro Anteil
-	-	-	-	-	-	-	429,4	Gewinnwachstum p.a. (%)
-	-	-	-	-	-	-	62,6	Buchwertwachstum p.a. (%)
-	-	-	-	-	-	-	10,2	Dividendenwachstum p.a. (%)
-	-	-	-	-	-	87,2	9,9	Kurs/Gewinn-Verhältnis
-	-	-	-	-	-	2,66	0,98	Kurs/Buchwert-Verhältnis
-	-	-	-	-	-	1,50	2,76	Dividendenrendite (%)
-	-	-	-	-	-	3,76	0,51	Relatives Kurs/Gewinn-Verhältnis
-	-	-	-	-	-	1,39	0,59	Relatives Kurs/Buchwert-Verhältnis
-	-	-	-	-	-	0,77	1,19	Relative Dividendenrendite
-	-	-	-	0,38	0,71	0,73	0,62	Marktkapitalisierung (in Milliarden DEM)
-	-	-	-	0,1	0,1	0,1	0,1	" (in % der Mk. aller IFCI Länder)
-	-	-	-	5	5	5	-	Anzahl der im IFCI Index enthaltenen Titel
-	-	-	46,80	57,39	62,66	-	-	Bruttoinlandsprodukt (in Milliarden DEM)
-	-	-	1,2	1,2	1,2	-	-	" (in % des BIP aller IFCI Länder)
-	-	-	34,2	22,9	21,5	-	-	Konsumentenpreise (Veränderung in % p.a.)
-	-	-	-	50,964	57,990	73,009	95,459	Wechselkurs (HUF/DEM)
-	-	-	-	-	-	3,05	9,93	Eigenkapitalrendite (%)
-	-	-	-	-	-	130,8	27,2	Ausschüttungsquote (%)
-	-	-	-	-	78,7	-18,7	-40,1	IFCI Kursindex-Veränderung (%)
-	-	-	-	-	86,7	-17,6	-38,6	IFCI Performance-Index-Veränderung (%)

Quellen: International Finance Corporation's (IFC) Emerging Markets Database (EMDB), U.S. Department of Commerce. Berechnungen: Keppler Asset Management Inc., New York.

Ungarn

Entwicklung der Wirtschaft und des Aktienmarktes

Ungarns durchschnittliches Bruttosozialprodukt pro Kopf der Bevölkerung betrug 1993 USD 3.330. Die Kaufkraftparität von USD 3.330 in Ungarn würde im Vergleich dazu in den USA einem Wert von USD 6.260 entsprechen.

Unter der postkommunistischen Regierung entwickelte sich Ungarn zielstrebig zu einer Marktwirtschaft. Der Zusammenbruch der ehemaligen Sowjetunion und anderer osteuropäischer Märkte, eine veraltete Infrastruktur, die Unfähigkeit, konkurrenz- und absatzfähige Produkte für westliche Märkte zu produzieren, und eine erdrückende Schuldenlast mit einer Auslandsverschuldung in Höhe von ca. USD 22 Mrd., was einem Anteil von 65 % des Bruttosozialprodukts entspricht, erschwerte diese Entwicklung aber mehr, als man zunächst erwartete.

Während sich eine Minderheit schnell einen ansehnlichen Wohlstand aneignen konnte, waren die Entwicklungen für den Durchschnitt der Bevölkerung weniger erfreulich. Insgesamt mußte die Industrie- und Landwirtschaftsproduktion in den Jahren von 1990 bis 1993 deutliche Rückgänge in der Größenordnung von insgesamt bis zu 40 % hinnehmen. Bedingt durch eine Dürreperiode beliefen sich die Einbrüche bei der Agrarproduktion allein 1992 auf 20 %. Das Bruttoinlandsprodukt erlitt in den Jahren 1990 bis 1993 Rückgänge um 3,5 %, 11,9 %, 4,5 % und 2,0 %. Im gleichen Zeitraum stieg die Arbeitslosigkeit von 1,9 % auf 12,1 % an, und die Inflation erreichte 1991 mit 34,2 % ein vorläufiges Hoch. Bei stagnierendem Wirtschaftswachstum erreichte die Inflationsrate im Zeitraum von 1985 bis 1993 den relativ hohen Wert von jährlich durchschnittlich 19,2 %. Aufgrund des anhaltenden Drucks von Exportunternehmen und der Regierung nahm die ungarische Nationalbank mehrere Abwertungen des Forints vor. Im Zeitraum von 1992 bis 1994 wurde der Forint um 9,94 %, 16,61 % und 11 % gegenüber dem USD abgewertet.

Anfang 1994 trat das Assoziierungsabkommen mit der Europäischen Union in Kraft, das binnen neun Jahren den schrittweisen Abbau von Zöllen vorsieht. Mitte 1994 wurden die restriktiven Devisenbestimmungen aufgehoben, und Ausländer können seitdem ihre auf ungarische Konten eingezahlten Beträge frei in Devisen umtauschen und ausführen. Zur Unterstützung der Wirtschaftsreformen genehmigte der Internationale Währungsfonds (IWF) einen Kredit in Höhe von knapp USD 0,5 Mrd., nachdem der IWF im Sommer 1992 nach einem Anstieg des Haushaltsdefizits auf 7,5 % des Bruttoinlandsprodukts wegen Nichteinhaltung der geforderten Budgetdisziplin seine Kreditzahlungen suspendiert hatte.

Nachdem Ungarn Anfang 1993 nach umfassenden Deregulierungs- und Liberalisierungsmaßnahmen des Aktienmarktes für ausländische Investoren in den IFCI-Gesamtindex aufgenommen wurde, konnte der Markt im ersten Jahr – besonders nach Kurssteigerungen von 78,7 % in der zweiten Jahreshälfte – eine positive Entwicklung verzeichnen. Am Ende des Jahres notierten insgesamt 28 Aktien an der BSE, wobei nur vier Aktien im IFCI Index für Ungarn enthalten waren. Es herrschte eine hohe Konzentration des Handels auf weniger als zehn Aktien, die insgesamt 90 % der Umsätze auf sich vereinigen konnten. Allein im Januar 1994 trieben massive ausländische Käufe den Index um 62 % auf einen Höchststand von 289,6 Punkten. Die fundamentalen Rahmendaten unterstützen diese Bewegung.

Das Bruttoinlandsprodukt stieg um 2,0 %, nach einem Rückgang von 2,3 % im Vorjahr, die Inflationsrate betrug 18,8 %, und die Arbeitslosenrate lag bei 10,4 %. Im weiteren Verlauf des Jahres erfolgte, bedingt durch den hohen Kapitalbedarf sowie Verzögerungen des anstehenden Privatisierungsprogramms, den Wahlsieg der Ungarischen Sozialistischen Partei (HSP) und sechs Abwertungen des Forints um insgesamt 11 %, eine Korrektur, die den Index bis auf 145,3 Punkte absinken ließ. Damit endete das Jahr 1994 mit Kursverlusten von 18,7 %.

Da sich der ungarische Staat und führende Unternehmen ähnlich wie in Mexiko aufgrund der niedrigeren Zinsen häufig in ausländischen Währungen refinanzierten, war der ungarische Markt mit einem Rückgang von 35 % im 1. Quartal 1995 besonders von der mexikanischen Währungs- und Finanzkrise betroffen. Vor allem ausländische Investoren blieben in der Erwartung einer Forint-Abwertung dem Markt fern. Der Kurs des Forints wird täglich von der ungarischen Nationalbank gegenüber einem Währungskorb, der aus 30 % USD und 70 % ECU besteht, errechnet. Nach einer Abwertung der ungarischen Währung um 9 % und der Bekanntgabe eines umfangreichen Sparprogramms erholten sich die Kurse kurzzeitig, um am Jahresende aufgrund eines hohen Kapitalbedarfs zahlreicher Neuemissionen erneut schwächer zu tendieren. Der Index beendete das Jahr 1995 mit einem Kursrückgang von 40,1 bei 87,0 Punkten. Die von der Regierung Anfang 1995 beschlossenen Maßnahmen zur Einschränkung der Defizite in der Leistungsbilanz und dem Staatshaushalt, die das Budgetdefizit bis 1996 auf 4 % (1994 waren es noch 9,5 %) des erwarteten Bruttoinlandsprodukts senken sollten, sahen neben der Abwertung von 9 % folgende Maßnahmen vor:

1. weitere Abwertungen um monatlich 1,9 % bzw. im 2. Halbjahr um 1,3 %;
2. Einführung einer Zollergänzungsabgabe für importierte Konsumgüter;
3. Aufhebung des Zwangsumtauschs für Devisenerlöse aus Exporten;
4. Sparmaßnahmen bei den Staatsausgaben, die unter anderem Reallohnsenkungen im öffentlichen Dienst und Kürzungen bei Sozial- und Familien- und Studienausgaben beinhalteten.

Die fundamentalen Rahmendaten gaben ein gemischtes Bild ab. Während das Bruttoinlandsprodukt wie im Vorjahr um 2,5 % zunahm, stieg die Inflationsrate von 20 % (1994) auf 29 % an.

Für 1996 erwartet die Regierung ein Wachstum um 2,0 % und eine auf 16 % sinkende Inflationsrate, die bis 1998 sogar einen einstelligen Wert erreichen soll. Bis dahin soll auch die Arbeitslosigkeit erheblich unter die 10 %-Marke sinken, und das Budgetdefizit soll nur noch 4,0 % des Bruttoinlandsprodukts betragen.

Weitere Fortschritte konnten in den vergangenen Jahren bei der Privatisierung ehemaliger Staatsbetriebe und bei der Akquisition von ausländischem Investitionskapital verzeichnet werden. Allein 1994 wurden nationalen und internationalen Investoren insgesamt 70 Unternehmen zum Verkauf angeboten. Langfristig positive Auswirkung auf Ungarns Wirtschaft und den Aktienmarkt sollte auch das im Mai 1995 verabschiedete umfangreiche Privatisierungsprogramm haben. Ungarn ist im Besitz von ca. 850 privatisierungsfähigen Unternehmen mit einem geschätzten Marktwert von ca. USD 15 Mrd.

Venezuela

IFCI Emerging Markets — in D-Mark

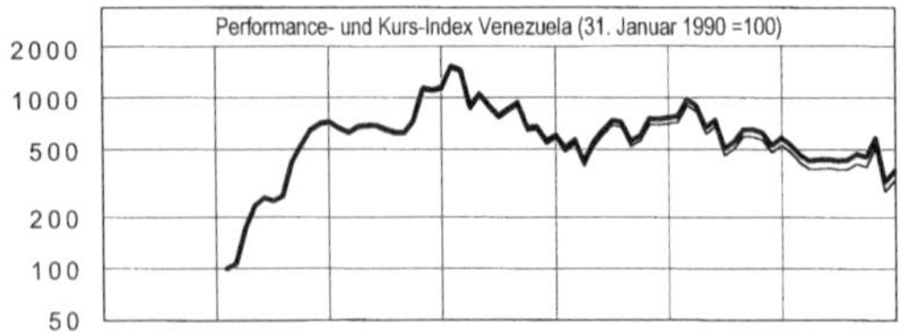

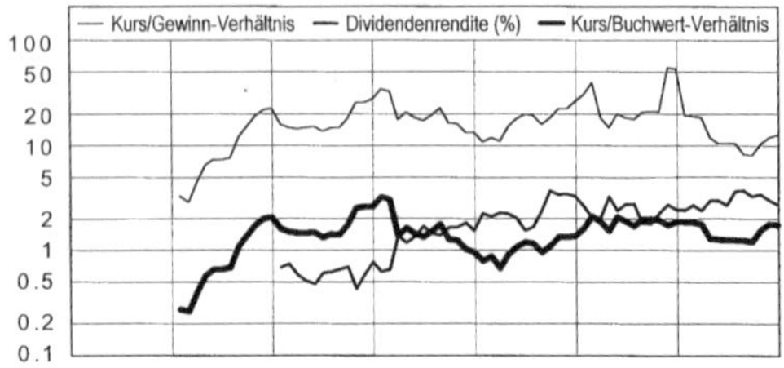

1988	1989	1990	1991	1992	1993	1994	1995	Finanz- und Wirtschafts-Historie
-	-	703,4	1108,1	1467,6	706,6	901,1	527,4	IFCI Kursindex Hoch
-	-	100	606,9	535,9	397,9	460,6	283,6	IFCI Kursindex Tief
-	-	703,4	1108,1	578,3	706,6	527,4	329,0	IFCI Kursindex Ultimo
-	-	31,53	40,26	44,08	27,11	9,92	26,34	Gewinn pro Anteil
-	-	351,72	439,72	628,63	535,34	293,00	194,69	Buchwert pro Anteil
-	-	-	8,20	8,68	22,40	12,50	8,69	Dividenden pro Anteil
-	-	-	27,7	9,5	-38,5	-63,4	165,5	Gewinnwachstum p.a. (%)
-	-	-	25,0	43,0	-14,8	-45,3	-33,6	Buchwertwachstum p.a. (%)
-	-	-	-	5,8	158,2	-44,2	-30,5	Dividendenwachstum p.a. (%)
-	-	22,3	27,5	13,1	26,1	53,2	12,5	Kurs/Gewinn-Verhältnis
-	-	2,00	2,52	0,92	1,32	1,80	1,69	Kurs/Buchwert-Verhältnis
-	-	-	0,74	1,50	3,17	2,37	2,64	Dividendenrendite (%)
-	-	1,51	1,67	0,79	1,10	2,29	0,65	Relatives Kurs/Gewinn-Verhältnis
-	-	1,45	1,39	0,69	0,53	0,94	1,01	Relatives Kurs/Buchwert-Verhältnis
-	-	-	0,36	0,64	1,88	1,22	1,14	Relative Dividendenrendite
-	-	3,47	6,53	3,37	4,15	4,04	3,37	Marktkapitalisierung (in Milliarden DEM)
-	-	3,5	3,1	1,2	0,6	0,6	0,4	" (in % der Mk. aller IFCI Länder)
-	-	5	7	7	8	12	-	Anzahl der im IFCI Index enthaltenen Titel
46,72	65,04	73,66	82,08	99,07	104,82	-	-	Bruttoinlandsprodukt (in Milliarden DEM)
1,4	1,9	2,1	2,1	2,1	2,0	-	-	" (in % des BIP aller IFCI Länder)
29,5	84,2	40,8	34,2	31,4	38,1	60,8	-	Konsumentenpreise (Veränderung in % p.a.)
20,975	25,747	33,282	40,132	48,277	60,155	109,61	237,23	Wechselkurs (VEB/DEM)
-	-	8,96	9,16	7,01	5,06	3,39	13,53	Eigenkapitalrendite (%)
-	-	-	20,4	19,7	82,6	126,0	33,0	Ausschüttungsquote (%)
-	-	-	57,5	-47,8	22,2	-25,4	-37,6	IFCI Kursindex-Veränderung (%)
-	-	-	59,1	-47,3	26,1	-23,7	-35,6	IFCI Performance-Index-Veränderung (%)

Quellen: International Finance Corporation's (IFC) Emerging Markets Database (EMDB), U.S. Department of Commerce.
Berechnungen: Keppler Asset Management Inc., New York.

Venezuela

Entwicklung der Wirtschaft und des Aktienmarktes

Trotz eines durchschnittlichen Bruttosozialprodukts pro Kopf der Bevölkerung von USD 2.840, das vor allem durch die Erlöse aus dem Ölexport verzerrt erscheint, besitzt Venezuela keine breite soziale Mittelschicht, und ein Großteil der Bevölkerung lebt noch immer in Armut. Dank seiner immensen Erdölvorkommen war Venezuela jahrelang das reichste Land Lateinamerikas. Mit einem durchschnittlichen Bruttosozialprodukt pro Kopf der Bevölkerung von USD 2.840 erreichte es 1993 in der Region nur noch einen durchschnittlichen Wert. Die Kaufkraftparität von USD 2.840 in Venezuela würde im Vergleich dazu in den USA dem wesentlich höheren Wert von USD 8.130 entsprechen.

Nach Jahren mit rückläufigen Kursen explodierte der Aktienmarkt 1990 mit einem Kursanstieg um 603,4 %. Der im Februar desselben Jahres neu in den IFCI-Gesamtindex aufgenommene venezuelanische Aktienmarkt stieg ohne wesentliche Korrekturen von 100 auf 703,4 Indexpunkte an. Der Markt verzeichnete damit vor Griechenland (72,2 %) und Chile (18,5 %) im Jahr 1990 mit Abstand die beste Kursentwicklung aller Märkte. Nach einer geringen Korrektur bis auf ca. 600 Punkte setzte der Index im letzten Quartal 1991 erneut die furiose Aufwärtsbewegung des Vorjahres fort und beendete das Jahr 1991 mit einem Indexstand von 1.108,1 Punkten. Dies entsprach einem Kursanstieg um nochmals 57,5 % und somit einer Verelffachung der Kurse in weniger als zwei Jahren. Nachdem der Markt bis Anfang Februar 1992 dann sogar auf ein Indexhoch von 1.467,6 Punkten ansteigen konnte, folgte die logische Konsequenz der vorangegangenen Übertreibung. Der Index beendete das Jahr 1992 bei 578,3 Punkten. Mit einem Kursrückgang von 47,8 % war Venezuela 1992 vor der Türkei (-49,6 %) der Markt mit der zweitschlechtesten Performance aller Emerging Markets. Bis März 1993 sank der Index sogar noch weiter auf ein Tief von 397,7 Punkten und verzeichnete damit gegenüber den Höchstkursen im Januar 1992 einen Rückgang um über 70 %. Nachdem sich die Kurse daraufhin bis Februar 1994 kurzfristig mehr als verdoppelten, lag der Index Ende 1993 wieder bei 706,6 Punkten. Dies entsprach in einem ansonsten sehr positiven Jahr für die Emerging Markets nur einem Kursgewinn von 22,2 %, womit Venezuela zu diesem Zeitpunkt die schlechteste Performance aller Märkte aufwies. Die hohe Volatilität des Marktes war vor allem auf die innenpolitischen Turbulenzen um Präsident Pérez sowie ein (nach einem

7,3prozentigen Anstieg im Jahr 1992) um 1 % rückläufiges Bruttoinlandsprodukt zurückzuführen. Eine von 31,4 % (1992) auf 38,1 % ansteigende Inflationsrate trug ebenfalls zur Verunsicherung bei.

Die hohe Schwankungsbreite der Kurse setzte sich auch 1994 fort. Nach einem Anstieg um über 27 % in den ersten beiden Monaten beendete der Index das Jahr – begleitet von einem erneuten Einbruch der Unternehmensgewinne um 63,4 % – mit einem Minus von 25,4 % bei 527,4 Punkten. Diesmal wurde der Markt neben negativen fundamentalen Rahmendaten vor allem durch den Zusammenbruch von 14 Banken erschüttert. Ein erneuter Anstieg der Inflation auf 60,8 % und ein negatives Wirtschaftswachstum von 3,3 % waren ebenfalls keine positive Ausgangsbasis für den venezolanischen Aktienmarkt. Die Bankenkrise machte die kurzfristige Bereitstellung einer Liquiditätsinjektion in Höhe von USD 6 Mrd. nötig.

Durch die ansteigende Inflationsrate sah sich die Regierung auch gezwungen, den Monatsmindestlohn von USD 78 auf USD 130 anzuheben. Eine weitere Folge des scharfen Anstiegs der Geldmenge und der wirtschaftlichen und politischen Unsicherheit war der Einbruch des Bolívar und ein rapider Rückgang der ausländischen Devisenreserven unter USD 9 Mrd. Die venezuelanische Währung sank um knapp 50 % auf den tiefsten Stand seit Anfang der 80er Jahre. Finanzminister Sosa verkündete daraufhin einen Notstandsplan zur Überwindung der Finanz- und Wirtschaftskrise. Das Programm beinhaltete die Einführung von Preiskontrollen auf 150 Konsumgüter und Devisenkontrollen, um die Abwertung des Bolívar zu stoppen. Der Devisenkurs wurde auf 170 Bolívar pro USD festgeschrieben, und es wurden strenge Kontrollen und Restriktionen für den Kauf von USD eingeführt. Trotzdem wurde die Währung inoffiziell an der kolumbianischen Grenze Ende 1994 bereits wieder zu 230 Bolívar pro USD gehandelt. Diese regulierenden Maßnahmen und strengen Devisenkontrollen bedeuteten natürlich einen großen Rückschritt für den Aktienmarkt und führten zur allgemeinen Zurückhaltung internationaler Investoren.

Die Mexikokrise, die besonders in anderen lateinamerikanischen Märkten zu panikartigen Verkäufen und erheblichen Kursverlusten führte, hatte in Venezuela erst mit einer gewissen Zeitverzögerung negative Auswirkungen. Aufgrund der restriktiven ausländischen Devisenkontrollen konnten ausländische Investoren kurzfristig nämlich kaum venezolanische Aktien verkaufen.

Im Laufe des ersten Quartals 1995 sanken die Kurse dann aber aufgrund der negativen Meldungen aus Mexiko doch um 27 % auf einen Indexstand von 380,4 Punkten. Daneben hatte nach wie vor die Bankenkrise negative Auswirkungen auf den Aktienmarkt. Seit dem Höchststand im Jahr 1994 von 901,1 Zählern bedeutete dies, nach den lateinamerikanischen Märkten Mexiko (-74 %) und Argentinien (-67 %) den dritthöchsten Kursrückgang.

Während andere südamerikanische Märkte auf die Zusicherung einer umfassenden Finanzhilfe für Mexiko und die Bekanntgabe eines strikten Maßnahmenpakets in Argentinien mit steigenden Aktiennotierungen reagierten, tendierten venezolanische Aktien seitwärts. Die Notierung von Brady-Bonds am venezolanischen Anleihemarkt wurde kurzfristig aufgehoben, als sich Befürchtungen bestätigten, daß die Devisenkontrollen der Regierung dadurch unterwandert würden. Brady-Bonds notierten in Venezuela umgerechnet um mehr als 20 % höher als in New York. Dies entsprach somit nicht mehr dem festgesetzten Bolívarkurs von 170, sondern einem Devisenkurs von 240 Bolívar pro USD. Gegen Ende des Jahres ergab sich aus dem Brady Bond-Kurs in New York sogar ein rechnerischer Kurs von 330 Bolívar pro USD. Am 11. Dezember vollzog die Regierung eine von den Märkten lang erwartete Abwertung des Bolívar von 170 auf 290 Bolívar pro USD. Bei einem Anstieg der Arbeitslosenrate auf über 11 % wurde für das gesamte Jahr 1995 ein Wirtschaftswachstums von 7,5 % und eine Inflationsrate von 40 % erwartet. Der venezolanische Aktienindex beendete das Jahr 1995 unter heftigen Schwankungen im 4. Quartal bei 329,0 Punkten und wies damit einen Kursrückgang von 37,6 % auf.